Repórter

Seymour M. Hersh

Repórter

Memórias

tradução
Antônio Xerxenesky

todavia

Para Elizabeth

Introdução **9**

1. No começo **13**

2. City News **22**

3. Interlúdios **36**

4. Chicago e a AP **47**

5. Washington, enfim **57**

6. Insetos e um livro **75**

7. Uma campanha presidencial **81**

8. Perseguindo as biológicas **102**

9. À procura de Calley **113**

10. Vergonha nacional **139**

11. Rumo à *New Yorker* **158**

12. Finalmente cheguei lá **177**

13. Watergate e muito mais **195**

14. Henry e eu **203**

15. A maior de todas **224**

16. Destino: Nova York **240**

17. Kissinger, outra vez, e além **267**

18. Uma reprise na *New Yorker* **288**

19. A Guerra ao Terror dos Estados Unidos **323**

Agradecimentos **359**

Índice remissivo **361**

Créditos das imagens **381**

Introdução

Sou um sobrevivente da era de ouro do jornalismo, quando os repórteres dos jornais diários não tinham que competir com as notícias 24 horas da TV a cabo, quando os jornais ganhavam muito dinheiro com propaganda e classificados, e quando eu era livre para viajar para qualquer lugar, no momento que desejasse, por qualquer motivo, com o cartão de crédito da empresa. Havia tempo suficiente para cobrir notícias de última hora sem ter que ficar constantemente relatando as novidades no site do jornal.

Não havia mesas-redondas com especialistas e jornalistas na TV a cabo que começam a responder a qualquer pergunta com as duas palavras mais mortais do mundo da imprensa: "Eu acho". Estamos saturados de notícias falsas, informações exageradas e incompletas, e asserções falsas feitas sem parar nos nossos jornais diários, nossas televisões, nossas agências de notícia online, nossas redes sociais, e pelo nosso presidente.

Sim, é uma bagunça. E não há nenhum passe de mágica nem um salvador à vista para a imprensa séria. Os jornais, as revistas e as redes de TV *mainstream* continuarão demitindo repórteres, reduzindo a equipe e encolhendo o orçamento disponível para uma boa reportagem, especialmente para reportagens investigativas, cujo custo é elevado, o resultado é imprevisível e ainda têm grande capacidade de irritar leitores e atrair processos caros. Muitas vezes os jornais de hoje correm para imprimir notícias que mal passam de indícios ou suspeitas de algo tóxico ou criminoso. Por falta de dinheiro, tempo ou de uma equipe habilidosa, estamos cercados por histórias com "ele disse, ela disse" nas quais o repórter não passa de um papagaio. Sempre pensei que era a missão de um jornal buscar a verdade e não apenas registrar a discordância. Houve um crime de guerra? Os jornais agora dependem de um relatório negociado pelas Nações Unidas que aparece, no melhor dos casos, meses depois para nos contar a história.

E a mídia fez algum esforço significativo para explicar por que relatórios da ONU não têm sido considerados a palavra final por muitos ao redor do mundo? Há relatórios críticos sobre a ONU? Posso ousar perguntar sobre a guerra no Iêmen? Ou o motivo pelo qual Donald Trump tirou o Sudão da sua lista de países cujos cidadãos têm restrições para entrar nos Estados Unidos? (A liderança em Cartum mandou tropas para lutar no Iêmen em nome da Arábia Saudita.)

Minha carreira sempre girou em torno da importância de falar verdades relevantes e que ninguém queria ouvir, e tornar os Estados Unidos um país mais instruído. Não estava sozinho nesse objetivo de fazer a diferença; penso em David Halberstam, Charley Mohr, Ward Just, Neil Sheehan, Morley Safer, e dezenas de outros jornalistas do mais alto nível que fizeram tanto para nos ensinar sobre o lado sórdido da Guerra do Vietnã. Sei que não seria possível ter tanta liberdade nos jornais de hoje quanto eu tive até uma década atrás, quando começaram os cortes financeiros. Lembro vividamente do dia em que David Remnick, o editor da *New Yorker*, me telefonou em 2011 para perguntar se eu podia fazer uma entrevista com uma fonte importante pelo telefone em vez de voar 5 mil quilômetros para realizá-la ao vivo. David, que fez todo o possível para apoiar minha cobertura dos horrores da prisão de Abu Ghraib em 2004 — ele pagou caro para permitir que eu publicasse reportagens em três edições consecutivas —, me implorou no que julguei ser uma voz envergonhada, dolorida, quase um sussurro.

Onde estão as matérias de peso sobre as operações das Forças Especiais dos Estados Unidos que continuam sendo realizadas e a disputa política sem fim no Oriente Médio, na América Central e na África? Com certeza continuam ocorrendo abusos — a guerra é sempre um inferno —, mas os jornais de hoje e as redes de TV simplesmente não têm dinheiro para manter correspondentes lá, e quem ainda faz isso —, basicamente o *New York Times*, onde trabalhei alegremente por oito anos na década de 1970, sempre causando encrenca — não consegue financiar as reportagens de longo prazo necessárias para mergulhar a fundo na corrupção dos militares ou dos serviços de Inteligência. Como você lerá aqui, demorei dois anos para aprender o que precisava para relatar a espionagem doméstica ilegal que a CIA realizava nas décadas de 1960 e 1970.

Não finjo ter a resposta para todos os problemas da imprensa nos dias de hoje. O governo federal deveria apoiar a imprensa, como a Inglaterra faz com a BBC? Pergunte a Donald Trump. Deveria haver alguns poucos jornais nacionais financiados pelo público? Em caso afirmativo, quem poderia comprar ações dessa empreitada? Este é claramente o momento de renovar o debate sobre o que fazer a seguir. Acreditei por anos que tudo se resolveria, que os jornais americanos decadentes seriam substituídos por blogs, coletivos de notícias online, e por semanários que preencheriam as lacunas das reportagens locais, assim como das notícias nacionais e internacionais, mas, apesar de alguns poucos casos de sucesso — *VICE*, *BuzzFeed*, *Politico* e *Truthout* são os nomes que me ocorrem —, isso não está acontecendo; em consequência, a mídia, assim como a nação, está mais tendenciosa e estridente.

Então considere este livro de memórias exatamente o que ele é: um relato de um sujeito que veio do Meio Oeste, começou sua carreira como contínuo para uma pequena agência que cobria crimes, incêndios e julgamentos e que, onze anos depois, trabalhando como repórter freelancer em Washington para uma pequena agência de notícias contrária à guerra, estava metendo dois dedos nos olhos de um presidente ao contar de um horripilante massacre americano, e sendo recompensado por isso. Não é preciso me dizer sobre o fascínio, e o potencial, dos Estados Unidos. Talvez por isso seja tão doloroso pensar que eu não teria conseguido fazer o que fiz se tivesse que trabalhar com o jornalismo caótico e sem estrutura de hoje em dia.

É claro que eu continuo tentando.

I.
No começo

Cresci na zona sul de Chicago sem conhecer uma só pessoa na área do jornalismo e tendo muito pouco interesse pelo mundo além do campo de futebol e do playground mais próximo. Mas eu lia as páginas de esporte e, aos domingos, os quadrinhos. Meus pais eram imigrantes judeus — meu pai, Isadore, veio da Lituânia; minha mãe, Dorothy, da Polônia. Chegaram a Ellis Island logo depois do fim da Primeira Guerra Mundial e, de alguma maneira, acabaram indo parar em Chicago, onde se conheceram e se casaram. Não penso que eles, uma vez nos Estados Unidos, tenham conseguido terminar o ensino médio — havia uma vida por ser feita e uma família por alimentar. Vieram quatro crianças, dois pares de gêmeos: minhas irmãs, Phyllis e Marcia, nasceram em 1932, cinco anos antes de mim e de meu irmão, Alan. Nenhum de nós entendia por completo o que levou nossos pais a abandonarem suas famílias e o local onde nasceram para embarcar na longa viagem de navio até os Estados Unidos. Foi uma conversa que nunca tivemos, assim como nunca falamos da falta de educação formal dos meus pais.

Éramos de classe média baixa. Meu pai era dono de uma empresa de limpeza na avenida Indiana, 4507, no centro do que na época era, e ainda é, um gueto negro na zona sul de Chicago. Era um emprego das sete da manhã às sete da noite, e as entregas muitas vezes o mantinham lá por mais uma hora. Quando Al e eu mal tínhamos entrado na adolescência, esperava-se que trabalhássemos na lavanderia quando ele nos pedia, nos fins de semana e nas tardes mais ocupadas durante a semana. Meu irmão e eu morríamos de medo de nosso pai, que tinha um temperamento explosivo e cuja ideia de um domingo divertido era acordar cedo, pegar nós dois, dirigir até a lavanderia, lavar o chão, e então nos levar para uma sauna russa, que não existe mais faz tempo, na zona oeste de Chicago, onde ficávamos suando e depois éramos esfregados com galhos duros de bétula. Nosso prazer vinha depois; havia uma pequena piscina onde podíamos pular, e arenque fresco com refrigerante para o almoço. Papai era um homem misterioso. Aprendi só seis décadas depois de sua morte que a sua cidade natal era Seduva, um vilarejo de fazendeiros com uma grande comunidade judaica, a cerca de 160 quilômetros a noroeste da capital, Vilnius. Em agosto de 1941, a população judaica de Seduva, de 664 pessoas, incluindo 159 crianças, teve que marchar para fora do vilarejo e lá foram executados, um a um, por uma unidade alemã auxiliada por colaboracionistas lituanos. Meu pai nunca falou da Alemanha nazista ou da Segunda Guerra Mundial. À sua própria maneira, Isadore Hersh era tanto um sobrevivente do Holocausto como um negacionista do Holocausto.

Meu pai me contou, no entanto, que ganhou uns preciosos dólares tocando o cantar dos pássaros no violino quando chegou aos Estados Unidos, no início da década de 1920. Era só uma história que eu tinha ouvido até que, depois de muita pressão, meu irmão e eu começamos a fazer aulas de violino nas tardes de domingo com David Moll, que era na época, ao final da guerra, um violinista da Sinfônica de Chicago. Al e eu ficávamos pateticamente arranhando o instrumento por uma hora e pouco, e daí Moll e nosso pai tocavam duetos sem parar. Nosso pai realmente sabia tocar, mas nunca o fazia fora dessa hora com Moll. Lembro-me de que um dos seus outros prazeres era o carteado mensal de sábado à noite com seus conterrâneos, refugiados de Seduva que, como ele, eram pequenos comerciantes que acabaram indo parar em Chicago.

Meu pai nunca entendeu os Estados Unidos. Quando Al e eu estávamos no segundo ano do ensino médio, nos mudamos do nosso modesto apartamento situado no que pensávamos ser uma comunidade predominantemente judaica na 47 Leste para um novo conjunto habitacional, a muitos quilômetros de distância, no extremo sul da cidade. Foi ideia da nossa mãe. A nossa nova moradia era uma unidade de esquina em um complexo de casas, estava cheia de novos móveis cobertos de plástico, e havia uma pequena faixa de grama do lado de fora. Nós detestamos, mesmo tendo dois banheiros, porque ficamos muito longe de nossos amigos e dos campos de esportes que conhecíamos tão bem. Alguns dias depois da mudança, eu estava ao lado do meu pai enquanto ele, obedientemente, e bem quieto — ele sempre foi quieto, até o seu temperamento explodir —, regava o gramado. Em algum momento, um de nossos novos vizinhos apareceu com um sorrisão. Era a pessoa mais irlandesa possível, com um sotaque fortíssimo. Disse que seu nome era McCarthy e nos deu as boas-vindas ao bairro. Meu pai apertou a mão dele e perguntou, de forma queixosa: "Por acaso você é um praticante da fé judaica, sr. McCarthy?". Ainda consigo sentir a mortificação de quando saí correndo para dentro de casa coberto de vergonha. Minha mãe deve ter se esforçado para se adaptar aos Estados Unidos também, mas ela encontrou um refúgio, por sorte, acredito, na sua obsessão por cozinha e confeitaria. A comida se tornou o seu principal meio de comunicação. Mamãe, para ser justo, era incrível com biscoitos e tortas; ainda consigo sentir o gosto do strudel de maçã que fazia, mesmo sem conseguir me lembrar de ter tido qualquer conversa íntima com ela.

Meu pai fumava três maços de Lucky Strike por dia — eu tinha ojeriza da sua tosse constante à noite — e foi diagnosticado com câncer de pulmão agudo quando eu tinha apenas dezesseis anos. Isso me impediu de fumar algo além de um baseado ocasional ao longo de minha vida. Ele passou por uma cirurgia que não deu certo e a doença continuou avançando por mais um ano, até chegar à metástase e atingir o cérebro. Fui designado para cuidar dele porque tinha menos medo de desagradar-lhe e de apanhar, como às vezes acontecia, quando ele me batia com o couro que ele usava para afiar a lâmina de barbear. Uma das minhas primeiras lembranças é observar impressionado o meu pai afiá-la e depois fazer a barba cuidadosamente com aquela lâmina assustadora. Meu pai permaneceu pouco comunicativo, mas muitas vezes, por dentro, estava furioso com o seu destino. E com o nosso. Dava para sentir. Ele morreria aos 49 anos, no fim de julho de 1954, um mês depois de meu irmão e eu terminarmos o colégio.

Eu mal consegui concluir o colégio, pois entrei, junto com o meu pai, numa grande tristeza. Sempre fui um aprendiz agressivo, um autodidata que por volta dos treze anos entrou no clube de leitura mensal e diligentemente enviava um dólar por mês para receber a seleção de não ficção — em geral era uma diatribe anticomunista escrita por J. Edgar Hoover ou por pessoas que compartilhavam de sua visão. Mas também havia obras prazerosas — longas histórias da monarquia Habsburgo e estudos sobre a Igreja Católica Romana e as Cruzadas Cristãs da Idade Média. O colégio, porém, tornou-se cada vez mais irrelevante para mim ao passo que meu pai pouco a pouco definhava. Eu matava aula, ignorava as tarefas de casa, era arrogante com os professores e demonstrava, de todas as formas antissociais, o quanto ficava perturbado porque ninguém vinha me buscar no colégio ou me esperava em casa.

Fiz um acordo com Alan, que passou anos fascinado com a nova ciência da cibernética, cujo pioneiro era Norbert Wiener, do MIT, seu guru. Ele poderia sair de Chicago e se mudar para o campus da Universidade de Illinois, em Urbana-Champaign, ao sul do estado, a duas horas de carro. Ficou subentendido que, em troca disso, ele cuidaria da nossa mãe depois da graduação. Al estudou engenharia elétrica e deixou a família orgulhosa, e acabou fazendo doutorado em dinâmica de fluidos na Universidade da Califórnia, em Los Angeles.

Eu não fiquei deprimido porque, o tempo inteiro, estive muito mais envolvido do que Al com a lavanderia do meu pai, com o constante cheiro de fábrica de trabalho escravo por causa do vapor gerado pela máquina de passar roupa que esmagava ternos e casacos. Eu queria ter certeza de que esse negócio sobreviveria e que manteria a minha mãe dedicada às suas panelas, assadeiras e farinha. Isso sim é estar deslocado. Não importava que eu e outros dois da minha classe tivéssemos atingido a nota mais alta no teste padrão de QI no nosso último ano; os outros dois foram para Harvard, e eu não tinha ideia do que faria, além de dar continuidade ao negócio da família. Minhas irmãs tinham saído de casa bem antes, então só sobraram minha mãe e eu, uma casa nova que eu detestava, e a lavanderia. Ser inteligente, naquele momento, era irrelevante. Mas eu era dono do meu próprio destino e fiz as escolhas que achava que deveriam ser feitas, mesmo que elas me mantivessem na avenida Indiana.

Tive cedo uma aula sobre ética de negócios, poucas semanas depois do falecimento do meu pai, com Benny Rubenstein, o patriarca de uma sinagoga local no nosso antigo bairro — ninguém de nossa família agnóstica chegava perto dela, embora Al e eu tivéssemos feito hebraico lá, basicamente porque ficava perto de um grande campo de softbol. Benny, um sobrevivente do Holocausto, era um sujeito franzino na faixa dos oitenta com um nariz grande e tufos imensos de cabelo branco saindo das orelhas. Fazia muito calor, um calor do meio do verão, e o apartamento dele, assim como todos os outros da antiga vizinhança, não tinha ar-condicionado. Fiquei nervoso quando Benny me chamou, e ao entrar lá, o velho, com um golpe rápido, agarrou uma mosca com a mão, esmagou-a e deixou-a cair. Tente fazer isso alguma vez. Nunca vou esquecer as palavras dele, ditas com o sotaque mais iídiche dos iídiches: "Seymour. Você agora é o homem da casa, e precisa cuidar da sua mãe. Então vou lhe dar um conselho como homem de negócios. Foda com eles antes que eles fodam com você!". Fiquei pasmo. Ele realmente disse "foder" duas vezes? Estava falando dos nazistas ou de um possível parceiro de negócios? Saí daquele apartamento o mais rápido possível.

Um mês depois, segui o único caminho possível: eu, uma pessoa de conhecimentos gerais que detestava ciências mas adorava romances e história, faria uma faculdade de dois anos no centro de Chicago, que para entrar não exigia nada além da capacidade de pagar 45 dólares por semestre para ter um armário. A instituição, conhecida como Navy Pier [Píer da Marinha], foi aberta pela Universidade de Illinois imediatamente depois da Segunda Guerra em uma antiga base de treinamento da Marinha que se projetava quase um quilômetro para dentro do lago Michigan. Fora criada para acomodar veteranos que retornaram da guerra com pouco dinheiro e desesperados para ter alguma educação. Depois de dois anos, os alunos tinham que ser transferidos para o campus principal em Urbana-Champaign para obter seu diploma.

Minha agenda semanal envolvia abrir a lavanderia às sete da manhã e aí, quando chegasse um funcionário, dirigir alguns quilômetros até a faculdade para frequentar as aulas. Lembro-me de caminhar por um corredor central mal iluminado que levava às salas de aula de madeira úmida, antes usadas para ensinar navegação e outras habilidades para os homens que iam para a guerra. Eu odiava, em especial, a educação física obrigatória, que exigia que todos os estudantes do sexo masculino corressem, ou tentassem correr, quatrocentos metros em menos de um minuto. Não conheci ninguém na faculdade e não fiz amigos lá. Dirigia até o local, frequentava as aulas, corria na pista de corrida e dirigia de volta até a lavanderia.

E, no entanto, a minha vida mudou lá — ou talvez tenha sido salva — graças a uma intervenção que fui capaz de reprimir por três décadas. Corta para 1983, meses depois de eu ter publicado *The Price of Power* [O preço do poder], uma visão muito crítica acerca da carreira de Henry Kissinger na Casa Branca. Eu trabalhava em Washington, DC e estava num casamento feliz com três filhos, e meus dias na Navy Pier tinham evaporado da memória. O livro causou uma grande tempestade, pró e contra, e provocou uma enxurrada de cartas. Uma delas, cuidadosamente digitada, vinha de um professor da Universidade de Illinois chamado Bernard Kogan, que se apresentou dizendo que tinha obtido recentemente o título de doutor em literatura na Universidade de Chicago quando, na primavera de 1954, passou a ministrar um curso de literatura moderna na Navy Pier. "Prezado sr. Hersh", assim começava a sua carta. "Tenho certeza de que você não se lembra de mim." Eu não lembrava, mesmo depois de ele explicar o motivo pelo qual estava entrando em contato. "Eu intervim na sua vida de maneira como só viria a fazer duas vezes ao longo de minha carreira. Em um caso foi em defesa de um jovem que se tornou um cirurgião e salvou muitas vidas. A outra foi com você. Tenho orgulho dos dois." Não fazia ideia do que o cara estava falando. E então, ao reler a carta, a memória brotou tão de repente quanto lágrimas nos meus olhos. Aconteceu três décadas atrás, e a aula tinha acabado de terminar. Eu tentava me esconder no fundão, como sempre, e estava indo em direção à porta quando Kogan me chamou pelo nome e me pediu que fosse falar com ele. Ansiedade total. Teria feito algo de errado? Caminhei até ele e a primeira coisa que me disse foi: "O que você está fazendo aqui?".

"O que você está fazendo aqui?" Lembro-me de entender exatamente o que ele queria dizer. Era algo que eu andava me questionando fazia semanas. Como resposta, murmurei algo sobre a morte do meu pai e ter sido deixado sem escolha além de manter o negócio da família. Não me lembrava de mais nada até começar a editar este livro de memórias: agora recordo que, uma semana antes, tinha entregado um ensaio comparando um romance do escritor britânico Somerset Maugham com uma obra americana contemporânea, talvez um romance de F. Scott Fitzgerald, e Kogan me devolveu o trabalho com uma nota A e muitos comentários elogiosos. Kogan, então, me surpreendeu ao pedir que o encontrasse no departamento de inscrições da Universidade de Chicago assim que possível. Fiz isso, realizei o teste de admissão dado a todos os candidatos naquele mesmo dia, ou logo depois, fui aceito, e imediatamente transferido, pois o semestre tinha acabado de começar.

Sentia-me em casa lá, com a ênfase dada em pensamento crítico e um currículo que não dependia de livros didáticos, mas de obras originais de pesquisadores e teóricos. O mais importante disso é que a nota final de muitas das disciplinas era baseada apenas numa prova escrita de quatro ou seis horas. Sempre consegui escrever — dizer exatamente o que eu queria dizer de uma só vez — e essa habilidade me fez passar pela faculdade com notas melhores do que eu de fato merecia.

Quanto ao maravilhoso dr. Kogan, poucas semanas depois de receber sua carta eu viajei a Chicago para encontrá-lo e dar uma palestra, a pedido dele, diante da filial de Chicago da sociedade acadêmica Phi Beta Kappa, que ele havia fundado no fim da década de 1970. Também fiz questão de, a partir de então, estar sempre disponível, na medida do possível, para palestras ou discussões em sala de aula para aqueles professores da região de Washington que tinham perguntas sobre a política externa dos Estados Unidos, seja na faculdade ou no colégio. Bernard Kogan e eu trocamos nossas últimas cartas em 1998, quando ele me disse que estava doente. No fim de 1997, ele escreveu, com uma satisfação óbvia: "Uma coisa está muito clara para mim, Seymour: você não é mais o rapaz quietinho que eu puxei para um canto e aconselhei fora da sala de aula numa tarde dos anos 1950". Obrigado, dr. Kogan.

Meus dias na Universidade de Chicago eram empolgantes e divertidos. A faculdade tinha uma boa parcela de malucos, muitos deles brilhantes e iconoclastas, com certeza. Eu não era maoista, platônico ou socrático, mas com certeza era um maluco também, porque me dividia entre a vida universitária e o cuidado com a lavanderia da família, e ainda continuava morando com a minha mãe. Apesar de tudo, arranjava tempo para estudar, jogar um ano ou dois no time de beisebol, entrar numa fraternidade, tentar entender as garotas e amadurecer. Minha mãe, em defesa dela, envolveu-se cada vez mais com o dia a dia da lavanderia, cujos rendimentos minguavam de forma constante, mas ainda gerava lucro suficiente para nos manter. Eu não tinha nenhuma relação com o jornalismo, além de ter pegado o hábito de resolver as palavras cruzadas diárias do *New York Times*, olhar as manchetes e me preocupar com Ike, Nikita e a bomba. Por volta de 1958, quando Alan e eu estávamos quase nos formando, a liberdade surgiu. Al, cumprindo fielmente o seu compromisso, assumiu um trabalho de engenharia em San Diego, mudou-se para lá com sua esposa e encontrou um apartamento próximo para a nossa mãe. A lavanderia foi vendida por um preço baixo a um funcionário. Eu me mudei para um porão em Hyde Park, na zona sul do bairro da universidade; custava doze dólares por semana e tinha um banheiro no final do corredor. Era incrível.

Com o meu diploma em letras, mas sem ter sido laureado, passei os meses seguintes sem conseguir encontrar um emprego decente. Eu tinha bastante interesse na empresa Xerox, que à época estava a um ano de vender a primeira máquina copiadora comercial. Não lembro quem foi que me avisou da empresa, mas, no fim do verão, ficou claro que a Xerox não tinha interesse em me contratar. Um dos meus bons amigos da faculdade era o David Currie, que também jogava beisebol e cujo pai, Brainerd, era um especialista de primeira em direito e lecionava na Faculdade de Direito da Universidade de Chicago. Ele também amava beisebol e passava horas rebatendo com bolas altas para o filho dele e para mim. David tinha ido estudar direito em Harvard no ano anterior; ele era funcionário do juiz da Suprema Corte Felix Frankfurter e acabou lecionando por mais de quatro décadas na Faculdade de Direito de Chicago. Quando encontrei seu pai, expliquei a ele que, estando quase no fim do verão, queria entrar na Faculdade de Direito da Universidade de Chicago, e o professor Currie arranjou isso em poucos dias. Ele, assim como Bernard Kogan, viu mais coisas em mim do que eu mesmo via naquela época.

Passei por alguns trimestres com notas razoáveis, mas achava o estudo das leis entediante, e a faculdade de direito monótona, com sua ênfase em leitura e memorização de casos. Perto do fim do ano, eu tinha praticamente desaparecido e fui expulso da faculdade pelo reitor Edward Levi (que reapareceria na minha vida uma década depois). Isso não me deixou incomodado, pois sabia que tinha feito a coisa certa. Meu único arrependimento foi que Brainerd morreu em 1965 e não pôde ver eu deixar a minha marca em outra área.

Os meses seguintes permanecem pouco nítidos para mim. Pensei em entrar na faculdade de administração e frequentei algumas aulas. De jeito nenhum. Enquanto cursava direito, trabalhei meio período vendendo cerveja e uísque numa loja de conveniências no suburbano Evergreen Park, no extremo sudeste de Chicago, e comecei a fazer o mesmo em tempo integral numa loja Walgreens em Hyde Park. Certa noite, dois escritores de Chicago que eu admirava muito, Saul Bellow e Richard Stern, entraram para comprar bebida. Stern, cujo seminário sobre escrita de ficção eu havia frequentado na faculdade — ele escolhia pessoalmente os alunos —, me constrangeu ao perguntar, basicamente, como Kogan fizera antes, o que você está fazendo aqui?

Estava naquele humor de "o-que-eu-faço-agora?" quando, bebendo uma cerveja num bar da vizinhança, deparei com um sujeito que já encontrara antes, mas não recordava a ocasião. Seu nome era Peter Lacey, e ele me lembrou de quando tentou roubar a garota que estava comigo um ano antes numa festa. (Tal sacanagem era conhecida em Hyde Park como "caçar pássaro com cachorro".) Rimos juntos e começamos a conversar enquanto bebíamos umas cervejas. O que eu estava fazendo? Vendendo uísque. Peter, por sua vez, me falou que estava trabalhando na revista *Time*, mas que começara sua carreira como foca no City News Bureau (CNB) de Chicago. O City News, como aprendi na sequência, tinha sido montado na virada do século pelos jornais de Chicago para encontrar repórteres dispostos a cobrir os julgamentos na cidade e as ocorrências policias, guardando dinheiro para os peixes grandes. Os crimes de rua eram o foco do CNB — e havia muitos em Chicago — e as reportagens serviam de auxílio para os grandes jornais diários; o local também era uma fonte de repórteres jovens e ambiciosos. O City News se tornou famoso, por um curto período, graças a *The Front Page*, a peça de sucesso perene — que depois virou filme — escrita por Ben Hecht e Charles MacArthur.

Parecia divertido, especialmente porque Lacey também me disse que o City News tinha duas formas de recrutar sua equipe, que mudava o tempo inteiro: metade vinha da famosa Faculdade de Jornalismo Medill da Universidade Northwestern, e a outra metade vinha de pessoas com diploma universitário que se inscreviam. Hoje já não faço ideia se era mesmo assim, mas eu acreditava nisso na época. Então fui até o escritório do City News Bureau no centro e preenchi uma ficha. Não pediram referências e eu não dei nenhuma. Um contínuo me disse que eu seria chamado quando chegasse a minha vez. Alguns meses depois, me mudei, sem pensar no fato de que o City News agora ficaria com meu telefone desatualizado. Mais alguns meses se passaram, e eu continuei vendendo uísque, vergonhosamente, e, sem vergonha alguma, a aproveitar minha liberdade — uma liberdade que eu não tinha vivido desde que meu pai adoecera. Passava meus dias lendo autores modernos e nem tão modernos — William Styron, Norman Mailer, Philip Roth, Nelson Algren, James Farrell — e mantendo um diário com todas as palavras que eu desconhecia, como "amanuense" e "alcunha". Meu romance favorito por um bom tempo foi o famoso *As aventuras de Augie March*, de Saul Bellow, sobre um rapaz de Chicago que, como eu, não conseguia se dar bem na vida.

Numa sexta à noite, depois do trabalho, fui convidado para jogar pôquer no meu apartamento anterior, que agora era ocupado por um grupo de estudantes que sabiam, ao contrário de mim, jogar pôquer muito bem. Pelas duas ou três da manhã eu já estava zerado e decidi dormir no sofá daquela sala de estar suja que eu conhecia tão bem. Na manhã seguinte, logo depois de o relógio marcar nove da manhã — eu ainda dormia pesado —, o telefone tocou. Atendi. Era um editor chamado Ryberg, do City News. Estava procurando o Hersh. Confessei que era eu. Ele perguntou se eu ainda queria um emprego como foca, pagava 35 dólares por semana, e se poderia começar imediatamente. Eu podia. Semanas depois, à medida que me tornava mais e mais interessado por jornalismo, vi Walter Ryberg, o editor de Cidades que passou cinco décadas no City News, procurar um novo repórter. Ele pegou a pilha de fichas de inscrição e começou a discar. Se ninguém atendia, ou se a pessoa não morasse mais lá, a ficha era botada no fim da pilha. Minha carreira no jornalismo começou num jogo de pôquer em que perdi todo o meu dinheiro.

2.
City News

Meu primeiro trabalho no City News foi uma lição de humildade. Fui designado como contínuo no turno da noite, a partir das cinco da tarde, e as tarefas eram estúpidas. Minha obrigação mais importante era preparar rapidamente muitas cópias das reportagens à medida que eram escritas. Essas matérias, depois de editadas, eram digitadas num estêncil de papel encerado que eu prendia num mimeógrafo. Então eu começava a girar a manivela feito um louco. As cópias que produzia eram distribuídas em tubos pneumáticos e saíam voando pela redação e para os clientes de rádio e TV. Virava uma loucura quando havia alguma notícia relevante — um duplo assassinato ou uma sentença muito aguardada de um julgamento criminal importante — e eu acabava o meu turno invariavelmente coberto da tinta azul que tinha de colocar na máquina.

Minha outra tarefa básica era ainda mais sem graça. Não podia encerrar meu turno sem dar uma bela de uma esfregada, com um sabão especial, na mesa de Larry Mulay, o editor do turno da manhã que esteve no City News desde a época de John Dillinger e dos tiroteios da máfia nas ruas. Eu poderia ter ganhado três prêmios Pulitzer na noite anterior e ainda assim seria demitido se a mesa de Mulay não fosse aprovada na sua inspeção minuciosa, feita com luvas brancas na manhã seguinte. Ele colocava as luvas e passava os dedos pela mesa, procurando algum rastro que significaria a demissão de um contínuo. Tinha uma tarefa ainda mais detestável nas noites de sexta, quando o City News era responsável por encaminhar os resultados do basquete juvenil da região para todos os clientes. Passava horas no telefone registrando os placares para a seção de Esportes, formada por um só jornalista, um editor rabugento que levava seu trabalho infeliz muito a sério, como acabei descobrindo depois.

Apesar de tudo, eu estava apaixonado. A maior parte dos editores e dos repórteres era de cínicos e sábios de uma maneira que só pode ser descrita como "o jeito de Chicago". Os policiais recebiam caixa dois e a cidade era governada por mafiosos. Os repórteres do City News, com raras exceções, ignoravam a corrupção e, em troca disso, tinham acesso às cenas de crime e podiam estacionar onde quisessem, contanto que deixassem o cartão de imprensa exposto no painel. A Outer Drive de Chicago, a principal estrada que liga o norte ao sul, ficou conhecida, por influência do comediante Mort Sahl, como o último entreposto de suborno coletivo. Os bares ficavam abertos até tarde, e os policiais ganhavam ainda mais bebidas de graça do que os repórteres. Lenny Bruce estava nos palcos a algumas quadras de distância, no clube noturno Mister Kelly, na rua Rush, e era possível ouvir Miles Davis, John Coltrane e Thelonious Monk enquanto se bebia uma cerveja no Sutherland Lounge, na zona sul. Os ambiciosos jovens repórteres que trabalhavam nos tribunais e nas batidas policiais compreenderam que sua missão era se encaixar no sistema e, de alguma maneira, garantir o funcionamento da cidade. Os repórteres do City News eram, na minha opinião, os mais cínicos de todos — mafiosos sarcásticos que estavam sempre caçoando de todo mundo (especialmente um novo contínuo). Eles viviam o presente. Eu, que passei boa parte da minha vida sentindo que não tinha controle de nada, estava perplexo.

Minha avidez para entrar nesse mundo — fugir da limpeza da escrivaninha e dos mimeógrafos e ir para a rua — irritava os editores, em especial Bob Billings, o editor noturno, meu editor noturno, no City News. A maior parte dos repórteres trabalhava fora do escritório principal, com suas escrivaninhas capengas, piso sujo, máquinas de escrever antigas, má iluminação. Havia um contínuo, um editor e três ou quatro pessoas que trabalhavam na reescrita; as matérias mais importantes eram ditadas por telefone pelos repórteres espalhados pela cidade, e então reescritas. A regra essencial era: confira antes de comunicar. Um dos editores-chefes, Arnold Dornfeld, que morava fora da cidade e às vezes usava botas enlameadas que, para meu grande horror, ele adorava estacionar em cima da mesa de Larry Mulay, ficou conhecido por dizer a um repórter: "Se a sua mãe disser que te ama, é bom dar uma conferida". Os rapazes que ficavam na rua e que não checavam bem os fatos, ou cujas reportagens eram menos completas que a de outros, não duravam muito no emprego. Um dos meus trabalhos como contínuo consistia em ler todos os jornais diários de Chicago em busca de matérias ou detalhes que nossos repórteres tivessem ignorado e colar cópias das melhores matérias no quadro de avisos do escritório. Os avisos eram conhecidos como "a seção de furos jornalísticos", por motivos óbvios, e confesso que adorava estar na seção. Havia uma constante troca de repórteres, e eu queria entrar no jogo.

Sobrava tempo para bater papo, o que era bacana, mas Billings estava sempre na minha cola — em parte porque estava entediado, e em parte porque eu era bom de papo. De início eu via o Bob, esse sujeito grandalhão com queixo quadrado, como um clichê em movimento. Ele tinha jogado futebol americano na Universidade de Illinois, falava de um jeito durão e namorava (algo que todos nós de alguma maneira sabíamos) a mulher desquitada de um capitão da polícia de Chicago — um feito incrível já que, considerando a reputação dos policiais, punha a vida dele em perigo. Bob, que estava com quase trinta anos, deixou claro para mim várias vezes que ele era completamente incompatível com um judeu rebelde da Universidade de Chicago que não conseguia nem anotar direito os pedidos de sanduíche e que fazia cópias borradas no mimeógrafo. Mas eu tinha começado a ler os quatro jornais diários de Chicago, assim como o *New York Times*, e ocasionalmente apontava informações que nossos repórteres não tinham. Também sempre andava com um livro em mãos, e Bob invariavelmente queria saber o que eu estava lendo. Ele pronunciava, então, em alto e bom som, que aquele livro — ainda mais se fosse um romance — não ia me ajudar a virar um repórter. Não era difícil perceber que Billings tinha uma bela bagagem de leituras, e era muito mais inteligente e aberto do que deixava transparecer.

O interesse dele por mim era torturante também. Numa noite insanamente infeliz em Chicago — nevasca forte, um vento cruel vindo do lago Michigan, a temperatura bem abaixo de zero —, recebemos um informe policial sobre um incêndio comum num bueiro a poucas quadras de distância do escritório. Dei um pulo quando Bob perguntou se eu queria fazer uma reportagem — minha primeira — fora do escritório. Cobrir o incêndio, ele disse. Agasalhei-me o melhor que pude e saí apressado para a cena do crime, mostrando ao chefe dos bombeiros o meu cartão de imprensa e tirando uma caderneta do bolso, perguntei: "O que tá acontecendo?". O chefe ficou surpreso. Era só um incêndio num bueiro. Ninguém se feriu. Não havia história alguma. Dá o fora, ele disse. Retornei ao escritório e relatei a não história para Billings. Qual era o nome do chefe dos bombeiros? Não sei. Sai já daqui e vai lá pegar o nome dele, disse. Fiz isso. Agora escreve, pediu Bob. Escrevi, tratando o incêndio com dignidade e citando extensivamente o chefe dos bombeiros. Billings editou a história e me obrigou a fazer cópias no mimeógrafo — ele jogou todas fora, como eu imaginava.

Algumas semanas depois, meus dias de contínuo chegaram ao fim. Fui inicialmente designado como repórter noturno na delegacia que ficava logo ao sul do centro da cidade, uma promoção que com certeza veio da parte de Billings. Ao longo dos meses seguintes, eu aprendi o básico, a parte boa e a ruim, da minha nova profissão, sem nunca perder a fé.

A primeira lição veio em algumas semanas. Um grasnido no rádio policial no meio da madrugada mencionou "policiais abatidos" — um duplo tiroteio na Roosevelt Road, uma das principais vias logo ao sul do centro. Eu tinha um Studebaker de dez anos que exigia muito cuidado no inverno — quatro horas no frio eram o suficiente para congelar a bateria, então eu passava a noite toda tendo que ligar o carro a cada quatro horas, tanto em casa como na delegacia — mas, por sorte, ele estava pronto para partir. Percorri velozmente os poucos quilômetros que me separavam da cena do crime.

E que cena. Meu contato na polícia me colocou para dentro do perímetro isolado, e alguém me disse que as vítimas eram agentes federais, dois inspetores postais. Um carro sedã de quatro portas tinha colidido contra um poste de luz. Furos de bala cobriam as janelas e as portas. Havia dois homens dentro do carro, cabeças jogadas para trás, cobertos de sangue. Eu só tinha visto uma pessoa morta até então — meu pai em seu caixão —, mas dava para ver que aqueles dois já eram. Um sargento muito irritado estava no comando, e eu me aproximei dele anunciando: "City News". Ele não disse nada. Perguntei se as vítimas estavam mortas. O policial me agarrou pelo casaco e me empurrou com força contra uma viatura. "Não estão mortos enquanto não forem declarados mortos", acrescentando: "imbecil", ou "seu porra", ou "seu merda". Ele quis dizer declarados mortos por um legista. Não havia nenhum legista na cena do crime até o momento. O que fazer? Eu tinha um furo jornalístico, pois nenhum outro repórter havia chegado à cena até então. Deveria correr até um orelhão e comunicar a notícia? Eu tinha certeza de que a minha mãe me amava; era necessário conferir?

Então aguardei. O legista apareceu e fez a declaração. Aí telefonei, descrevendo a cena para o rapaz da reescrita, e disse que o nome dos dois agentes — que com certeza eram tiras disfarçados, porque usavam roupas civis — ainda não tinham sido disponibilizados. Mantive distância do sargento, mas o legista era simpático.

Qual era a lição? Que chegar em primeiro lugar não é tão importante quanto estar certo, e ser cuidadoso, mesmo que essa premissa não tenha sido relevante no caso em questão. Isso foi no fim de 1959. Os erros que cometi nas cinco décadas seguintes — e todos nós cometemos erros — poderiam ter sido evitados se tivesse me lembrado do que o sargento havia dito sobre esperar uma declaração oficial.

A segunda lição veio algumas semanas depois, enquanto eu cobria temporariamente, por uma ou duas semanas, casos na delegacia em Hyde Park, perto da universidade. O processo rapidamente se tornou familiar: ande com outros repórteres; bajule o sargento; compre todo o café que ele quiser; ajude-o, se ele pedir, com as palavras cruzadas de domingo do *New York Times*; e espere o rádio dar algum sinal. Tarde da noite, chega o informe de um incêndio mortal no gueto negro a alguns quilômetros para o oeste, com muitas vítimas. Lá vou eu.

Um casebre de madeira, a vinte e poucas quadras ao norte da lavanderia do meu pai, tinha sido reduzido a brasas quando eu cheguei. Um grupo de corpos, enrolados em lençóis brancos, jazia sobre o pequeno quintal. Estavam organizados conforme o tamanho — papai urso, mamãe urso e três ou quatro ursinhos. Fiquei horrorizado. Um bombeiro muito transtornado — ou era um policial? — me disse que seu principal palpite era que o pai tinha enlouquecido e tocado fogo na própria casa, matando a esposa e os filhos, se é que eram esposa e filhos dele. Fiz muitas perguntas, mas não cheguei a lugar algum, ainda que alguém — talvez um vizinho — tenha me dado os nomes daqueles que se presumia serem os mortos, e alguns detalhes sobre a família, se é que era uma família que estava coberta pelos lençóis.

Que história, pensei, mas eu percebi que não sabia quase nada. Ainda assim, tinha que ir até um orelhão para ditar o pouco que sabia. Era, pensei, uma história que podia virar matéria de capa. Enquanto eu tagarelava, o sr. Dornfeld, o que às vezes usava botas enlameadas, atravessou a ligação. Há eventos traumáticos de que lembramos pelo resto da nossa vida, e eu me lembro de cada palavra que ele disse: "Ah, meu caro e enérgico sr. Hersh. Por acaso as pobres e infelizes vítimas são de etnia negra?". Respondi que sim. Ele disse: "Simplifica então". Isso significava que a minha reportagem do City News sairia mais ou menos assim: "Cinco negros morreram num incêndio ontem à noite na zona sudoeste da cidade". Talvez incluísse o endereço.

Pensei que, por ter trabalhado anos na lavanderia da minha família num bairro negro, sabia algo sobre racismo. Dornfeld me ensinou que eu ainda tinha muito que aprender.

Eu ainda tive uma lição final antes de ir para o serviço militar obrigatório, após meros sete meses de trabalho no City News. Foi meu envolvimento vergonhoso, mas inevitável, no que chamo agora de "autocensura". Estava trabalhando no turno da madrugada na delegacia central quando dois policiais ligaram para informar que um suspeito de assalto tinha sido alvejado ao resistir à prisão. Os tiras que atiraram nele estavam dirigindo até a delegacia para dar o depoimento. Sempre ambicioso, e sempre curioso, corri para a garagem no subsolo para tentar conseguir umas aspas em primeira mão, antes de transmitir a reportagem. O motorista — branco, corpulento e bem irlandês, como muitos dos policiais de Chicago daquela época — com certeza não me viu quando estacionou o carro. Ao descer do veículo, um outro policial, que com certeza tinha ouvido o mesmo informe que eu no rádio, perguntou algo como: "Então, o cara tentou fugir?". O motorista respondeu: "Nah. Falei pro negão cair fora e daí dei um pipoco nele".

Dei no pé, sem ser visto, liguei para o escritório e pedi para falar com o editor disponível no momento. (Não era o Billings.) O que fazer? O editor insistiu para que eu não fizesse nada. Seria a minha palavra contra a de todos os policiais, e todos me acusariam de ser mentiroso. A mensagem era óbvia: eu não tinha uma matéria. Mas claro que eu tinha. Então esperei uns dias e pedi uma cópia do informe do legista. A vítima tinha sido alvejada pelas costas. Levei a cópia do relatório médico para um editor. Ele não se interessou. Ninguém se interessou. Eu não tinha como provar que um assassinato tinha sido cometido a não ser o que o próprio assassino dissera, e ele, é claro, negaria tudo.

Então deixei a reportagem de lado. Não tentei localizar e entrevistar o tira que se gabava de ter dado o tiro, nem procurei o parceiro dele. Nem criei uma confusão no City News. Fui cumprir meus seis meses de serviço militar, desesperado com a minha fraqueza e a fraqueza de uma profissão que com tanta facilidade se autocensurava e se tornava cúmplice. Passei a detestar ambas as práticas desde então, ainda que mais de uma vez eu tenha feito vista grossa. Eu descobrira a minha vocação e aprendi, com muita rapidez, que esta não era perfeita. Mas eu também não era.

Meu irmão gêmeo, Alan, à esquerda, e eu, com cerca de cinco anos. Nossas duas irmãs, Marcia e Phyllis, cinco anos mais velhas, também eram gêmeas.

As mesas capengas do City News Bureau em Chicago, por volta de 1960. Comecei minha carreira como contínuo neste local, e a tarefa que mais detestava era deixar a mesa do editor brilhando de limpa.

Celebrando a primeira edição do *Evergreen Park/Oak Lawn Dispatch* no início do inverno de 1962. Bob Billings, meu parceiro, que também foi meu teimoso editor no City News Bureau, está à esquerda; Paul Zimbrakos, que trabalhou comigo e com Bob no City News e se voluntariou a ajudar com a primeira edição, está no centro; encontro-me à direita. O jornal, feito por repórteres inexperientes, prometia cobrir ambos os subúrbios como nunca, abordando de esportes estudantis a debates na prefeitura.

David Halberstam, do *New York Times*, Malcolm Browne, da AP, e Neil Sheehan, da UPI, no Vietnã do Sul, em 1963 — três repórteres magníficos, corajosos e tão, tão jovens. Neil e David rapidamente viraram meus amigos.

Meu primeiro artigo importante como freelancer, escrito em maio de 1967 para a *New Republic*, quando encerrava a minha carreira na AP.

O senador Eugene McCarthy, à direita, e seu apoiador, o poeta Robert Lowell, durante as primárias do Partido Democrata, em 1968. Os dois homens adoravam a companhia um do outro, e era um prazer testemunhar a amizade deles. A ressonância da campanha de McCarthy contra a Guerra do Vietnã foi um grande golpe à presidência de Lyndon Johnson.

Marylouise Oates, vista aqui no fim de 1967 planejando um evento antiguerra, foi minha confiável assistente no período em que fui assessor de imprensa da campanha de McCarthy. Ela me ajudou a organizar vários comícios contrários à Guerra do Vietnã nos anos seguintes.

Ron Ridenhour em 1970, como jornalista no Vietnã, vendo o resultado de um ataque dos Estados Unidos na área de My Lai. No fim de março de 1968, enquanto servia no Exército, Ridenhour sobrevoou My Lai e viu a destruição, e decidiu descobrir o que acontecera lá. Ao contrário de seus colegas, ele escolheu fazer algo quanto ao massacre. Foi a sua onda de reclamações oficiais que me levou a escrever a matéria. Ron foi altruísta em me deixar assumir a cobertura da história. Ele era um homem muito gentil e morreu de ataque cardíaco em 1998, aos 52 anos.

A primeira página do rascunho original do meu primeiro artigo sobre o tenente William Calley, que ordenou o massacre de mais de cem civis vietnamitas em My Lai, em março de 1968. Em novembro do mesmo ano, David Obst, que chefiava o *Dispatch News Service*, transmitiu o texto integral para editores de jornais. Ele conseguiu de alguma maneira convencer mais de 35 editores a pagar cem dólares pelo direito de publicar a matéria.

David Obst, sempre atrevido, em 1992, ao lado de um homem que logo se tornaria presidente.

A edição "extra" da revista *Harper's*, que fez muito sucesso, e trazia um trecho de *My Lai 4* quase do tamanho de um livro.

A primeira página de um capítulo importante do meu manuscrito datilografado de *My Lai 4*, editado por Robert D. Loomis e publicado pela Random House, em junho de 1970.

Nos escritórios módicos do *Dispatch* em Washington, DC. Eu tinha acabado de saber, em maio de 1970, que ganhara o Pulitzer de jornalismo internacional.

Dois meses antes de entrar oficialmente no *New York Times*, fui enviado pelo jornal ao Vietnã do Norte, após uma passagem por Paris. Fui o segundo repórter da grande imprensa a ter a entrada permitida em Hanói e outras cidades do Vietnã do Norte em seis anos. Tirei essa foto de alunos se divertindo comigo em março de 1972, do lado de fora do Hotel Reunification, em Hanói. Eles ficaram empolgados em descobrir que eu era americano e insistiam em dizer "*Good morning, sir*" sempre que passavam por mim.

Numa coletiva em 1971, os grandes chefes do *New York Times*. Da esq. para a dir.: o editor executivo A. M. "Abe" Rosenthal, o *publisher* Arthur Ochs "Punch" Sulzberger e o conselheiro-geral James Goodale — todos tentando parecer muito tristes após descobrirem que a Suprema Corte havia definido que o *Times* poderia continuar publicando os Documentos do Pentágono, até então confidenciais. Mais de uma vez ouvi que era uma decisão que abriu caminho para que eu e outros do *Times* pudéssemos avançar em questões de segurança nacional e no caso Watergate.

Uma carta endereçada a mim, escrita pelo tenente-coronel Edison Miller em maio de 1973, depois de ter sido libertado de um campo de prisioneiros no Vietnã do Norte. Ele me agradecia pelas minhas "reportagens sinceras" sobre a guerra. Miller passou mais de cinco anos aprisionado — boa parte desse tempo na infame prisão Hanoi Hilton — após ter sido ferido.

O forte e silencioso Major Bo, designado pelo Exército do Vietnã do Norte, contra a sua vontade, a ser meu colega de viagem e segurança durante a minha visita a Hanói pelo *Times*. Viramos amigos, embora nossa comunicação não fosse fácil, porque ele falava vietnamita e francês, e eu não falava nenhuma dessas duas línguas. Mas os seus olhos negros comunicavam bastante.

3.
Interlúdios

Meus seis meses como soldado no Exército americano não foram uma experiência transformadora. Fiz o treinamento básico no calor do verão de 1960 em Fort Leonard Wood, Missouri, uma base desoladora ao pé das montanhas Ozark, a 240 quilômetros a sudoeste de St. Louis. Fiquei em forma por marchar de um lado para o outro por horas a fio e por fazer centenas de flexões de braço e polichinelos todos os dias. Também aprendi a disparar um rifle, a desmontá-lo e a montá-lo de novo de olhos vendados. Havia mais para aprender: como dar banhos forçados — chamávamos de banhos de soldado — naqueles rapazes do campo com pouca educação da minha unidade que se recusavam a lavar os uniformes, e a si mesmos, depois de dias longos no calor brutal de um estande de tiro. Também havia espaço para a diversão, impulsionada pelo poder relaxante da aguardente caseira que geralmente estava disponível para compra fora dos portões da base.

Depois de cumprir o treinamento básico, minha breve passagem pelo City News me levou a ser designado como jornalista no quartel da Primeira Divisão do Exército em Fort Riley, Kansas. Considerando as alternativas — como mais treinamento para combate —, me pareceu um posto excelente. Minha primeira manhã lá foi um choque. O toque de despertar era antes das seis da manhã e, enquanto eu escovava os dentes, dois soldados, desgrenhados e cheirando a álcool, correram em direção ao grande banheiro no porão do quartel. Eles eram os playboys da companhia. Quando questionados sobre o motivo do atraso, um deles explicou que tinham vindo dirigindo de Topeka após uma noitada na cidade com umas mulheres, o que custou uma dinheirama. Alguém perguntou onde eles arranjaram a grana. O soldado respondeu, sem hesitar, que ele e seus amigos tinham ido antes a um bar na "cidade T" — Topeka — conhecido por seus frequentadores gays, e pagado um número suficiente de boquetes para financiar a festança posterior. Primeiro achei que era uma brincadeira, mas depois me garantiram que não. Ainda tenho minhas dúvidas. Admirável mundo novo para o moleque que eu era, que ainda precisava amadurecer bastante.

Por sorte, os soldados com quem eu trabalhava no escritório de informação pública eram muito menos quixotescos, e nos meus quatro primeiros meses lá fui apresentado a alguns especialistas em burocracia do Exército — uma máquina incansável que eliminava variações e aleatoriedade, assim como o treinamento básico foi feito para erradicar a individualidade. Nove anos depois, enquanto procurava desesperadamente pelo tenente William L. Calley, o soldado que tinha sido inicialmente apontado como o genocida de My Lai, descobri que ele estava se escondendo numa base do Exército na Geórgia. Sabia que se o procurasse na base eu o encontraria porque lá dentro, em algum canto, o nome de Calley estaria listado.

No fim dos anos 1960, eu não precisava mais cumprir o serviço militar e voltei para Chicago, ansioso para retornar ao City News. Fui o primeiro repórter lá em anos, se não desde o início do jornal, que não recebeu uma oferta de emprego depois de cumprir o serviço militar. Eu merecia essa humilhação, pois decidi, no último dia de trabalho, me vingar do editor de Esportes no City News pelas muitas noites de sexta-feira nas quais tive que transcrever centenas de milhares — pelo menos é o que parecia — de placares de jogos de basquete do ensino médio. Comprei um grande número de jornais britânicos e irlandeses e recortei dezenas de matérias relacionadas a esportes desconhecidos para americanos, como rúgbi, *curling* e críquete, e colei tudo no espaço de furos de reportagem do quadro de avisos do escritório — como eu fazia com as matérias perdidas pelos repórteres policiais. Acho que na época eu pensava que acusar o editor de Esportes de conduta negligente era algo engraçado, mas mesmo então eu sabia que era uma vingança desnecessária. Ele se importava com o próprio trabalho tanto quanto eu me importava com o meu. Então recebi o que merecia.

Como estava desempregado e sem dinheiro, minha irmã Phyllis, já casada e com filhos, me deixou dormir no porão de sua casa enquanto procurava um novo trabalho. Tentei os jornais diários de Chicago e algumas estações de rádio, sem êxito. Depois de alguns meses, dei sorte: um pequeno semanário no sul suburbano de Chicago estava procurando um editor e pagava 110 dólares por semana. O jornal circulava por Evergreen Park e Oak Lawn, dois subúrbios prósperos, que estavam crescendo, e que eu conhecia muito bem. Havia trabalhado nos fins de semana e em mais duas noites durante a semana vendendo uísque e cerveja em troca de um dólar e meio por hora num shopping em Evergreen Park, durante a faculdade de direito. Mencionei isso enquanto estava sendo entrevistado pelo diretor de redação, que não sabia nada de como escrever ou editar um jornal — e eu também não —, e fui imediatamente contratado. Um fator importante, depois percebi, foi a minha familiaridade: para o meu novo chefe, ter vendido bebida na área era experiência suficiente.

A viagem do porão da minha irmã ao norte de Chicago para o extremo sul era longa, mas eu a realizava com alegria. Era um negócio de um homem só — eu era o repórter e o editor responsável pelo conteúdo e também pelo visual de cada página do semanário, que era impresso numa gráfica ofsete. Cada página era montada com tipografia e, depois de passar na prensa, surgia transferida em uma imagem de tinta, que finalmente seguia para a gráfica que produzia o tabloide. Eu estava por minha conta a partir do momento em que entrava, e nos nove meses seguintes fiz um doutorado em produção de jornal de cidade pequena. Acabei percebendo que havia sido um mero peão no mundo árduo de publicações de jornais suburbanos de Chicago. Nosso principal concorrente era um semanário com bastante financiamento e equipe completa conhecido como *Southwest Suburbanite*, cujas edições regionais eram distribuídas pelo sudoeste de Chicago e seus subúrbios, inclusive Evergreen Park e Oak Lawn. O *Suburbanite* era dono do semanário onde eu trabalhava. Meu jornal existia somente para afastar concorrentes capazes de produzir algo melhor e roubar parte da circulação e do dinheiro de publicidade que o *Suburbanite* arrecadava.

Tais detalhes não me importavam. Como um garoto do interior, estava ansioso para aprender como funcionavam os subúrbios e fui fisgado pelo trabalho. Foi algo que aprendi com meu pai; se fosse para trabalhar, que trabalhasse de verdade. Escrevi sobre comitês estudantis e municipais, e dei um jeito de começar a trabalhar com a pequena gangue de colunistas sociais e de fofoca — em geral, mulheres casadas com crianças em casa — que enchiam as páginas com besteiras. Descobri um adolescente esperto que escrevia sobre esportes nos colégios locais. Visitava os poucos banqueiros e comerciantes da região que anunciavam no semanário e eles repetiram muitas vezes que queriam um jornal melhor — maior cobertura significaria mais leitores, e mais acesso às propagandas deles. Aprendi a compor páginas fáceis de ler na impressora e pensei a fundo nas manchetes. A máfia de Chicago — que era liderada, então, por Sam Giancana — controlava muitos dos sindicatos cujos membros trabalhavam na construção de esgotos da região, e escrevi uma série de artigos apoiando um jovem reformista chamado Smith, que concorria a vereador com uma plataforma anticorrupção. Tive uma prova da realidade da cidade grande, à moda de Chicago, quando ele foi assassinado antes da eleição, alvejado várias vezes em seu carro. Ele tinha família, e é claro que o assassinato, como várias outras matanças da máfia na época, nunca foi esclarecido. (Descobri mais sobre sua morte ao trabalhar para o *Times* no fim dos anos 1970.) Não havia interferência editorial no meu jornal, controlado por um diretor infeliz que não possuía a menor influência política.

Naqueles meses, reatei a amizade com Bob Billings, que tirava sarro do fato de que eu trabalhava numa porcaria de semanário. Nós dois adorávamos golfe e jogávamos com frequência nos nossos dias de folga.* Depois de um tempo, Bob começou a falar de nós dois abrirmos um jornal semanal nos mesmos subúrbios, com todas as reportagens importantes da região e que pudesse fazer a diferença, ao contrário do meu semanário. Ele tinha dinheiro o bastante para começar e sabia que tinha algo de esquisito no meu pequeno semanário, que continuava circulando com poucas propagandas e vendas baixas. Eu tinha experiência em editar e produzir um semanário e, mais importante do que isso, o dom da lábia. Conhecia a maior parte dos banqueiros e donos de pequenos comércios em Evergreen Park e Oak Lawn, e tinha bastante certeza, jovem e inexperiente como eu era, de que seria capaz de convencer vários deles a investir no que prometia ser um semanário sério. Nossas conversas não passaram de fantasia até chegar o Natal, quando o diretor de redação me deu um bônus de fim de ano, uma novíssima cédula de dez dólares, envelopada dentro de um cartão natalino cafona. O cara não fez ideia do quanto aquilo me ofendeu. Era hora de encarar o fato de que o semanário que eu editava não tinha futuro. Então pedi demissão e falei com Billings para darmos continuidade ao plano.

---

* Golfe era um esporte um tanto incomum para um moleque do gueto da rua 47, mas meu irmão e eu encontramos tacos abandonados, de vara de madeira, enquanto remexíamos o porão do nosso complexo de apartamentos de baixa renda. Não devíamos ter mais de sete ou oito anos na época, e uma das minhas irmãs, acho que a Marcia, me levou para jogar algumas vezes num campo de golfe público perto dali — cinquenta centavos por nove buracos. De alguma maneira, aprendi a jogar e logo fiquei bom o suficiente a ponto de me divertir com isso. [N.A.]

Lançamos o jornal cerca de um mês depois, o *Evergreen Park/Oak Lawn Dispatch*, com uma primeira edição ambiciosa. Um banqueiro local e comerciante independente se comprometeu a pagar anúncios de página inteira, e lançamos o jornal no meio do inverno, quando começaram as inscrições para a segunda metade do ano letivo. Ron Goldberg, um amigo da época do colégio, era um fotógrafo amador incansável, e ele passou — atendendo às minhas súplicas — um longo dia registrando o primeiro dia do jardim de infância de algumas escolas locais. Bob e eu estávamos ansiosos em produzir um jornal que seria provocador e que tivesse substância, mas eu aprendi, nos meus anos trabalhando no negócio do meu pai e no meu ano como editor, que precisávamos começar com mais anunciantes. E mais leitores. Portanto, o foco da nossa primeira edição consistiu numa dúzia de fotos de crianças tímidas e empolgadas sendo levadas para a escola por suas mães ansiosas, mencionando os nomes cuidadosamente anotados de todos. Bill Hunt, um colega da Universidade de Chicago (ele viria a se tornar professor de literatura), juntou-se à equipe, após me implorar por isso, e concordou em realizar a tarefa de copiar os classificados locais do *Southwest Suburbanite* e dos jornais diários de Chicago e reimprimi-los nas nossas primeiras edições. Todos nós gastávamos algumas horas por dia telefonando para aquelas pessoas que tinham colocado anúncios, informando que os tínhamos visto no novo jornal da área, o *Dispatch*. Dentro de cerca de um mês, estávamos publicando duas páginas cheias de classificados, que eram, até o advento da internet, uma grande fonte de renda para os jornais. Era uma forma de validação: sabia que conseguiríamos criar um jornal de sucesso. O semanário que eu editava antes saiu silenciosamente de circulação na primavera.

Billings convenceu alguns dos seus antigos colegas do City News a nos ajudar escrevendo uma ou duas matérias de destaque, com um ângulo local, esperávamos, e às vezes cobrindo as notícias de verdade da região — reuniões de comitês escolares e coisas do tipo. Entre os nossos voluntários irregulares e não remunerados estavam Mike Royko, que viria a ganhar o Pulitzer em 1972 como colunista no *Chicago Daily News*, e Lee Quarnstrom, que, depois de uma carreira de sucesso como jornalista na Califórnia, acabou se tornando um dos principais membros do grupo de escritores que defendiam o uso de drogas, o Merry Band of Pranksters, encabeçado por Ken Kesey. (Após minhas reportagens sobre My Lai, Quarnstrom foi citado dizendo, sardonicamente, que não fazia ideia de que eu era um "grande jornalista". Está correto. Minha ideia de uma reportagem de peso na época era uma que desse um jeito de elogiar um anunciante.)

O fluxo de caixa sempre foi um problema. Muitos anunciantes estavam mais interessados em publicar propagandas do que em pagar por elas. Também me tornei, então, uma agência de cobranças de meio expediente. Estávamos imprimindo mais de 10 mil cópias do nosso jornal toda quinta-feira à noite, e a gráfica insistia em receber um cheque caução antes de imprimir uma só cópia. Contratamos um motorista para deixar os jornais até a manhã seguinte com os 150 adolescentes que recrutamos para entregá-los. Inevitavelmente, mães telefonavam para o escritório ao longo do dia para avisar que o filho ou filha estava doente e não poderia fazer entregas. Aí sobrava para mim ou para o Bob passar a tarde carregando jornais.

Apesar de tudo isso, o *Dispatch* continuou viável — assustadoramente. Depois de uma auditoria profissional na primavera, começamos a receber propagandas nacionais das três grandes fabricantes automobilísticas. Isso era ótimo, mas eu passava mais e mais tempo vendendo anúncios. Era preciso arrecadar o suficiente para a folha de pagamento, o aluguel, o serviço telefônico e as necessidades diárias e imprevistas. Eu não queria ser dono de um veículo de imprensa; queria trabalhar para ela. Então, acordei certa manhã do fim do verão de 1962 e percebi que estava farto da Chicago suburbana e dos semanários.

Billings tinha razão em se sentir traído pela minha decisão abrupta de sair. Mas ele sabia que eu era responsável pelo funcionamento do jornal, então fez o que eu teria feito para reverter a situação: saiu antes de mim. Acabou virando secretário de imprensa do prefeito de Chicago à época, Richard J. Daley, um trabalho que ele deve ter detestado, e repórter esportivo para o *Chicago Daily News*, um emprego que aposto que adorava. Ele faleceu em 1998.

Parti para a Califórnia com a mulher com quem depois eu casaria, deixei-a em Berkeley, na pós-graduação, e passei os meses seguintes vagabundeando no sol com meus tacos de golfe. Em Los Angeles, sem dinheiro, tentei um emprego no *Los Angeles Times*. Eles não estavam interessados. Dirigi de volta para Chicago, e de alguma maneira consegui uma entrevista com o editor-chefe da United Press International (UPI), chamado Gene Gillette. Eu gostava de Gillette e ainda me lembro de sua receptividade durante a entrevista. Ele apostou em mim, mas não foi por causa das minhas credenciais, com certeza. Eu tinha sido expulso da faculdade de direito;

demitido, de certo modo, do City News Bureau; abandonado um jornal que eu mesmo fundei; e passado os meses seguintes sem rumo na Califórnia. Talvez um dos editores do City News tenha me recomendado. De qualquer maneira, fui designado para cobrir o encontro anual, que durava três meses, do Legislativo de Dakota do Sul, em Pierre, a capital do estado, que começaria depois do Ano-Novo. Iriam me pagar 85 dólares por semana. Fiquei em êxtase. Finalmente eu seria um jornalista de verdade. Não importava o fato de que minha antiga caranga, que estava com os rolamentos enferrujados, tivesse quebrado a caminho de Dakota do Sul, perto de La Crosse, Wisconsing, e que eu tenha precisado solicitar um adiantamento de 350 dólares para Gillette. Ele me pagou, embora hesitante, posso imaginar.

Cheguei a Pierre num domingo à noite no fim de outubro, sem necessidade de vender anúncios nem preocupado com o orçamento. Seria divertido. E daí se eu era o número dois de uma equipe de duas pessoas numa cidade que parecia menor do que a sua população de 10 mil habitantes? Meu chefe era agradável o bastante, e razoavelmente competente, mas logo entendi que ele tinha a intenção de seguir as normas. Ele cobria o escritório do governador e várias agências estatais, e escrevia reportagens precisas acerca das declarações e decisões deles. Não existia nenhuma outra notícia para ele fora isso.

A parte mais importante do meu trabalho, desde o início, era fazer um resumo das notícias sempre às sete da manhã, e ao longo do dia fazer o mesmo para a rádio da UPI e para os assinantes do canal de televisão no estado. Não havia orçamento para um operador de telégrafo, então fiquei responsável por isso. As únicas fontes de informação eram nossas notícias, telegrafadas no dia anterior, e a edição matinal do jornal diário. Foi algo imprudente no início, pois eu não fazia ideia do que era ou não notícia naquela região de planícies. Também sofria demais digitando rápido o bastante para dar conta das exigências constantes dos apresentadores, que liam mais de cem palavras por minuto. Eu não conseguia digitar nem com a metade dessa velocidade com alguma precisão, e resolvi esse problema digitando algumas frases e depois tamborilando os dedos na barra de pausa enquanto pensava no que roubaria a seguir dos jornais matinais. Não demorou mais do que algumas manhãs para perceber que não havia muita recompensa no trabalho para o qual tinha sido contratado — reescrever matérias dos jornais locais e entregá-las aos clientes.

Pude, no entanto, apreciar as muitas virtudes da vida na cidade pequena. Em várias manhãs, os seis ou sete jornalistas que cobriam o palácio do governo eram convidados para tomar café e comer rosquinhas com Archie Gubburd, o governador republicano de rosto amigável que se reelegeria para um segundo mandato em 1962. Gubburd tinha sido um fazendeiro antes de entrar na política, e voltava para a sua fazenda quando terminava o expediente. Uma de suas maiores conquistas foi montar um escritório para o orçamento do estado — mais de setenta anos depois de Dakota do Sul ter se tornado um estado. O governador, sem pretensões e honesto, era uma pessoa aberta a qualquer pergunta, fosse sobre o clima ou sobre política. O herói local não era alguém que tinha chegado à série A ou à Liga Nacional de Futebol, mas um peão de rodeio chamado Casey Tibbs, que, me disseram, tinha aparecido na capa da revista *Life*. Dakota do Sul era dividida entre terras de fazendas ricas que se estendiam ao leste, de Pierre até as fronteiras com Iowa e Minnesota, e a parte oeste, com terras ermas acidentadas e ranchos perto de Wyoming que eram o paraíso dos caubóis. Às vezes parecia que eu estava vivendo num faroeste hollywoodiano dos anos 1950, com um constante cabo de guerra político e econômico entre os fazendeiros e os donos de ranchos. Pierre e sua cidade irmã, Fort Pierre, estavam separadas pelo rio Missouri, que também servia como linha divisória entre fusos horários. Em termos práticos, isso significava que os bares do outro lado do rio ficavam abertos uma hora a mais. O jovem de Chicago tinha muito que aprender.

A vida social também era... diferente. Foi bom eu ter uma namorada séria, porque as secretárias e funcionárias do governo solteiras eram territorialistas e cuidavam muito umas da outras. Na prática, isso queria dizer que se um cara flertasse com uma ou se saísse com ela já era. Você estava eternamente ligado àquela mulher. Acabei virando grande amigo de um grupo de advogados solteiros que trabalhavam para a procuradoria-geral e que, como eu, não se envolveram na loucura que era a paquera em Pierre. Eu passava as noites de fim de semana bebendo com meus amigos advogados na única pista de boliche da cidade. Alguns casais eram simpáticos e me convidavam para jantar semanalmente. Tornei-me especialmente próximo da família de Dan Perkes, um sujeito adorável que era o chefe de escritório da Associated Press (AP) em Pierre, a rival ferrenha e muito mais bem-sucedida da UPI. Era divertido socializar com o inimigo.

Também foi divertido conhecer os legisladores e descobrir que os caubóis e rancheiros que vinham das terras ermas, daqueles espaços abertos a oeste, eram muito mais sociáveis do que os fazendeiros do leste. Os camaradas davam uma série de festas animadas, com todo mundo convidado, quando o período legislativo se aproximava, oferecendo uma quantidade aparentemente infinita de uísque e churrasco de carne de caça. Este rapaz da cidade ouviu muitas histórias estranhas sobre como caçar cervos com holofotes cintilando — para atrair os animais — na traseira de uma picape cheia de legisladores armados com espingardas. Certa noite, um dos advogados me disse, depois de uns tragos, como ele acabou indo trabalhar para o governo. Ele era uma estrela de futebol no ensino médio que tinha sido recrutado, com todas as despesas pagas, pela Universidade de Nebraska — na época um celeiro de talentos do futebol. No outono do seu segundo ano, ele fez um teste para o papel principal na produção de teatro universitário de *Romeu e Julieta* e passou. Cheio de orgulho, contou de seu sucesso para o técnico e garantiu que os ensaios para a peça não teriam o menor impacto na sua disponibilidade para jogar no time. Na manhã seguinte, descobriu que sua bolsa tinha sido cortada e que ele não era mais um aluno registrado na universidade. Ele acabou se transferindo para uma faculdade estadual em Dakota do Sul e, depois de cursar direito, veio a Pierre para trabalhar na procuradoria-geral. Essa era uma história que eu não escutaria em Chicago.

Eu tinha alugado um chalé — na verdade, estava mais para um casebre — muito esquisito, de um só quarto, a poucas quadras de distância do palácio do governo, que contava com uma calefação movida a propano muito ameaçadora. Havia uma possibilidade muito grande — pelo menos para mim — de asfixia se a luz piloto se apagasse. Ficava constantemente conferindo aquela porcaria que permanecia ligada por causa das temperaturas negativas que muitas vezes fazia em Dakota do Sul. O carro com o qual dirigi até Pierre estava enterrado na neve por volta do início de novembro, e eu não o tirei antes do fim de março.

Teria sido muito solitário se não fosse o fato de que tive a oportunidade de ler tudo o que eu deveria ter lido na universidade e na faculdade de direito. Passei muitas noites lendo romances e as coleções de Carl Sandburg sobre Lincoln, Winston Churchill e a Segunda Guerra Mundial, e Arthur Schlesinger falando de Franklin Roosevelt. Conversava com frequência a respeito de livros com A. C. Miller, o procurador-geral de Dakota do Sul, um homem discreto, idoso e modesto. Certa noite, alguém bateu na minha porta — algo que nunca acontecera antes, nem depois — e lá estava o procurador-geral, com seus cabelos grisalhos, pedindo desculpas por me atrapalhar, com um monte de tomos de história e direito debaixo do braço que ele queria compartilhar. Pode apostar que li tudo.

As coisas ficaram mais empolgantes quando começou a sessão legislativa em janeiro. Sempre entusiasmado com meu trabalho, arranjei tempo nos feriados de Natal e Ano-Novo no fim de 1962 para pesquisar e escrever uma série em quatro partes sobre a história legislativa do orçamento de Dakota do Sul. O assunto crucial era se o estado precisava criar um imposto sobre vendas de produtos para evitar o déficit. "Os legisladores têm três escolhas ao lidar com o problema financeiro: aumentar os impostos, cortar drasticamente a recomendação orçamentária, ou não fazer nada até 1964", escrevi.

Não havia tempo o bastante, mesmo com dois jornalistas, para que eu cobrisse de forma competente as audiências que tratavam desse imposto, e também escrever e operar o telégrafo com os resumos obrigatórios das notícias para a rádio da UPI e os clientes de TV. Com alguma frequência, eu passava pelas audiências para pegar os comentários prontos das várias testemunhas e legisladores, preparando a matéria para os assinantes da UPI com esse material. Aquilo que as testemunhas falavam espontaneamente não era transmitido. Passei muitos fins de semana — dias em que deveria estar de folga — me aprofundando em questões de importância estatal que eu não tinha conseguido cobrir por completo antes. Meu objetivo era ir além do "ele disse, ela disse", que inevitavelmente aparecia durante os depoimentos no Legislativo. O tempo era sempre o inimigo, junto com o espaço necessário para contar histórias mais complicadas, e a falta de interesse nelas por parte de muitos dos assinantes da UPI de Dakota do Sul.

Continuei trabalhando durante os fins de semana, e uma das minhas matérias enfim fez diferença — para a minha carreira —, embora eu não tenha certeza de que tenha sido publicada largamente no estado de Dakota do Sul. Interessei-me pela história indígena tribal em Dakota do Sul, essencialmente graças a uma anomalia, então pensei: Dakota do Sul era o lar de nada menos do que nove tribos indígenas dos Estados Unidos, incluindo a Cheyenne e a Oglala Sioux, com líderes de estatura heroica, entre eles o Chefe Cavalo Louco, o guerreiro sioux que liderou o ataque contra a Sétima Cavalaria do general George Armstrong Custer em Little Bighorn, em junho de 1876 — e, no entanto, pouquíssimos índios trabalhavam na prefeitura, e pouquíssimos, se é que havia algum, tinham interesse pela situação legislativa. E em que situação difícil se encontravam no fim de 1962. As reservas estavam em frangalhos, e o desemprego atingia 90% em alguns casos, com altas taxas de pobreza, suicídio e doenças. Parecia-me um caso de racismo, só que as pessoas que sofriam discriminação — ao contrário do que acontecia em Chicago — eram mantidas fora do campo de visão. Então fiz umas entrevistas, alguém me levou a uma reserva e, de modo geral, fiz o que se espera de um repórter — mas no meu tempo livre, gastando o meu próprio dinheiro. Não mantive um arquivo das reportagens que escrevi — era impossível imaginar no início de 1963 que eu viria a escrever um livro de memórias — mas lembro vividamente de que pelo menos uma das minhas matérias sobre as penúrias da tribo Oglala Sioux foi parar nas páginas do *Chicago Tribune*, de longe o maior jornal da região. Foi minha primeira participação na grande liga.

Ao final da sessão legislativa, em março, comuniquei ao escritório de Chicago da UPI que queria sair. Como resposta, ofereceram-me uma transferência para o escritório em Omaha, Nebraska. Me diverti e aprendi muito sobre mim mesmo e o sistema de transmissão por telégrafo, mas era hora de sair das planícies e ir para uma cidade grande, qualquer cidade grande, e fazer o tipo de reportagem que eu sabia ser capaz de escrever. Numa carta que remeti, no meio do inverno, para Bill Hunt, um amigo em Chicago (que milagrosamente a guardou), reclamei do frio — estava abaixo de zero fazia duas semanas — e da calefação a óleo de minha casa, que aquecia cada vez menos. Mas também escrevi: "Estou aqui há três meses e isso não me incomoda. Gosto das pessoas e tenho bons amigos e posso ser eu mesmo. É meio que um prazer poder ser quem você é, e as pessoas te deixarem em paz. Acima de tudo, sou um bom jornalista". Supus que haveria boas ofertas de emprego em cidades maiores e garanti a Bill: "Vou sair daqui em um ou dois meses".

Dan Perkes, da Associated Press, tornou minha saída mais fácil ao me prometer que faria o possível por mim em Chicago, então pedi demissão, disse adeus aos meus amigos, desenterrei meu carro da neve e parti rumo ao leste.

4.
Chicago e a AP

Cheguei a Chicago no início de abril de 1963, dias antes do meu aniversário de 26 anos, sem emprego, sem dinheiro, sem ter onde morar, com um carro que precisava constantemente de reparos. Mais uma vez dormi no porão da minha irmã, passei uns poucos dias descansando, me alimentando bem e brincando com meus sobrinhos, até chegar a hora de ir atrás de um emprego. Inocentemente reuni meus textos da UPI, como aquele publicado no *Chicago Tribune*, achando que seriam relevantes, mas não consegui nada nos quatro jornais da cidade. Telefonei para o escritório da Associated Press de Chicago e consegui uma entrevista com Al Orton, o chefe de lá. Ainda era preciso resolver a burocracia e conferir umas referências, mas ele me contratou. Assim sem mais. Fiquei em êxtase e agradeci profusamente a Dan Perkes. Estava convencido de que uma carta ou uma ligação dele havia me colocado no topo da lista. Talvez não. Um colega me contou depois que um funcionário tinha pedido demissão, sem aviso algum, pouco antes da minha entrevista.

Orton quase não cuidava da redação. O seu trabalho era manter os clientes de rádio, televisão e jornal da AP felizes e encontrar mais mercados para o serviço de notícias. A redação era chefiada por Carroll Arimond, o editor de Cidades que deixava o seu lápis afiado e seu jeito discreto falarem em nome dele. Ele trabalhava na editoria de Chicago desde 1937 e permaneceu no cargo até sua aposentadoria, em 1974. Arimond tinha visto de tudo, inclusive escândalos políticos e crimes terríveis. Um zé-ninguém como eu tinha que provar que pertencia àquele lugar.

Minha primeira semana foi tenebrosa. Fui designado para a escala diurna de terça a sábado, o horário dos novatos, e sentava à esquerda de Arimond — supostamente para pegar o ritmo da redação. Os escritórios da AP, ironicamente, ficavam no mesmo prédio do City News Bureau, no centro, mas tinham muito mais espaço. Havia uma parte separada para os fotógrafos e editores de imagem, além de uma sala de revelação de filme. O escritório era um ponto de coleta central em meio ao que me parecia um labirinto confuso de mesas, repórteres e editores, com matérias regionais sendo constantemente cuspidas pelas impressoras dos telégrafos. Eu descobria como tudo aquilo funcionava enquanto estava sentado, calado, assistindo a Arimond distribuir tarefas e editar matéria atrás de matéria antes que fossem transmitidas. Depois de mais ou menos dois dias, tive a oportunidade de fazer aquilo para o qual tinha sido contratado: escrever uma reportagem. Arimond me jogou um texto de quatro ou cinco parágrafos falando sobre um acidente automobilístico fatal, conforme relatado por um jornal regional do sul de Illinois, e me pediu que reescrevesse para transmiti-lo no telégrafo de Illinois. "Deixe mais conciso", ele pediu. Fiz o melhor que pude, reforçando a matéria com uma frase de um agente de trânsito local, e observei, com uma ansiedade cada vez maior, Arimond rabiscar o texto. A sua versão editada começava com o nome da vítima e então cortava para "morreu num acidente de carro hoje, perto de Springfield". Era isso. Ele cortou tudo menos uma ou duas palavras de cada parágrafo e as conectou numa frase de dez palavras. Não fiz mais nada para Arimond durante toda aquela semana.

No entanto, eu ainda mantinha algum entusiasmo. Era a temporada de beisebol, e os New York Yankees iam jogar contra o Chicago White Sox, meu time, no Comiskey Park, na zona sul da cidade. A editoria de Esportes precisava de alguém para informar a pontuação do jogo a cada *inning*. Como me encontrava na base da pirâmide do escritório, fui o escolhido. Então saí cedo na sexta-feira direto para o estádio, no meu quarto dia de trabalho, ao lado de Harry Hall, que cobria esportes e notícias para a AP havia 35 anos. Que diversão. Hall, descobri depois, tirou uma das fotos mais icônicas da Segunda Guerra, que mostrava Sewell Avery, o proeminente diretor do comitê de Montgomery Ward, sendo carregado por dois soldados, por ordem do governo, para fora do seu quartel em Chicago, em 1944. O acrimonioso Avery tinha desafiado uma exigência de Washington para que ele acabasse com uma greve que interrompia o fluxo de bens relacionados à guerra.

Enquanto nos deslocávamos rumo ao estádio, Hall ficou sabendo que passei boa parte da infância jogando beisebol e assistindo a jogos no Comiskey. Então ele burlou a aparente regra oficial do escritório que exigia que todos fossem grosseiros com os novatos e me contou de uma de suas primeiras experiências cobrindo o Yankees em Chicago. Foi um ou dois anos depois de Babe Ruth, no seu ápice, quebrar todos os recordes de *home runs*. Como sempre, o Babe estava treinando agarrar bolas em frente ao espaço reservado à equipe, ao lado da primeira base, antes do jogo. Uma criança deu um jeito de passar pelos seguranças e estava parada ali perto, implorando constantemente para que Babe autografasse o seu cartão de pontuação. O menino tinha cerca de doze anos de idade, conforme contou Harry, estava com uma boina de couro e parecia ser uma criança de rua. O mantra que o garoto não parava de repetir era "Me dá um autógrafo, Babe... me dá um autógrafo". Ele era incansável. Finalmente, depois de mais ou menos meia hora dessa encheção de saco, Babe, completamente irritado, falou para a criança cair fora, e acrescentou: "Não assino cartões, moleque. Só bolas". Ao ouvir isso, o garoto jogou o cartão longe e, com as duas mãos, agarrou enfaticamente a virilha e disse: "Ah, é? Então assina as minhas". De acordo com Harry, Babe caiu no chão de tanto rir, e quando o jogo começou, olhava, antes de cada jogada, para o lugar onde a criança estava, e não parava de sorrir. O poderoso Babe, Harry acrescentou, foi terrivelmente mal naquele dia.

Tá certo, falei comigo mesmo, não teria como eu ouvir uma história dessas lá em Pierre. Trabalhar para a AP em Chicago ia ser divertido. Então, naquela sexta-feira à noite, caí na farra com alguns velhos amigos da faculdade. Acordei no apartamento de outra pessoa na zona sul uma hora depois do horário marcado para passar o sábado sentado ao lado de Arimond. Estava arruinado de ressaca, com uma camiseta suja e fedendo. Só conseguiria roupas limpas no porão da minha irmã a quarenta quilômetros de distância. Peguei um táxi até o trabalho e afundei na cadeira ao lado de Arimond. Meu fedor era impossível de ser ignorado, mas ele deu um jeito. Nas horas seguintes, não me disse nada. Também não falei nada e evitei contato visual. Aguardei ele sair para o almoço, o que ele sempre fazia antes do meio-dia, e corri para pegar um café. Esperava que ele entendesse que o rapaz empolgado que ficava a semana toda ofegante ao lado dele não era um sujeito que só trabalhava e não se divertia, mas alguém que aparecia para trabalhar, não interessava o que tivesse acontecido. Eu e ele tivemos várias brigas ao longo dos dois anos seguintes. Ele era um católico de educação jesuíta que defendia as escrituras bíblicas no que dizia respeito ao aborto e a outros assuntos controversos, mas deixava sua visão religiosa do lado de fora da redação. Eu respeitava a integridade dele e o fato de que nunca interferiu na minha cobertura, mesmo quando as matérias o incomodavam.

Depois soube que ele me apoiou entusiasticamente quando a AP considerou me promover para Washington.

Minha primeira atribuição em Chicago foi como editor noturno na redação de rádio e TV. Eu estava mais do que apto ao cargo, que contava com o luxo de ter um operador de telégrafo. O trabalho envolvia um pouco de criatividade. Precisava montar um resumo das notícias para os clientes da AP com as matérias locais do dia, e também ficar alerta para o caso de surgir alguma notícia urgente que precisasse ser transmitida imediatamente. Eu não mais replicava o que os jornais publicavam, como fazia em Pierre; tinha que editar e resumir as notícias para a leva de apresentadores de rádio e TV em Chicago que, em muitos casos, apenas recitavam, palavra a palavra, o que a AP fornecia. Não demorou para que eu começasse a brincar com a linguagem e a tentar deixar as matérias menos esquemáticas e previsíveis. Não faço ideia se fui bem-sucedido ou se alguém notou, mas trabalhei arduamente para tornar as matérias interessantes, e não demorou para que me tirassem desse cargo e me promovessem a repórter geral.

Meu novo trabalho começava às cinco da tarde e ia até uma da manhã. A AP tinha o direito de usar qualquer artigo dos quatro jornais diários de Chicago e, para minha surpresa, boa parte do trabalho consistia em apenas reescrever matérias, dando créditos ao jornal citado, para serem telegrafadas pela AP. Eu presumia que os editores-chefes de Nova York, que controlavam o que era publicado pela AP nacional e internacionalmente, gostariam de publicar entrevistas inéditas e novas informações sobre assuntos importantes, e fiz o possível para oferecer isso a eles. E por que não, de vez em quando, pegar matérias comuns de um dos jornais e dar uma melhorada nelas, inserindo algo esperto ou cômico? Então, quando Sinbad, o gorila que era a principal atração do zoológico do Lincoln Park, de Chicago, fugiu da jaula e saiu causando baderna pelo zoo antes de ser derrubado por um dardo tranquilizante, o lide da matéria que reescrevi começava com "Sinbad, o gorila, acordou de ressaca hoje, assim como qualquer pessoa que não está acostumada com a cidade". Fiz o mesmo com um relatório de criminalidade em Chicago; o meu lide trazia: "O crime — quem poderia imaginar — está despencando na difícil cidade de Chicago". Um novo arranha-céu em construção seria recoberto por um tipo de aço que oxidaria e ficaria bonito no ar úmido e poluído de Chicago. Meu lide dizia: "Chicago finalmente descobriu uma utilidade para a poluição. Vai deixar o novo centro cívico da cidade de 87 milhões de dólares mais bonito". Um salão de baile dos anos 1920 fechou e convenci o editor noturno a me deixar sair da escrivaninha e ir até lá dar uma olhada. Meu lide bobo dizia: "Milhares de moradores de Chicago, que aprenderam a dançar no Aragon, prestaram uma homenagem dos sonhos no domingo passado ao bailar uma valsa pela última vez ao som das melodias suaves de Wayne King". As matérias eram muito reproduzidas nos jornais do dia seguinte. Após algumas dessas besteiras, um editor-chefe de Nova York começou a pedir que Chicago creditasse o meu nome nas matérias. Eventualmente ele deixou claro que queria que eu saísse do escritório em busca de matérias fora do comum para o turno da noite. Estava livre para escrever a reportagem que eu quisesse, dentro de certos limites. Sentia-me o dono da cidade.

Logo descobri que aquilo que os editores chamavam de matérias de interesse humano estava escondido debaixo do meu nariz. Me mudei para um quarto barato perto da Universidade de Chicago, e numa noite de um fim de semana, fui com minha futura esposa para um festival de cinema na universidade e encontrei uma multidão de estudantes dando gritos de alegria com *O falcão maltês*, o clássico de 1941 estrelado por Humphrey Bogart no papel do detetive Sam Spade, criado por Dashiell Hammett. Ficou claro que algo ali valia uma reportagem. Procurei o sujeito responsável pelo festival e descobri que os filmes de Bogart eram uma febre entre os universitários do país inteiro. Fiz algumas ligações e escrevi uma matéria para a AP descrevendo o fenômeno, e foi publicada no país inteiro, aparecendo em destaque na capa do *New York Herald Tribune*.

Também me aproveitei do fato de que meus anos cuidando dos negócios da família no gueto negro de Chicago me colocaram em contato com a importância internacional e a energia da música gospel. Quando a famosa Mahalia Jackson adoeceu em 1964, por problemas no coração, telefonei para ela no hospital após negarem minha tentativa de visitá-la e escrevi sobre a chuva de cartas e flores que ela recebeu. Muitas vinham da Europa, onde era admiradíssima. "Eram tantas flores", ela me disse, rindo, "que eu acordei certa manhã e achei que estava morta." Falamos bastante de Chicago, especialmente da minha carreira de rapaz branco tentando ganhar a vida cuidando de uma lavanderia no núcleo do gueto negro. Também contei a ela que alguns dos clientes favoritos do meu pai insistiam em ficar por perto quando eu fechava a lavanderia após uma noite movimentada de sábado, com os pagamentos do dia no bolso. Achei que ficavam ali para bater papo; só anos depois descobri que faziam isso para me proteger. Alguns meses mais tarde, depois de recuperada, Mahalia me convidou para um almoço com frango frito e broa de milho na casa dela na zona sul de Chicago e me disse que os médicos garantiram que ela poderia continuar cantando. Ela foi para uma missa católica rezar, e pediu "que o Senhor continue a me curar e a me fortalecer. Sou batista mas acredito que só existe um Deus". Escrevi uma matéria longa para a AP falando da recuperação dela, e também de sua música, e me vali de uma das lições que estava aprendendo: minha matéria era muito mais legível porque deixei que a humanidade, humildade e o bom humor dela transparecessem.

Arimond e seus colegas em Chicago devem ter visto algum talento em mim, e assim como outros nos meus primeiros anos de repórter, me deixaram livre para fazer o que quisesse. Escrevi dezenas de matérias que surgiam espontaneamente em Chicago falando de assuntos que devem ter deixado meus editores apreensivos — incluindo corrupção policial, controle de natalidade e violações de direitos humanos. Chicago, assim como muitas outras cidades grandes em meados dos anos 1960, estava sentindo a pressão dos negros americanos que queriam direitos iguais em todas as áreas, inclusive no mercado imobiliário. Famílias negras ouviam constantemente que não havia vagas em prédios que sempre alugavam apartamentos para brancos. Escrevi uma matéria longa sobre essa discriminação, citando, por algum motivo idiota, "círculos próximos" ao mercado imobiliário. Na tarde posterior à publicação desse artigo, cheguei ao trabalho e vi que Arimond tinha pregado no quadro de avisos uma folha de papel enorme que continha apenas um grande círculo. A legenda abaixo dizia: "Equipe: acima, um círculo bem informado". Senti o golpe.

Apesar desses reveses, e das minhas óbvias simpatias políticas, a AP me designou, no meu segundo ano em Chicago, para ser repórter de Direitos Civis na região. Foi uma boa escolha, por motivos que a AP não teria como saber. Eu trabalhara, entre idas e vindas, por doze anos na lavanderia da minha família, e tinha estabelecido uma relação bem mais próxima com os funcionários negros do que meu pai ou minha mãe. Passei muitos domingos na adolescência indo assistir a jogos da liga negra de beisebol com um rapaz que passava roupa na lavanderia e que compartilhava do meu amor pelo esporte. Eu entendia suas frustrações e seu senso de limitação, assim como entendia sua aceitação de um racismo que ele considerava (com razão) limitar sua vida.

Meu novo trabalho me pôs em contato com Martin Luther King Jr. Eram dias e noites de protestos massivos no norte do país e de repressão violenta.

King era um gênio em captar a personalidade dos repórteres e conseguia identificar aqueles que, como eu, estavam querendo se apaixonar por ele. Ele era muito esperto quanto à mídia, e a AP, e portanto eu, éramos importantes para ele; meus informes acabavam figurando na capa de muitos jornais importantes em cidades marcadas pelo conflito racial. King, depois de falar em um comício noturno tenso em Chicago, capturou minha atenção — algo que não era nada difícil — e fez um gesto com o dedo, que significava: fique aí, vamos conversar. Ele sabia que o comício ia aparecer em matérias na manhã seguinte, mas haveria outro ciclo de notícias nas edições da tarde. Após cerca de dez minutos, King me levou para um canto e me deu aspas pungentes, uma delas sobre a desilusão dele com a gestão do presidente Lyndon Johnson, que manteria a matéria viva por mais um dia.

Eu estava fazendo o meu trabalho, claro, mas também aprendendo algo acerca da profissão e da sofisticação e resiliência das palavras. Numa noite quente e silenciosa de domingo, em agosto de 1964, uma mulher negra foi pega tentando furtar uma garrafa de gim de 2,69 dólares da loja de bebidas local de Dixmoor, um subúrbio de classe média ao sul de Chicago cuja população de 3100 pessoas era, em sua maioria, negra. Ela foi flagrada pelo dono da loja, branco, e os primeiros relatos contam que ele empurrou a mulher no chão. As tensões se acentuaram nas horas seguintes graças ao boca a boca, correto ou não, de que o dono tinha espancado a mulher. Uma multidão de negros, muitos deles jovens, se reuniu. Policiais com espingardas dispararam gás lacrimogênio para dispersá-los, enquanto se relatava que cinquenta pessoas, a maioria branca, tinham sido atingidas por pedras e tijolos arremessados. Citei o chefe dos bombeiros de Dixmoor, um cara branco, que disse: "Vou te contar, pareciam selvagens". O incidente foi um dos primeiros casos de confronto urbano de negros-contra-brancos, que viriam a se intensificar nos anos seguintes, mas que naquela noite de domingo parecia um episódio isolado.

As coisas pioraram muito na noite seguinte, quando um grupo muito maior e mais raivoso de negros saqueou e incendiou a loja de bebidas e outras lojas próximas. O editor noturno da AP, Bob Olmstead, me mandou correndo para o local. Acabei atrás de uma barreira policial, a poucas centenas de metros da loja de bebidas. Um caminhão de bombeiros estava se aproximando da cena quando uma saraivada do que pareciam ser tiros foi disparada. Naquele momento, um policial branco, de espingarda em mãos, gritou para mim e para outros repórteres que estavam no local para que nos afastássemos e acrescentou: "Estão atirando na gente". Material quente. Fui o mais rápido possível até o orelhão mais próximo, rastejando parte do caminho, como aprendi no treinamento do Exército, e ditei um relatório para Olmstead focando no que o policial havia me dito, de que os manifestantes estavam atirando na polícia. Dei um tempo para me recompor, revi minhas anotações e aí, seguindo o estilo exigido pela AP, telefonei para o escritório e ditei uma nova matéria com mais detalhes do que vi e ouvi. Não houve mais informações de ferimentos ou mortes, mas a polícia acabou avançando com uma barreira e dispersou os manifestantes, prendendo alguns.

Dirigi até o escritório da AP no centro, me sentindo um tanto heroico. Sabia que a minha matéria, com as frases intensas e a descrição do protesto, apareceria na capa de jornais do mundo todo na manhã seguinte. Naquela época, já tinha me tornado um leitor diário e ávido do *New York Times*, especialmente da cobertura que faziam da Guerra do Vietnã, que estava em expansão. David Halberstam e Charley Mohr, do *Times*, eram meus heróis, assim como Malcolm Browne, da AP, e Neil Sheehan, da UPI. Voltei para o escritório muitas horas depois vendo a mim mesmo como um correspondente de guerra veterano e me preparei para escrever um relato mais longo e detalhado do incidente para os jornais da próxima tarde. Olmstead já tinha ido para casa, mas deixou um arquivo do que havia mudado no texto sobre Dixmoor com o editor noturno. A notícia que ditara para Bob horas antes afirmava, citando o policial, que os negros tinham disparado na polícia em meio a uma manifestação racial que estava aumentando. Bob, modesto e competente, reescrevera minha primeira notícia como "Tiroteio à noite" numa manifestação em Dixmoor. Ele transmitia a gravidade da situação sem entrar no assunto de quem começou o quê. É claro que eu não tinha como saber quem atirou em quem, ou até mesmo se havia sido uma saraivada de balas. Eu tinha confiado num policial em pânico, embora soubesse, desde a minha época no City News, que os policiais mentem com frequência, ou muitas vezes nem sabem a verdade. Também percebi que não fiz o menor esforço em me aproximar dos manifestantes para perguntar do que se tratava o tumulto. Bob Olmstead, que acabou se tornando editor do *Chicago Sun-Times*, me deu uma aula de jornalismo equivalente a um diploma de mestrado naquela noite.

Depois de algum tempo, mais para o fim do meu segundo ano no escritório, pediram para que eu cobrisse o trabalho do editor noturno da seção de Cidades. Foi numa noite tranquila de domingo. As matérias que editei eram comuns e fáceis de transmitir para Nova York ou Illinois, para os muitos jornais no estado que dependiam da AP para transmitir notícias estrangeiras ou nacionais.

Um dos jornalistas da editoria de Esportes mandou um relato tardio de um jogo de hóquei do Chicago Blackhawks, e então retornou ao escritório, como sempre, para escrever uma matéria de madrugada, repleta de entrevistas e comentários feitos depois do jogo, para os muitos jornais no Canadá e na Nova Inglaterra que tinham leitores interessados nesse tipo de notícia. O sujeito que cobria hóquei era um bom jornalista, mas deixava alguns de nós irritados porque ganhava ingressos para todos os jogos da cidade e os trocava por bebidas grátis num bar próximo em vez de compartilhá-los com os colegas. Um jogador de hóquei popular de Chicago chamado Reggie Fleming tinha sido dispensado no fim da temporada, e nosso repórter escreveu uma matéria falando disso, declarando que, quando o havia procurado em casa para uma entrevista, o jogador batera a porta na cara dele. Foi uma das últimas matérias que editei e despachei antes de descer para o tal bar com um colega, Paul Driscoll, para um drinque pós-expediente. O repórter de Esporte estava lá, como sempre, bebendo seu Martini grátis. Passei pela mesa dele e o cumprimentei pela matéria, como achava que um editor deveria fazer, e acrescentei: "Então, quer dizer que o filho da puta bateu a porta na sua cara?". Não, ele respondeu. Ele tinha telefonado para Fleming e o jogador bateu o fone no gancho. Na minha primeira noite como editor, eu tinha editado uma matéria que continha uma mentira completa. Deveria voltar para o escritório para redigir uma errata? Ou só beber uma cerveja e nunca mais aceitar ser o editor noturno? Escolhi a segunda opção, mas me perguntei o que o pobre Reggie pensaria ao ler a matéria. A experiência tirou para sempre qualquer desejo meu de me tornar um editor.

Nas redações sempre havia muita conversa cínica sobre vida e morte, sortudos e azarados, mas lidar com o destino dos outros era uma parte necessária e muitas vezes brutal da profissão, como aprendi certa noite em Chicago. Era um dia de trabalho como qualquer outro até que recebemos a informação de que um avião cheio de passageiros tinha caído no Pacífico poucas horas antes, causando um grande número de mortes. Uma das vítimas era uma mulher jovem de um subúrbio ao norte de Chicago. Minha tarefa era telefonar para sua casa e descobrir o que pudesse sobre ela, incluindo o motivo pelo qual estava no avião. Também precisava pedir uma fotografia. Eu, é claro, resisti à ideia, mas me falaram que era parte do trabalho e que muitas vezes amigos e familiares estavam dispostos a compartilhar o que sabiam com a mídia, mesmo em meio ao luto. Encontrei o número de telefone e liguei. Era tarde, depois do horário de jantar. Ficou claro, após uma ou duas perguntas, que o senhor que atendeu à minha ligação não fazia ideia de que sua filha tinha morrido no acidente. A linha aérea tinha feito uma cagada inacreditável. Alguma outra pessoa, talvez um irmão da vítima, falou comigo no telefone e, entre suas lágrimas, consegui passar o número de contato da empresa aérea e encerrei o assunto por aí. De jeito nenhum eu ia perguntar algo ou pedir uma foto, e meus colegas de escritório concordaram. Não lembro se minha raiva comigo mesmo por ter aceitado fazer o telefonema era maior do que minha raiva com a empresa aérea pela sua irresponsabilidade. Nenhuma matéria sobre aquela morte foi escrita na AP naquela noite, e não faço ideia se algum dia alguma chegou a ser escrita.

Casei-me em meados de 1964, e, na primavera seguinte, minha esposa, nativa de Nova York, estava tão ansiosa quanto eu para se mudar para o leste do país. Chicago foi divertido e aprendi bastante, mas os Estados Unidos estavam ficando cada vez mais envolvidos com o Vietnã; era um assunto que não ia desaparecer, e em Washington eu estaria muito mais próximo de cobrir a guerra. Eu suplementava as minhas leituras diárias de jornais com a leitura da maravilhosa obra de Bernard Fall sobre o Vietnã, com relatos das derrotas desastrosas dos franceses para os vietnamitas do norte em Dien Bien Phu, na primavera de 1954. Também fui apresentado a *I. F. Stone's Weekly* pela minha sogra e fiquei impressionado com a habilidade de Stone em analisar e refutar os relatórios oficiais dos acontecimentos divulgados pelo governo Johnson. Não havia segredo na técnica de Stone: ele tinha trabalhado mais do que qualquer outro jornalista de Washington.

A minha solicitação de transferência para o escritório da AP de Washington foi atendida na primavera, e no início do verão estava me mudando para o leste. Mantive contato com meu amigo Driscoll ao longo dos anos, e ele me lembrou, enquanto eu escrevia estas memórias, de um recado que recebi de Carroll Arimond antes de sair de Chicago, me elogiando com as palavras mais generosas possíveis pelo trabalho que realizei lá. Não acredito que não guardei essa mensagem, e que nem me lembrava dela, mas fico contente que minha vaidade tenha me levado a compartilhar isso com Paul.

5.
Washington, enfim

Cheguei a Washington no meio do verão de 1965 e achei a cidade lenta, com uma lerdeza sulista, enquanto o escritório da AP era rápido e instigante. Passei meu último ano em Chicago monitorando as reportagens feitas em Washington, e fiquei impressionado com a velocidade e a precisão de repórteres como Frank Cormier, Walter Mears e Harry Kelly, nomes hoje pouco conhecidos e que cobriam a presidência, o Congresso e política em geral. As matérias importantes assinadas por eles, muitas vezes ditadas como boletim de notícias, pareciam ser, para mim, sofisticados textos transmitidos por telégrafo — era apenas fato atrás de fato, sem análise, apresentados com uma prosa limpa e concisa, escritos sob pressão alucinante. Os serviços de telégrafo já eram o meio através do qual invariavelmente se transmitia aos Estados Unidos a primeira informação sobre um acontecimento vital no país ou no exterior, e eu tinha inveja do talento dos velhos profissionais que saíam correndo até o orelhão após cobrir um evento de grande importância e ditavam um relato de mil palavras sem percalço algum.

Passei a primeira semana circulando obrigatoriamente pelo escritório, que ficava no térreo de um prédio comercial com piso que rangia, situado na avenida Connecticut, a mais ou menos oito quadras da Casa Branca. Meu trabalho pra valer, na mesa de reescrita do turno noturno, começaria na segunda semana. A maior parte das reportagens da AP sobre o governo partia de Washington para o telégrafo nacional, também conhecido como A. Eu tinha passado dois anos em Chicago implorando para que transmitissem minhas matérias naquele telégrafo. É claro que havia um governo municipal e que a cidade tinha equipes esportivas profissionais, mas as matérias locais sobre política ou esporte eram relegadas para um segundo telégrafo da AP, conhecido como B. Foi ali que comecei minha carreira de repórter em Washington. Numa tarde da primeira semana, fui enviado para cobrir um desfile dos Shriners,* que passariam pelo centro de Washington até chegar a um grande shopping atrás da Casa Branca. Sabia que os Shriners faziam muita caridade e apoiavam hospitais infantis ao redor do país, mas um desfile é um desfile, e o dia estava brutalmente quente e ensolarado. Fiquei feliz de encontrar outro jovem repórter chamado Leonard Downie Jr., que no seu primeiro dia do *Washington Post* também tinha sido enfiado no purgatório que era aquele desfile. (Downie terminaria sua carreira como editor executivo do *Post* e autor de uma série de livros muito perspicazes sobre a mídia.) Redigi uma matéria alegre demais sobre o desfile que acabou sendo publicada, sem sofrer nenhuma edição, com meu nome, no telégrafo B — minha primeira transmissão de Washington.

Na primeira semana também conheci Don Sanders, o editor diurno de Cidades que, assim como Carroll Arimond, deixava o trabalho falar por si. Ele escrevia resenhas ocasionais de peças de teatro vistas na cidade, mas a sua habilidade em moldar matérias e antecipar notícias fazia dele o sujeito a ser consultado na mesa de edição de Washington. Ele se mostrou uma pessoa que compartilhava da minha perspectiva pessimista sobre o envolvimento cada vez maior dos Estados Unidos na Guerra do Vietnã.

A mesa de reescrita era uma parada obrigatória para os novatos como eu, e consistia em pegar as principais histórias de Washington do dia, conforme arquivadas pelos repórteres do escritório para os jornais matinais — aqueles cujos prazos começavam às sete da noite na Costa Leste —, e reescrevê-las à noite para os jornais da tarde, cujos prazos finais eram na manhã seguinte. Era um trabalho fácil se havia algum novo desdobramento — até mesmo algo óbvio como escrever que o "presidente Johnson retornou ontem à noite de uma visita triunfal a...". Mas, se não havia nada de novo, o objetivo era encontrar uma novidade — por exemplo, tentando falar com senadores e funcionários públicos tarde da noite por telefone. Às vezes havia dezenas de matérias em que era preciso mexer para o próximo ciclo de jornais, e a equipe noturna era composta por mim, um colega de reescrita e um editor de reescrita que ficava feliz em separar nossas coisas para o telégrafo A. Foi bacana por um mês ou dois, mas logo o trabalho ficou sem graça, chato e solitário. Eu iniciava o meu turno à noite mais ou menos uma hora antes de minha esposa retornar do trabalho.

---

* Fraternidade ligada à maçonaria. [N.T.]

Pelo lado positivo, eu estava em Washington, na serenidade, segurança e abertura de meados dos anos 1960. No sábado à noite do meu primeiro fim de semana de folga, minha esposa e eu entramos num restaurante italiano despretensioso perto do escritório. Imediatamente reconheci o sujeito bem mais velho sentado numa pequena mesa próxima de nós. Era Earl Warren, o chefe de Justiça dos Estados Unidos. Que diabos, pensei, e resolvi me apresentar para ele, e expliquei que eu era um repórter novo em Washington, e que minha recém-esposa havia começado a trabalhar como psiquiatra no serviço social. Warren apresentou a mulher dele e ficamos de bate-papo ao longo do jantar. Era como falar com os avós que eu nunca tive. Ele queria saber do meu trabalho e como cheguei a ele. Por mais impertinente que eu fosse, não tive coragem de perguntar sobre o trabalho dele. Mas foi bom descobrir que, mesmo na alta estratosfera de Washington, as pessoas ainda eram pessoas comuns. Logo eu botaria esse aprendizado em prática.

Tínhamos alugado um pequeno apartamento num novo conjunto habitacional na zona sudoeste integrada a Washington, e, ironicamente, entre os nossos vizinhos mais próximos estava Thurgood Marshall, membro da Suprema Corte que, em nome da NAACP [Associação Nacional para o Progresso de Pessoas de Cor], defendeu e venceu o processo Brown contra o Conselho de Educação, o caso de 1954 que foi um divisor de águas por definir a segregação racial nas escolas públicas como algo inconstitucional. A vizinhança ainda incluía um proeminente jornalista britânico e o correspondente do Pentágono para a revista *Time*, que com frequência organizava o que depois descobri serem jantares extraoficiais para altos membros do governo Johnson.

Enquanto isso, decidi impulsionar meu emprego tedioso fazendo o mesmo que fiz em Chicago — encontrando matérias que ninguém tinha notado e escrevendo-as ao mesmo tempo que fazia as reescritas obrigatórias. No início de agosto, mais ou menos seis semanas depois de chegar a Washington, fui atrás de Martin Luther King Jr. às vésperas da assinatura da Lei dos Direitos de Voto,*de 1965, na época o ponto alto da presidência de Lyndon Johnson. King, sempre sagaz, disse a mim, e a um número incontável de políticos apavorados ao sul e ao norte, que ele planejava

---

* Lei que estabeleceu o fim da discriminação racial nas votações. [N.T.]

cadastrar 900 mil negros em um mês para que pudessem votar. Ele tinha acabado de terminar uma turnê por Chicago, Cleveland, Philadelphia e Washington, disse. "Foi a primeira vez que olhei com atenção para o norte. Observei centenas de milhares de rostos, todos expressando uma grande esperança, apesar de viverem em condições terríveis... e ainda não vejo esse tipo de programa vigoroso atuando nas comunidades ao norte; eles precisam existir para dar conta desses problemas enormes." Minha matéria saiu pelo telégrafo A, e os comentários de King percorreram o país. Ninguém disse nada no meu escritório. Algumas semanas depois, sozinho de novo, entrevistei Bayard Rustin, um visionário no movimento de direitos civis nos Estados Unidos, que estava profundamente envolvido com a organização da Marcha de 1963 em Washington, quando centenas de milhares de negros e brancos se reuniram para ver King fazer seu famoso discurso, "Eu tive um sonho". Rustin me disse que ele levaria a briga por direitos civis ao Congresso. A tarefa de integrar escolas e encontrar mais empregos para negros, ele disse, "vai exigir votos, planejamento e bilhões de dólares do Congresso... A maioria dos problemas grandes deve ser resolvida com apoio moral e financeiro do Congresso". Essa matéria também entrou nas manchetes principais.

Tive que aguentar o verão e o outono na mesa de reescrita, mas fiz um esforço para tentar contatar os principais nomes citados nas várias matérias que tive que reescrever, fosse uma questão legislativa, uma contestação do orçamento militar ou qualquer outra coisa. Meu objetivo era impulsionar a matéria, acrescentando discussão à controvérsia inerente, se houvesse alguma, ou delineando melhor as questões envolvidas. O ponto alto dos meus esforços aconteceu mais para o fim de dezembro de 1965, após o anúncio de um cessar-fogo de trinta horas na Guerra do Vietnã. O Congresso estava em folga natalina, e muitos funcionários do alto escalão do governo não estavam na cidade. Havia tempo de sobra na mesa de reescritas, então eu fiz uma minimaratona telefônica. Liguei, na cara de pau, para a casa do vice-presidente Hubert Humphrey em Minnesota e fiz com que ele — que talvez já tivesse tomado umas doses a mais — falasse da possibilidade de estender o cessar-fogo até o Tet, o Ano-Novo vietnamita, que começaria no dia 1º de fevereiro, dali a seis semanas. Ouvi pedidos de paz, com diferentes ressalvas, em entrevistas por telefone com John McCormack, de Massachussets, o presidente da Câmara; Gerald Ford, o líder da Câmara republicana; e Leverett Saltonstall, o republicano proeminente no Comitê das

Forças Armadas no Senado. Foi divertido, gerou umas notícias e espalhou um pouco mais da alegria natalina. A guerra continuou.

Meu trabalho árduo me levou a uma promoção, e no início de 1966 fui liberado do turno da noite e designado para as notícias gerais. Fiz algumas viagens para fora da cidade para cobrir conferências nas quais algum político importante de Washington falaria, quase invariavelmente Bobby ou Teddy Kennedy. Também trabalhei por um ou dois dias para os jornais que eram clientes da AP e queriam uma cobertura especial de um debate no Congresso sobre um assunto de relevância local. De modo geral, cobria, quando era necessário, política, o Congresso, direitos civis — me preocupava bastante com as dificuldades e os perigos que corriam os envolvidos no movimento por direitos civis — e as desigualdades e outros problemas na convocação para alistamento. No verão, quase um ano depois de ter mudado para Washington, me disseram que Fred Hoffman, o correspondente de longa data do Pentágono, ia se ausentar por seis meses para uma cobertura especial e eu começaria a trabalhar lá imediatamente, sob a tutela dele, e então assumiria o cargo. Até que enfim passaria a escrever sobre o envolvimento cada vez maior dos Estados Unidos no Vietnã. Já naquela época eu tinha a forte convicção de que a guerra era a maneira equivocada de confrontar o comunismo soviético, mas também sabia que seria capaz de separar minha visão pessoal da minha responsabilidade profissional enquanto repórter.

A maioria dos correspondentes que cobriam o Pentágono ficou uma década ou mais no emprego, e viam a si mesmos como especialistas militares. O segredo, naquela época e até hoje, era ter acesso, e os repórteres especializados tinham muito acesso. Havia muitas reuniões extraoficiais amigáveis com Robert McNamara, o ex-presidente da Ford Motor Company que tinha sido secretário de Defesa desde que Jack Kennedy assumira a presidência, e com o seu vice, Cyrus Vance, formado em direito em Yale, que vinha de uma família importante. Também havia briefings praticamente diários para a imprensa, feitos por generais e oficiais de alto escalão, abordando todos os assuntos, do Vietnã a questões sociais; o Exército americano era elogiado por cientistas sociais por seu papel progressista nos quesitos integração e educação. Fred Hoffman, como repórter sênior do serviço de telégrafos, tinha ganhado o direito de fazer a última pergunta das conferências e coisas do tipo; era ele quem decidia, muitas vezes a partir de um sinal do assessor de imprensa, quando terminar essas sessões. Sendo o substituto de Fred, herdei essa responsabilidade.

Fiquei impressionado — até embasbacado — com a sala de imprensa do Pentágono, que tinha a aparência de um clube de alto nível. Parecia assombrosamente tranquila. Os correspondentes ficavam amontoados em um gueto lotado no fim do corredor que levava ao escritório do assessor de imprensa de McNamara, Arthur Sylvester. O corredor era conhecido como "Corredor dos correspondentes" e exibia fotografias de repórteres de guerra do passado e do presente. A maioria dos rapazes fumava cachimbo, ou queria fumar, pensei. Len Downie depois viria a descrever como era a atmosfera na sala de imprensa quando eu cheguei lá, em meados de 1965: "A maioria das matérias importantes escritas pelos correspondentes do Pentágono sobre assuntos de âmbito nacional refletia apenas o ponto de vista oficial", escreveu Downie em *The New Muckrakers*, um estudo sobre reportagem investigava que foi publicado um ano após o fim da Guerra do Vietnã. "Com algumas exceções notáveis, os repórteres do Pentágono, especialmente na época em que Hersh trabalhou lá, quase nunca tentavam contrastar a visão oficial com uma abordagem mais crítica por parte de dissidentes civis ou do Pentágono, ou de observadores especializados de fora."

Também me comportei da forma mais inofensiva possível até Hoffman sair. Naquele momento, o governo Johnson estava mandando cada vez mais dólares e tropas para o Vietnã, enquanto apareciam provas de que a guerra não estava indo tão bem quanto o esperado. Em 1966, o número de americanos convocados pelo Exército atingiu a marca chocante de 382 mil pessoas, e mais de 385 mil cidadãos serviriam no Vietnã até o fim daquele ano. A oposição crescia nos campi universitários ao redor do país. Eu viria a descobrir, depois de escrever as matérias sobre My Lai no fim de 1969, que o assassinato arbitrário de civis começou bem cedo, literalmente dias depois de o primeiro soldado descer nas praias de Da Nang, em março de 1965, mas nada a respeito havia sido publicado.

Minha primeira ruptura com a tradição ocorreu bem no início do trabalho, quando o escritório de Sylvester mandou um general sênior da Marinha que tinha voltado ao trabalho em Washington após uma breve passagem pelo Vietnã. O general não parava de falar do iminente sucesso da guerra, mas não fez o menor esforço para comprovar sua opinião. Depois de cerca de quinze minutos, ficou claro para mim que a única matéria que sairia daquilo seria mais uma sobre mais um general alegando vitória na guerra. Então, quando o funcionário da imprensa terminou sua apresentação e abriu para perguntas, eu me levantei e, citando meu direito como correspondente sênior da AP, agradeci-lhe por sua participação e saí da sala. Meu gesto deixou claro que eu sentia que não havia nada a ganhar fazendo perguntas para as quais ele teria respostas prontas. Houve um instante ou dois de hesitação, mas logo meus colegas me seguiram. Tive que lidar com o escritório de Sylvester, é claro, e havia rumores de que iam me tirar do Pentágono, mas insisti para um de seus auxiliares que o briefing tinha sido uma perda de tempo e a maioria dos meus colegas também sabia disso, mas eles eram educados demais para falar qualquer coisa.

Havia uma história mais importante escondida, e, como muitas histórias, estava logo debaixo dos nossos olhos. Envolvia a retenção de um piloto da Marinha na Guerra do Vietnã. Os Estados Unidos estavam gastando meio milhão de dólares para treinar cada piloto da Marinha na arte de aterrissar e decolar de porta-aviões, e, à medida que o número de baixas na guerra aumentava, os pilotos solicitavam aposentadoria o quanto antes. Os alvos eram vistos cada vez mais como assimétricos, no sentido de que não eram muito importantes para a guerra. Uma ponte primitiva importante na província de Thanh Hoa, no Vietnã do Norte, foi alvo de jatos da Marinha centenas de vezes, de meados de 1965, com perdas significativas, até finalmente ser destruída, em 1972.

Reuni, logo depois de chegar ao Pentágono, as informações contrastantes no que dizia respeito a aviões abatidos, quando McNamara anunciou um investimento de 700 milhões de dólares em mais aviões de caça, a maioria para a Marinha. Citei a explicação dele de que a Marinha tinha uma taxa de aviões derrubados menor que o esperado, mas cumpria mais missões e, portanto, mais aviões estavam sendo abatidos. Conferi a análise de McNamara com um membro do Comitê das Forças Armadas da Câmara que eu conhecera quando trabalhava na editoria de Assuntos Gerais. A avaliação dele, baseada em dados confidenciais, disse, era muito mais direta: "Vamos perder muito mais aviões da Marinha do que esperávamos". Relatei isso.

Meu interesse contínuo por baixas na Marinha e a dissimulação de McNamara ao falar do assunto acabaram me levando a Clarence "Mark" Hill, um capitão da instituição que estava trabalhando num projeto de longo prazo para McNamara com a finalidade de lidar com a falta de pilotos. O vice de Hill na época era um oficial júnior brilhante chamado John M. Poindexter, que tinha feito doutorado no Instituto de Tecnologia da Califórnia. (A carreira de Poindexter seria arruinada duas décadas depois, quando, trabalhando como almirante, ele seria indiciado no escândalo Irã-Contras durante o governo Reagan.) Hill compreendeu, assim como eu, que muitos pilotos da Marinha, convencidos de que os alvos no Vietnã não compensavam os riscos envolvidos, queriam sair de serviço o mais rápido possível. Era uma matéria que ninguém no topo queria ouvir — ou deixar que fosse divulgada. Mas o escritório de Hill forneceu um testemunho e dados estatísticos para um ou dois comitês no Congresso, e assim fui direcionado para o comitê certo e para as audiências certas.

A série subsequente de artigos escrita em 1966 para a AP, sobre os problemas da Marinha em manter pilotos, me deixou marcado no Pentágono, e alguns colegas de jornalismo passaram a me ver como um ativista contrário à guerra. Na verdade, também aprendi muito sobre integridade militar e honra com Mark Hill, que era tão conservador quanto qualquer oficial que conheci no que dizia respeito a questões sociais. Hill era veementemente contra a noção de que havia algo de racista na tradição da Marinha em recrutar marinheiros filipinos para servir como comissários de bordo dos navios, e ele não tinha muita certeza se afrodescendentes dariam bons pilotos. Mas ele também valorizava a integridade e a verdade, e assim ele me ensinou muito sobre a guerra.

No outono de 1966, houve mais uma batalha sangrenta no Vietnã do Sul envolvendo uma emboscada dos norte-vietnamitas a uma companhia do Exército — mais ou menos cem soldados — que patrulhava a região. Mandaram mais tropas americanas, e houve ainda mais mortes, antes que aviões e helicópteros conseguissem afugentar o inimigo. As matérias dos jornais foram desoladoras. Eu, como jornalista sênior da AP, fui convidado a bater um papo no meio do dia com McNamara e Vance, junto com cinco ou seis outros correspondentes da grande mídia. Os dois principais oficiais americanos em serviço ofereceram um relato mais positivo: haviam morrido muito mais inimigos do que americanos, afirmavam, e o responsável pela operação tinha sido promovido a general de duas estrelas. McNamara explicou que, é claro, nem ele nem Vance deveriam ser citados nominalmente ou por seus cargos em nossos informes: isso poderia sugerir que eles estavam tentando maquiar o que havia sido um dia ruim. Então houve uma breve discussão entre alguns dos meus colegas e os homens que administravam a guerra de qual seria a melhor maneira de atribuir a informação a alguém. Os repórteres pareciam felizes em ajudar. Foi minha primeira sessão de bastidores com McNamara, e fiquei de boca fechada. Também segui a fórmula acordada para citá-los — algo na linha de "oficiais de alto escalão afirmaram".

Meu artigo foi publicado a tempo de entrar na edição de fim da tarde do *Star* de Washington, que na época era o maior competidor do *Washington Post*, mais próspero e respeitado. Ao fim do dia, o capitão Hill apareceu na porta da sala de imprensa do Pentágono, me viu e fez um sinal para que eu o acompanhasse no corredor. Enquanto andávamos pelos corredores infinitos, Hill quis saber de onde diabos eu tinha tirado aquela informação que fora publicada. Não hesitei em dar os nomes de McNamara e Vance. Hill ficou chocado. Ele trabalhava na época na unidade de Análise de Sistemas, um setor especial montado por McNamara que exigia que demandas e questões militares fossem reduzidas a seus componentes mais básicos para serem analisadas parte por parte para melhor compreensão. Havia oficiais seniores no Exército que viam a unidade como um veículo conveniente para que McNamara não dependesse de conselhos militares. Depois, eu descobriria que Hill já tinha sido promovido a almirante (o que era conhecido como "*frocking*", termo que designa a passagem extraoficial para um cargo superior na Marinha dos Estados Unidos), mas ainda aguardava a disponibilização do trabalho certo para a sua nova posição hierárquica. Tendo isso em mente, o que ele fez a seguir exigiu uma coragem extraordinária e implicou uma confiança extraordinária em mim. Depois de me fazer prometer guardar segredo, Hill colocou sua promoção em risco ao me revelar que o general envolvido tinha sido cortado — sumariamente demitido — por se recusar a ver a emboscada como uma crise do porte que era, o que levou à decisão ineficaz de mandar uma segunda companhia para a emboscada, na vã esperança de atenuar a matança. A segunda unidade também fora arrebentada, com grande número de fatalidades. Hill me contou então que, entre as coisas feitas para acobertar o desastre, fora concedida uma promoção imediata ao general, transferido instantaneamente para fora do Vietnã. Era uma farsa.

Lembro-me de ficar irritado, claro, mas também um tanto assustado: não fazia ideia de até que ponto as pessoas responsáveis pela guerra mentiriam para ocultar as cartas ruins que tinham em mãos. Eu estava lidando com um dilema que os repórteres que levam o trabalho a sério constantemente enfrentam: os Estados Unidos precisavam saber a verdade sobre a Guerra do Vietnã, mas eu tinha jurado lealdade a um oficial. É claro que fiquei de boca fechada, porque minha obrigação profissional e moral era proteger Hill. Devo deixar claro que Hill, que se aposentou como um almirante de três estrelas em 1973, faleceu em 2011; do contrário, teria pedido sua aprovação antes de revelar o papel dele na minha educação enquanto repórter — uma aprovação que acredito que ele com certeza daria. Hill pegou o trabalho pelo qual aguardava alguns meses depois da nossa conversa, como comandante do porta-aviões *USS America*. Nós mantivemos contato pelas quatro décadas seguintes.

Mesmo se na época Mark tivesse me dado a permissão para escrever sobre o que ele me contou, sem citá-lo pelo nome, é claro, teria sido muito difícil. Eu tinha feito várias visitas ao escritório dele, e Sylvester exigiu que todos os oficiais seniores do Exército e oficiais civis do Pentágono informassem imediatamente qualquer visita feita por um repórter. Na prática, isso significava que se eu visitasse um general na terça, conseguisse uma informação relevante e escrevesse no dia seguinte sobre ela, o escritório de Sylvester ficaria sabendo — não importava se o general fosse citado pelo nome ou não — quem tinha sido a fonte. Para proteger esse general, ou Mark Hill, se ele tivesse me autorizado a usar a informação, eu teria que passar dias visitando generais e almirantes por motivos espúrios para poder ocultar a fonte. O decreto McNamara/Sylvester foi bastante útil para desencorajar reportagens investigativas sérias, e essencialmente forçava os repórteres a depender cada vez mais de entrevistas organizadas de forma oficial, e das várias conferências para a imprensa que pareciam disponíveis o tempo todo. Sylvester facilitou para que os correspondentes do Pentágono só fizessem o mínimo. Havia uma maneira óbvia de ganhar do sistema, é claro — entrar em contato com oficiais na casa deles. No ano em que cobri as notícias do Pentágono, isso raramente era feito.

Nos últimos meses de 1966, fiz um novo amigo muito importante, I. F. Stone. Nosso primeiro encontro foi bem comum — para ele. Minha esposa e eu ficamos na rua até tarde no sábado à noite, e o telefone tocou bem cedo na manhã seguinte, antes das seis. Meu medo era que fosse um editor da AP em Nova York pedindo para eu conferir uma história militar publicada em algum lugar do mundo. Isso acontecia com grande frequência. Em vez disso, a pessoa se apresentou como Izzy Stone e perguntou se eu tinha visto a matéria fascinante em sei lá que página, ou no *Philadelphia Inquirer* ou no *Baltimore Sun*. Izzy, logo descobri, acordava cedo todo domingo e dirigia até a banca no centro que vendia jornais nacionais e internacionais. Esse telefonema era a maneira de ele me dizer que vira algo nas minhas reportagens que sugeria que éramos muito parecidos, em termos de estarmos um tanto céticos quanto à cobertura da Guerra do Vietnã. Izzy gostava de dar longas caminhadas, e logo começamos a caminhar juntos. Falávamos sem parar de como fazer reportagens melhores, e eu estava nas mãos de um mestre; para vergonha da grande mídia — e dos meus colegas que fumavam cachimbo na sala de imprensa do Pentágono —, as reportagens e análises dele, que saíam duas vezes por semana, como *publisher* do *I.F. Stone's Weekly*, não eram vistas como algo muito maior do que uma aporrinhação.

A crise mais óbvia da minha carreira nascente ocorreu no fim daquele ano. No dia 12 de dezembro de 1966, Harrison Salisbury, do *Times*, chegou a Hanói; ele foi o primeiro jornalista da grande mídia dos Estados Unidos a receber um visto desde que os soldados invadiram o Vietnã do Sul. Dois dias depois, ele relatou ter visto provas de um bombardeio americano massivo em Hanói, causando mortes de civis. A resposta do Pentágono foi imediata e feroz: negaram categoricamente qualquer bombardeio americano dentro da cidade de Hanói, junto com uma insinuação, muito repetida na imprensa, de que Salisbury e o *Times* estavam atuando como agentes de propaganda para o inimigo. Eu ia para as reuniões com os "oficiais americanos" — geralmente um ou dois homens do alto escalão — e relatava as suas negativas anônimas, que às vezes incluía a noção difícil de aceitar que os danos causados às estruturas civis de Hanói tinham sido feitos por mísseis antiaéreos errantes disparados pelos vietnamitas do norte ao mirar em aviões de bombardeio dos Estados Unidos.

Mais ou menos uma semana depois, um funcionário do Pentágono admitiu, relutante, como escrevi, que algumas áreas civis do Vietnã do Norte podiam ter sido danificadas pelos bombardeios americanos, mas insistiu que todos os alvos eram militares. Enquanto isso, Salisbury, que ficaria no Vietnã do Norte até o início de janeiro, estava perambulando pelo país e fornecia cada vez mais provas de que áreas civis tinham sido bombardeadas. Ele relatou no Natal que o bombardeio americano ocorria havia meses. Uma "inspeção no local" indicava que os ataques americanos causaram mortes civis em Hanói e outros lugares "já fazia algum tempo". Quatro dias depois, Salisbury relatou que a cidade de Nam Dinh, a oitenta quilômetros ao sul de Hanói, tinha sido bombardeada várias vezes, por mais de um ano, resultando na morte de 89 civis, em quinhentos feridos e em mais de 12 mil casas destruídas.

Presumi, seguindo a máxima de Mark Hill, que havia muita verdade nas reportagens de Salisbury, e pouquíssima verdade nas negativas oficiais que eu registrava fielmente, como um bom estenógrafo. Eu fora convidado para uma conferência, alguns meses antes, sobre a relação entre imprensa e militares, realizada na Faculdade Naval em Newport, Rhode Island, e jantei com um almirante sênior que servia em um cargo confidencial do Pentágono. Senti a ambivalência dele quanto à guerra e expressei minhas dúvidas quanto à falta de integridade do alto escalão do Pentágono. O almirante deixou claro, sem chegar a verbalizar isso, que compartilhava da mesma perspectiva que eu.

Depois do feriado de Ano-Novo, passei dias entrevistando vários oficiais e civis nos escritórios do Pentágono, tratando de qualquer história racional que eu fosse capaz de inventar, com a intenção de criar um registro enganoso para os vigias de Arthur Sylvester. Telefonei, então, para a secretária do almirante e solicitei uma entrevista. Ele aceitou me encontrar, como imaginava; tenho certeza que ele sabia o que eu queria. Ele estava cansado das mentiras; simples assim. Ele me falou que havia muitas fotografias pós--bombardeio (conhecidas como ADBs no Pentágono, avaliação de dano das bombas) que confirmavam o dano extenso causado a alvos civis registrado por Salisbury. Também me disse que McNamara, após o relatório de Salisbury, tinha feito um círculo de oito quilômetros ao redor do centro de Hanói, e que ordenara aos pilotos da Marinha e da Força Aérea não soltar bombas dentro daquele círculo.

Eu sabia que estava diante de uma matéria muito importante, mas também compreendi que era preciso confirmar aquilo. Foram necessárias mais entrevistas falsas antes de contatar um jovem general da Força Aérea, que eu conhecia e de quem gostava por sua vontade de se abrir por completo para falar sobre sua convicção de que só as missões de bombardeio de sua instituição tinham sido úteis na guerra. Disse a ele que, pelo que entendia, os pilotos da Marinha estavam convencidos de que seus bombardeios em Hanói tinham sido muito mais precisos do que as bombas largadas pela Força Aérea, que voava mais alto. As ADBs, disse o oficial da Força Aérea, não podiam ser mais claras: mostravam o quanto as bombas da Marinha tinham errado os alvos dentro de Hanói, causando muitos danos aos civis. Ele acabou me mostrando algumas das fotos, apontando onde os alvos tinham sido acertados e as crateras que indicavam erros. A rivalidade entre as diferentes áreas do Exército me levou a encontrar alguma verdade, mas foi necessário provocá-la.

Discuti a minha descoberta com Don Sanders, o editor a quem me remetia desde que chegara ao Pentágono, e ele disse, simplesmente: "Escreva".

Nós dois sabíamos que haveria uma resposta desfavorável não apenas do Pentágono, mas também dos meus colegas do corredor de correspondentes. Não ajudava também o fato de eu ter publicado uma defesa estridente de Salisbury enquanto também atacava a integridade de McNamara no *National Catholic Reporter*, um jornal semanal que estava ganhando status e um público cada vez maior entre os católicos e outros públicos por sua postura contrária à guerra. Escrevi o ensaio usando um pseudônimo, a pedido de Bob Hoyt, o editor do jornal. Hoyt me abordou antes do Natal, suponho que por causa das minhas reportagens na AP, e me ofereceu a oportunidade de publicar o que eu quisesse. Não havia momento melhor para ele me abordar, porque eu estava frenético de tanta frustração por ter que publicar matéria atrás de matéria com as negativas oficiais — que eu acreditava piamente serem mentiras. Detestava escrever sob pseudônimo, pois na época pensava — e ainda penso — que qualquer coisa que valha a pena ser dita deve ser dita com o próprio nome, mas eu também sabia que o que eu tinha escrito para o jornal de Hoyt despertaria a raiva dos meus colegas, que logo descobririam quem tinha escrito o artigo, que foi publicado sob o nome de Richard Horner.

Publicado no dia 4 de janeiro de 1967, dizendo ter sido escrito de Washington, o artigo violava totalmente o acordo de inviolabilidade das reuniões com McNamara e outros oficiais do Pentágono. Começava assim:

Um dos mais importantes oficiais do Departamento de Defesa estava exercitando seu charme abundante numa festa no forte de concreto do departamento, junto ao rio Potomac. Aos seus pés havia uma multidão de repórteres cínicos e endurecidos, prontos para rir à menor provocação.

"E as denúncias de que nós bombardeamos Hanói?", perguntou um dos jornalistas. Na época em que ocorria a festa, os Estados Unidos ainda estavam negando as denúncias dos vietnamitas do norte de que aviões americanos tinham matado ou ferido mais de cem civis durante ataques a Hanói em 13 e 14 de dezembro.

Bom, disse afavelmente o oficial, ele tinha aprendido uma coisa no período em que serviu na Segunda Guerra Mundial: as bombas nunca caem no ponto em que foram miradas. Agora, vinte anos depois, a tecnologia melhorou, ele acrescentou com um sorriso festivo: as bombas de vez em quando atingem o alvo.

Alguns dos repórteres riram. Outros tomaram um gole do seu drinque em silêncio.

Havia um motivo pessoal para minha irritação com McNamara. No início daquele inverno, minha esposa e eu fomos esquiar num feriadão em Colorado. Estávamos com pouco dinheiro sobrando, e fizemos a viagem mais barata possível, dormindo no apartamento alugado por um colega de faculdade em Vail, viajando no voo mais econômico e alugando um carro de uma empresa que, para chegar até ela, era preciso percorrer um trajeto longo de ônibus partindo do terminal de Denver. Aterrissamos no meio de uma nevasca pesada, boa para esquiar, mas péssima para dirigir. De início, éramos os únicos passageiros no ônibus que levava à empresa de aluguel de carros, mas, após uma segunda parada, outra família entrou — McNamara, sua esposa e seus dois filhos adolescentes. Fiquei chocado; era um cara vindo do reino de Camelot que ia esquiar da maneira mais barata possível. Nada de aviões do Pentágono, nada de guarda-costas, e ninguém para ajudá-lo a colocar as correntes nas rodas que eram essenciais para dirigir na neve até as montanhas. Tinha quase certeza de que ele mal me conhecia, se é que sabia quem eu era — naquela época, eu só o vira de perto poucas vezes, e nunca havíamos interagido só nós dois —, mas me apresentei como o novo sujeito da AP, recebi um aceno de cabeça, e era isso. Fiquei impressionado pela integridade dele — nada de arrogância — e por seu desejo patente de ser um bom marido e um bom pai durante as férias. Foi difícil para mim aceitar que esse indivíduo que parecia tão decente estava tão disposto a fazer vista grossa na guerra. Isso me deixou ainda mais consternado com a resposta que ele deu a Salisbury.

Sabia que publicar aquela anedota no *National Catholic Reporter* era uma espécie de suicídio profissional. O artigo logo circulou pelo Pentágono, e é claro que aqueles na festa sabiam quem tinha feito a pergunta sobre o bombardeio em Hanói, e é claro que todo mundo sabia que McNamara tinha analisado a eficácia dos bombardeios americanos, tendo sido um oficial da Força Aérea durante a Segunda Guerra Mundial. Fiquei feliz na época, e até hoje fico, de ter tido coragem de escrever aquele artigo.

Entra em cena Neil Sheehan, que tinha sido da UPI e entrado no *Times* em 1964 e, após outro ano cobrindo a Guerra do Vietnã, fora designado alguns meses antes como correspondente do jornal no Pentágono. Não demorou muito para que nós dois nos déssemos bem: como eu disse, ele era um dos meus heróis do jornalismo e me via como alguém tentando enfrentar aquela situação. Não consigo imaginar quão chocado ele ficou, sendo um repórter especialista em conflitos que não tinha medo de desafiar a maneira como o governo conduzia a guerra, ao ver como aqueles habitantes da sala de imprensa do Pentágono não tinham a menor fibra. Fiz questão de apresentar Neil a alguns poucos funcionários e civis que conhecia e que compartilhavam da minha perspectiva de que os Estados Unidos dificilmente teriam sucesso no Vietnã.

O momento decisivo chegou quando terminei de escrever o primeiro de dois artigos que eu pensava que poderiam mudar ou encerrar o debate acerca da reportagem de Salisbury: um sobre as ADBs que eu tinha visto e o outro sobre a ordem de McNamara que restringia o bombardeio dos Estados Unidos em Hanói. Mostrei um rascunho do primeiro artigo para Neil e disse que esperava que o *Times*, que raramente usava o serviço de telégrafo em questões mais importantes, fizesse algo — qualquer coisa — com aquilo. Don Sanders fez com que o relatório do telégrafo de domingo, dia 22 de janeiro, incluísse um aviso aos editores de que sairia uma reportagem exclusiva do Pentágono sobre os bombardeios americanos no Vientã do Norte. Meu artigo, que foi transmitido horas depois no telégrafo A, citou fontes da Inteligência revelando que os Estados Unidos tinham fotografias aéreas mostrando danos extensos em estruturas civis do Vietnã do Norte. Tinham me fornecido dados específicos: foram atingidas pelo menos 59 estruturas civis próximas a uma linha ferroviária perto de Hanói que havia sido alvo do Exército, uma prova de que muitas bombas não atingiam seus principais alvos. As fotos mostravam apenas três crateras de bombas dentro da estação ferroviária, e nada menos que quarenta crateras fora do perímetro. A conclusão óbvia é que menos de 10% das bombas atingiam o alvo principal. O texto também sustentava a informação dada por Salisbury de que áreas civis tinham sido muito danificadas em Nam Dinh.

Sabia que haveria uma correria no escritório de Arthur Sylvester assim que o artigo começasse a circular pelo telégrafo A; o escritório dele incluía uma série de máquinas de teletipo que davam acesso instantâneo às reportagens do telégrafo. Sylvester não me disse nada, mas soube depois que ele foi falar com meu chefe da mais alta instância, Wes Gallagher, diretor geral da AP, para registrar uma queixa contra mim. Sheehan veio falar comigo depois de o texto ter circulado e disse que a editoria Internacional do *Times* tinha pedido a ele para conferir meu artigo. Na língua peculiar do *Times*, que eu aprendi quando trabalhei lá, isso queria dizer que Sheehan, se pudesse confirmar de forma independente o que relatei, deveria reescrevê-lo para publicar sob seu nome na capa da edição de domingo. Em vez de fazer isso, Sheehan me perguntou — nunca vou esquecer suas palavras — se o artigo que aparecera no telégrafo com o meu nome era exatamente o mesmo que eu tinha escrito. Falei que sim, e ele disse que esperaria mais ou menos vinte minutos e então diria ao responsável da seção internacional que ele tinha conferido o texto e que deveria ser impresso no jornal. E foi assim que o artigo, creditado a Associated Press, apareceu em destaque na capa do *Times* na manhã seguinte. Isso não acontecia com muita frequência. Não ouvi nada dos figurões da AP de Nova York.

Quatro dias depois, soltei o que achei que deixaria todos impressionados: um artigo que declarava, sem mais, que McNamara, em resposta ao furor em torno das reportagens de Salisbury, tinha ordenado que os chefes de gabinete, os homens que dirigiam as Forças Armadas da nação, proibissem missões de bombardeio num raio de oito quilômetros da cidade de Hanói. Citei alguém que descrevi apenas como "a fonte", que me dizia que as novas restrições eram "o resultado de tudo que vazou para a imprensa. Mostra que estamos levando em conta o que está sendo escrito" por Salisbury. Don Sanders sabia que a reportagem seria atacada assim que fosse transmitida pelo telégrafo A, e teve uma ideia engenhosa. Por que não esperar até mais ou menos cinco e meia da tarde — os jornais matinais da Costa Leste já estariam planejando a capa — e catalogar o artigo como "urgente", dando a ele um nível de importância abaixo de um informe, mas que me daria, como repórter do Pentágono, prioridade acima de todas as outras matérias que estavam saindo ou programadas para sair pelo telégrafo A. A cena seguinte parece tirada de uma sátira de Mel Brooks. Os telégrafos ao redor do mundo estavam reproduzindo a minha matéria quando Sylvester apareceu correndo, de olhos esbugalhados, a poucas semanas da aposentaria, e enfiou o dedo na minha cara. "A gente sabe o que você tá fazendo, seu filho duma puta", ele disse. Não lembro das palavras seguintes dele, mas o resumo é que ele ligaria para os meus chefes em Nova York e isso seria o meu fim. Não fiquei irritado com ele; sabia que ele era cria dos homens do alto escalão — McNamara e Vance.

Enquanto isso, meu artigo de mais de 12 mil palavras tinha terminado de ser transmitido, e Neil Sheehan caminhou até a minha mesa e, num tom monocórdio, fez as mesmas perguntas. Era mais ou menos assim: a história que você entregou aos seus editores é a mesma que apareceu no telégrafo? Respondi que sim. Sheehan me disse, mais uma vez, que ele falaria aos seus editores que ele tinha conferido a história e que deveria ser exibida na primeira página. Na manhã seguinte, acordei e vi meu artigo exposto de maneira ainda mais proeminente na capa, com uma manchete que dizia: "Estados Unidos proíbem ataques na área de Hanói". O texto não freou o bombardeio do Vietnã do Norte por muito tempo. O testemunho anual de McNamara sobre a postura do Pentágono — um resumo das crises que podiam surgir — estava agendado havia semanas e, como sempre, ele se encontrou com a imprensa antes. Imediatamente negou minha história, dizendo que os bombardeiros americanos não tinham sido proibidos de soltar bombas num perímetro de oito quilômetros. Ele repetiu a negativa depois do testemunho. A pressão que eu sofria era intensa, então mandei uma mensagem ao almirante com quem falava e ele foi rápido em garantir que sim, havia essa restrição, o que descartou qualquer possibilidade de que alguém na AP fosse querer publicar uma errata ou esclarecimento. Só quando os Documentos do Pentágono [Pentagon Papers, em inglês] foram publicados, em 1971, que descobri a fonte da negativa de McNamara. A Marinha tinha sido designada para traçar a restrição de cinco milhas, ou seja, oito quilômetros, mas os navios fazem os cálculos, como sempre fizeram, usando milhas náuticas. Os outros serviços das Forças Armadas usam as milhas-padrão para calcular distâncias. Uma milha náutica é 15% maior do que a milha-padrão. No meu artigo, usei apenas "milha". A negativa de McNamara prevaleceu, e a imprensa de Washington, por diversos motivos, desprezou as provas de que Salisbury e o arrogante *New York Times* estavam corretos. Não é à toa que perdemos a guerra.

Não deveria ter ficado tão surpreso com os meus colegas. Sabia que Neil Sheehan era uma exceção à regra. Tinha uma boa ideia de qual era a regra quando me convidaram, no inverno, para participar de um seminário sobre a guerra na Tufts University, se me lembro bem. Um dos palestrantes era o correspondente militar sênior para um jornal da grande mídia, e em certo momento um estudante lhe perguntou o que ele achava da Guerra do Vietnã. "Não tenho opinião", disse, explicando que seu trabalho era cobri-la de forma objetiva. Fiquei chocado. É claro que ele tinha uma opinião; era uma guerra que ele apoiava. Um clássico de dois pesos, duas medidas: se você apoiava a guerra, você era objetivo; se você era contra ela, era um esquerdista — como I.F. Stone — e não deveria merecer confiança.

Dentro de poucas semanas, fui informado de que Gallagher tinha montado uma unidade especial de investigação que seria coordenada de Washington e que eu deveria me juntar a ela. Protestei, mas Fred Hoffman estava voltando ao seu trabalho de correspondente-chefe da AP no Pentágono, e não tive escolha. (Hoffman se aposentou em 1984, durante o governo Reagan, e retornou quase imediatamente para o Pentágono como um funcionário sênior do escritório de assuntos públicos.)

Arthur Sylvester se aposentou no dia 1º de fevereiro de 1967, depois de seis anos como assessor de imprensa sênior de McNamara. Ele publicou um ensaio no *Saturday Evening Post* dez meses depois, no qual ridicularizou, de forma brutal, a equipe de imprensa que cobria o Pentágono: "Não conheço um jornalista que trabalhou na imprensa do governo no Pentágono que não tenha ficado estarrecido com as provas de que todos ali exerceram sua profissão, que viam com tanto orgulho, de forma tão capenga... Por seis anos, observei histórias feitas para acobertar fatos [promovidas por seu escritório] descerem redondas, quando pensei que deixariam todos engasgados".

Não havia curva de aprendizagem entre os homens do Pentágono que comandavam a guerra.

6.
Insetos e um livro

Trabalhar na nova equipe investigativa da AP seria o cargo dos sonhos se eu não tivesse sido abruptamente afastado do trabalho dos sonhos que eu tinha no Pentágono. Saí da minha breve experiência no Exército como um soldado cético em relação às Forças Armadas; as pessoas para quem trabalhei ou estavam no fim de uma carreira sem brilho ou tinham acabado de sair do treinamento e, portanto, eram inexperientes. Os oficiais que serviam no Pentágono eram mais intensos, mais ambiciosos e mais pé no chão. Aprendi uma lição como correspondente no Pentágono que eu guardaria pelo resto da minha carreira: há muitos oficiais, inclusive generais e almirantes, que compreendem que o juramento que fizeram representa um compromisso de proteger a Constituição, não o presidente ou um superior imediato. Essas pessoas mereciam e ganhavam meu respeito. Quer ser um bom repórter militar? Encontre esses oficiais.

Havia um grupo notável de jovens repórteres que viria a dominar a cobertura do escritório de Washington no fim de 1967. Dois deles, Gaylord Shaw e James Polk, deixariam a AP e ganhariam prêmios Pulitzer pelos seus respectivos jornais na década seguinte. Um terceiro colega, Carl Leubsdorf, tornou-se o principal repórter de Política da AP e teve uma carreira de destaque como chefe e colunista do *Dallas Morning News*. Mas essas três pessoas não estavam na equipe investigativa da AP no início de 1967; meus novos colegas eram estrangeiros para mim. Pouco importava, porque eu me conhecia o suficiente para saber que eu não me dava muito bem trabalhando em equipe, e o conceito por trás da nova unidade era justamente esse. Também pensei que o editor inicial do grupo, para quem trabalhei na seção de reescrita do turno da noite quando cheguei a Washington, era um desajustado — um camarada sem ambições ou curiosidade, que não se arriscava e que não teria sucesso.

Sobreviverei, pensava, se puder cair na estrada, trabalhar num projeto de longo prazo com alguma ligação com o Exército, no qual eu possa usar os contatos que fiz no Pentágono. Eu já tinha aprendido a principal lição do jornalismo — leia antes de escrever — e acompanhava as reportagens feitas na seção de Notícias da revista *Science*, uma publicação semanal da Associação Americana para o Avanço da Ciência. Em meados de janeiro de 1967, um repórter talentoso chamado Elinor Langer publicou uma série em duas partes sobre os perigos das armas químicas e biológicas do Pentágono (conhecidas como CBW), cujo orçamento triplicou entre 1961 e 1964. O programa, centrado no Exército americano, era responsável pelo uso cada vez maior por parte do governo Kennedy de desfolhantes e herbicidas no Vietnã do Sul, e seus efeitos colaterais de longo prazo não eram conhecidos — o que soube trabalhando no Pentágono. Algumas das unidades da Força Aérea espalhavam esse troço em áreas disputadas na selva e em zonas de combate. Tinha um slogan que exalava sarcasmo: "Só nós podemos impedir as florestas".*

Sabia que lidar com os prós e contras das CBW seria uma sugestão segura para fazer ao meu novo editor. Garanti a ele que a AP não seria a primeira a levantar esse questionamento; alguém já tinha feito uma matéria numa revista muito respeitada, e havia uma tonelada de depoimentos não confidenciais no Congresso que questionavam as intenções do programa. Recebi o sinal verde e voltei para o Pentágono, mas não para o corredor dos correspondentes. Entrei na biblioteca do Pentágono com uma lista das bases militares do programa de CBW, publicada por Langer, e tentei encontrar cópias dos jornais semanais dessas bases. Eu tinha trabalhado para esse tipo de jornal em Fort Riley e sabia que toda festa de aposentadoria de um coronel ou general aparecia em suas páginas, sempre com detalhes da cidade onde aquele velhinho pretendia passar a aposentadoria. Peguei uma lista de nomes e endereços, fiz uns telefonemas e parti, repleto de entusiasmo, como sempre.

Passei boa parte dos dois meses seguintes na estrada, visitando militares aposentados, assim como as pequenas cidades em que havia laboratórios e centros de produção secretos de CBW. Cidades pequenas têm jornais

---

* Referência à propaganda muito popular do Smokey Bear, voltada para a prevenção de incêndios: "Só você pode impedir incêndios nas florestas". [N.T.]

também, e como as bases não podiam ser visitadas, aquelas redações foram minha primeira parada. Fiquei sabendo sobre mortes não registradas de funcionários dos laboratórios e de garotos de entrega que tinham entrado no laboratório errado na hora errada. Também fui informado que animais infectados com as doenças mais letais tinham fugido — em um dos casos, para as montanhas de Maryland, perto de Camp David, o retiro tão utilizado por presidentes americanos. Fui conduzido a um coronel recém-aposentado que fez sua carreira — em boa parte preenchida por dúvidas acerca da moralidade do seu trabalho — na Divisão Química do Exército dos Estados Unidos. Não demorei muito para entender que o país não pesquisava apenas uma defesa para o caso de um ataque russo, como constantemente se afirmava — como vacinas e tudo o mais —, também havia um impulso intenso para desenvolver armas químicas e biológicas que pudessem causar destruição em massa.

Cedo ou tarde vim a descobrir que entre os envolvidos em segredo nesses projetos estavam alguns dos melhores cientistas americanos — entre eles o dr. James D. Watson, de Harvard, um vencedor do Nobel que trabalhava na comissão de consultoria secreta de CBW do Pentágono. Watson depois ficaria famoso pelo seu papel na descoberta da estrutura de dupla-hélice do DNA.

Acabei escrevendo uma série de cinco partes para a unidade investigativa, um total de mais de 15 mil palavras que acrescentava informações à pesquisa que Elinor Langer fizera, pois eu encontrara integrantes do programa de CBW que sabiam que ele tinha ultrapassado o objetivo declarado de se defender diante de um ataque soviético. Entreguei a série ao editor da equipe investigativa com uma nota resumindo minhas descobertas e por que as novas informações eram importantes. E então aguardei. Uma semana e nada de resposta. Segunda semana. Passava o tempo fingindo estar envolvido na pesquisa para um novo projeto, mas eu estava fervilhando por dentro. Qual era a daquele filho de uma puta? Finalmente, o editor me chamou, abriu uma gaveta da sua escrivaninha, pegou a minha série e disse que era longa demais. Não havia provas de que ele tinha lido o material ou feito qualquer esforço para editá-lo. Não sabia se ele estava apenas cumprindo ordens lá do alto ou se queria mostrar para os chefes do escritório que sabia como lidar com o Hersh.

O chefe do escritório e os outros superiores sabiam, com certeza, assim como alguns colegas, que eu havia cometido uma transgressão dois meses antes, pouco depois do fim da celebração do Ano-Novo lunar dos vietnamitas. Esse evento anual, conhecido como Tet, por uma semana foi mais importante que a guerra civil, e ocorreu um cessar-fogo. Minhas caminhadas com Izzy Stone continuaram e foram estendidas a um jantar ocasional com nossas esposas. Stone falava com frequência de eu dar um jeito de conseguir para ele os arquivos da AP sobre a Guerra do Vietnã, o que incluía transcrições integrais dos briefings para a imprensa feitos em Saigon. Eu tinha gentilmente solicitado esses arquivos, mas me falaram que eram apenas para funcionários da AP. Mencionei a Izzy que eu faria um plantão de oito horas numa noite de domingo, em meados de fevereiro, uma chatice que as pessoas da equipe se alternavam para cumprir. Ficaríamos apenas eu e um operador de telégrafo no escritório, com pouca coisa para fazer, exceto se acontecesse algo extraordinário, a não ser preparar um resumo do clima no país. Izzy insistiu que esse era o momento perfeito para acessar os arquivos. Marcamos um encontro, e eu abri a porta do escritório para ele minutos depois de chegar. Ele passou pelo menos seis horas analisando as reuniões diárias, fazendo anotações e dando gritinhos de alegria. Izzy era um sujeito de aparência esquisita, baixinho, com óculos de lentes grossas, cabelo desgrenhado e um jeito constantemente animado; ele me agradecia a cada poucas horas e garantia que não precisava de nada — nem água nem comida — e que estava se divertindo muito. Em certo ponto, senti que precisava dar alguma explicação ao operador de telégrafo, que não compreendia quem era aquela pessoa e o que ela estava fazendo. Izzy publicou um artigo mais ou menos uma semana depois no seu jornal semanal mostrando que os Estados Unidos, que tinham acusado com muita veemência o Vietnã do Norte de violar a trégua, tinham, na verdade, se aproveitado do Tet ao aumentar bastante a quantidade de armas e suprimentos entregues diariamente no Aeroporto Internacional de Saigon, Tan Son Nhat, já que não havia fogo de morteiro para danificar os voos que entregavam carga. Isso era algo típico de Izzy, fazia o mesmo que fizera por décadas: lia, lia e lia antes de escrever. Fiquei empolgado como um adolescente de poder ajudá-lo a escrever aquilo. Só por abrir uma porta.

Em meados de abril, a minha série sobre as CBW, cortada até virar um só artigo com pouco mais de mil palavras sem terem me consultado, foi transmitida pelo telégrafo A logo depois da meia-noite numa madrugada de domingo — o buraco mais negro para o jornalismo telegrafado. O lide que eu tinha escrito para a série falava que os Estados Unidos estavam gastando 230 milhões de dólares num programa agressivo de pesquisa de CBW. O lide, reescrito por alguém da AP, manteve o mesmo comentário sobre os gastos dos Estados Unidos, mas acrescentou que o programa visava ser tão agressivo quanto o russo. Não possuía nenhum dado que comprovasse aquela declaração que eu mesmo não fizera.

Naquele momento, pedi para ser transferido para a editoria de Notícias Gerais. O fim se aproximava, eu sabia, e acelerei essa aproximação. Encontrei Gilbert Harrison e Alex Campbell, os dois editores seniores da revista *New Republic*, cuja postura contrária à Guerra do Vietnã trouxe um público amplo à publicação, e escrevi um artigo longo sobre as CBW para eles, que recebeu um título dramático: "Só uma gota pode matar". O artigo, publicado no dia 6 de maio, listava 52 universidades e centros de pesquisa universitários que trabalhavam com as CBW sob contrato militar. Escrevi que boa parte da pesquisa estava diretamente ligada à Guerra do Vietnã, acrescentando que esse trabalho também era um risco nacional: havia risco de ocorrer uma calamidade no caso de um acidente nas comunidades próximas aos centros de produção de CBW. O artigo desencadeou protestos nos campi e provocou alguns novos questionamentos no Congresso. Sabia que estava violando uma regra básica da AP ao publicar fora do serviço de notícias sem pedir permissão, e ao fazer isso corria o risco de ser demitido. Mas naquela época, para mim — algo que nunca mudou —, tudo o que importava era a história, e, para dar algum crédito aos chefes da AP, não ouvi uma só reclamação a respeito da minha transgressão.

Os artigos da *New Republic* me levaram a receber pelo menos duas ofertas sérias para escrever um livro sobre o dilema das CBW, e aceitei a pior delas, vinda da editora Bobbs-Merrill, mais focada em livros didáticos, porque o editor que me abordou, Robert Ockene, era simpático e inteligente. Também senti que ele era influente como editor executivo da Bobbs-Merrill. Minha esposa e eu aguardávamos nosso primeiro filho, e o adiantamento, meros 4 mil dólares, me permitiu pedir demissão alegremente da AP em junho e mergulhar de cabeça no livro. Ninguém no escritório de Washington tentou me dissuadir. E não houve festa de despedida.

Escrevi um segundo artigo sobre as CBW em julho para a *New Republic*, informando que tinha sido contatado, desde o primeiro texto, por uma dúzia de editores de jornais universitários que, quando confrontados com negativas de oficiais das universidades a respeito de qualquer pesquisa perigosa, queriam uma garantia de que a minha lista era precisa. Era sim, e isso levou a mais protestos nos campi. Também observei, nesse segundo artigo, que nenhuma das maiores sociedades científicas tinha tomado uma posição, favorável ou contrária, a respeito das CBW. A discussão acerca da moralidade desse trabalho se espalhava para além dos campi, mas o debate não era uma questão para a grande mídia. Não fiquei surpreso com a incapacidade da imprensa em compreender que os Estados Unidos estavam buscando desenvolver um novo sistema de armas estratégicas, pois vi de perto a assessoria de imprensa do Pentágono se negar a encarar o que os relatos de Hanói feitos por Harrison Salisbury sugeriam. Compreendi que era muito mais fácil aceitar uma negativa oficial do que se aprofundar numa questão difícil e controversa.

Eu tinha um monte de motivos para terminar logo o livro sobre as CBW, e consegui finalizá-lo no início do inverno. Ockene fez o que os bons editores fazem: focou na estrutura e na organização e me disse que eu precisava ter alguma ideia de como terminar o livro antes mesmo de começar. Seria publicado na primavera; foi o primeiro de muitos livros que eu viria a escrever, e o único que não foi publicado correndo contra o tempo. O último capítulo citava Matthew Meselson, um biólogo premiado de Harvard, avisando, já no início de 1967, que "temos armas que podem ser muito baratas, especialmente adequadas para atacar grandes populações, e que se valem de um ataque súbito e repentino. [...] Não dá para pedir uma descrição melhor do que os Estados Unidos devem evitar em termos de guerra. E, no entanto, de todos os países do mundo, os Estados Unidos são conspicuamente pioneiros nessa área". Nosso primeiro filho nasceu naquele outono, e minha esposa me disse que queria dar a ele o nome de Matthew. Achei perfeito.

7.
Uma campanha presidencial

Com o livro encerrado, voltei mais uma vez para a questão de política externa inescapável do momento — o Vietnã. A guerra tinha se tornado um verdadeiro banho de sangue para ambos os lados no fim de 1967, o movimento antiguerra estava aumentando e desesperado para encontrar um jeito de impedir a reeleição, em 1968, de Lyndon Johnson. Havia uma fantasia de que o senador Robert Kennedy, de Nova York, romperia com o seu partido e concorreria com o presidente Johnson nas primárias do Partido Democrata com uma plataforma contrária à guerra. Não havia indícios, no entanto, de que Kennedy estivesse disposto a correr esse risco político. Então o movimento "Livrem-se de Johnson", liderado por Allard Lowenstein, que também esteve à frente dos movimentos por direitos civis, estava desesperado atrás de um candidato no fim de 1967, e sem muita sorte nessa busca.

Minha esposa e eu, precisando de mais espaço, alugamos uma pequena casa na zona noroeste de Washington, próxima a duas atrações: ficava a poucos metros da entrada da residência oficial do embaixador da Índia, e Mary McGrory vivia do outro lado da rua. A Índia era uma aliada próxima da Rússia na Guerra Fria e também tinha embaixadas em Hanói e Pequim, e os seus diplomatas seniores estavam, por necessidade, bem informados sobre o progresso dos Estados Unidos (ou da falta dele) na Guerra do Vietnã.* Mary, que

---

* Fiz um esforço em procurar diplomatas estrangeiros que tivessem servido na Rússia, China ou Vietnã do Norte antes de ter sido designado a trabalhar em Washington. Uma década depois, tornei-me amigo do embaixador K. R. Narayanan, que estudou ciências políticas depois da Segunda Guera Mundial com Harold Lask na London School of Economics. Ele se juntou ao serviço estrangeiro indiano e serviu na China, Rússia, Turquia e Inglaterra antes de ir para Washington. Narayanan, com quem dei muitos longos passeios, foi eleito presidente da Índia em 1997, e me diverti visitando-o no fim de 2001 em sua residência oficial, a Viceroy House, uma edificação de 18 500 metros quadrados construída por Lord Mountbatten. O modesto Narayanan me disse que só usava alguns cômodos do local. [N.A.]

era à época uma colunista do *Evening Star*, de Washington, que precisava ser lida, tinha emergido como uma voz moral e destemida contra a Guerra do Vietnã. Ela gostou das reportagens que eu havia feito sobre o Pentágono quando estava na Associated Press, e, tão importante quanto isso, ela era uma boa vizinha. Muitas vezes nos trouxe jantar logo depois que o nosso filho nasceu, e recebeu, em troca, um ou dois Martinis que preparei. Certa noite ela me disse que o senador Eugene J. McCarthy, um democrata de Minnesota que andara questionando a guerra, iria entrar na corrida presidencial contra Johnson. Mary era próxima do presidente Kennedy e ficou decepcionada por Bobby não concorrer. Gene era brilhante, mas irritadiço, ela me disse, e precisaria de ajuda com a imprensa e com os discursos. Será que eu gostaria de pegar o trabalho?

Eu não conhecia o senador e não sabia nada como coordenar uma operação de imprensa para um candidato à presidência. Mary insistiu para que eu encontrasse McCarthy e disse que faria uma boa propaganda a meu respeito e marcaria a reunião. Conversei brevemente com McCarthy no dia seguinte no escritório dele, no Senado. Ficou claro que ele sabia muito pouco sobre mim, se é que sabia algo, mas após um vaivém lacônico de perguntas e respostas, ele disse que eu servia e encerrou a entrevista. A única palavra para defini-lo era "hesitante", e a única palavra para me definir naquele momento era "confuso". A atitude desdenhosa de McCarthy a meu respeito deixou claro que ele não estava muito interessado em ter uma assessoria de imprensa competente ou ao menos razoável. Eu tinha trabalhado nas questões de CBW de perto com a equipe de dois senadores liberais democratas de Wisconsin, Gaylord Nelson e William Proxmire, e sabia que os senadores levavam muito a sério a sua relação com a mídia. Contei como tinha sido a reunião para Mary McGrory, que disse para eu não me preocupar e insistiu que me encontrasse com Blair Clark, o antigo chefe da CBS News, que seria — e isso ainda era segredo — o gerente da campanha. Não fazia ideia de como me aproximar de Clark, um nova-iorquino que constava no Social Register [catálogo com contatos de pessoas proeminentes], mas conhecia o filho dele, Timothy, que era repórter em Washington. Tínhamos jogado golfe juntos, e falei para Timothy que estava interessado em ser o assessor de imprensa. Ele ligou para o pai, que então me telefonou. Marcamos um encontro num hotel de Washington, e levei uma pasta cheia de recortes com meus artigos. Blair, assim como McCarthy, não estava muito interessado na minha escrita, mas ele também declarou que eu estava contratado — "se conseguirmos uma aprovação". A aprovação teria que vir de Abigail McCarthy, a esposa do senador, que, logo descobri, estava fazendo todo o possível para gerenciar nos menores detalhes a campanha através de Blair e, é claro, do marido dela. A sra. McCarthy era muito católica, muito inteligente — uma filiada à Phi Beta Kappa que fez pós-graduação na Universidade de Minnesota e na Universidade de Chicago —, uma mãe que cuidava do lar e estava totalmente dedicada à carreira do marido. Era uma combinação letal.

McGrory compreendeu que a campanha de McCarthy seria uma loucura e me jogou para os lobos na esperança de que eu fizesse algo de bom. Eu não me importava nem um pouco com o que a esposa do senador pensava, e sentia que havia duas razões legítimas para pegar o emprego: nenhum outro democrata parecia interessado em competir com a indicação de Lyndon Johnson, que parecia garantida, e qualquer coisa na vida pública era melhor que ser mais um jornalista freelancer. Então entrei como assessor de imprensa na campanha com o salário principesco de mil dólares por mês. Aprendi, então, que a maioria dos auxiliares de McCarthy no Senado, incluindo Jerome Eller, seu chefe de gabinete havia bastante tempo, os secretários e outros peões do escritório, não queria se envolver com a equipe da campanha de jeito nenhum. Encontrei Blair no fim de novembro de 1967, o dia em que McCarthy anunciou sua candidatura em New Hampshire. Havia uma falta de interesse chocante na declaração, porque McGrory, após conversar com McCarthy, revelou na sua coluna do dia anterior que ele iria concorrer. Eu deveria provavelmente ter fugido para as montanhas naquele momento, mas me disseram que, como eu tinha aceitado o emprego, minha primeira tarefa seria viajar para Nova York com o novo candidato à presidência, que tinha programado discursar para um grupo pacifista.

McCarthy fez seu discurso falando de cor, sem depender de uma cópia do texto, e foi fascinante. Ele questionava as premissas pós-Segunda Guerra sobre o poder intrínseco do presidente de interferir militarmente onde achasse melhor, e levantou uma questão que permanece relevante até hoje ao insistir que o governo não pertencia ao homem que o controlava, mas ao povo. Tratava-se de um senador sênior que era um membro proeminente do Comitê de Relações Exteriores atacando um presidente do mesmo partido por causa de sua decisão unilateral em dar continuidade a uma guerra assassina. McCarthy prosseguiu descrevendo a guerra como imoral, algo que eu nunca imaginei ouvir de um político. O cara sabia do que estava falando e tinha coragem, cérebro e integridade. Ele também falava baixinho, com total autoconfiança e respeito implícito pela inteligência da plateia. Não tentava intimidar ninguém. Minha ambivalência evaporou. Eu fizera a escolha certa.

Seria um trabalho e tanto. Minha nomeação tinha sido relatada numa matéria curta de dois parágrafos no *Times*. Logo depois, um repórter chamado Jack Cole, que trabalhava para o principal jornal de Minneapolis, me telefonou no dia do discurso e me pediu para organizar uma entrevista com McCarthy. Agora eu tinha me tornado um assessor de imprensa de verdade. Encontrei Jerry Eller, que também tinha viajado a Nova York, e contei sobre o pedido. Nunca esquecerei sua resposta: "Bom, vou dizer o que você deve fazer. Espere até você ter duzentos pedidos e aí você joga todos por cima do muro para mim. Deixa que a gente cuida disso". Senti que era um momento de "ou vai ou racha" para mim no emprego, então fui abrindo espaço até chegar a McCarthy, que estava cercado por uma multidão de fãs, peguei-o pelos ombros, contei do pedido e perguntei qual seria o melhor horário para agendar a entrevista. Resolvemos. Estava em guerra com Eller, com a equipe do senador e com a esposa dele, mas era uma guerra necessária. No Senado, McCarthy podia ser de Eller, mas McCarthy era meu, num sentido muito estrito, quando estávamos na estrada fazendo campanha.

Alguns dias depois, o senador e eu viajamos para a Califórnia, um ponto nevrálgico do fervor antiguerra. No voo, entreguei a ele exemplares de alguns livros recentes que eram críticos à guerra, com vários capítulos e páginas destacados. Também passei para ele alguns dados acerca de questões locais que achei que poderiam ser usados no discurso que faria na UCLA [Universidade da Califórnia em Los Angeles]. A ideia de escrever um discurso antecipadamente para ser transmitido pelos serviços de telégrafo e para a imprensa local ainda não fazia parte da campanha, mas era um objetivo. Vi que McCarthy, assim como muitos outros senadores, era rápido na leitura. Ele folheou rapidamente os materiais que entreguei, que incluíam ensaios críticos à guerra e um longo memorando sobre as questões constitucionais levantadas pelo julgamento pendente do dr. Benjamin Spock, o pediatra favorito de todo mundo, e outros quatro acusados de conspiração por aconselhar jovens a evitarem o alistamento. Discutimos o memorando, que tinha sido preparado por Michael Tigar, um advogado brilhante de Washington. Preocupei-me que talvez McCarthy tivesse folheado muito rapidamente o material. No entanto, depois do discurso que deu diante de uma plateia entusiástica que ocupava mais da metade do estádio de basquete da UCLA, ele respondeu a uma pergunta sobre o julgamento de Spock atacando de forma muito perspicaz a acusação, baseando-se na análise de Tigar, e defendeu os protestos antiguerra. O apoio dado a Spock virou notícia nacional aquela noite.

O contraste entre o brilhantismo do homem e o caos criado por seu escritório do Senado era acachapante. McCarthy raramente aparecia no comitê de campanha, e muitas vezes eu ficava louco porque a equipe do Senado não transferia a ligação para ele quando eu telefonava para lá. Então pegava um táxi e corria até o Senado para conseguir falar com ele. Mas ele era meu — ou era o que eu pensava — quando estávamos em viagem de campanha. Naqueles primeiros dias, muitas vezes eu era o único auxiliar que o acompanhava, e me mantinha sempre ocupado, constantemente entregando material para que ele lesse e mantendo-o atualizado sobre a guerra e outras questões. Minha diligência e rapidez com certeza o impressionaram no início, mas logo ele passou a esperar um pacote de materiais em cada parada importante da campanha. Minhas viagens eram possíveis graças a um feliz acaso chamado Mary Lou Oates, uma repórter loira de 23 anos e fala rápida, ex-UPI, que fora contratada por Allard Lowenstein como assessora de imprensa de Abigail. Oates passou uns dias no emprego antes de me anunciar que ela pediria demissão após ouvir a sra. McCarthy demonstrar preocupação em relação a todos os "hebreus" que trabalhavam para o marido. Pensei que valia a pena manter na equipe alguém que conseguia captar os problemas da esposa do candidato tão rapidamente, então a contratei como minha assistente. Também senti que o senador não dava a mínima para a minha origem religiosa.

Oates cuidou do escritório em Washington, contratou pessoas e me deu cobertura pelos três meses seguintes. Mas isso era o de menos. Por muitos anos ela atuou como uma ativista universitária através da Associação Estudantil Nacional, uma confederação de organizações de ensino superior que tinha milhões de membros, e viu o potencial e a necessidade de mobilizar os estudantes ao redor do país para votarem em McCarthy para que a guerra acabasse. Ela me apresentou a Sam Brown e David Mixner, que viriam a montar a imensa campanha "Get clean for Gene" [Fique limpo para Gene] — um slogan pensado por Oates — que fez com que milhares de universitários raspassem a barba e cortassem o rabo de cavalo para bater de porta em porta por todo o país. Mixner e Brown, nos anos seguintes, organizaram enormes campanhas contra a guerra que levaram centena de milhares de pessoas a Washington.

A campanha tinha um excelente redator de discursos, Peter Barnes, que depois foi trabalhar na *Newsweek*, e eu e alguns voluntários recrutados por Oates opinávamos nos rascunhos de Peter e entregávamos essas sugestões para McCarthy, na esperança de que ele quisesse aprimorar os textos. Era um sistema imperfeito, porque o senador era genial falando de cabeça, sem texto, mas também era brilhante quando se dedicava a revisar um rascunho, que ele sempre melhorava. Numa das poucas ocasiões em que fez isso, distribuímos uma cópia do discurso para a imprensa e conseguimos uma cobertura midiática melhor.

Eu conhecia bem a minha posição e sabia que McCarthy sempre fazia duras críticas posteriormente. Eu constantemente redigia breves declarações para a mídia sobre temas que estavam nos noticiários, muitas que diziam respeito à Guerra do Vietnã e que, invariavelmente, criticavam o presidente. Era cuidadoso: sempre solicitava a aprovação antes. A maioria das declarações era ignorada, mas houve vezes em que McCarthy foi acusado de ir longe demais nas suas críticas tanto ao presidente quanto à guerra. Insinuava-se que ele estava estimulando e ajudando o inimigo. Nessas ocasiões, especialmente na presença de outras pessoas, ele me atacava e me perguntava como eu podia ter escrito aquelas bobagens irrefletidas. Eu apenas aceitava. Tinha certeza de que McCarthy gostava de mim — isto é, da minha disposição para o trabalho e em mantê-lo atualizado com livros e artigos importantes de revistas e jornais. Também percebi quão exaustivo era dar seis, sete ou mais discursos no mesmo dia e estar constantemente alerta para não cometer uma gafe que pudesse prejudicar a campanha ou até tirá-lo da corrida presidencial. Entendi por que ele desdenhava tanto da mídia, que inicialmente tratou sua campanha como um capricho, mas eu não compreendia os motivos pelos quais o senador não arranjava um tempo — quando ele daria um discurso importante — para sentar com o redator e comigo para discutir o que ele pretendia dizer, ou para ser proativo em termos de fazer declarações públicas ou dar entrevistas para os repórteres em quem ele confiava. Ele queria mesmo ser presidente?

Logo no início da campanha, após uma semana longa e exaustiva, com McCarthy cumprimentando pessoas e repetindo o mesmo discurso, numa tarde tranquila de sábado em Manchester, New Hampshire, o produtor do *Meet the Press*, o programa de entrevistas mais popular do domingo de manhã, entrou em contato comigo para dizer que houvera um cancelamento de última hora. McCarthy estaria disposto a viajar a Washington para dar uma entrevista? Ele resistiu, insistindo que estava cansado demais. É claro que ele tinha que ir. Então o assegurei de que eu cancelaria todos os compromissos do dia seguinte à entrevista e ele foi gravar o programa. Ele devia saber que eu estava mentindo, mas lá fomos nós. Não cancelei nada, e tive que pagar o preço. A grande verdade, e ele sabia disso, era que eu, Mary Lou Oates e os milhares de universitários tocando campainhas pelo país não estávamos trabalhando de fato para ele, e sim pelo fim da guerra. Ele tinha nos convencido com os seus discursos brilhantes e sua coragem de fazer o que Bobby Kennedy tinha medo demais para realizar. O senador, no entanto, via o nosso respeito e admiração por ele como uma obrigação indesejada. Eu tinha que implorar para que ele passasse um tempinho com os voluntários, algo que ele quase nunca fazia.

Por outro lado, houve uma noite em San Francisco, no início da campanha, na qual Jerry Brown, filho do governador da Califórnia, Pat Brown, apareceu para visitá-lo. O jovem Brown era um católico devoto que tinha estudado num monastério beneditino, assim como McCarthy (que insistia em separar suas ideias religiosas das políticas), e os dois começaram a falar de maconha. Nenhum dos dois nunca tinha fumado um baseado, e não era segredo que alguns dos voluntários de idade universitária que trabalhavam para mim na imprensa eram maconheiros. Do que se tratava esse troço?, me perguntaram. Não demorou muito para que alguns baseados aparecessem, e os dois ficaram chapados, ou tentaram ficar, pela primeira vez. Esse momento não foi muito importante para McCarthy, ou pelo menos foi isso que ele disse, mas foi de grande relevância para Brown. Outra noite em San Francisco, após uma longa série de discursos e reuniões, assisti a um McCarthy exausto voltar à vida ao beber com um dos seus velhos companheiros dos dias de estudo religioso em Minnesota, um padre que estava subindo na hierarquia e que viria a se tornar bispo. Em certo momento, me mandaram ir até a livraria City Lights, em North Beach, para buscar um livro de poesia e mais uma garrafa de uísque, e com o passar da noite a conversa se transferiu da poesia para o Antigo Testamento. Os dois começaram a ler trechos do texto antiquíssimo em voz alta um para o outro, entre gargalhadas e comentários como "Dá para acreditar numa coisa dessas, Gene?". Foi divertido assistir a esses dois especialistas na Bíblia falando do assunto e aprender com eles.

A primeira eleição das primárias presidenciais do país, em New Hampshire, se aproximava. McCarthy concorria com o presidente como um candidato cujo nome precisava ser escrito, isto é, que não estava na cédula, e o destino de McCarthy, e talvez o destino do movimento pacifista, seria decidido no dia 12 de março. O senador trabalhou muito mais nisso do que até os seus bons amigos achavam que ele trabalharia. Um dia típico de campanha começava em Washington antes das cinco da manhã. McCarthy, que morava perto da nossa casa, me pegava de carro, às vezes entrando apressado para comer ovos mexidos e conversar com a minha esposa (ele sempre se interessou mais por mulheres), e saíamos voando para a campanha, na esperança de apertar a mão de operários em Manchester antes que começassem a trabalhar no turno da manhã.

Foi tudo muito lento de início. McCarthy tinha pouca visibilidade, como as pesquisas de janeiro e do começo de fevereiro deixaram claro. Mas logo conseguimos o apoio de Paul Newman e Robert Ryan, duas estrelas de cinema que também se preocupavam com a guerra e que estavam mais que dispostos a fazer o possível, não importando o preço, para ajudar a nossa campanha de inexperientes. Newman se comprometeu muitíssimo: ele passou vários dias dando discursos em lugares estranhos em New Hampshire e depois se encontrava comigo ou com Mary Lou Oates, que tinha se mudado para lá, junto com a nossa equipe de mídia, para discutir questões para as quais ele não tinha uma boa resposta. Ele queria aprender. Ryan estava cheio de informações surpreendentes. Num almoço, certo dia, ele me viu entupir um hambúrguer com fritas de ketchup e me perguntou onde eu tinha crescido em Chicago. Como ele sabia de onde eu era? Contou-me que o pai dele tinha sido um sindicalista naquela cidade cheia de sindicatos e que o meu uso de ketchup denunciava de onde eu vinha. Robert Lowell, o mais genial poeta americano, também se juntou à campanha. A afinidade dele com o candidato era óbvia: McCarthy não apenas atacava a Guerra do Vietnã, que Lowell detestava, como era, em seu coração, um poeta. McCarthy me impressionava e me frustrava ao ler poemas de intelectuais como George Seferis, entre outros, em vez dos livros instrutivos sobre questões locais que eu e minha equipe passávamos para ele.

O senador fazia seis ou mais discursos de campanha e aparições por dia, em colégios, faculdades, grupos da igreja, e ele apreciava a companhia de Lowell entre esses eventos. Eu também. Nós três, além de um motorista, seguíamos de evento em evento, bebericando vodca gelada ou alguma outra bebida alcoólica guardada dentro de uma garrafa térmica, e o candidato e o poeta trocavam alegremente tiradas espirituosas enquanto eu tentava, em vão, fazer com que McCarthy se focasse no próximo compromisso. Em certo ponto, apareceu na estrada um cartaz com uma foto de Nixon — que, na época, era candidato à indicação dos republicanos — com um slogan que dizia: "Nixon é o cara". McCarthy insistiu que eles dois conseguiriam bolar um melhor, e depois de três ou quatro segundos, Cal — como Lowell pedia para ser chamado — disse: "Nixon: eficiente em ser tranquilo".

Escrevendo isso agora, não sei por que a frase pareceu tão impressionante, mas na hora soou como um nocaute no primeiro round, e McCarthy ficou ruminando por uma boa hora. Lowell o derrubara. Cal, eu e o motorista voluntário (que história ele teria para contar depois) evitamos trocar olhares para não cair na risada. Eu gostava de Cal e tinha certeza de que ele gostava do fato de que eu não sabia nada de poesia e nunca perguntei da vida pessoal caótica dele. Ele passou horas conversando comigo sobre a minha vida — nunca a dele — durante os eventos aparentemente sem fim da campanha de McCarthy, quando sentávamos fora do alcance da visão do público. Ele queria saber o que eu tinha aprendido na cobertura do Pentágono, e a certo ponto me informou, feliz, após uma ligação de Elizabeth Hardwick, sua esposa no momento e editora na *New York Review of Books*, que a revista tinha comprado os direitos para publicar o meu livro sobre as CBW de modo seriado e que iminentemente publicaria dois trechos longos.

McCarthy tinha mudanças bruscas de humor, mais bem compreendidas por sua filha Mary, a única da família que apoiava abertamente a sua campanha e seu objetivo contrário à guerra. Ela estudava em Radcliffe e viajava conosco nos fins de semana. Eu tentava localizá-la antes de apresentar ao seu pai um rascunho de um discurso ou uma lista de jornalistas que queriam marcar entrevista. Certa manhã, quando meus pedidos eram especialmente chatos, perguntei a Mary como o pai dela estava se sentindo. A resposta dela ainda me faz gargalhar: "Alienado, como sempre".

McCarthy muitas vezes descontava em mim quando ficava irritado, e repetia que o meu trabalho não era "fazer a imprensa gostar de você, mas de mim. Todo mundo acha que você é ótimo. Você colocou os repórteres para dormir na minha cama e andar no banco de trás do meu carro". Ele parecia guardar as acusações mais pesadas para quando tinha uma plateia, que incluía estrelas como Lowell ou algum outro contribuinte importante para a campanha. Lembro-me de uma noite quando ele descobriu, ao final de um dia longo, que eu tinha emitido uma declaração no nome dele — ele tinha aprovado a ideia geral por trás — na qual eu o citava dizendo: "Eu acredito". Ele ficava repetindo a frase e acrescentou: "Todo mundo sabe que eu não uso essas palavras". É claro que usava, mas em tais momentos eu agradecia ao meu pai por ter sido tão duro comigo. Eu com certeza me sentia intimidado por McCarthy, e ansioso para agradar-lhe, mas não tanto quanto os outros.

Houve uma vez, mais para o fim da campanha, que tive a certeza de que havia passado dos limites e que seria expulso do trabalho. Estávamos num voo comercial de Washington a Manchester quando o piloto se aproximou de mim para dizer que George Romney, o governador republicano moderado de Michigan, tinha acabado de anunciar que estava se retirando da corrida presidencial. O piloto acrescentou que tinham separado uma sala para uma coletiva de imprensa, porque havia uma multidão de jornalistas nos esperando no aeroporto. Romney tinha sido ironizado sem parar pela mídia depois de visitar o Vietnã do Sul, quando disse ter passado por uma "lavagem cerebral" dos briefings que recebera. A sua desistência era ótima para nós; as regras das primárias em New Hampshire permitiam que eleitores independentes ou não registrados votassem em qualquer candidato, não importando a sua afiliação partidária, e as nossas pesquisas mostravam que certamente pegaríamos muitos dos votos de Romney. Contei ao senador da desistência e escrevi um memorando, com estatísticas da pesquisa e mostrando que havia votos republicanos que podiam ser tomados por nós. Insisti que ele deveria elogiar Romney pelo seu esforço e falar do amor dele pelo serviço público. Eram comentários totalmente genéricos e desnecessários, sem dúvida — McCarthy não precisava que eu lhe dissesse como conquistar votos. Mas e daí? Era algo importante. O senador leu as poucas páginas que eu escrevi e então — diante do meu olhar horrorizado — começou a rasgar lentamente as folhas em pedacinhos, uma atrás da outra. Eu estava encrencado, pois tinha dito o que ele deveria pensar.

Aterrissamos e nos deparamos com uma horda de repórteres que, ignorando a sala de imprensa, correu até o nosso avião na pista. Naquela época, os aviões pousavam em frente ao terminal e os passageiros tinham que caminhar até lá dentro. McCarthy foi o primeiro a sair, e eu ia logo atrás. Correspondentes de TV estavam lá, junto com mais membros da imprensa nacional do que nunca. O que ocorreu a seguir foi perversão pura. Quando tudo se acalmou, ele começou sua fala dizendo — isso diante de um mar de câmeras e microfones — que, no que dizia respeito à lavagem cerebral de Romney, "uma enxaguadinha já teria sido o suficiente". Demorou uns instantes para que algumas pessoas da imprensa entendessem a piada e, à medida que começaram a gargalhar, saltei em frente à multidão, balançando os braços e disse algo como: "Vamos lá, pessoal, aqui não é lugar para uma coletiva". Talvez tenha acrescentado algo sobre passageiros querendo desembarcar. Seja como for, funcionou. As equipes de TV desmontaram o equipamento e todos fomos para uma sala dentro do terminal. Não conseguia acreditar que os jornalistas nacionais, conhecidos por serem durões, tinham deixado um ninguém como eu empurrá-los desse jeito, mas foi o que aconteceu.

Naquela noite, observei em pânico que nenhuma das redes usou a frase sobre Romney. O único grande jornal que fez uso das aspas e se divertiu com elas, pelo que vi, tinha sido o *Sunday Times* de Londres, cuja equipe investigativa de primeira estava nos Estados Unidos para cobrir as primárias. Fiquei impressionado e senti como se tivesse protegido McCarthy de sua própria irritação. Ele não me disse nada a respeito do evento, mas sabia que eu o protegera dele mesmo. Meu trabalho era uma porcaria, eu pensava, porque eu amava a genialidade da frase dele — o homem era muito engraçado —, mas sua função naquele momento era fazer de tudo para conquistar os votos dos apoiadores de Romney em New Hampshire. O senador tinha que saber que não havia meio-termo na hora de concorrer à presidência e de acabar com uma guerra.

Alguns dias depois, durante outro voo no qual ele começou a fofocar sobre o Senado, criei coragem e perguntei sobre alguns dos amigos dele que estavam acompanhando a campanha. Sabia, por pura coincidência, que um deles, Tom McCoy, tinha sido chefe da CIA em Laos; um vizinho nosso, um artista local, servira sob o comando dele. Era difícil não gostar do McCoy; ele estava sempre brincando e parecia amar fazer jogos de palavras sobre quem ele era e o lugar para o qual tinha trabalhado. Era um católico devoto como McCarthy, e pensei que a ligação dos dois vinha da Igreja.

Disse a McCarthy que sabia que McCoy tinha trabalhado na CIA, e o senador disse algo como: e daí? Muita gente boa tinha entrado na Agência após a Segunda Guerra Mundial na esperança de repelir o comunismo e tornar o mundo um lugar mais seguro. Eu lera o bastante para saber que o partido político de McCarthy, o Partido Democrata-Trabalhador-Fazendeiro, era socialmente liberal — a favor de sindicatos e de subsídio estatal para ferrovias e equipamentos — assim como era hostil ao comunismo internacional. O senador disse, voluntariamente — eu não lhe perguntei nada sobre isso —, que tinha feito alguns favores para o presidente Kennedy envolvendo a CIA. McCarthy me falou pouco de Jack Kennedy, mas podia ser bem cruel, em conversas privadas, a respeito de Bobby. Ele dizia para mim e para outras pessoas que era mais inteligente e um católico melhor do que Bobby, e acrescentava que o cachorro dele era bem mais esperto do que Bruno, o famoso cachorro da família Kennedy. McCarthy prosseguiu: ele tinha cumprido algumas missões secretas para o presidente Kennedy, incluindo visitas a líderes católicos na América Latina — mencionou especificamente o Chile — que envolviam a entrega a um proeminente líder político anticomunista de uma mala com 50 mil dólares vindos da CIA. Quem cuidava do dinheiro e de sua entrega era Jerry Eller. Depois, McCarthy disse, com o que julguei ser orgulho, que ele nunca visitaria o presidente na Casa Branca para interrogá-lo, mas que poderia encontrá-lo em qualquer outro lugar.

Fiquei um tanto perturbado com aquilo tudo: ele tinha sido cúmplice de Jack Kennedy em um abuso do poder presidencial. Esse abuso persistia no Vietnã, meia década depois, e era um dos principais elementos da sua campanha contra Lyndon Johnson. Acho que por estar lisonjeado com a confiança que ele me cedeu acabei aplaudindo-o pela sua mudança de opinião e não pensei, naquele momento, e tampouco acredito nisso hoje em dia, que a CIA estava de alguma forma controlando a campanha dele, ou que tivesse qualquer coisa a ver com a sua decisão de desafiar Lyndon Johnson. Mas eu sabia que a CIA estava profundamente envolvida na matança que ocorria no Vietnã, e pensava que havia muita coisa sobre a Agência que deveria se tornar pública — só não durante a campanha. (Eu já tinha encontrado, por meio de McCarthy, alguns outros informantes que iriam me ajudar muitíssimo ao cobrir a CIA nos anos seguintes.) Nunca contei a McCarthy o que pensava da CIA; na verdade, nunca mais discutimos o assunto.

Nosso objetivo era nos livrarmos de Johnson e acabar com a Guerra do Vietnã, e no fim de janeiro ainda estávamos patinando. Obtivemos um grande impulso certa noite quando, na remota cidade de Berlin, New Hampshire, após um dia longo, atendi a batidas na porta do meu quarto de hotel e vi Richard Goodwin parado no frio. Circularam boatos na imprensa de que Goodwin, um veterano dos governos Kennedy e Johnson, famoso por seus discursos sobre direitos civis, ficara decepcionado pela recusa de Bobby Kennedy em concorrer à presidência e estava pensando em se juntar à nossa campanha. E lá estava ele, num hotel caindo aos pedaços numa parada pouco usual para uma campanha política. Dick depois contaria uma versão diferente da nossa primeira conversa, mas eu me lembro tão bem das palavras dele quanto as que ouvi de Arnold Dornfeld no City News Bureau. Ele entrou no meu quarto carregando uma máquina de escrever elétrica, largou-a de forma dramática na cama e disse: "Eu, você e essa máquina de escrever, moleque, vamos derrubar um presidente". Goodwin, o pequeno gênio de Jack Kennedy, um cara que ficou em primeiro lugar na sua turma de direito de Harvard e editou o jornal de lá, estava oferecendo voluntariamente os seus serviços para a nossa campanha capenga. Dick e eu implicávamos bastante um com o outro; sentia ciúme dele porque McCarthy adorava falar com alguém que era adulto e sabia como as coisas funcionavam. Como deve ter sido cansativo para McCarthy ter que aguentar uns novatos na política como eu, cujo único motivo para estar na campanha e trabalhando tão arduamente era, como disse antes, não por causa dele ou de seu sucesso político, e sim para acabar com a guerra. Esse também era o motivo de Dick. Eu o admirava e gostava dele — acabamos dividindo uma suíte no hotel de Manchester que era o quartel-general da campanha em New Hampshire —, mas logo me cansei de atender o telefone que compartilhávamos e escutar a voz de Teddy Kennedy pedindo para falar com Dick. Kennedy ligava com tanta frequência que começou a me chamar de Sy. Estava claro que se McCarthy se saísse bem como "candidato fora da cédula" em New Hampshire, Bobby entraria na corrida, e daí seria um adeus a McCarthy. Goodwin sabia tudo das pesquisas e do orçamento para a campanha, e eu tinha convicção de que ele estava espalhando essas informações. Então, numa manhã ansiosa, acordei McCarthy mais cedo do que ele pediu — o que não era uma boa ideia — e disse a ele quais eram, na minha opinião, os planos de Goodwin. McCarthy, sempre divertido, mesmo de pijama, me lançou um olhar brincalhão e disse: "Bom, sei lá, Sy. Até que é bom ter um traidor por perto. Deixa você alerta". E foi isso. Mais uma vez fiquei perplexo. Esse cara queria mesmo ser presidente? Do contrário, o que eu estava fazendo ali?

Um ponto crucial surgiu no último dia de janeiro, quando o Exército do Vietnã do Norte e seus aliados ao sul, conhecidos como vietcongues, deram início a uma série de ataques armados muito violentos e bem planejados durante o feriado de Tet, uma época em que o cessar-fogo deveria estar sendo cumprido. Ao longo das duas semanas seguintes, os americanos assistiram, chocados e horrorizados, a bases sul-vietnamitas serem tomadas e a Embaixada dos Estados Unidos em Saigon ser quase invadida. De repente ficou claro para muitos que a Guerra do Vietnã não poderia ser vencida. Um número incontável de universitários passou a organizar marchas a favor de Gene em New Hampshire e ao redor do país. Nossos números começaram a subir nas pesquisas — com maior velocidade e intensidade do que a campanha decidiu divulgar. De repente meu escritório de imprensa ficou lotado de pedidos para entrevistas e aparições na TV. Todos começamos a pensar à frente, na próxima grande eleição primária, em Wisconsin, onde McCarthy, vindo do Minnesota, era mais conhecido.

A campanha continuou apertada financeiramente, mas havia dinheiro para arrecadar em Wisconsin. Numa noite, fretou-se um avião — não faço ideia de quem pagou por aquilo — e McCarthy e eu voamos para uma festa privada de arrecadação de fundos que tinha sido organizada em Milwaukee. Ficamos sabendo que um grande número de empresários pacifistas, muitos deles judeus, estava ansioso para conhecer o senador. No mesmo voo encontrava-se Harry Kelly, um camarada meu da AP, que estava escrevendo um artigo importante sobre a corrida presidencial em New Hampshire. Kelly era esperto e charmoso, e ele e McCarthy se divertiram à beça tagarelando sobre livros, filmes e os caprichos de vários senadores — tudo, menos a campanha. Não fiquei feliz com isso, mas paciência. Se McCarthy se divertisse com Harry, talvez ficasse mais fácil para mim convencê-lo a passar um tempo com outros repórteres.

Aterrissamos em Milwaukee a tempo de chegar à festa de arrecadação, agendada para as oito da noite. Enquanto atravessávamos a cidade, passamos por um cinema que exibia uma nova adaptação de *Ulysses*, o famoso romance de James Joyce. McCarthy insistiu para que o táxi desse meia-volta, e então ordenou que eu fosse até a bilheteria para descobrir quando seria a próxima sessão. Tomado de pânico, informei que começaria nos próximos minutos. "Vamos lá, Harry", McCarthy disse. "Ouvi dizer que usam a palavra 'foda' no filme." Foda-se, pensei, e perguntei a McCarthy, enquanto ele descia do táxi, o que diabos eu iria dizer para as pessoas com talões de cheques na festa. Ele riu e disse: "Diga que separarei o mar". Ele e Harry entraram no cinema.

O evento foi um desastre. Murmurei algo sobre o senador ter adoecido, e dei um breve discurso para muitos homens ricos que ficaram ofendidos. Não juntamos dinheiro o bastante para pagar o voo — se tivéssemos que pagar. Fiquei envergonhado da minha performance ruim, mas achei difícil implorar por contribuições que eu mesmo não tinha certeza se seriam bem gastas. Decidi, então, que nunca escreveria sobre a campanha — algo que não fiz antes deste livro de memórias. Estava convencido de que McCarthy se exibia para Harry, e fiquei devastado com sua atitude desdenhosa em relação à festa de arrecadação que era vital para as suas chances de ganhar a indicação dos democratas e a presidência. Não iríamos bem em New Hampshire se não tivéssemos uma arrecadação equiparável à campanha de Johnson. A campanha do presidente não queria arriscar e começava a gastar cada vez mais com propagandas na TV e no rádio.

Havia outras dificuldades. Começamos a receber muito mais cobertura da mídia, e eu estava constantemente tendo que explicar a propensão do senador em cortar parágrafos pesados de discursos que tinham sido distribuídos antecipadamente. Um caso particularmente doloroso envolvia um corajoso comprometimento dele em demandar uma renda anual garantida para todos os americanos, uma ideia que os rapazes inteligentes da minha equipe haviam pesquisado extensamente. Stephen Cohen, que largou a faculdade de Amherst para trabalhar na imprensa, encontrou dados impressionantes, e quando perguntei de onde ele tirara aquilo, me contou que viera de um telefonema com Wilbur Cohen, secretário de Saúde, Educação e Bem-Estar Social do governo Johnson. Isso era muito interessante. De alguma maneira, Stephen tinha conseguido o número de telefone da casa de Cohen, que não estava na lista, e numa noite ligou para ele, identificando-se como um voluntário de McCarthy, e conseguiu que o secretário de gabinete preenchesse as lacunas de nossa proposta. Tais travessuras ousadas não eram incomuns entre os voluntários de Oates. Nancy Lipton, que era uma datilógrafa confiável dos rascunhos de discursos que eu escrevia para o senador de manhã cedo, uma vez me tirou do chuveiro para explicar que havia um erro de vírgula no texto. Nancy dividiu o quarto com Mary McCarthy em Radcliffe e, como Steve Cohen, acabou virando uma acadêmica. Steve, sempre competente, foi se tornando cada vez mais necessário para mim e para Mary Lou Oates, e viajava frequentemente conosco. Teve uma noite em que nós três, exaustos como sempre, descobrimos que só havia um quarto reservado, e não três, num hotel sórdido em alguma cidade de New Hampshire. Dividimos a cama, completamente vestidos.

Eu devia ter dito ao senador sobre o envolvimento de Wilbur Cohen; talvez assim ele tivesse hesitado antes de apagar a menção a uma renda anual garantida no discurso que deu. A edição surgiu mais ou menos uma hora depois de eu garantir a uma multidão de repórteres céticos que ele de fato diria tudo o que constava no texto. Os repórteres escreveram direitinho a matéria para as edições matinais dos seus jornais. Ficaram furiosos, com todo o direito. Levei a culpa, explicando que eu tinha entendido errado as intenções do senador. Quando McCarthy terminou o seu discurso, passou por mim no palco e, sabendo que tinha me sabotado, perguntou o que eu achei. Eu disse: "Nota 4". Quando cheguei ao bar do hotel aquela noite, vários jornalistas me avisaram que McCarthy estava furioso comigo e, mais uma vez, meu emprego estava por um fio. Quis responder que a insurgência dele também ameaçava meu trabalho, mas não disse nada.

Também fiquei de boca fechada quanto à atitude desdenhosa do senador em relação à festa de arrecadação de fundos, assim como sobre o quanto ele se divertia com as conversas privadas entre Dick Goodwin e os Kennedy. Eu me queixava sem parar do senador para a minha equipe e para outros, inclusive para Paul Newman e Cal Lowell, mas isso era apenas a outra face do respeito — ou do amor, como viam aqueles que trabalhavam comigo. Também confesso ter criticado as reclamações que McCarthy fez dos voluntários, que organizavam cada vez mais marchas em defesa dele, e que ficavam resmungando que o senador deveria passar mais tempo envolvido com as ações deles. McCarthy continuou resistindo, com o argumento de que os estudantes que largaram a faculdade para bater na porta de estranhos não estavam fazendo isso por ele, que só usavam a campanha para expressar sua raiva contra a Guerra do Vietnã. Era desmoralizante ouvir uma coisa dessas.

Um incômodo bem menos importante era o veneno e a paranoia constantemente destilados na campanha por Abigail McCarthy. Ela me ligou no início da campanha para protestar contra uma foto da filha deles aparecendo num panfleto. Só podia ser brincadeira. Respondi que eu não era o assessor de imprensa dela, mas do seu marido. Que erro. Uma vez na lista de inimigos dela, o sujeito estava condenado a ficar lá para sempre. O poder dela vinha do fato de que tanto o marido quanto a equipe dele do Senado tinham medo dela. Abigail e o senador se separaram no ano seguinte. O caminho que levava ao poder na campanha — e isso foi algo que dois dos maiores apoiadores de McCarthy logo aprenderam — passava por Abigail. Ela também intimidou Curtis Gans, que gerenciava a operação política da campanha e organizava reuniões que eu me recusava a frequentar. Eu enxergava

Gans e sua corja de auxiliares como políticos ordinários que trocavam princípios por votos. Também achava que eles se preocupavam muito mais com qual seria o papel deles na Casa Branca comandada por McCarthy do que com a questão que conquistou meus auxiliares e a mim — acabar com a guerra. Eu tinha insistido, no início de tudo, para que o brilhante, irascível e iconoclasta Harold Ickes chefiasse a campanha de New Hampshire. Isso não aconteceu, pelo que entendi, pois Ickes queria controle total, e Gans e Blair Clark não cederiam. Eu sempre arranjava tempo para falar com Ickes, que entrava e saía de New Hampshire, porque ele se divertia zombando de mim, brincalhão, e me cumprimentava cantarolando: "O galinho Chicken Little está aqui, e o céu está caindo, caindo, caindo".* Ele estava certo: eu levava tudo a sério, e ele não precisava falar de mim pelas costas.

A impaciência de McCarthy com a esposa ficou explícita numa noite em Boston. Meu escritório tinha produzido um material publicitário da campanha de doze páginas, cheio de posições políticas e fotos bonitas da família McCarthy. O senador queria que o conteúdo fosse distribuído junto com os jornais de domingo em New Hampshire, no último fim de semana da campanha. A prova final do material foi enviada às pressas da gráfica do sindicato em Nova York para o nosso hotel à noite, e McCarthy e eu conferimos tudo antes de aprovarmos a impressão, que seria de centenas de milhares de cópias. Fui tirado da cama horas depois pelo senador, que me pediu para ir correndo até a sua suíte. Parece que Abigail tinha recebido uma cópia da prova na casa deles em Washington e estava chateada com algumas fotografias e com a linguagem utilizada. Tinha algo a ver com irritar eleitores católicos em potencial ou algo do tipo. O senador, de roupão, telefonou para ela e disse que estava comigo — o arqui-inimigo — sentado na frente dele. Então ele repetiu as reclamações dela — que estava ouvindo tudo — e me disse, num tom severo, que eu precisava fazer as mudanças solicitadas. Sim, senhor, eu disse. Qual era a alternativa? Dizer: você está louco? O material estava sendo impresso enquanto conversávamos. McCarthy perguntou a Abigail se ela estava satisfeita. Acho que respondeu que sim. Ele desligou. Levantou-se da cadeira, deu de ombros, abriu um sorriso cálido e me disse que nos veríamos na manhã seguinte. Foi o nosso momento mais

---

* O galinho Chicken Little é o personagem de uma fábula tradicional também conhecida como *Henny Penny*. A história lida com paranoia e histeria coletiva após uma noz cair na cabeça do galinho, que então acredita que o mundo está acabando. [N. T.]

íntimo. Ele sabia que tinha me jogado para os lobos — isto é, para a esposa dele — com sua atuação covarde, e que eu sofreria as consequências. Abigail, como previsto, disse aos financiadores que eu propositalmente desafiara o marido. O senador tinha me dado uma ordem, e eu, o secretário de imprensa dele, no mundo de Abigail, tinha mentido para ele.

McCarthy arrasou na eleição de New Hampshire no dia 12 de março, conquistando 42% dos votos como um candidato que corria por fora. Lyndon Johnson deve ter sentido que tudo tinha acabado, mas esperou quase três semanas, até o dia 31 de março, para anunciar que não concorreria à reeleição. Bobby Kennedy entrou no páreo, e Dick Goodwin saiu da nossa campanha para entrar na dele. Bobby seria tão estridente na sua postura contra a guerra quanto McCarthy, e cada vez mais eu pensava em retornar ao que eu sabia fazer direito — ser um repórter. Minha equipe minúscula lá em Washington, liderada pelo incansável Joshua Leinsdorf, agora fretava dois aviões da American Airlines, com tripulação, para transportar o senador, a nossa equipe cada vez maior e vários repórteres nacionais e internacionais, de uma parte a outra da campanha. Os repórteres tinham que ser cobrados diariamente pelos voos. Lowell deu um tempo da campanha, assim como Newman e Ryan. E agora eu coordenava uma agência de viagens. Será que eu era mesmo um político?

Houve um momento desanimador em Milwaukee que me convenceu de que McCarthy, com Bobby na corrida, se sentia preso numa campanha que deixara de ser viável. A indicação democrata ainda era possível, mas jogos políticos pesados precisavam ser feitos. Se o católico irlandês McCarthy quisesse ganhar a indicação, teria que lidar com o prefeito católico irlandês Richard Daley, de Chicago. Daley controlava a delegação de Illinois para a convenção democrata e era sabido que ele gostava dos Kennedy. Escrevi bastante sobre a corrupção policial e o racismo quando trabalhei na AP de Chicago e desprezava o prefeito. Mas alguém da nossa equipe — não lembro quem — disse que Daley adoraria receber uma ligação de McCarthy. Recebi um número de telefone particular e um horário. Minha ambivalência quanto a Daley pouco importava; isso era algo que precisava ser feito. Encontrei McCarthy no almoço com sua turminha de sempre, que incluía Lowell, que tinha retornado, Mary McGrory e dois financiadores importantes. Abaixei-me perto dele, esperando um momento para sussurrar o meu recado, mas McCarthy me ignorou. Finalmente, interrompi-o e, falando bem baixo, passei o recado. McCarthy, com o jeito mais maldoso que já o vi demonstrar, anunciou bem alto para todo mundo que Sy Hersh estava lá para "me convencer a puxar o saco do prefeito Daley". Ele não telefonou.

Alguns dias depois, descobri que McCarthy havia concordado com Curtis Gans: atrairia uma porcentagem muito maior de eleitores brancos em Wisconsin se cancelasse uma série de marchas já agendadas pelos bairros negros de Milwaukee. A questão racial sempre foi complicada para McCarthy. Ele não era, de modo algum, um racista ou preconceituoso, e tinha criticado em público, de forma magnífica, a decisão de 1966 do Pentágono de baixar o padrão exigido para alistamento nas Forças Armadas — uma proposta impulsionada por Robert McNamara que resultava num número maior de negros e hispânicos nas linhas de frente da Guerra do Vietnã. O governo Johnson estava "mudando as cores dos cadáveres" na guerra, disse McCarthy várias vezes nos seus discursos, pois tentava limitar o número de brancos de classe média em combate e frear, assim, o crescente movimento contrário à guerra. Mas o senador não compreendia, em um nível muito básico, até que ponto o racismo era institucionalizado nos Estados Unidos. No início da campanha, um jovem líder trabalhista negro de Detroit chamado John Conyers, que acabou tendo uma carreira longa no Congresso, arranjou uma reunião extraoficial entre McCarthy e vários oficiais de sindicatos negros. Foi um desastre. McCarthy contou de quando teve um colega de quarto negro na escola paroquial. Depois disso, redigi um longo memorando falando de racismo, enquanto deixava claro que ele não precisava acreditar que havia racismo institucionalizado; só precisava reconhecer que uma porção enorme de negros acreditava que isso existia. Mary McCarthy, que compreendia seu pai de uma forma que outros não eram capazes de fazer, forçou-o a ler o texto.

Essa história, junto com uma falta de respeito e confiança em Gans, fez com que eu e Marylouise Oates, assim como a maior parte da minha equipe, ficássemos inquietos com o cancelamento dos eventos com a comunidade negra. Não podíamos acreditar que McCarthy aceitara uma estratégia tão estúpida, e corri até a suíte dele. Estava quase dando um murro num rapaz que trabalhava de guarda-costas quando McCarthy saiu do quarto. Disse a ele o que eu tinha ouvido e perguntei se era verdade. Ele me respondeu, com muita frieza, que isso não era da minha conta. E era isso. Ele estava concorrendo à presidência e, a meu ver, questões morais não eram tão importantes para ele quanto conseguir votos. Os democratas dos Estados Unidos tinham opinado a respeito da Guerra do Vietnã e eu havia cumprido o meu papel. Larguei a campanha na tarde seguinte, junto com Oates. Tínhamos passado três meses trabalhando juntos, um protegendo o outro, convencidos de que não havia nada mais importante do que aquilo que estávamos fazendo, apesar de toda a loucura.

Um dos confidentes de Oates decidiu contar a um repórter do *New York Times* o que tinha acontecido, e o nosso pedido de demissão virou um grande assunto na televisão por dois ou três dias. Oates me lembraria, anos depois, de que o boato de nossa saída se tornou oficial quando literalmente saltamos para fora de um ônibus da campanha antes de uma marcha em Stevens Point, Wisconsin. Enquanto fugíamos pela rua, com alguns repórteres nos seguindo, vimos Robert Lowell sentado na grama, esperando pela caravana de McCarthy. De acordo com Oates, enquanto eu escapava, gritei, alegre: "Adeus, Cal Lowell. Adeus, poeta laureado".

Voei para casa, abracei a minha família e fui dormir. Não atendi o telefone, nem dei entrevistas e guardei para mim essa experiência com a política nacional. Havia ajudado o país a se livrar de um presidente, mas não de uma guerra. Um livro meu seria publicado em algumas semanas e eu tinha muitas ideias para matérias de revistas. Queria deixar a política para trás.

McCarthy me ligou algumas semanas depois. Não buscou um pedido de desculpas, nem havia necessidade. Em vez disso, queria saber se eu retornaria à campanha para ajudá-lo com discursos e textos políticos. Respondi que não sabia se queria. Ele disse que eu receberia outra ligação para retomar a conversa, mas nunca recebi. Não tinha mais nenhum contato formal com a campanha, que durou até o assassinato de Robert Kennedy e a convenção violenta e caótica dos democratas que indicou o vice-presidente Hubert Humphrey em Chicago. McCarthy teria sido uma escolha muito melhor.

Houve um último esforço ao final do verão, quando Adam Walinsky, que tinha sido um dos auxiliares de Bobby Kennedy, me perguntou se eu poderia falar com McCarthy para descobrir se ele concordaria em participar de uma reunião para discutir uma quarta candidatura — o governador George Wallace, do Alabama, também era candidato a presidente em 1968 —, cujo objetivo seria impedir a eleição de Humphrey ou de Richard Nixon, o candidato republicano. O senador disse que sim, e Walinsky e eu, junto com algumas outras pessoas da equipe de Kennedy, fomos até a casa dele. McCarthy nos disse que ele pensava que podia ganhar em até quatro estados — Minnesota, Wisconsin, Nova York e Califórnia — caso aparecesse na cédula, o que seria suficiente para dar a eleição a Wallace. Eu tinha bastante certeza de que ele estava brincando conosco.

Não houve uma quarta candidatura. Nixon ganhou a eleição naquele novembro e a guerra continuou, como Humphrey gostaria. McCarthy começou a se afastar aos poucos do primeiro plano da política. Ele se separou formalmente de Abigail em 1969, mas o casamento, como muitas pessoas da campanha sabiam, tinha acabado muito antes. Não houve divórcio. McCarthy anunciou em 1970 que não concorreria à reeleição no Senado, mas, por capricho — ou pelo menos foi o que pareceu ser —, ele participou sem muita fé de duas campanhas presidenciais, em 1972 e 1976, nas quais se saiu muito mal. Houve uma última campanha, em 1982, condenada desde o início, na qual ele disputou primárias para a cadeira no Senado em Minnesota, que ele tinha abandonado onze anos antes. Conseguiu 24% dos votos.

Eu e minha esposa mantivemos contato com o senador e nos esforçamos em visitá-lo de vez em quando, geralmente na hora do jantar, até 2005, quando ele faleceu. Conversávamos muito pouco sobre o passado. Sua maravilhosa filha Mary frequentou a faculdade de direito e deu aulas em Yale. Morreu tragicamente jovem, de câncer, em 1990.

8.
Perseguindo as biológicas

Estar longe da intensidade e da irracionalidade de uma campanha política trazia uma sensação libertadora, mas tive que lidar com uma dura realidade: encontrava-me mais uma vez desempregado. Os trechos que saíram na *New York Review of Books* sobre o livro que eu lançaria ocupavam mais de dez páginas, e circularam no fim de abril e começo de maio, e logo eu tinha voltado ao que sabia fazer melhor — ser um jornalista.

O livro foi publicado no início de junho, e saiu uma matéria de capa sobre as descobertas ali relatadas na primeira edição do *Washington Post* de 6 de junho de 1968, que chegou às ruas na noite anterior. Bobby Kennedy foi assassinado naquela noite, e o texto sobre o meu livro desapareceu nas edições seguintes do *Post*, com toda a razão. A morte de Bobby, somada à matança que continuava ocorrendo no Vietnã e ao assassinato de Martin Luther King Jr., que acontecera antes, reacendeu o medo quanto ao bem-estar da nossa sociedade. McCarthy continuaria fazendo campanha, eu estava certo disso, mas não faria o menor esforço para tranquilizar os Estados Unidos. Não era do estilo dele.

Passei muitas semanas daquele verão promovendo o meu livro com bate-papos em livrarias e faculdades; a pesquisa sobre as CBW nos campi permaneceu uma questão sensível, ao passo que a dependência do Exército em armas de desfolhamento no Vietnã do Sul era mais divulgada pela mídia. Centenas de cientistas americanos, agindo individualmente ou através de sociedades científicas, juntaram-se ao debate contra as CBW. Desenvolvi uma amizade importante com Matthew Meselson, o bioquímico de Harvard que não estava interessado em mais um estudo ou mais alguma outra medida preguiçosa; ele queria que os Estados Unidos proibissem imediatamente o desenvolvimento e a produção de armas químicas e biológicas. Foi corajoso da parte dele ser tão contra as armas, pois na época ele era um conselheiro, com habilitação para acessar áreas e arquivos confidenciais, da Agência de Controle de Armas e Desarmamento dos Estados Unidos. O objetivo de desarmamento imediato envolvia atualizar o Protocolo de Genebra de 1925, barrando o uso de gás venenoso e armas biológicas. A posição dos Estados Unidos era que o protocolo não se aplicava a herbicidas nem a agentes químicos aprimorados de gás lacrimogênio usados na Guerra do Vietnã.

Eis que entra a *New York Times Magazine*. Um editor de lá — não lembro quem — me pediu para fazer um artigo sobre a questão das CBW com o intuito de atualizar os leitores. Fiquei fascinado, pois o *Times* diário não se interessou pelo assunto ou pelo meu livro. Havia bons motivos para a grande mídia prestar atenção no tema: em meados de março, um acontecimento misterioso levou à morte mais de 6 mil ovelhas em dois vales próximos à Zona de Testes de Dugway, pertencente ao Exército, uma área para testes de CBW ultrassecreta com cerca de 400 mil hectares, localizada na zona rural de Nevada. À medida que a história da tragédia se espalhava, matérias foram publicadas nos jornais de Salt Lake City ligando as mortes a "alguma espécie de veneno". De início, o comando militar de Dugway insistiu com os repórteres que testes não haviam sido conduzidos naquela semana e que a morte das ovelhas não era responsabilidade dos militares. Era uma posição disparatada, mas poucos na mídia, tirando dois jornais diários de Salt Lake City, pareciam se importar com aquilo. Comecei meu artigo para a revista com um relato da morte das ovelhas e notei que demorou mais de um mês para o Exército reconhecer que era responsável por aquele acontecimento macabro, e só fez isso depois que um informativo enviado a um senador de Utah para seu uso pessoal foi divulgado ao público, inadvertidamente, por um auxiliar dele.

Encerrei um artigo pedindo transparência e desarmamento, e a revista, para a minha surpresa, manteve as minhas palavras:

O Pentágono deve reavaliar imediatamente as suas restrições de segurança quanto às CBW. Se a Rússia está de fato envolvida em desenvolver importantes CBW, essa informação deve ser divulgada. Os tipos de agentes, seus possíveis efeitos e a política nacional com relação ao uso de armas químicas e biológicas devem ser avaliados pelo público.

Americanos — e russos — conhecem bem as consequências horríveis de um ataque nuclear; esse conhecimento é tão dissuasivo quanto os mísseis balísticos intercontinentais protegidos nos seus silos. Se o mundo soubesse mais do horror em potencial que os agentes nervosos e as armas biológicas letais representam, aumentaria a inclinação ao desarmamento. E os Estados Unidos, como um dos líderes em pesquisa e desenvolvimento das CBW, têm a obrigação de conduzir essa tendência.

A matéria tirou qualquer preocupação que eu tinha de ser excluído ou estigmatizado pelos jornais da grande mídia por ter trabalhado, como membro do partido democrata, numa campanha presidencial antiguerra. A combinação do meu livro, do artigo na *New York Times Magazine*, e de eu continuar falando das CBW em faculdades e universidades gerou o que todo repórter precisa — fontes internas. Conheci um oficial sênior aposentado da Divisão de Química do Exército dos Estados Unidos que começou a me falar das instalações de pesquisa e produção que não foram divulgadas publicamente, mas que alguns comitês do Congresso sabiam da existência. Esse contato me levou a um jovem que, quando estava no Exército, serviu de cobaia para experimentos biológicos em Fort Detrick, a instalação de pesquisa das CBW de entrada restrita do Exército, localizada em Frederick, Maryland, a 72 quilômetros ao norte de Washington. Descobri, a partir de uma série de cartas que ele me escreveu, que ele era apenas um de muitos.

Minha tranquilidade em conhecer e trocar ideias com uma grande variedade de pessoas vinha, a meu ver, de ter crescido e trabalhado numa área racialmente diversificada de Chicago. Eu amadureci precisando descobrir sozinho em quem dava para confiar na comunidade, provavelmente num esforço de preencher algumas das lacunas de coisas que não aprendi com meus pais. Fosse lá qual o motivo, sempre achei fácil conversar com cientistas, generais do Exército, membros republicanos do Legislativo e oficiais da Inteligência ao longo da minha carreira.

Essa habilidade, por mais útil que fosse, não mudava a realidade: a oposição acadêmica liderada por Matthew Meselson, meu livro e outros escritos, como os artigos de Elinor Langer, e centelhas de protestos nos campi não criaram uma indignação pública em massa. Longe disso. Mas os militares, preocupados em esconder seus verdadeiros segredos, reagiram de forma exagerada. O Escritório de Assuntos Públicos do Pentágono permitiu que Mike Wallace, correspondente do *60 Minutes*, o noticiário mais assistido da TV, tivesse acesso, com câmeras, a três instalações secretas das CBW. A emissora exibiu dois quadros sobre germes e gases químicos no fim de outubro de 1968. O objetivo, Wallace explicou no início, era "trazer as CBW para uma discussão racional — desmistificando-as, como crianças aprendendo que fantasmas não existem". A emissora mostrou, então, imagens de instalações para a produção em massa de doenças como antraz, peste bubônica e tularemia, agentes biológicos que poderiam ser usados como armas. Grandes concentrações de germes congelados eram mostradas deslizando numa linha de montagem.

Meus novos amigos de dentro do mundo das CBW me ajudaram a descontruir a matéria do *60 Minutes* num artigo para a revista *The Progressive*. A emissora não afirmou quem fez a filmagem ou onde ficavam as instalações, mas eu escrevi que algumas das imagens tinham sido produzidas pelo Exército em Pine Bluff Arsenal, uma instalação secreta no Arkansas. A emissora CBS não mostrou que havia pelo menos 251 câmaras refrigeradas subterrâneas, conhecidas como iglus, no terreno de Pine Bluff, e que muitas delas eram utilizadas para armazenar agentes biológicos. Também não mostrou que havia linhas de montagem de armas sofisticadas, capazes de encher bombas de 340 quilos em poucas horas com doenças que eram consideradas pragas mundiais, nem que houve 3300 acidentes em um período de oito anos em Fort Detrick, resultando na infecção de mais de quinhentos homens, e três mortes declaradas — duas por antraz. O mais importante, a meu ver, era que a CBS não tinha contado ao público que mais de cinquenta oficiais do governo, representando doze agências, puderam ver os dois quadros do *60 Minutes* antes de sua exibição. Eles sugeriram algumas mudanças "factuais", que foram realizadas, e fizeram objeções quanto ao conteúdo editorial, mas nem todas elas foram aceitas pela emissora.

Essa matéria da CBS gerou uma outra muito mais crítica, no início de fevereiro de 1969, no *First Tuesday*, um noticiário da NBC que existia graças ao sucesso do *60 Minutes*. Os espectadores ouviam, bem no início, e com muita ênfase, que a reportagem do *First Tuesday* não foi elaborada consultando o Pentágono. O programa mostrou cenas estarrecedoras de experimentos em laboratório com coelhos e ratos, além de um trator jogando as ovelhas mortas em grandes valas perto da Zona de Testes de Dugway. Mais importante ainda, o *First Tuesday* revelou que, ao longo de seis anos, milhões de dólares tinham sido concedidos pelo Ministério de Defesa ao Instituto Smithsonian, em Washington, para pesquisar padrões migratórios de pássaros perto de Baker Island, uma ilha desabitada dos Estados Unidos, cujo pedaço de terra de 2,5 quilômetros quadrados fica a 1125 quilômetros a sudoeste de Honolulu. A interferência era óbvia: os Estados Unidos estavam procurando um lugar seguro no oceano Pacífico para testar armas biológicas.

Houve um certo rebuliço depois que Richard Nixon foi eleito presidente, em novembro de 1968. Em dezembro, a Assembleia Geral das Nações Unidas aprovou mais uma resolução pedindo um relatório sobre os possíveis usos das CBW, e o senador Gaylord Nelson, um democrata liberal de Wisconsin, fez um discurso corajoso no qual levantou questões que raramente apareciam no Senado: "O que os Estados Unidos estão fazendo agora para garantir que esse aspecto absolutamente destrutivo e pouco compreendido da corrida armamentista seja reduzido? [...] Vamos precisar rever todo o escopo de armas químicas e biológicas". Essa era sua posição pública. Em privado, alguns auxiliares dele no Senado começaram a me informar do que estava acontecendo e de suas suspeitas. No fim de abril de 1969, Meselson foi convidado por William Fulbright, um democrata do Arkansas e diretor do Comitê de Relações Exteriores do Senado, para brifar o comitê numa sessão a portas fechadas — que não permitia entrada da imprensa ou do público —, e Meselson repetiu o seu pedido por uma revisão da política de CBW nos Estados Unidos. Na sequência, Fulbright escreveu ao presidente Nixon insistindo para que ele enviasse ao Congresso o Protocolo de Genebra de 1925 para ratificação. Meselson solicitou várias vezes um veto completo a Henry Kissinger, o conselheiro de Segurança Nacional de Nixon. Kissinger e Meselson tinham sido colegas em Harvard e vizinhos próximos em Cambridge.

Um movimento similar ocorria na Câmara. No início de 1969, puseram-me em contato com um ambicioso deputado democrata de Buffalo, Nova York, já no seu segundo mandato, chamado Richard D. "Max" McCarthy, um ex-repórter de jornal. Ele estava ansioso para concorrer ao Senado e sabia que precisava de uma questão grande para defender. Ele tinha assistido ao programa *First Tuesday* com sua mulher e filhos e todos ficaram horrorizados. A mulher dele tirou os filhos da sala e, de acordo com McCarthy em *The Ultimate Folly* [A insensatez final], um livro que ele escreveu sobre a sua campanha contra as CBW, ela disse: "Você é deputado. O que você sabe sobre isso?". Ele respondeu: "Nada". Acabar com as CBW era de interesse político e público. McCarthy, por sorte, contava com dois auxiliares talentosos em sua equipe, Wendell Pigman e Peter Riddleberger, que tinham bons conhecimentos sobre Washington e política externa. Pigman havia trabalhado com Bobby Kennedy até o seu assassinato, e Riddleberger, filho de um proeminente embaixador americano do pós-guerra, tinha trabalhado para o Comitê de Relações Exteriores no Senado.

Wendell, Peter e eu logo nos tornamos amigos e colaboradores. Eu me encontrava numa posição jornalística privilegiada — conseguia informações tanto de dentro do Congresso como de fontes científicas, que me ensinavam de onde arranjar informações que a comunidade das CBW não queria publicizar. Publiquei cinco longos artigos de revista tratando do assunto entre março e junho de 1969 e continuei conseguindo novos dados. McCarthy, usando a informação fornecida por mim e sua equipe, pôde, com maior eficácia, deixar claro o perigo da pesquisa das CBW aos seus colegas da Câmara. Gaylord Nelson fez o mesmo no Senado. Por volta de junho, meus artigos sobre armas biológicas estavam focados na mesma questão que eu tinha levantado ao fazer a reportagem sobre as revelações feitas por Harrison Salisbury acerca dos bombardeios: os militares não estavam contando a verdade. O programa de armas biológicas dos Estados Unidos era muito mais avançado do que admitiam.

Devo deixar claro aqui que estou longe de ser um fanático, ou um carola no que diz respeito a mentiras, e sei que seres humanos mentem o tempo inteiro. Todos conhecemos os clichês sobre o peixe grande fisgado pelo pescador. Meu irmão e eu aprendemos bem cedo que nossa mãe mentia sem parar, especialmente quanto aos biscoitos comprados no mercado que ela dizia ter assado. Não era grande coisa. Porém, acredito, talvez inocentemente, que não se pode tolerar mentiras oficiais ou autorizadas sobre planejamento militar, sistemas armamentistas ou questões de Inteligência. Não dá para fazer vista grossa.

Muitas vezes questionei o argumento do Pentágono usado para proteger o seu programa de CBW — que os Estados Unidos estavam apenas focados em se defender. Eu relatara que, no fim da década de 1960, o arsenal de Pine Bluff era capaz de produzir bombas, bombardeios e granadas disparáveis, já testadas, e cheias de antraz letal e virulento, tularemia ou germes de febre Q. Grandes quantidades de agentes biológicos que atacam plantações, alguns especialmente feitos para as plantações cubanas, também tinham sido produzidas e eram estocadas lá, como todos os agentes biológicos, em iglus extremamente refrigerados. Também descobri que agentes de CBW tinham sido testados no campo em Dugway, Utah; em Fort Greely, Alaska; no Atol de Enewetak, nas ilhas Marshall, no oceano Pacífico, e em áreas isoladas pelo Pacífico. Conduziu-se pesquisa de CBW patrocinada pelos Estados Unidos em países como Malásia, Japão, Inglaterra, Irlanda, Canadá, Suécia, Chipre, Austrália, Alemanha e Taiwan. Fort Detrick, a principal base de pesquisa de armas biológicas promissoras, tinha 120 cientistas com doutorado trabalhando por lá em torno de 1968, além de outros quatrocentos com menor titulação acadêmica. Também não faltavam jovens cientistas dispostos a aceitar bolsas da prestigiosa Academia Nacional de Ciências para trabalhar em projetos exóticos em Fort Detrick. Detrick foi uma das zonas de testes que mais usou, e mais matou, animais de laboratório. Por ano, 720 mil animais, de porquinhos-da-índia a macacos, eram mortos em experimentos. Também descobri que milhares de soldados do Exército e voluntários tinham participado como cobaias humanas desde o fim da Segunda Guerra Mundial de testes que visavam a regular o impacto de vários agentes biológicos em seres humanos. No fim da década de 1960, a Igreja Adventista do Sétimo Dia havia fornecido 1400 voluntários ao Fort Detrick para experimentos que envolviam o contágio de tularemia pelo ar; o programa era conhecido como Operação Whitecoat. Contaram-me em privado que pelo menos alguns dos voluntários não faziam ideia do que consistiam os testes, nem consentiram participar deles, e depois acabei descobrindo ao que foram expostos. Alguns "voluntários" receberam a opção de ir para o Vietnã como médicos após um treinamento básico ou de se juntar ao programa Whitecoat. Foram expostos a doenças que incluíam tularemia, febre amarela, febre do Vale do Rift e a peste.

Eu estava empolgado, gostando do meu trabalho, mas não ganhava muito bem. Publicar um artigo por mês no *New Republic*, *The Progressive* ou na *New York Review of Books* mal dava para o sustento básico — e agora eu era pai, tinha que pagar o aluguel e a parcela do carro. Bob Hoyt, do *National Catholic Reporter*, apareceu para me resgatar ao aceitar publicar mensalmente um artigo meu sobre política nacional ou externa — eu podia escolher o assunto — e me pagar mais do que o normal por isso. Eu tinha outra fonte de renda, graças a um vizinho de vinte e poucos anos chamado David Obst, que era o representante de Chicago do *Dispatch*, uma pequena agência de notícias antiguerra que abordava, de forma muito crítica, a Guerra do Vietnã. David era adorável e, assim como eu, não se interessava muito em seguir regras. Filho do dono de uma joalheria perto de Los Angeles, ele tinha abandonado a Universidade de Berkeley, na Califórnia, após cerca de um ano, e fugido para Taiwan, onde aprendeu mandarim e se apaixonou por uma beldade local, e de onde acabou fugindo mais uma vez quando seus pais descobriram. Ele era um atleta por natureza — viramos amigos jogando basquete e futebol americano no parque — que não se interessava muito por esportes. Também era um vendedor nato e facilmente me convenceu a tentar republicar os artigos que eu escrevia para o *National Catholic Reporter* em seções de opinião das edições de domingo dos grandes jornais. Meus artigos, custando cinquenta ou 75 dólares cada um, de repente começaram a aparecer nas edições dominicais do *Washington Post, Baltimore Sun, Providence Journal*, entre outros.

Em abril de 1969, a revista *Ramparts*, que estava fazendo muito sucesso com o crescimento do movimento contrário à guerra, concordou em pagar a minha viagem até Utah para que eu descobrisse todo o possível sobre a morte das ovelhas. Era a mesma história de sempre: uma comunidade local que dependia financeiramente do Exército ficou com a sua boca coletiva fechada. Mas alguns poucos que se calaram nos dias e semanas depois da morte das ovelhas, agora, um ano depois, estavam dispostos a falar, e o que relataram era de arrepiar. Os oficiais do setor de Química em Dugway estavam em alerta no dia do desastre porque um sistema aéreo avançado de aerossol estava sendo testado. Duas câmeras filmavam, em cores, o teste. O objetivo da missão não era testar o agente nervoso letal envolvido, mas determinar como o gás se espalhava quando soltado por um jato num vento que soprava de oito a quarenta quilômetros por hora no sentido nordeste — em direção a Salt Lake City, a 125 quilômetros dali. O filme altamente confidencial mostra o que aconteceu: o jato passou zunindo sobre o alvo, na velocidade do som, ou acima desta, e abriu seus tanques de dispersão, que deviam se fechar imediatamente quando o jato interrompesse o seu mergulho. Houve uma falha potencialmente catastrófica, e o gás continuou jorrando enquanto o jato subia a mais de 450 metros, onde o vento era mais forte e imprevisível. Fiquei sabendo de um cálculo que previa que a nuvem de gás nervoso permaneceria letal numa região de 634 quilômetros. O Exército e os cidadãos de Utah tiveram sorte; o vento mudou de direção uma hora depois e as ovelhas foram as únicas vítimas. O título da minha matéria, publicada na edição de junho da *Ramparts*, dizia: "Gás nervoso do Exército foi testado em 6400 ovelhas por acidente. Deu certo".

Naquele mês de junho, também escrevi um longo artigo para o *New Republic* focado no deputado McCarthy e em seu ativismo. Mostrava como ele, um mês antes, entrara na questão das CBW, em termos de conhecimento do público em relação aos riscos envolvidos. McCarthy, numa audiência, tornou público um plano secreto do Pentágono de descartar 27 mil toneladas de agentes químicos e munição — das quais 12 mil eram bombas de gás nervoso — no oceano Atlântico. Mais de oitocentos vagões transportariam os materiais tóxicos de um depósito de armas químicas perto de Denver até Elizabeth, New Jersey. Cada um dos vagões carregava gás venenoso o suficiente para exterminar uma cidade grande, e passariam por Indianapolis, Dayton, Knoxville, Cincinnati e Philadelphia antes de chegar a Elizabeth e ao oceano. Não havia segurança adicional para o comboio e os oficiais das cidades ao longo do caminho não foram notificados. A audiência provocou medo e fúria, e finalmente colocou a questão das CBW nas capas dos jornais. O Exército, confrontado com o furor público, teve pressa em anunciar que o transporte fora cancelado e que os itens tóxicos seriam destruídos localmente. Uma grande mudança na política de CBW estava à vista.

Eu ainda iria mais a fundo no fim de setembro, revelando tudo o que sabia sobre armas biológicas num segundo artigo para a *New York Times Magazine*. A manchete dizia tudo: "Vamos nos atrever a criar armas biológicas?". No artigo, citei Max McCarthy, homenageei Gaylord Nelson e ataquei com força a problemática afirmação do Pentágono de que os programas de CBW eram focados apenas em medidas defensivas. A questão principal que levantei no fim do texto foi ao cerne de forma mais direta que o meu artigo anterior, publicado na revista um ano antes: "Os Estados Unidos realmente precisam investir dinheiro num sistema de armas que pode não funcionar e que não vai dissuadir o inimigo? A não ser que o Exército possa demonstrar de forma satisfatória que a ameaça de CBW do inimigo é tão verdadeira quanto se imagina, a resposta é não".

O presidente Nixon, mais e mais envolvido na Guerra do Vietnã, abordou a questão em outubro, solicitando uma revisão por parte de várias agências da política de CBW dos Estados Unidos. No dia 25 de novembro, anunciou que o país cessaria a produção de armas biológicas para ataque e que destruiria os estoques existentes. Também renunciou ao uso de agentes químicos letais e incapacitantes e prometeu reenviar ao Senado, para ratificação, o Protocolo de Genebra. Melvin Laird, o secretário de Defesa, pressionava o presidente para que ele estivesse à frente dessa questão e garantisse que nenhuma proibição teria impacto no uso contínuo de desfolhantes e herbicidas no Vietnã do Sul. A presidência dele girava em torno da guerra. Ele tinha derrotado Hubert Humphrey dizendo que havia um plano para acabar com a guerra; o plano acabou se tornando ganhar a guerra. Nas suas memórias, Nixon não mencionou a desistência de uso das CBW, mas falou detidamente sobre o movimento pacifista que fervilhava naquele outono. Protestos contrários à guerra em outubro e novembro contaram com milhões de pessoas ao redor do país, incluindo uma marcha com um número estimado de 500 mil pessoas em Washington.

Naquele momento, eu estava fora do assunto CBW. No início do outono, Robert Loomis, um editor sênior da Random House, me perguntou se podíamos almoçar quando ele estivesse em Washington. Pesquisei quem era e descobri que se tratava de um bom amigo e editor de William Styron. O primeiro romance de Styron, *Perto das trevas*, tratava de um mundo sulista do qual eu não sabia nada, e me impressionou quando o li na faculdade. Fiquei maravilhado com as descrições exuberantes de Styron e seu vocabulário vasto. Bob Loomis não era quem eu esperava — um sujeito nada exuberante, mas preciso, cuidadoso e muito direto. Ele pediu um Jack Daniel's com gelo e só comeu metade do prato, como em todas as vezes em que almoçamos juntos nas décadas seguintes. Afirmou ter lido meus artigos e gostado do meu trabalho, e disse que tinha uma ideia para um livro que eu deveria cogitar escrever — um estudo sobre o Pentágono e sua capacidade de influenciar a sociedade. Não pude deixar de pensar: *McNamara, McNamara*. Visitei Bob Ockene no seu apartamento no Brooklyn e recebi a sua aprovação para trabalhar com Loomis. Também descobri que Ockene, que estava com 34 anos na época, enfrentava uma leucemia. Morreu poucos meses depois.

Fiquei orgulhoso do meu jornalismo sobre as CBW e do meu papel em mudar a política americana. Eu não fizera lobby para ninguém no Congresso ou na Casa Branca, mas ajudei a forçar uma mudança graças à minha cobertura persistente de uma questão que precisava ser exposta ao público. É claro que muitas outras pessoas foram importantes para isso — algumas bem mais que eu. Matthew Meselson, com sua determinação, pressionou Henry Kissinger, que levou a questão ao Salão Oval, assim como Max McCarthy e Gaylord Nelson foram importantes no Congresso. No entanto, participei do jogo e fui um dos fatores. No seu livro, McCarthy reconhece o que chama de uma "dívida àqueles que fizeram tanto antes de mim, muitas vezes com estudos muito mais abrangentes, especialmente Seymour M. Hersh". O elogio que mais importava, no entanto, veio de dois físicos brilhantes, dr. Joel Primack, da Universidade da Califórnia em Santa Cruz, e dr. Frank von Hippel, da Universidade de Princeton. Eles publicaram *Advice and Dissent* [Conselho e divergência] em 1974, um estudo acerca do papel dos cientistas na arena política. Num capítulo em que elogia Meselson, o livro registrou que uma série de artigos em jornais e revistas, publicados por volta de 1967, passou a questionar as CBW. "Muitos livros deram sequência a esses artigos", escreveram Primack e Von Hippel. "*Chemical and Biological Warfare* [Armas químicas e biológicas], de Seymour Hersh, [...] publicado na primavera de 1968, era especialmente crítico e bem documentado, e conseguiu gerar um furor considerável."

Eu tinha 32 anos quando Nixon capitulou na questão das CBW, e estava envolvido com jornalismo havia uma década. Aprendera que o Exército americano preferia mentir e esconder fatos a revelar uma verdade desconfortável. Aprendera que alguns dos meus colegas na grande mídia estavam igualmente aptos a fazer vista grossa, se necessário, em vez de escrever sobre verdades desconfortáveis que ninguém queria ouvir. Aprendera que o Congresso transbordava de membros e equipes com integridade e coragem, e que estavam dispostos a se arriscar para ajudar um jornalista que respeitavam.

Eu tinha acabado de começar a pesquisa para o meu novo livro quando, no fim de setembro, recebi uma dica que mudou minha carreira. Falava de um incidente num vilarejo conhecido como My Lai, no Vietnã do Sul.

9.
À procura de Calley

No outono de 1969, eu estava trabalhando num escritório pequeno e barato que tinha alugado — por menos de cem dólares por mês — no oitavo andar do National Press Building [Prédio da Imprensa Nacional] no centro de Washington. Era vizinho do jovem Ralph Nader, que, a algumas portas de distância, também trabalhava sozinho. A denúncia que ele fizera das falhas de segurança na indústria automobilística americana tinha mudado a indústria. Não havia nada melhor naqueles dias do que almoçar rapidamente na cafeteria do térreo com Ralph. Ele pegava uma colherada da minha salada de atum, esmagava-a no prato e apontava pequenos pedaços de papel ali no meio, além de restos minúsculos de merda de rato. Era uma pessoa incrível, mas um pouco difícil de lidar.

A dica chegou numa quarta-feira, dia 22 de outubro, enquanto eu pesquisava orçamentos extrapolados de projetos do Pentágono. Ainda não tinha encontrado uma abordagem inovadora para o livro do Pentágono. Geoffrey Cowan, um jovem advogado recém-chegado à cidade, que trabalhara na campanha de McCarthy e era um velho amigo de Marylouise Oates, me telefonou. Ele escrevia artigos críticos à guerra para o *Village Voice* e queria compartilhar uma história comigo. O Exército estava julgando em corte marcial um soldado em Fort Benning, Georgia, pelo assassinato de 75 civis no Vietnã do Sul. Cowan não sabia explicar por que essa história, se fosse verdadeira, era importante, mas ele se recusou a revelar a fonte da sua informação. Suas palavras ressoaram mesmo assim: falava com a autoridade de quem sabia mais do que estava disposto a revelar, ou conhecia alguém que sabia mais.

Como deixei claro, aprendi quando trabalhei no Pentágono a diferença entre o que os responsáveis pela guerra diziam e o que estava acontecendo de fato. As mentiras pareciam às vezes estar fora de controle, e havia motivos para acreditar que a guerra também estava. Até pessoas como Mark

Hill, que apoiava a guerra, ficavam perturbadas com a dependência de contagem de mortos para avaliar o sucesso na guerra; ficou claro que muitos apontados como soldados inimigos mortos em combate eram, na verdade, civis que se encontravam no lugar errado, na hora errada, ou estavam apenas ali, morando onde seus antepassados moravam havia gerações. Meus vários discursos sobre os perigos de armas químicas e biológicas tinham me colocado em contato com líderes do movimento pacifista em todo o país, e eu estava familiarizado com a investigação de crimes de guerra que tinha sido publicada pelos Quakers e outros grupos religiosos.

Um dos críticos menos conhecidos da guerra era Seymour Melman, economista da Universidade de Columbia que se tornou um especialista em crimes de guerra no Vietnã e dirigiu a pesquisa *In the Name of America* [Em nome dos Estados Unidos], uma listagem de crimes de guerra relatados publicada em janeiro de 1968 por um grupo conhecido como Clergy and Laymen Concerned About Vietnam [Pessoas comuns e do clero preocupadas com o Vietnã]. O volume denso, que Melman me empurrou, trazia centenas de recortes de jornais e revistas dos Estados Unidos de 1966 e 1967 que registravam crimes de guerra, inclusive o assassinato rotineiro de prisioneiros e a matança com granadas de mulheres e crianças escondidas dentro de suas casas durante as missões americanas de busca e destruição. O volume incluía um artigo de 1967 do *New York Post*, que reunia algumas gírias vietnamitas para designar os soldados americanos recém-chegados ao Vietnã — *Co di mo tom*, alimentar as lagostas. De acordo com o jornal, significava matar prisioneiros.

Depois de um discurso em Berkeley, no início de 1969, fui abordado por Joe Neilands, professor de bioquímica na Universidade da Califórnia que tinha viajado para o Vietnã do Norte em 1967 e participado do interrogatório de três soldados americanos no Tribunal de Crimes de Guerra Bertrand Russell, que ocorreu em Estocolmo e perto de Copenhagen naquele ano. Neilands, que faleceu em 2008, me entregou uma cópia publicada das atas do tribunal, que incluíam um testemunho devastador dos três soldados americanos. Um deles, David Kenneth Tuck, de Cleveland, Ohio, que servia como especialista de quarta classe na 25ª Divisão da Infantaria, falou de ataques sem regras a vilarejos suspeitos de serem território vietcongue (comunistas vietnamitas, ou VC). Ocorria com frequência, então, o que ele chamava de "minutos de loucura", durante os quais todos os americanos envolvidos — inclusive quem operava metralhadoras em tanques — abriam fogo e "atiravam com tudo o que tinham naquele vilarejo porque [...]

achávamos que, até provado o contrário, todo vietnamita era um VC". O testemunho público de Tuck foi resumido pela AP e transmitido para o mundo todo, mas poucos jornais dos Estados Unidos publicaram uma matéria sobre o tema, e não encontrei nenhuma tentativa da mídia de averiguar as afirmações de Tuck. Uma resposta mais típica seriam críticas venenosas ao tribunal, como a feita por C. L. Sulzberger, o colunista do *Times* para a editoria Mundo, que atacava pessoalmente Bertrand Russell, filósofo e matemático vencedor do Nobel, que tinha 94 anos na época. Russell, escreveu Sulzberger, "viveu mais que a própria ideia, e se tornou um pedaço de argila em mãos inescrupulosas". A tragédia do tribunal, acrescentou Sulzberger, "não é culpa apenas do indivíduo cujo corpo durou mais que o cérebro".

Uma pergunta que ouvi de muitas pessoas, e que até eu mesmo me fiz: por que seguir a dica de Cowan? Não havia muitos motivos. Eu não conhecia Cowan. Nunca tinha estado no Vietnã do Sul. Não havia menções públicas, nenhum sinal, de um massacre naquela escala citada por Cowan. A resposta veio dos meus dias na sala de imprensa no Pentágono: se houvesse um boato ou uma dica desse tipo, seria descartado por todos, sem pensar duas vezes. Meus colegas tinham escarnecido o relato em primeira mão de Harrison Salisbury sobre o bombardeio no Vietnã do Norte, e alguns foram além: trabalharam com Robert McNamara e Cyrus Vance para sabotar os informes de Salisbury. Persegui a dica vaga de Cowan porque tinha certeza de que eles não fariam isso.

Estava ciente do que iria enfrentar: havia uma diferença enorme entre um depoimento num tribunal abertamente contrário à guerra na Europa e a dica que eu recebera. Se Geoffrey Cowan tivesse razão, o próprio Exército americano teria registrado as acusações. Então haveria algum relatório oficial em algum lugar do sistema militar. Valia a pena gastar uns dias tentando encontrá-lo.

Renovara as minhas credenciais de imprensa do Pentágono porque o meu contrato com a Random House exigia acesso ao prédio. Meu primeiro passo foi conferir as cortes marciais que tinham sido iniciadas pelo mundo todo por parte do Judge Advocate General's Corps, o escritório de advocacia do Exército. Fiz isso e não encontrei nada que indicasse assassinato em massa. Revisei, apressado, as investigações criminais tornadas públicas pelos militares. De novo, não encontrei nada. Se Cowan tivesse razão, a acusação estaria correndo em sigilo. Senti que estava bloqueado, e voltei a coletar dados para o meu livro.

O que aconteceu a seguir foi algo que só ocorre uma vez em 1 milhão, mas surgiu graças ao meu respeito por oficiais que faziam o que devia ser feito. Encontrava-me no Pentágono alguns dias depois, a caminho de uma entrevista, quando deparei com um coronel que eu sabia, desde os tempos em que cobri questões de treinamento do Exército para a AP, que falava a verdade. Ele fora ferido no Vietnã. Estava mancando e caminhamos juntos por um tempo, e ele me disse, orgulhoso, que soube que tinham acabado de promovê-lo a general. Fiz uma piada sobre tomar um tiro na perna só para ser promovido, e ele riu, como eu previa — humor sarcástico é uma marca do Exército —, e continuamos batendo papo. O que ele estava fazendo agora?, perguntei. Tinha sido designado para trabalhar no escritório do novo chefe de gabinete, General William Westmoreland, que estava comandando a Guerra do Vietnã até então. Uau. Se alguém soubesse de um caso de assassinato em massa no Vietnã seria alguém daquele escritório. Perguntei ao oficial se ele sabia algo sobre uma chacina de civis no Vietnã. Lembro-me do principal da sua resposta enfática e furiosa: "Você tá me dizendo que alguém que mata bebezinhos de colo e sai por aí falando que tá matando vietcongues sabe o que tá fazendo? Ele é doido, só isso". Quero acreditar que não revelei o entusiasmo pelo qual fui tomado. "Esse Calley é um lunático, Sy. Ele matou pessoas que não eram maiores do que isso", disse, batendo a mão contra o joelho direito, o que tinha sido atingido. "Bebezinhos." Ele bateu no joelho de novo. "Não tem matéria aí."

Agora eu tinha um nome. Nunca um jornalista em busca de um furo e um militar honorável estiveram tão desconectados. O novo general via Calley como uma aberração; eu achava que ele era parte de uma história inacreditável que precisava ser contada. Não preciso nem dizer que não compartilhei meu ponto de vista divergente com o oficial. Não queria que ninguém no escritório de Westmoreland soubesse que eu estava atrás dessa história.

Fiquei horas vasculhando jornais no microfilme até encontrar um recorte de três parágrafos da página 38 do *New York Times* de segunda-feira, 8 de setembro, seis semanas antes, que citava um assessor em Fort Benning, Georgia — a base que Cowan tinha mencionado —, revelando que um soldado de Infantaria de 26 anos chamado William L. Calley Jr., de Miami, tinha sido acusado de assassinato, causando "a morte de um número indefinido de civis no Vietnã". O incidente ocorreu em março de 1968, e o caso, de acordo com a descrição do Exército, envolvia a morte de mais de um civil. Ninguém na minha profissão questionou qualquer coisa naquele momento, porque nenhum repórter na época sabia da grandiosidade do caso como eu.* Notícias das acusações contra Calley apareceram até no noticiário noturno de Huntley-Brinkley, um programa popular e respeitado que passava na NBC. O correspondente do Pentágono só papagaiou o comunicado oficial de imprensa. Contou a milhões de espectadores que Calley tinha sido acusado de assassinar, de forma premeditada, "um número de cidadãos do Vietnã do Sul. Os assassinatos teriam sido cometidos há um ano e continuam investigando o caso. Um número cada vez maior desses casos está vindo à tona e o Exército não sabe o que fazer com isso".

Havia um elemento de dúvida, até no que dizia respeito ao nome de Calley e sua grafia correta. Geoffrey Cowan disse que a chacina envolvia um homem alistado, não um oficial. Telefonei para a biblioteca do *Miami Herald*, o melhor jornal de Miami, para ver se eles tinham algo sobre Calley. Havia um recorte: um William Calley Jr., que trabalhava então como agulheiro no serviço ferroviário da Costa Leste da Flórida, tinha sido preso pela polícia de Fort Lauderdale, em 1964, por deixar um trem de carga de 47 vagões bloquear o trânsito durante a hora do rush por meia hora. Ele foi posteriormente absolvido.

Descobri o que deveria fazer na sequência graças ao que aprendera como repórter da AP no Pentágono. Havia escrito sobre extrapolação de orçamento e retenção de pilotos — assuntos que atraíram a atenção dos especialistas em defesa que trabalhavam para os Comitês das Forças Armadas do Senado e da Câmara. Tinha ficado especialmente próximo de um auxiliar sênior do comitê da Câmara, que na época era chefiada pelo deputado L. Mendel Rivers, um democrata da Carolina do Sul com um assento reservado na Câmara. Rivers apoiava em público tudo quanto era ação militar, inclusive a Guerra do Vietnã, e eu imaginava que não havia como o Pentágono não ter lhe dado um briefing particular sobre as chacinas, se as chacinas tivessem ocorrido, no Vietnã do Sul. Melvin Laird, o astuto secretário de Defesa, trabalhara na Câmara com Rivers por oito mandatos e devia compreender a importância de manter um político de peso como o deputado Rivers atualizado sobre o que havia de bom e de ruim.

---

* Descobri depois que Charles Black, um repórter experiente na cobertura de assuntos militares que foi para o Vietnã cinco vezes pelo *Columbus Enquirer*, o jornal local que cobria o Fort Benning, ficou sabendo de detalhes significativos da acusação contra Calley, mas decidiu não publicar o que sabia até o Exército tornar o caso público. Ele foi citado, depois da publicação de minha matéria sobre My Lai, explicando que não queria envergonhar o Exército. [N.A.]

Consegui tomar uma xícara de café com meu amigo que fazia parte da equipe de Rivers. Também aprendi, nos meus dias cobrindo o Pentágono para a AP, que os oficiais com acesso aos documentos mais secretos morriam de tédio com os repórteres tentando arrancar informação deles. (Gene McCarthy odiava entrevistas por outro motivo — porque ele sempre ouvia as mesmas perguntas.) Então, comecei a conversar com meu amigo do Congresso não com uma pergunta, mas falando tudo o que eu sabia de Calley e das acusações contra ele. A resposta dele não foi negar a história, mas tentar me afastar dela. "É só uma bagunça", ele me disse, referindo-se a Calley pelo nome. "O moleque endoidou. Ouvi falar que ele pegou uma metralhadora e atirou em todos sozinho. Não escreva sobre isso. Não vai fazer bem a ninguém isso aí." Compreendia a preocupação do meu amigo, sendo ele assistente de um político tão conservador como Rivers, mas eu não ia parar de investigar.

A história, enquanto eu juntava seus pedaços, ainda não fazia sentido. Só um jovem soldado matou todo mundo? O que aconteceu em seguida me deixou ainda mais confuso. Telefonei para o escritório de informações públicas em Fort Benning e, no tom mais casual possível, perguntei ao funcionário da corte marcial sobre Calley. O funcionário disse que ele iria conferir e, após alguns instantes, retornou à linha com uma mentira completa: o incidente Calley, ele disse, envolvia um tiroteio num bar em Saigon depois de muita bebedeira. Vi que o funcionário estava apenas cumprindo o seu trabalho e passando o que lhe disseram para falar a qualquer um que ligasse perguntando. Calley era a matéria, o homem que eu procurava, mas tinha algo mais acontecendo.

Então tive que localizar o advogado dele. Os registros do caso estavam sob sigilo, e não cheguei a lugar algum perguntando sobre o assunto no Pentágono. Eu também fui muito discreto; não queria que nenhum outro jornalista descobrisse o que eu estava investigando. Eu gostava de ser o melhor, o líder do bando, e sentia que havia uma matéria capaz de mudar minha vida, e que girava em torno de William Calley, fosse lá quem ele fosse. Eu seria o primeiro repórter a localizá-lo. Desesperado, recorri mais uma vez a Geoffrey Cowan, que, descobri, tinha acabado de se formar em Yale e tivera um papel importante na criação do Centro de Direitos e Política Social, um dos primeiros escritórios de advocacia focados em interesse público dos Estados Unidos. Disse a ele que estava encalhado e precisava descobrir o nome do advogado de Calley. Era um tiro no escuro. Dois dias depois, Cowan me ligou com um nome: Latimer. Só isso. Não perdi tempo me perguntando o que mais Cowan poderia me dizer, ou de onde tirava suas informações.

Encontrei um advogado chamado Latimer em Washington, DC, na lista telefônica. Ele não sabia nada de um caso de assassinato na Guerra do Vietnã, mas sugeriu que eu entrasse em contato com George Latimer, um juiz aposentado da Corte Militar que tinha voltado a advogar. Latimer tinha entrado numa firma de Salt Lake City e consegui falar com ele por telefone. Disse que sabia que ele estava representando Calley e acrescentei, com alguma honestidade, que suspeitava que o cliente dele estava sendo injustiçado. (Não disse que, apesar disso, achava que ele era um criminoso.) Latimer, falando de forma muito cuidadosa, confirmou que sim, Calley era seu cliente, e que havia um erro da Justiça. Marquei um gol. Disse ao juiz que viajaria para a Costa Oeste em breve e perguntei se ele se incomodaria se nos encontrássemos numa parada minha em Salt Lake City. Combinamos num dia no início de novembro. Não precisava ir para a Costa Oeste, mas pensei que era melhor esconder a minha ansiedade. Eu também passara metade de um dia na biblioteca do Pentágono lendo várias sentenças do juiz, e até o resumo de vários casos; isso me lembrava o quanto eu não tinha me esforçado na faculdade de direito da Universidade de Chicago.

Eu possuía um cartão de crédito American Express, mas não tinha dinheiro o bastante para sair voando pelo país para entrevistas de última hora. Tinha ouvido falar que Philip Stern, um filantropo de Washington contrário à guerra, estava pensando em criar um fundo de apoio ao jornalismo investigativo, e liguei para ele, contei o que estava pesquisando, e em poucos minutos ele se comprometeu a me enviar mil dólares. Era um alívio ter esse dinheiro na minha conta bancária, mas eu teria dado um jeito de viajar a Salt Lake City, com ou sem filantropia. Stern acabou criando o Fundo para Jornalismo Investigativo, uma fundação importante que financia até hoje matérias inovadoras para jornais e revistas.

Peguei um voo cedo e cheguei ao modesto escritório de Latimer por volta das dez da manhã de um dia de semana. Imaginei que o juiz, que era um presbítero da Igreja mórmon, estivesse na faixa dos cinquenta anos de idade. Ficou claro, à primeira vista, que ele não era um homem cheio de caprichos e ironias. Escondi minha ansiedade aguda dizendo a Latimer que eu tinha analisado várias decisões de recursos encaminhados por ele e pedi que me explicasse o que fez em certas instâncias. Ele explicou. Era um exemplo extremo da Regra Hersh: nunca comece uma entrevista fazendo as perguntas principais. Queria que ele soubesse que eu era esperto e capaz de desenvolver raciocínios abstratos. E também queria que ele gostasse de mim e, talvez, confiasse em mim.

Chegamos ao caso em questão, e Latimer me disse que havia um grande equívoco por parte da Justiça, mas que ele estava preso às regras do tribunal do Exército e não podia discutir nada específico. Disse que o Exército tinha oferecido um acordo a Calley — que envolvia passar um tempo na prisão —, e ele havia respondido: "Nunca". O recado ficara claro: ele acreditava que o seu cliente era o bode expiatório dos erros de oficiais de hierarquia superior durante um tiroteio intenso. Também ficou óbvio que o juiz falava por telefone constantemente com Calley, fosse lá onde ele estivesse, dentro ou fora da cadeia. Nesse momento, por motivos que ainda não entendo, mas talvez por causa da impressão de Latimer de que o Exército estivesse prejudicando seu cliente, disse a ele que, pelo que eu sabia, Calley estava sendo acusado de matar 150 civis durante um ataque do Exército a My Lai. O único número que eu tinha eram as vagas 75 mortes citadas por Cowan, mas o funcionário do Exército e o do Congresso com quem discuti o caso tinham mencionado uma insanidade e tiroteios desvairados. Também sabia, a partir das leituras que fiz das atas do Tribunal Russell e de outras reportagens contrárias à guerra, que o assassinato sem sentido de centenas de pessoas era algo comum nos ataques americanos aos vilarejos rurais do Vietnã do Sul.

O número ficcional atingiu Latimer, que, visivelmente irritado, foi até um armário do seu escritório, pegou um arquivo, tirou algumas páginas de dentro dele, voltou para a mesa — eu estava sentado diante dele — e as folheou diante de mim. Era um formulário de acusação do Exército contra o primeiro-tenente William L. Calley Jr., tratando do assassinato premeditado de 109 seres humanos "orientais". Até mesmo naquele momento exultante — eu *sabia* que aquilo ia acabar com a guerra e render prêmios — era impressionante ver o número de pessoas que Calley tinha sido acusado de matar, e a descrição dos mortos como "orientais". Será que o Exército queria insinuar que uma vida oriental valia, de certo modo, menos do que a de um americano branco? Era um adjetivo terrível.

Latimer virou rapidamente o formulário e puxou-o na sua direção. Tenho pouca lembrança do que falamos na sequência, porque passei o tempo todo — mais ou menos vinte minutos — fingindo anotar coisas enquanto conversávamos. O que eu estava realmente fazendo era lendo o documento de cabeça para baixo, vagarosamente, e copiando palavra por palavra. Em certo ponto, Latimer interrompeu a entrevista e se recusou a dizer onde estava Calley ou a me ajudar a entrar em contato com ele. Tive bastante certeza de que o juiz percebeu que havia revelado coisas demais a mim, e não tive coragem de pedir uma cópia do formulário de acusação, por medo de que ele fosse me dizer que eu não podia usar o que tinha visto. Já na porta, agradeci-lhe por passar a manhã comigo e disse que supunha que Calley ainda estivesse em Fort Benning, esperando o julgamento da corte marcial, e que eu iria procurá-lo lá. Se eu estivesse errado, acrescentei, que por favor ele me dissesse. Latimer ficou me olhando por um instante e não falou nada. Voltei para casa. Precisava encontrar Calley, e Benning era o local por onde começaria minha busca.

Voltei a Washington cheio de arrependimentos. Como diabos deixei de pedir uma cópia do formulário de acusação a Latimer? Uma matéria dessa magnitude escrita por alguém como eu — um jornalista à margem, sabidamente contrário à guerra — só poderia funcionar se eu tivesse uma cópia daquele documento. Lembro-me de fantasiar sobre o que teria acontecido se eu fosse um repórter do *Washington Post* ou do *Chicago Sun Times* e ligasse para o meu editor após a conversa com Latimer para contar que eu tinha visto o formulário de acusação. Ele me perguntaria se eu tinha uma cópia do documento. Eu diria que não, e então seria designado à seção de Obituários devido à minha incapacidade de colher o material que importava.

Eu tinha medo de ir ao *New York Times* ou qualquer outro grande jornal com a matéria. Estava trabalhando sozinho e tinha medo de ser trocado pelas grandes equipes de jornalistas talentosos de que os editores dispunham. Não me via como alguém que dá dicas. A matéria era minha. David Obst, meu amigo tão divertido do *Dispatch News Service*, estava desesperado pela matéria, mas eu sabia que precisava começar pelo topo. Eu tinha sido contatado havia mais ou menos um mês por um editor sênior da *Life*, a revista semanal mais famosa do país, que me perguntou se eu estaria interessado em fazer reportagens para eles. Localizei o editor e disse a ele, de forma misteriosa, que eu estava trabalhando numa matéria que poderia mudar o rumo da Guerra do Vietnã. Estaria interessado? É claro que sim. Deixamos por isso mesmo, e parti bem cedo numa manhã da primeira semana de novembro para Columbus, Georgia, a maior cidade próxima a Fort Benning. Começava a busca por Calley.

Fort Benning, como a maior parte das bases do Exército dos Estados Unidos, era aberta, e não tive dificuldade em chegar de carro ao posto principal. Fiquei impressionado com o tamanho do local. A base tem quase o tamanho da cidade de Nova York, algo como 740 quilômetros quadrados, com campo de pouso, uma série de áreas de treinamento bem separadas entre si, onde se disparava com munição de verdade, e muitos espaços habitacionais, conhecidos hoje como vilas familiares. Havia um monte de lugares onde podiam esconder Calley, algo que o Exército pelo jeito tinha resolvido fazer. Não fiquei intimidado; localizar pessoas que não queriam ser encontradas era algo fundamental no meu trabalho, e eu era bom nisso. Ele estava detido por acusação de assassinato, e eu supunha que ele estivesse numa prisão, sob jurisdição do marechal-diretor, cargo equivalente ao do chefe de polícia de Fort Benning. Meu palpite era que só alguns dos oficiais de mais alta hierarquia sabiam do caso Calley, então comecei pelo escritório do diretor. Os soldados que trabalhavam lá quiseram ajudar, conferiram os registros, mas não encontraram um William Calley listado como prisioneiro. Talvez Calley estivesse preso sob sigilo em alguma das muitas celas espalhadas pelo forte.

Peguei um bom mapa da base e comecei a dirigir. Cumpria a mesma rotina em todas as prisões que eu visitava: estacionava o meu carro alugado na vaga destinada ao oficial sênior no comando, que estava sempre vazia, entrava na prisão de terno e gravata, com uma maleta na mão, e dizia ao cabo ou sargento, numa voz determinada: "Estou procurando Bill Calley. Traga já ele aqui". Não havia Bill Calley em lugar algum. Demorei horas e mais de 160 quilômetros para percorrer algumas das cadeias espalhadas pelo forte, e começava a sentir a pressão do tempo. Havia acabado de passar do meio-dia quando retornei ao posto central.

Encontrei um orelhão e uma lista telefônica da base na cafeteria de um posto de conveniência e comecei a telefonar para todos os clubes que encontrava — de natação, tênis, caça, pesca, escalada. Nenhum membro com o sobrenome Calley. Nenhum dos postos de gasolina atendeu a um carro cujo dono era o tenente Bill Calley. Conferi até a lista de oficiais no escritório da Infantaria, responsável por todo o treinamento feito na base, cuja principal missão na época era formar soldados para a Guerra do Vietnã. Não havia nenhum Calley registrado nos hotéis do Exército ou nos alojamentos reservados a oficiais iniciantes que estavam apenas temporariamente em Benning. Depois de horas de frustração, ainda não fazia ideia de onde estava Calley, nem se ele ainda se encontrava em Benning. Estava com fome, ansioso e o sol logo iria se pôr. Decidi dar uma breve caminhada e correr um belo de um risco ao parar no escritório principal do Juizado Militar, onde advogados estariam lidando com o caso de Calley se ele estivesse de fato naquela base. Já tinha passado bastante da hora do almoço, mas o escritório ainda estava vazio, exceto por um sargento solitário. Apresentei-me como um jornalista de Washington, que precisava de auxílio. Ele foi o mais gentil possível, mas o seu sorriso desapareceu quando eu disse que estava procurando

William Calley. Ele me pediu para esperar um instante. Perguntei por quê. Ele afirmou ter recebido ordens de ligar imediatamente para o coronel se aparecesse alguém perguntando por Calley. Aquilo era o bastante para mim, e disse ao sargento para que não se preocupasse, e me virei para ir embora. O sargento ficou nervoso e me pediu para não sair. Então parti em disparada do escritório, andando cada vez mais rápido pela rua. Não queria que o coronel me expulsasse da base. O sargento me perseguiu por uns tantos metros e parou. Era uma cena tirada de um filme dos Irmãos Marx.

O juiz Latimer havia me dado o nome do advogado militar de Calley, um major chamado Kenneth Raby. Pensei: que diabos, não tenho nada a perder indo atrás dele. Não apenas o nome dele aparecia na lista telefônica da base como ele se encontrava num escritório próximo a uma unidade de treinamento. Ele empalideceu quando eu disse que era um repórter à procura de Calley. Lembro-me do major como uma figura alta e magra, muito incomodada com a minha presença. Ele se recusou a falar comigo, mas, apesar disso, a visita me tranquilizou. Calley estava em algum lugar em Benning, e eu não iria para casa antes de encontrá-lo.

Comi um hambúrguer e tomei uma coca-cola em um posto de conveniência e me perguntei, enquanto mastigava, que diabos seria o próximo passo. Então me lembrei de que o juiz Latimer tinha me dito que Calley, quando ainda estava servindo no Vietnã, recebera ordens de retornar a Benning no fim de agosto de 1969. Recordei, por causa dos meus dias no corredor de correspondentes, que os militares davam listas telefônicas atualizadas para o Pentágono a cada quatro meses, começando em janeiro. Se em Benning faziam o mesmo — e por que não fariam, afinal havia uma guerra em curso e as tropas mudavam sempre —, a lista telefônica que eu usara horas antes devia ser de setembro de 1969. Era. Liguei para a operadora e pedi para falar com a supervisora. Quando ela atendeu, pedi para conferir a listagem telefônica de maio, se havia um tenente William L. Calley Jr. O tenente, quando voltou do Vietnã, ainda não tinha sido processado, e deve ter ficado alojado em algum lugar da base — e por isso constar como uma entrada tardia na lista telefônica. Após alguns instantes, a supervisora retornou dizendo que tinha encontrado quem eu procurava, e então me passou rapidamente um número e um endereço antes de desligar. Não entendi nada que ela disse, graças à minha ansiedade e ao forte sotaque sulista dela, então perdi um tempo valioso voltando a entrar em contato com a operadora. Quando consegui, fiz com que soletrasse, letra por letra, o endereço de Calley no forte e o seu número de telefone. Eu não tinha interesse em abordá-lo por telefone ou deixar um recado, mas precisava da informação para confrontar o homem ao vivo.

Calley estava junto a uma unidade de engenharia localizada em um dos campos de treinamento de Fort Benning. O prédio ficava a poucos quilômetros do posto principal, mas demorei quase uma hora para percorrer o labirinto de ruas que levava até lá. Era o alojamento para soldados em treinamento e era composto de dois quartéis de três andares ligados por um escritório de um só piso. Já estava no meio da tarde, poucas horas antes do fim do expediente, e eu tive uma premonição de que encontraria Calley escondido ali dentro. Por que não começar pelo escritório? A sua pesada porta de madeira estava cortada ao meio na horizontal, no estilo militar, com só a parte de cima aberta. O capitão Charles Lewellen estava registrado como o oficial no comando, e eu me curvei para dentro do escritório e disse ao funcionário que era um repórter de Washington e queria saber se o capitão estava por ali. Sim, estava, barrigudo e sorridente, porém o seu sorriso evaporou no instante que disse estar procurando Bill Calley. Ele respondeu que não estava autorizado a falar sobre Calley e, como tinha acontecido antes, pegou o telefone e pediu para falar com o coronel enquanto eu me encontrava ali parado diante dele. Mais uma vez, saí em disparada. Lewellen me seguiu e pediu uma palavrinha comigo. Em resumo, ele pediu para que eu me mantivesse longe daquilo. Explicou que a sua promoção a major tinha sido adiada muitas vezes e que seria forçado a se aposentar se isso acontecesse de novo, o que sem dúvida ocorreria se eu encontrasse Calley. "Me dá uma trégua", ele disse. "Se você tem alguma dúvida sobre Calley, tente encontrar essas respostas em qualquer outro lugar."

O comportamento bizarro de Lewellen vinha do fato de que no dia 16 de março de 1968 ele estava trabalhando no centro de operações que monitorava o ataque a My Lai enquanto tudo ocorria e fez uma gravação pessoal sobre o massacre numa fita — que ele não entregou aos investigadores por dezoito meses. Eu não sabia de nada disso, e interpretei o esforço de Lewellen em tentar atravancar a minha investigação como indício de que Calley estava por perto, provavelmente escondido em um dos quartéis que eu ainda não tinha revistado. Murmurei algumas palavras concordando com o capitão e comecei a me afastar. Depois de alguns instantes dando voltas, encontrei uma porta de trás do quartel mais próximo e fui passando por fileiras de beliches no térreo, as camas todas vazias e arrumadas. Corri para os dois outros andares, investigando cada cama na esperança de encontrá-lo.

Nada. Atravessei para o segundo quartel, evitando o capitão Lewellen ao engatinhar diante da metade de baixo da porta fechada do escritório. O momento eureca veio quando deparei, no segundo andar, com um rapaz jovem, de uniforme, cabelo loiro despenteado, que dormia na cama de cima de um beliche. Só podia ser Calley. Eu estava me sentindo poderoso, então bati com o pé na lateral do beliche e disse: "Acorda, Calley". O soldado, que não tinha nem vinte anos, bocejou e disse: "Mas que diabos?". Não lembro o nome no crachá da sua camisa — algo que terminava com "ski"—, mas ficou claro que não era Calley. Sentei-me decepcionado no beliche em frente ao do soldado. O que aconteceu a seguir foi um resquício do fato de que eu detestava tanto o treinamento militar que no meio daquilo fiz o teste para entrar no time de beisebol de Fort Leonard Wood e passei. Dessa forma, eu deixava meus companheiros do Exército para ir treinar depois do almoço. Isso também significava que, quando meus colegas voltavam para o quartel, eu estava dormindo pesado de tão exausto depois de pegar umas bolas. Então, no meio da minha decepção, me veio uma pergunta para fazer ao soldado: "Mas que porra você tá fazendo dormindo no meio da tarde?".

Era uma história triste. A previsão era de que fosse liberado do Exército meses antes, mas os militares tinham perdido os documentos e ele continuava esperando. Vinha de uma família de fazendeiros em Ottumwa, Iowa, e era época de colheita, e seu pai e outros familiares tiveram que compensar a parte dele no trabalho. Quando seria liberado do Exército era uma interrogação diária; enquanto isso, ele aproveitava para dormir. Fiquei curioso e perguntei ao coitado se ele tinha sido designado para fazer algo ao longo do dia. Sim, ele disse, "separo as correspondências". De todo mundo? Sim. E ele já tinha recebido alguma correspondência para alguém chamado Calley? "Você quer dizer o cara que matou toda aquela gente?" Sim, ele mesmo.

O futuro fazendeiro me disse que ele nunca conheceu Calley, mas que tinha recebido ordens de pegar a correspondência do tenente e levar para o seu camarada Smitty, que trabalhava de carteiro do quartel do batalhão. Fiquei corado de tanta empolgação, mas disfarcei. "E onde fica isso?" "A alguns quilômetros daqui." "Me leva lá." "De jeito nenhum", o garoto respondeu. Smitty acabou de perder a patente de sargento — algo a ver com beber demais — e não ia querer bater papo com um estranho. Sabia que ia ser fácil convencê-lo; o rapaz não fazia nada havia semanas, e eu daria um pouco de ação para ele. Sincronizamos os relógios. Eram quase quatro da tarde, e falei que tinha alugado um sedã da Ford que estava pertinho dali e que eu estacionaria diante da porta traseira do quartel em exatos sete minutos. Encontre-me lá e me leve até o Smitty, eu disse. Saí correndo. Ele estava onde combinamos, como eu previa, e partimos. Demorou uns quinze minutos excruciantes até chegar ao quartel-general do batalhão, e o rapaz insistia que gostaria de ser levado de volta. Concordei, e fui voando até o estacionamento na frente do quartel.

Era uma instalação de um só andar que eu conhecia dos meus dias no Exército — um casebre de madeira com uma pequena varanda e uma porta de tela. A porta estava aberta e um sargento negro encontrava-se sentado numa cadeira recostada nela, contemplando o sol da Georgia naquele fim de tarde, com um palito nos dentes. Ajeitei a camisa dentro das calças, alisei a gravata, peguei meu casaco e minha maleta, saí do carro com o que esperava ser o visual de um advogado, e disse: "Sargento, traga já o Smitty". O sargento abriu um sorrisão: provavelmente pensou, o que aquele idiota do Smitty aprontou desta vez? Lá de dentro saiu Smitty, não muito mais velho que o meu amigo de Ottumwa, com fios saindo de sua camisa, no lugar em que antes ficavam as listras de sargento. Falei: "Entra aqui no meu carro", e lá foi ele. Vejo que está com medo, mas logo o acalmo dizendo quem eu sou e o que eu quero. Smitty pede desculpas e diz que não sabe quase nada sobre Calley. Claro, ele ouviu falar que o tenente tinha matado muitas pessoas, mas o seu contato com ele se limita a recolher a correspondência e a passá-la adiante ao entregador. Não faz ideia de onde Calley está ou para onde vai a correspondência. Perguntei, resignado: então quer dizer que não há nada sobre Calley nos arquivos do batalhão? Bom, disse Smithy, nós temos os arquivos 201 de todo mundo. Eu sabia que o 201 é o arquivo do Exército com informações pessoais de todos os oficiais e alistados. Não falo nada. Ele acrescenta: "Eu teria que roubá-lo". Pausa longa. Eu digo: "E...?". "Vou tentar, senhor." Smitty volta para dentro — o sargento olha para ele, mas não se mexe nem pergunta nada — e Smitty retorna, muito mais animado, e senta no banco ao meu lado. Abre a camisa e tira de dentro o arquivo pessoal do tenente William L. Calley Jr. Abro e a primeira página é a mesma folha de acusação que eu vira dias antes no escritório de George Latimer. Mas tem mais coisas — um endereço na cidade adjacente de Columbus, onde Calley está morando. Cuidadosamente copio a folha de acusação, conferindo todas as palavras, e devolvo o arquivo a Smitty. Ele está feliz em ter me ajudado — foda-se o Exército. Ele sai e eu sigo em direção à nova casa de Calley.

É horário de pico e, mesmo com um mapa das ruas de Columbus, só chego à casa de Calley — que fica no que parece ser um novo condomínio — depois das cinco da tarde. O carro à minha frente estaciona na vaga na qual eu pretendia parar. Descem três jovens segundos-tenentes vestidos de uniforme camuflado. Estaciono atrás deles, saio do carro e explico que sou um jornalista que está tentando encontrar Bill Calley, que penso que mora ali. Não mora mais, ouvi. Falo que acabo de me encontrar com o advogado de Calley e que ele acha que o tenente é inocente, só estava no lugar errado, na hora errada. Eles me convidam para beber algo, me servem uma dose de uísque e explicam que são formandos de junho de West Point e que estão terminando o treinamento de combate antes de irem para o Vietnã como líderes do Pelotão de Infantaria. São educados, articulados e muito agradáveis. Sim, Calley foi companheiro de casa deles por algumas semanas, mas não mora mais ali. Sim, compreendem a gravidade das acusações, mas há outro lado da história. Calley e seu pelotão estavam no meio de um tiroteio horroroso com um batalhão experiente de vietcongues, eles dizem. Balas voavam por todos os lados e é claro que civis acabaram atingidos no meio do tiroteio. É uma consequência inevitável da guerra. Foi a mesma frase que ouvi de George Latimer. Os jovens tenentes são pessoas simples, e bebemos mais uma ou duas doses. Calley passa lá de vez em quando para pegar a correspondência, um deles me conta. É claro que sabem onde ele está morando agora, mas como eles não me contam espontaneamente, também não pergunto nada. É hora de pegar comida, e eles me oferecem mais uma bebida e me convidam para jantar. Digo a eles que preciso continuar procurando Calley. Está escuro lá fora, e enquanto eu me preparo para ir embora, um deles finalmente rompeu com os demais e me disse onde Calley estava escondido. (É claro que eu teria perguntado.) Ele está no BOQ — Bachelor Officers' Quarters [Alojamento de oficiais graduados] —, destinado a oficiais de hierarquia superior, inclusive coronéis e generais temporariamente designados a Benning. Fiquei chocado: um suspeito de uma chacina escondido no alojamento para a elite do Exército? Eu ia ficar dando voltas pelo forte até encontrar quem eu buscava, mas nunca cogitaria procurá-lo por lá. Seria como tentar encontrar Calley numa UTI neonatal. Peguei o endereço e entrei no carro.

O BOQ era um complexo de prédios de dois andares, acho que havia três edifícios no total, e cada um abrigava cerca de quarenta unidades de dormitórios bem elegantes — para os padrões do Exército —, e havia um grande estacionamento. Cheguei lá por volta das oito da noite e comecei a bater nas portas, chamando: "Bill, Bill Calley?". Fui registrando quais quartos alguém atendia — geralmente com um grito de "Cai fora" ou "Não tem nenhum Bill aqui" —, assim como as portas nas quais precisava bater outra vez. Percorri dois prédios nas horas seguintes, sem sorte e muito exausto. Tinha chegado às cinco da manhã a Washington e não havia comido quase nada e bebido mais do que deveria. Mas não desanimei. Calley morava naquele complexo e eu o localizaria, mesmo se demorasse dias. Precisava alugar um quarto de hotel, dormir umas horinhas e voltar a bater nas portas.

Já estava escuro quando atravessei o estacionamento quase vazio. Notei que havia dois caras debaixo de um carro, consertando-o, a alguns metros dali, com o auxílio de uma lanterna conectada por um cabo preto que percorria o estacionamento inteiro. Lembro-me vividamente de pensar comigo mesmo: você não precisa dar mais uma volta depois de um dia inteiro esquiando. Mas fui até lá. Enquanto me aproximava do carro, pedi desculpas pelo incômodo, mas disse estar procurando Bill Calley. Um dos homens, de quarenta e tantos anos, saiu de debaixo do carro e perguntou o que eu queria com ele. Expliquei que era um jornalista de Washington e Calley estava metido numa grande encrenca e eu pretendia escrever sobre o assunto. Ele me pediu para esperar um momentinho, limpou as mãos, e disse algo como: "Ele não tá aqui, mas você pode esperar por ele na minha casa, se for tudo bem para você". Ele resmungou algo para o camarada que ainda estava debaixo do carro e saímos andando. O apartamento dele ficava no primeiro andar de uma das unidades, e Calley morava logo acima. Fui avisado de que talvez tivesse que esperar horas por Calley; ele tinha ido andar de lancha num lago a alguns quilômetros de distância. Lancha? Sim, disse o meu novo amigo, que afirmava ser um subtenente sênior que pilotou helicópteros em batalhas intensas na guerra, ele sabia que Calley tinha se metido numa grande encrenca.

Ofereceu-me bebidas enquanto esperávamos; o Exército americano estava claramente funcionando à base de uísque. Ele entendia o meu ponto de vista, e reconhecia que infelizmente a Guerra do Vietnã era uma guerra assassina, impossível de ser vencida, e que estava abalando o seu amor pelo Exército, que o educara e o ensinara a ser um piloto excelente. Calley estava assustado, e com razão, disse o piloto. A história dele, de que tinha sido um tiroteio, não se sustentava. Gostei do piloto e admirei sua honestidade (ele me enviou cartões de Natal por anos a fio), mas depois de mais ou menos uma hora fingindo bebericar o uísque, eu estava morto. Precisava dormir um pouco. Disse tchau — ainda consigo enxergar os mosquitos zunindo ao redor de uma lâmpada sem luminária do lado de fora da sua porta — e comecei a caminhar até o meu carro. "Hersh", o piloto gritou, "volta aqui. Rusty chegou." Eu não estava pronto para conhecer mais um amigo dele, e disse isso. "Não, não. É o Calley." Pelo jeito, Bill Calley era conhecido por todos como Rusty.

Apertei a mão dele. Disse quem eu era e que estava lá para ouvir o lado dele da história. Ele disse, como se tivesse sido muito fácil localizá-lo, que sim, o advogado tinha lhe avisado que eu o visitaria. Subimos as escadas, bebi mais alguma coisa — dessa vez uma cerveja — e começamos a conversar. Eu queria detestá-lo, enxergá-lo como um monstro assassino de crianças, mas, em vez disso, deparei-me com um jovem, baixinho, magro, atrapalhado e assustado, tão pálido que suas veias azuis do pescoço e do ombro eram visíveis. Era impossível acreditar no seu primeiro relato — cheio de tiroteios heroicos, trocando balas, granadas e disparos de artilharia contra os comunistas malvados. Em certo ponto, Calley foi ao banheiro dar uma mijada, ou pelo menos foi isso o que ele disse. Ele deixou a porta — que tinha um espelho cobrindo-a por completo — parcialmente aberta, e pude observá-lo vomitar um sangue vermelho-claro, arterial, o que depois fiquei sabendo ser o resultado de uma úlcera grave.

Pouco depois das três da manhã, Calley me levou ao posto, onde compramos uma garrafa de uísque e outra de vinho. A próxima parada era uma lanchonete que ficava aberta a noite toda, onde ele comprou bifes. Depois pegamos a namorada dele, que era enfermeira do turno da noite no principal hospital do forte. Ela ficou furiosa com Calley ao saber que ele a estava apresentando a um jornalista, mas ainda assim aceitou ir até o apartamento conosco e preparou o jantar. Bebemos mais, e quando o sol nasceu Calley estava falando de ir jogar boliche. A enfermeira já tinha ido embora e eu me sentia exausto. Tinha preenchido um caderno com frases dele, a maioria capaz de prejudicá-lo; quanto mais ele falava, mais o relato do ataque a My Lai apresentava contradições. Quando estava saindo — agora já era de manhã cedo —, Calley insistiu para que eu ficasse e conversasse com o capitão, Ernest Medina, que tinha comandado o ataque em My Lai. Medina, que dois anos depois seria inocentado na corte marcial das acusações de assassinato premeditado, homicídio culposo e agressão, atendeu o telefone após um ou dois toques. Ele também se encontrava em Fort Benning, presumivelmente passando pelo mesmo processo que Calley. Fiquei na linha junto com Calley e ele explicou a Medina que estava falando com um repórter sobre My Lai e que gostaria que ele me dissesse que tudo o que ocorrera foi seguindo ordens diretas do capitão. Medina disse, simplesmente: "Não faço ideia do que você está falando", e desligou. Calley ficou abalado; naquele momento compreendeu o que tenho certeza de que já suspeitava: ele seria o bode expiatório da chacina de My Lai.

Era tarde demais, ou cedo demais, para dormir, então dirigi até Columbus e peguei o primeiro avião para Washington. Comecei a esboçar a matéria no avião. Eu tinha em mãos uma cópia exata de um documento vital e uma entrevista com o principal envolvido. Sabia que tinha que deixar os meus sentimentos em relação à guerra de fora da história.

Estava preocupado em como o artigo seria recebido e quando comecei a escrever, lembrei-me de que, durante os últimos anos da Segunda Guerra Mundial, minha família morava num apartamento em frente à rua do cinema V — de vitória —, a rua 47 de Chicago, e aos sábados as nossas irmãs levavam meu irmão e eu para assistirmos a filmes heroicos de guerra. Nos melhores filmes, nossos soldados, voando em aviões P-51 na Ásia, entravam em tiroteios aéreos com japoneses, que pilotavam os detestáveis Zeros. Nossos soldados voavam de cockpit aberto, sem capacete, com grandes lenços brancos, constantemente fazendo o sinal de OK com os dedos. Os japoneses dentuços — nós os chamávamos de japas, claro — voavam de cockpit fechado, com expressões malvadas, e usavam capacete escuro amarrado abaixo do queixo (o tipo que odiávamos quando a nossa mãe nos forçava a usar no inverno). Numa cena crucial, um dos nossos heróis salva dramaticamente a vida de outro soldado, que está sendo atacado após disparar uma saraivada de balas num avião japonês. Assistimos ao Zero perder o controle de repente e começar a sua queda mortal, zunindo enquanto despencava. Logo antes de cair na água, um filete de sangue escorria do canto direito da boca do japa. Nós gritávamos, ensandecidos de tão empolgados, quando o Zero atingia a água e explodia.

Eu ia tentar vender uma matéria que dizia que os americanos não lutavam de forma mais honrosa ou mais sensata do que os japoneses ou alemães na Segunda Guerra Mundial. Não tinha certeza do que iria acontecer, mas sabia que não seria fácil.

A entrevista de 11 de maio de 1972, escrita em Paris, foi meu primeiro grande artigo enquanto funcionário em tempo integral do *Times*. Foi publicada dez dias depois de eu entrar formalmente no jornal.

Meus três amigos mais próximos e adorados da minha época no *Times*: Anthony Lewis, em meados da década de 1960; Gloria Emerson, em 1970; e Leslie Gelb, quando nos conhecemos na filial de Washington do *Times*, no início de janeiro de 1973.

Minha série de capas sobre Watergate no *Times*, na primavera de 1973 — cinco capas em seis dias, de 2 a 7 de maio. Ainda não sei como sobrevivi a essa semana.

Meu retrato favorito de Henry Kissinger.

Um memorando para Kissinger escrito por dois de seus assistentes com o objetivo de questionar meus informes sobre os acontecimentos no Chile. Eu escrevi, corretamente, que Kissinger, obviamente seguindo ordens do presidente Richard Nixon, estava pressionando a CIA para ser mais agressiva nas suas atividades contra o socialista Salvador Allende, que tinha sido eleito presidente em 1970.

Minha matéria de 22 de dezembro de 1974, sobre a espionagem da CIA em território nacional.

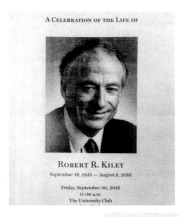
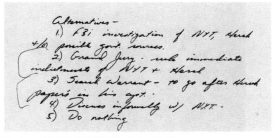

A capa da cerimônia em memória a Bob Kiley em Nova York, em 2016. Ele fora assistente especial de Richard Helms, diretor da CIA, e ficou cada vez mais incomodado com as mentiras contadas sobre a Guerra do Vietnã e o programa de espionagem doméstica de estudantes americanos dissidentes. Pensando nos seus dois filhos adultos que pouco sabiam dos anos que o pai passara na CIA, decidi falar na cerimônia sobre como os conselhos de Kiley foram importantes para mim.

O memorando de Richard Cheney, escrito à mão, com a data de 28 de maio de 1975, sugerindo que o FBI obtivesse um mandado de busca e apreensão para "pegar os documentos de Hersh no seu apto". Eu escrevera que havia submarinos americanos em águas soviéticas, e obviamente isso não caiu muito bem em alguns círculos. Cheney era, na época, assistente de Donald Rumsfeld, chefe de gabinete do presidente Ford.

Uma das várias cartas de apoio que David Halberstam me escreveu, com o seu alerta em relação aos editores do *New York Times*!

Esta foto minha com minha esposa e nossos dois filhos mais velhos, Matthew e Melissa, foi tirada por uma então jovem Annie Leibovitz para a *Rolling Stone*, depois que eu disse a ela que não gostaria que minha família fosse retratada. Ela tirou essa foto de manhã cedo, pela janela da nossa casa, em 1976, e não tive escolha a não ser recompensar a sua ousadia permitindo que a revista publicasse a imagem.

Duas das muitas cartas elogiando minhas reportagens sobre Watergate escritas por colegas do *Times*: uma de Anthony Lewis para Clifton Daniels, que na época era o chefe da filial de Washington; e uma de Dave Jones, responsável pela editoria Nacional, para mim.

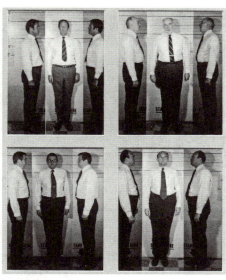

Washington, DC, fotos policiais de quatro figurões da Casa Branca, em sentido horário, começando do canto superior esquerdo: Bob Haldeman, John Mitchell, John Ehrlichman e Charles W. Colson, em 1974, quando foram presos pelo seu envolvimento no caso Watergate.

A matéria de capa do *Times* sobre o Glomar Explorer. O navio foi um elemento fundamental no programa secreto de 750 milhões de dólares da CIA para recuperar restos de um submarino russo afundado que, esperava-se, conteria livros de código soviéticos, assim como torpedos nucleares. Era uma típica iniciativa da CIA que desperdiçava muitos recursos.

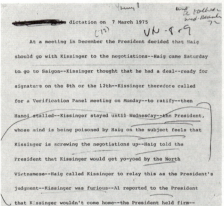

Numa mesa-redonda com muitas discussões, ao lado de William Colby, então diretor da CIA, na convenção anual de editores da Associated Press. Eu respeitava Colby como uma pessoa que sabia que a CIA não sobreviveria, levando em conta seus erros, a não ser que ele e outros oficiais do alto escalão da Agência fossem honestos e abertos, até certo ponto, em relação às suas infrações.

Esta é uma das centenas de páginas que obtive do almirante Elmo Zumwalt, que era chefe das operações navais em 1972, e que descreviam, de dentro, o nível insano de tumulto burocrático no Conselho de Segurança Nacional num momento crítico nas negociações de paz com o Vietnã do Norte, em Paris. Kissinger e seu assistente na Casa Branca, o general do Exército Alexander Haig, estavam constantemente traindo a confiança um do outro diante do presidente Nixon. Após se aposentar, o almirante pediu que os dados roubados fossem transcritos. As marcações são minhas.

Meu maravilhoso colega do *Times* e amigo Jeff Gerth, que tinha uma capacidade ímpar de absorver e se lembrar dos documentos empresariais mais complexos. Cheguei a ele através de assistentes de Robert F. Kennedy, que em 1976 me disseram que Gerth era a quem eu deveria recorrer se estivesse interessado em cobrir o crime organizado.

10.
Vergonha nacional

Eu havia trabalhado como repórter por uma década antes do outono de 1969, e aprendera, de certo modo, que a melhor maneira de contar uma história, não importa quão relevante ou complicada fosse, era simplesmente contá-la.

Meu primeiro texto sobre My Lai, portanto, começava assim: "O tenente William Calley Jr., 26 anos, um sujeito tranquilo de aparência juvenil, é um veterano de combate no Vietnã cujo apelido é Rusty. O Exército afirma que ele assassinou deliberadamente 109 civis vietnamitas durante uma missão de busca e destruição em março de 1968". Eu suprimi a palavra "oriental" para descrever as vítimas após receber a confirmação de um funcionário do escritório de Melvin Laird de que o Exército faria o mesmo no caso contra Calley. Laird, que acabaria virando um bom amigo após deixar o cargo, fez isso por medo — um medo que eu também sentia — de que o racismo exagerado da acusação inicial pudesse levar a uma violência aleatória contra soldados no Vietnã do Sul que não tinham nada a ver com o massacre.

Escrevi a matéria dando o meu melhor e então telefonei para o meu amigo editor da *Life* e disse que o texto era deles, se fossem rápidos. O editor retornou algumas horas depois negando. Ele disse ter tentado empurrar a matéria, mas que a gerência não tinha interesse em publicar uma história dessas. Eu estivera em contato com a *Look*, outra revista semanal popular que cogitou a possibilidade de eu publicar algo por lá, e para a qual, a pedido do editor, tinha escrito um resumo de duas páginas sobre aonde eu achava que poderia chegar investigando a história de My Lai. Liguei para o editor e disse que tinha encontrado muito mais coisas do que imaginara, e falei da entrevista com Calley. Ele também recusou. Fiquei devastado, e assustado com o nível de autocensura que encontrava em minha profissão. Temia não ter escolha além de levar a matéria de My Lai para um jornal e correr o risco de que os editores entregassem minhas informações para uma equipe de repórteres: em outras palavras, ser tratado como alguém que passa dicas de furos jornalísticos. De qualquer forma, sabia que precisava de um advogado para revisar o que eu tinha escrito. Isso me levou a Michael Nussbaum, ex-colega daquele um ano em que estudei na faculdade de direito da Universidade de Chicago. Michael era brilhante no direito, ao contrário de mim, mas viramos amigos íntimos apesar disso, e agora ele era sócio de um grande escritório de advocacia em Washington. Tinha se tornado um defensor de primeira e era conhecido por suas posições críticas à Guerra do Vietnã, a ponto de ter escrito um manual de como evitar o alistamento por meios legais.

Cheguei tarde da noite à pequena casa dele em Georgetown. Naquele momento, Michael, um solteiro descompromissado, estava empurrando uma mulher para fora da casa. Ele lera a matéria que escrevi, fez algumas perguntas pertinentes, recomendou algumas mudanças que aceitei, e disse que sim, o escritório dele me representaria e me defenderia caso houvesse algum problema. Não se falou de honorários. Michael não era um novato na defesa da Primeira Emenda: entre os clientes dele estavam Ralph Nader e vários jornalistas do *Washington Post*. Ele morreu de câncer em 2011, depois de me representar, sempre com êxito, em sete processos ao longo da minha carreira. Escrevi um artigo após a sua morte para o blog da *New Yorker*, e nele contei sobre uma sugestão que ele deu à minha primeira reportagem sobre My Lai:

Não sei como chegamos a isso, mas para Michael era óbvio que a entrevista que Calley me dera seria um desastre legal para o soldado, pois provavelmente entraria em contradição com o que declarara ao Exército. O conselho de Michael foi retornar a George Latimer, advogado de Calley, e contar tudo o que Calley me dissera.

Fiz isso. Latimer ficou transtornado, e disse — Michael tinha razão — que os comentários de Calley entravam em conflito com o testemunho feito sob juramento no processo militar. [...] Se a entrevista fosse publicada daquela maneira, disse-me Latimer, eu provavelmente faria com que Calley perdesse o seu direito constitucional a um julgamento justo. Ele me ofereceu um acordo: se de alguma maneira eu pudesse evitar escrever que os comentários de Calley tinham sido feitos diretamente para mim [...] ele repassaria a matéria, linha a linha, e corrigiria qualquer erro factual. [...] Assim, George Latimer e eu passamos um tempão no telefone. Ele corrigiu datas, frases, a grafia do nome de alguns envolvidos etc. Descobri, anos depois, a partir de uma solicitação acadêmica através da Lei da Liberdade de Informação, que ele foi tão preciso a ponto de que os analistas militares concluíram, depois da publicação dos meus cinco artigos sobre My Lai, que eu com certeza tinha acesso aos arquivos mais confidenciais do Exército.

Latimer me deu um último incentivo. Disse que eu podia falar aos editores e repórteres para que telefonassem para ele, que ele confirmaria ter lido o artigo e que poderia afirmar que, com base no que sabia do seu cliente, o texto estava correto. Ele cumpriu o prometido, embora nem ele nem Calley tenham voltado a falar comigo depois disso.

David Obst continuava insistindo para eu deixar que o seu pequeno serviço de notícias publicasse a matéria, algo que não fazia sentido para mim, nem mesmo depois das recusas estúpidas da *Life* e da *Look*. Eu mantivera contato com I. F. Stone, que estava a par dos meus trabalhos, e ele acudiu ao meu desespero dizendo que sabia que Bob Silvers, o editor da *New York Review of Books*, publicaria imediatamente o artigo. (Eu tinha escrito mais uma ou duas matérias para a revista desde que o meu livro sobre as CBW fora publicado por lá.) Telefonei para Silvers — que estava às vésperas do fechamento de uma edição da revista quinzenal — e ele pediu que eu ditasse o texto para um funcionário de lá. Sob a liderança de Silvers, a revista havia despontado como uma voz do movimento contrário à guerra, e Bob, quando conversamos, me disse o quanto estava empolgado com a matéria e que planejava algo que fora feito pouquíssimas vezes na história da revista — começar a matéria logo na capa. Bob só fez um pedido editorial significativo: será que eu poderia acrescentar um parágrafo breve, no início da matéria, explicando o significado do massacre no contexto da brutalidade diária da guerra? Eu estava familiarizado com editores que gostavam de deixar sua marca numa boa matéria, e descartei a sugestão rindo, dizendo que com certeza não precisava explicar aos leitores a importância política da acusação contra Calley. Bob insistiu. Respondi que jamais faria. Ele disse que não ia imprimir a matéria sem acrescentar essas palavras. Eu disse tchau, e foi isso.

Estava reticente porque sabia, graças aos meus anos imersos na guerra, ciente do racismo e do medo que a movimentavam, que a chacina de civis era algo muito mais comum do que se tinha notícia e, mais importante que isso, quase nunca ia a julgamento. Agora tínhamos um caso em que o próprio Exército estava traçando um limite e declarando, finalmente, que não se pode fazer vista grossa para certas atitudes. De modo algum eu deixaria que um só parágrafo com cheiro de panfleto pacifista poluísse a reportagem objetiva sobre uma chacina que eu tinha escrito, mesmo se fosse para publicar numa revista contrária à guerra.

A discordância que tive com Silvers, alguém que estava totalmente ao meu lado, me provou que eu não conseguiria publicar a matéria de My Lai do meu jeito, a não ser que eu encontrasse uma maneira de me responsabilizar por sua publicação. Que diabos, pensei, abri um jornal quando tinha 25 anos de idade, e o fato de que Nussbaum e seu proeminente escritório de advocacia de Washington estavam me defendendo já era um bom começo. Telefonei para David Obst e disse que a matéria era dele, e que era bom que não botasse tudo a perder. Também disse que o *Dispatch News Service* ia ter os direitos autorais da matéria e assumiria a responsabilidade em publicá-la. Os jornais que quisessem publicar o que escrevemos teriam que pagar um valor fixo; decidimos pelo preço de cem dólares por jornal, não importava se fosse de grande ou pequena circulação — e só até aí iria a responsabilidade de cada jornal. Por algum motivo, eu acreditava que aquele rapaz de 23 anos capaz de escapar de problemas com entusiasmo e elegância ia conseguir dar conta do recado.

Havia muitos motivos pelos quais eu poderia estar errado. David protestou nas ruas durante a convenção democrata de 1968 e era veterano de atividades contrárias à guerra em Berkeley, Califórnia, e embora ele conseguisse falar de cabeça todos os efeitos positivos e negativos das drogas vendidas nas ruas, agora teria que lidar com editores-chefes dos maiores jornais do país — os mesmos que ignoraram esse tempo todo o movimento pacifista. Anos depois, ele ajudou Daniel Ellsberg a publicar os Documentos do Pentágono, tornou-se o agente literário de John Dean, Bob Woodward e Carl Bernstein, famosos pelo caso Watergate, teve o próprio selo na editora Random House, e até atuou em *A vigança dos nerds*, um filme cult da década de 1980. Mas convencer os editores executivos dos jornais a publicar uma matéria sobre uma chacina?

De certa maneira, o que David conseguiu foi um milagre tão grande quanto encontrar Calley em Fort Benning. Em seu livro de memórias, *Too Good to Be Forgotten* [Bom demais para esquecer], publicado em 1998, David contou como foi a venda da matéria de My Lai, que começou cedo numa quarta-feira, 12 de novembro de 1969:

Peguei um exemplar do livro *The Literary Marketplace* [O mercado literário], que listava os nomes e telefones dos jornais dos Estados Unidos. Abri no A e comecei a telefonar. Só quando eu cheguei ao C consegui algo. O *Hartford Current* [sic], de Connecticut, disse estar interessado e pediu uma cópia da matéria. [...] Eu não tinha pensado direito em como distribuí-la. Não podia simplesmente mimeografá-la e mandá-la pelo correio como as matérias do *Dispatch*: demoraria três dias para chegar ao *Current*. [...] Dane-se, depois eu daria um jeito de enviar. Antes de mais nada, tinha que vender a matéria.

Cada vez mais editores se interessaram pelo conteúdo, e David contava com o auxílio de poder afirmar aos editores que o artigo tinha sido analisado por Nussbaum e por George Latimer, o advogado de Calley, que lera a matéria e confirmaria a sua veracidade. Um editor de quem ele se tornou amigo explicou que o meu artigo de 1500 palavras podia ser enviado por Telex e chegar a todos os editores dentro de uma hora. Claro, a gente não tinha dinheiro para isso, então os artigos foram enviados por Telex, cobrando os editores que aceitaram lê-lo.

O único esforço que fiz para vender a matéria naquele dia acabou num fiasco. Eu era amigo de Larry Stern, um repórter famoso da equipe da editoria Nacional do *Washington Post*, e ele convidou Nussbaum e eu para nos encontrarmos com Ben Bradlee, o editor executivo do *Post*, uma figura magnética. Chegamos logo depois do almoço e nos reunimos no pequeno escritório de Phil Foisie, o editor de Mundo. Quatro ou cinco editores e repórteres estavam ali reunidos enquanto eu distribuía cópias da matéria sobre Calley. Fez-se silêncio enquanto todos começaram a ler o texto. A quietude foi rompida por Bradlee, efervescente, que literalmente arremessou em Foisie as cinco ou seis páginas que estava lendo e disse: "Cacete... Seiscentos repórteres trabalham para mim e isso vem de fora. Pode publicar. Tem cara de verdade". Isso aconteceu três anos antes do momento heroico de Bradlee durante o escândalo de Watergate. Dava para notar, naquele instante, que ou você amava o sujeito ou tinha que abandonar o jornal. (Ao longo dos anos 1980, acabei jogando tênis em dupla com ele aos domingos e passei a entender por que tantos repórteres o admiravam.)

Apesar da performance de *drama queen* de Bradlee, o *Post* reescreveu por completo a minha matéria, acrescentando que o Pentágono negava tudo, entre outras coisas, e colocou o artigo na página 1. A primeira edição chegou às ruas bem antes da meia-noite. Foi um começo ignóbil, e piorou quando Peter Braestrup, que tinha sido designado para reescrever a minha matéria, me acordou pouco antes do nascer do sol com um telefonema para dizer que eu era um mentiroso filho da puta: de jeito nenhum que um soldado seria responsável pelo assassinato de 109 civis. Era impossível. Achei que ele estava bêbado, mas talvez não estivesse. Demorei para voltar a dormir; não tinha visto nenhuma prova em vídeo ou fotografias de uma chacina. Logo aprendi que a história de My Lai deixava as pessoas irracionais. Meu telefone continuava aparecendo na lista telefônica e, por meses depois que a matéria saiu, continuei recebendo ligações de oficiais furiosos e soldados alistados, geralmente bêbados, me dizendo o que fariam com os meus órgãos genitais. Braestrup estava longe de ser o caso mais estressante, ainda mais quando descobri a sua especialidade. Ele era um ex-oficial da Marinha que tinha sido gravemente ferido na Guerra da Coreia, e logo se tornaria o chefe responsável pela cobertura sobre Saigon no *Post*. Eu com certeza tinha antecipado a fúria de muitos que trabalhavam no governo ou no Exército, mas Braestrup me alertou para a possibilidade de que outros repórteres também ficariam igualmente ressentidos.

Eu sabia que sobreviveria às críticas de Braestrup e de outros. Até hoje, em dias tempestuosos, tenho lembranças das manhãs úmidas de neve nas quais eu, ainda adolescente, abria a lavanderia do meu pai na avenida Indiana às sete da manhã, na escuridão do inverno de Chicago, acendendo as luzes e me preparando para enfrentar toda aquela limpeza enquanto escapava por algumas horas para fazer as tarefas de casa exigidas pela Universidade de Chicago, onde teria aula no fim do dia. Sobrevivi àquilo, e sobreviveria a qualquer crítica feita a uma matéria que eu sabia que contava a verdade. As ruas de Chicago me deram, de certa forma, uma sensação de bem-estar que mantive ao longo de minha carreira e que me impediu de cair num desânimo quando o meu trabalho era atacado, o que ocorreu algumas vezes.

Obst e eu não fazíamos ideia se os mais ou menos cinquenta editores de jornais que compraram a matéria iriam, de fato, publicá-la — isso aconteceu numa época muito antes do surgimento da internet — até o meio da tarde seguinte, quando jornais de outras cidades chegavam à banca do National Press Building, onde o *Dispatch* agora tinha um escritório. David conseguiu um milagre, e dezenas de jornais grandes, incluindo o *Chicago Sun-Times*, o *Bulletin*, da Philadelphia, e o *St. Louis Post-Dispatch*, exibiram a matéria na capa do dia seguinte, e alguns até a colocaram na manchete principal. O *New York Times* não comprou a matéria oferecida por Obst, mas o *New York Post* sim, e deu um grande espaço para ela.

As principais emissoras de TV não fizeram nada com a história, em parte porque o Pentágono sabiamente se recusou a comentá-la. Não fui atropelado por ligações como imaginava — telefonemas de repórteres frenéticos ansiosos por furos e de veteranos do Vietnã que teriam as próprias histórias horríveis para contar. Após alguns dias, fui lembrado da autocensura que parecia dominar a cobertura midiática da guerra. Alguns editores, em vez de pedir que seus repórteres encontrassem mais sujeira, ligaram para Obst e pediram uma suíte, e ele prometeu mais reportagens, para meu grande desânimo. Os crimes de Calley geraram um debate intenso no Parlamento britânico, algo que foi bastante noticiado pelo *Times*. O único jornal, na verdade, que parecia estar ativamente indo atrás da matéria era o *Times*, que enviou Henry Kamm, um correspondente estrangeiro experiente, para a região ao redor de My Lai, que antes da guerra era uma bela comunidade rural construída ao longo do mar do sul da China. Ele acabou indo para uma área de evacuação dos sobreviventes do massacre e enviou informes que foram publicados na quinta-feira, dia 13 de novembro, citando sobreviventes que afirmavam que 567 homens, mulheres e crianças tinham sido chacinados pelos americanos. Havia um ceticismo generalizado na mídia quanto à minha matéria, e muitos jornais — incluindo o *Washington Post* — mencionaram as dificuldades que os soldados americanos enfrentavam ao lutar numa guerra de guerrilha contra um inimigo que se disfarçava de fazendeiro durante o dia. A mensagem subliminar ficou clara: os soldados americanos encontravam-se numa posição na qual tinham que disparar antes ou eles mesmos se tornariam vítimas. Quem era eu para julgar a guerra com tanta severidade?

Tudo mudou num domingo à noite. Obst, no seu peculiar livro de memórias, oferece uma lembrança vívida desse momento:

> Sy apareceu na minha casa. Nós dois estávamos nos perguntando o que fazer a seguir — como dar continuidade à matéria, que não teve tanto impacto quanto esperávamos. As revistas *Newsweek* e *Time* a ignoraram. Estávamos analisando como cada jornal tinha noticiado a história [...] quando Sy notou outra matéria no *Washington Post*. Era sobre um sujeito chamado Ronald Ridenhour que anunciara que ele era o responsável por

ter iniciado a investigação do Exército. Sy saltou da cadeira e começou a gritar: "O moleque! O moleque! O moleque!". De repente, tudo passou a fazer sentido para Sy. Ele não conseguia entender por que o Exército mostraria a roupa suja dos assassinatos. Por que o Exército tinha acusado o tenente Calley? Ridenhour era a resposta.

Sy pegou o telefone e localizou o moleque. Ele planejava pegar o primeiro voo para Los Angeles para encontrar Ron, que agora era aluno na Faculdade de Claremont.

O que David não contou era que esse artigo sobre Ridenhour era uma matéria de um parágrafo da AP, procedente de Phoenix, Arizona, e anexada ao final de uma longa reportagem do *Post* sobre os perigos que os jovens americanos enfrentavam na guerra. Na segunda-feira, cheguei ao dormitório de Ron em Claremont, a 56 quilômetros ao leste do centro de Los Angeles, a tempo de almoçarmos juntos. Surpreendentemente (ou não), fui o primeiro repórter que se encontrou de fato com ele. O *Times* e os serviços de telégrafo conversaram com ele por telefone, mas ninguém do *Los Angeles Times*, o principal jornal da Costa Oeste, se dignou a ligar para ele, que dirá dirigir 56 quilômetros até Claremont. Conversei com Ridenhour por cinco horas. Ron não esteve em My Lai; ele serviu no Vietnã por boa parte daquele ano numa unidade avançada de combate conhecida como LRRP, uma patrulha de reconhecimento a longa distância. Ele me disse ter sobrevoado a área de My Lai no fim de março de 1968 e ter notado a desolação do lugar — "não tinha um passarinho cantando", ele viria a escrever depois —, mas só descobriu o que tinha acontecido no fim de abril, quando um membro do pelotão de Calley contou que poucos, se é que algum, dos moradores do vilarejo de My Lai tinham sobrevivido ao ataque. Ele estava determinado a descobrir mais sobre o assunto, mas percebeu como o seu questionamento seria perigoso. Disse que não anotou nenhuma das informações que foi coletando, por medo do que aconteceria se elas fossem encontradas.

Em novembro de 1968, quando sua passagem pelo Vietnã chegava ao fim, ele tinha informações em primeira mão de cinco membros da companhia de Calley que confirmaram as dimensões da atrocidade. Em março de 1969, de volta ao lar em Phoenix, Ridenhour escreveu uma carta detalhada, de 2 mil palavras, mencionando nomes e hierarquias, contando sobre a atrocidade, e enviou cópias a mais de trinta oficiais em Washington.

Sua lista começava com o presidente Nixon e incluía quinze membros do Senado, cinco membros da delegação do Congresso do Arizona, do Departamento de Estado, do Pentágono, da equipe de chefes de Estado, do departamento do Exército, e cinco membros da Câmara, incluindo o escritório de L. Mendel Rivers. Vinte e dois escritórios afirmaram depois não ter registros de que a carta de Ridenhour sequer havia sido recebida, mas ela provocou uma reação: em abril, o departamento do Exército disse a Ridenhour que havia dado início a uma investigação. Pediram paciência ao ex-soldado; as informações que ele fornecera precisavam ser corroboradas, o que podia levar meses.

Ridenhour temia que a chacina fosse acobertada, porque sabia que muitos dos interrogados — até mesmo alguns que conversaram com ele — participaram do massacre e não teriam motivos para revelar isso a um investigador do Exército. No fim de maio, decidiu que contaria ele mesmo a história do massacre e entrou em contato com um agente literário que transmitiu o cerne de sua carta para várias revistas, entre elas *Life*, *Look*, *Harper's*, e para o *Washington Post*, dono da *Newsweek*, mas ninguém respondeu. Quando conversamos, Ridenhour recordava do nome do editor da *Life* que o seu agente contatara; era o mesmo editor para quem telefonei quatro meses depois com um relato diferente sobre o massacre, obtido pela minha própria investigação. Se existe um inferno para jornalistas, esse editor merece ir para lá.

Ron falava abertamente das suas ambições jornalísticas fracassadas e deixou claro o quanto estava empolgado com o fato de que eu, alguém que ele enxergava como um repórter de verdade, tinha conseguido encontrar Calley e provas de que o Exército estava pronto para processá-lo. Nós dois sabíamos que a questão ia muito além de Calley e que a maioria dos soldados da Companhia Charlie tinha participado da chacina e do posterior ocultamento. Ron me passou os nomes e endereços das testemunhas que podiam dar detalhes da história e, o mais importante, encontrou um cardápio do Dia de Ação de Graça da Companhia Charlie, que na época treinava no Havaí, que incluía a grafia correta dos oficiais e alistados da unidade. Ele me disse que os dois veteranos com quem eu devia falar eram Michael Terry e Michael Bernhardt. Terry tinha saído do Exército e morava em Orem, Utah; Bernhardt ainda era soldado e encontrava-se em Fort Dix, New Jersey. Saí para pegar um voo tardio para Salt Lake City tendo iniciado uma amizade que duraria pela vida toda com o corajoso e generoso Ridenhour, que acabou se tornando jornalista afinal de contas e foi premiado com o George Polk Award após uma investigação de um ano sobre um escândalo envolvendo os impostos de New Orleans, sua cidade natal. Ele morreu aos 52 anos, jovem demais, de ataque cardíaco, em 1998.

Eu tinha o endereço de Mike Terry, mas não conseguia entrar em contato com ele por telefone, e foi um inferno chegar a Orem, a 72 quilômetros ao sul de Salt Lake City. Estava caindo uma nevasca tremenda, e tive que dirigir pelas estradas montanhosas, cheias de curvas, que desconhecia por completo. A cidade estava com todas as luzes apagadas. A população, naquela época, era de 25 mil habitantes, e dirigi sem rumo até encontrar um posto de gasolina aberto para pedir informações. A casa de Terry era extremamente modesta, de madeira, com um aquecedor a óleo interno. Já era quase meia-noite quando bati na porta. Um garoto me atendeu. Pedi para falar com o irmão mais velho dele, o que lutou na guerra, e ele me deixou entrar, sem perguntar nada. Logo depois apareceu Terry, de pijama. Era como se visitas noturnas fossem algo comum em Orem. Disse quem eu era, contei da minha conversa com Calley e Ridenhour e pedi a ele que me contasse o que lembrava. "Você quer eu diga o que falei ao coronel?", perguntou. Sim. Ridenhour me contou que, após escrever as suas cartas, tinha sido contatado por um investigador criminal do Exército, um tal de coronel Wilson, que implorou para que ele não falasse nada. A frase seguinte de Terry gerou manchetes no mundo todo: "Foi uma coisa nazista", disse, descrevendo a vala onde massacraram uma grande quantidade de mulheres e crianças. Fiz inúmeras anotações ao longo de nossa conversa, enquanto também ficava de olho no precário aquecedor a óleo, uma lembrança dos meus dias em Pierre.

Saí de lá algumas horas depois, dormi um pouco num hotel do aeroporto de Salt Lake City, liguei para Obst e pedi para que avisasse editores do mundo todo — tínhamos recebido solicitações do exterior — de que eu estava trabalhando numa nova matéria. Voei até a Philadelphia, dirigi uma hora até o Fort Dix e encontrei Michael Bernhardt. Ele falou que viu mais do que gostaria, e destroçou a história que Rusty Calley contou sobre ter sido um grande tiroteio (assim como o relato de Terry, que também descartava essa versão.) Ridenhour, Terry e Bernhardt lembravam — e, mais do que isso, precisavam compartilhar — detalhes chocantes envolvendo soldados ensandecidos que sentiam um prazer em assassinar garotos e garotas com baionetas e outras armas. Era a primeira missão de busca e destruição de Bernhardt, e ele disse: "Era como se eu tivesse faltado a algumas aulas do treinamento, às quais contavam como a guerra era de verdade. Parecia uma piada velha: você perdia algo na segunda série da escola e por causa disso nunca aprendia a soletrar. Vi todo mundo matando todo mundo".

Obst vendeu a minha segunda matéria. Ela teve grande repercussão em Londres, após o debate no Parlamento quanto a My Lai. A manchete do *Daily Mail* afirmava: "A história que chocou os Estados Unidos". Louis Heren, o editor que cobria os Estados Unidos para o *Times* de Londres, havia elogiado o meu trabalho sobre as CBW e a matéria saiu na capa do jornal de lá: o *Times* colocou as entrevistas com Terry e Bernhardt numa manchete de três linhas: "Soldados americanos dizem: 'Testemunhamos um Massacre'; 'Mulheres e Crianças Fuziladas'". Mais uma vez o *New York Times* resolveu não pagar cem dólares ao *Dispatch*, e então vendemos essa matéria de testemunhas oculares ao *New York Post*, como tínhamos feito antes. Editores de todo o país ficaram ligando para Obst e perguntando quando sairia a próxima matéria de Hersh. Considerando os meus problemas anteriores em colocar a matéria na imprensa, não fiquei surpreso com o fato de que nenhum repórter americano, exceto por alguns do *Times*, parecia estar indo atrás da história.

Continuei investigando. Sabia que ainda havia alguma outra história que venceria a resistência em aceitar a verdade do que tinha ocorrido em My Lai. Terry, Bernhardt e outros membros do pelotão com quem conversei me falaram de um soldado chamado Paul Meadlo, um jovem fazendeiro saído de Indiana, que tinha disparado mecanicamente pentes e pentes de munição do seu rifle, sob ordens de Calley, em grupos de mulheres e crianças que tinham sido reunidos em meio ao massacre. A companhia de Calley avançou no fim de tarde rumo ao mar do Sul da China, a poucos quilômetros ao leste. Na manhã seguinte, bem cedo, Meadlo pisou numa mina terrestre e teve o pé direito dinamitado. Enquanto aguardava a evacuação, ele repetia: "Deus me puniu e Deus irá puni-lo, tenente Calley, por aquilo que você me obrigou a fazer". Calley ficou perturbado e começou a gritar, chamando o helicóptero. Eu sabia como se escrevia o sobrenome de Paul graças ao cardápio do Dia de Ação de Graças de Ridenhour, e passei horas ligando para telefonistas de Indiana, começando pelas cidades ao norte, procurando um Meadlo que constasse na lista. Encontrei um em New Goshen, pequeno vilarejo perto de Terre Haute, e liguei para lá. Era a residência correta, e a mãe de Paul, falando com um sotaque sulista rouco, disse que não se importava se eu aparecesse por lá, mas que não sabia como o filho iria reagir.

Não me lembro de como fui parar ali — acho que peguei um avião de Chicago para Indianápolis e dirigi no sentido leste por duas horas —, mas cheguei à fazenda dos Meadlo ao meio-dia. Era um lugar caindo aos pedaços, feito de ripas finas; galinhas entravam e saíam de galinheiros esburacados, e dava para ver quantos remendos tinham sido feitos. Enquanto estacionava diante da casa, a mãe de Paul, Myrtle, na faixa dos cinquenta, mas aparentando ser bem mais velha, apareceu para me cumprimentar. Eu me apresentei e perguntei se podia falar com Paul. Ela apontou para uma segunda casa, menor, feita de madeira, e disse que ele estava lá dentro. Então essa mãe, que muito sofreu na vida, que não acompanhava as notícias e pouco sabia da guerra no Vietnã, resumiu tudo: "Mandei um bom moço pra eles, e transformaram meu filho num assassino".

Comecei a minha conversa com Paul pedindo para ver sua perna amputada. Ele tirou a bota e a prótese e falou abertamente, animado, sobre o tratamento que recebeu no Vietnã e a longa recuperação pela qual passou no hospital do Exército no Japão. Entramos no assunto do dia do massacre. Paul contou o seu lado da história sem grandes emoções; era como se ele tivesse sido desligado de repente. Pediram a ele para vigiar um grupo grande de mulheres e crianças, sobreviventes apavorados da carnificina, que tinham sido reunidos numa vala. Calley, ao chegar lá, ordenou que Meadlo e outros soldados matassem todos. Meadlo foi responsável pela maior parte da matança, disparando pentes de dezessete balas — quatro ou cinco pentes no total, ele me disse — na vala até que tudo estivesse em silêncio. Outros soldados depois me contaram que logo após o fim do tiroteio, quando o silêncio era completo na vala, os soldados escutaram o som de uma criança chorando, e os homens de Calley viram um garoto de três ou quatro anos, que fora protegido pela mãe, rastejar até o topo da vala, coberto de sangue dos outros, e começar a correr até um arrozal próximo. Calley pediu para Meadlo "apagar" o garoto. Meadlo, coberto de lágrimas, confrontado com uma só vítima, se recusou, então Calley correu atrás do menino, com a carabina estendida, e explodiu a sua cabeça.

Liguei no fim de tarde para Obst e disse para que ele avisasse aos editores que tínhamos conseguido mais uma matéria de capa para jornais do mundo todo — um relato em primeira mão do massacre por parte de um dos atiradores. Passei a noite na casa de Paul, com a sua esposa e seu filho pequeno, estruturando a matéria e dormindo algumas poucas horas no sofá. A mulher dele me contou como foi difícil quando Paul retornou da guerra sem o pé direito, encontrando um garotinho que ele não chegara a conhecer. Ele não falava de suas experiências no Vietnã, mas muitas vezes se sentia desconfortável perto da criança. Certa noite, logo depois da sua volta, sua esposa acordou ouvindo gritos histéricos no quarto do bebê. Ela correu e viu Paul sacudindo com força a criança apavorada. Já tinha acontecido antes. Não pude deixar de me perguntar se Myrtle se referia à violência de Paul em relação ao próprio filho quando me disse que o Vietnã tinha transformado ele num assassino.

Obst, enquanto isso, de algum jeito conseguiu convencer o noticiário televisivo noturno da CBS, apresentado por Walter Cronkite, a pagar 10 mil dólares ao *Dispatch* em troca de uma entrevista exclusiva com Meadlo na noite seguinte, horas antes de a minha matéria sobre My Lai ser publicada. Houve uma grande discussão no que dizia respeito à exposição proporcionada pela TV, e se Meadlo aceitaria dar essa entrevista, mas seria extremamente antiético, no mundo jornalístico, pagar-lhe por ela. Você não pode pagar por informação que o público tem o direito de saber. Não tenho certeza se Obst via as coisas dessa maneira, mas eu sim. Então perguntei a Paul se ele aceitaria, e também deixei claro que ele não seria pago pela entrevista, mas que o *Dispatch* seria. Havia um argumento para convencê-lo: disse a Paul que a CBS pagaria um voo para ele e a mulher a Nova York e que os colocaria num bom hotel. Não fiquei surpreso quando Paul aceitou logo de cara; ele de certa forma sabia, ou sentia, que estava na hora de se abrir. Voei com Paul e a esposa de manhã cedo até Nova York de primeira classe, cortesia da CBS.

No seu livro de memórias, Obst de alguma maneira conseguiu passar por cima do fato de que ele tinha se comprometido a levar Meadlo até a CBS antes mesmo de que eu tivesse convencido o soldado disso. Foi tudo muito mágico:

Como um típico *baby boomer* [nascido no pós-Segunda Guerra, entre 1946 e 1964], sabia instintivamente que nada nos Estados Unidos era verdade antes de sair na TV. Peguei o telefone e liguei para o *CBS Evening News*. Contei sobre o que tínhamos para oferecer e eles queriam *muito* aquilo. Quando falei que precisavam cobrir nossas despesas, hesitaram. "Não fazemos jornalismo de talão de cheque", o editor-chefe respondeu. Educadamente, perguntei qual era o telefone da NBC. Ele me perguntou para qual endereço eu queria que mandassem o cheque.

Sy levou Paul Meadlo a Nova York. No caminho, escreveu mais uma parte da série e a enviamos para que saísse de manhã em todos os jornais. [...]

Sy apareceu. [...] O telefone tocou logo depois da chegada dele. Era Abe Rosenthal, o chefe do *New York Times*, para quem eu tinha enviado uma cópia, achando que eles não teriam escolha, precisariam publicar aquilo. Era uma história importante demais para ser ignorada se eles fossem um jornal americano de respeito. O sr. Rosenthal não podia ter sido mais simpático. Elogiou o ótimo trabalho que o *Dispatch* e Seymour Hersh fizeram em desenterrar a história. [...] Rosenthal continuou com seus gracejos, até mencionar, como se não fosse nada, que, já que o *Times* era um jornal de respeito, ele gostaria que um dos repórteres deles pudesse entrevistar a nossa testemunha. Sy tirou o telefone da minha mão.

"Sr. Rosenthal, aqui é o Sy Hersh. Escuta, você quer entrevistar o Paul Meadlo? Bom, ele está em algum lugar de Nova York — tente encontrá-lo." Sy bateu o telefone no gancho. Olhei chocado para ele. Ele tinha acabado de desligar na cara do *"All the news that's fit to print"*.*

O telefone voltou a tocar segundos depois. Sy atendeu.

"Sr. Hersh", Abe Rosenthal gritou, *"Sabe com quem você está falando?"*

"Sim", Hersh respondeu e desligou mais uma vez.

Naquela noite, Paul Meadlo foi o destaque do CBS *Evening News*. Mike Wallace o entrevistou e Paul contou calmamente aos Estados Unidos como ele havia atirado em mulheres e crianças nas valas de My Lai. A nação inteira ficou arrepiada.

O *Times* publicou um relato da entrevista que Mike Wallace fez com Meadlo na capa do dia seguinte, dando todos os créditos à CBS, sem mencionar a mim ou o *Dispatch*. Não me importei: não ia deixar Rosenthal e o *Times* transformar a minha matéria sobre Meadlo na matéria deles sobre Meadlo. Eu estava me virando bem sem eles. Tive uma relação complicada com Abe Rosenthal e o *Times* pelas duas décadas seguintes. A confissão de Paul Meadlo mudou os Estados Unidos, como David Obst e eu esperávamos. A aparição dele na CBS foi exibida no dia 24 de novembro; no mesmo dia, o Pentágono anunciou que Calley tinha sido formalmente acusado pelo assassinato

---

* "Todas as notícias dignas de publicação", slogan lendário do *New York Times*. [N.T.]

de 109 civis vietnamitas. (Richard Nixon resolveu anunciar no mesmo dia que os Estados Unidos iriam unilateralmente descartar o uso, até mesmo em retaliações, de armas biológicas.)

O relato chocante de Meadlo encerrou o debate — se é que havia alguma dúvida séria — acerca do que tinha ocorrido em My Lai, e também desencadeou uma onda de matérias de destaque nos jornais de domingo sobre os massacres e atrocidades que jornalistas testemunharam no Vietnã. A que mais me perturbou foi uma escrita por um correspondente estrangeiro experiente e competente da AP, que deu muitos detalhes de um incidente que ele presenciara em julho de 1965, poucos dias depois de um contingente de soldados da Marinha chegar às praias de Da Nang, no Vietnã do Sul, seguindo ordens do presidente Johnson. A matéria da AP relatava como alguns soldados entraram num frenesi poucos dias depois do desembarque e mataram grupos de civis que tinham se refugiado numa caverna durante um tiroteio. Jogavam granadas, e a matéria da AP pós-My Lai citava um soldado da Marinha que teria dito: "Uau, hoje tô matador. Peguei dois". Um segundo soldado disse: "Mata todo mundo, não quero ver ninguém se mexendo". Minha primeira reação foi de raiva, pensei: por que aquelas matérias não tinham sido publicadas na época? Talvez tivessem estabelecido um precedente e salvado a vida de milhares de vietnamitas. Afinal, eu conseguira publicar matérias pesadas sobre a guerra quando estava na AP, contando do bombardeio americano no Vietnã do Norte e como as altas hierarquias mentiam a respeito disso. Alguns dias depois, fui mais tolerante; minhas matérias controversas tinham sido escritas em um escritório, bem longe do Vietnã. Publicar uma matéria a partir da cena do crime sobre o assassinato desnecessário de civis em meados de 1965 seria visto por muitos como uma deslealdade, e a versão do repórter seria imediatamente desmentida por todos, inclusive pela maioria dos jornais importantes.

Continuei percorrendo os Estados Unidos até dezembro, caçando participantes e testemunhas de My Lai, e escrevi mais dois artigos sobre o massacre e a sua repercussão para o *Dispatch*. Havia muitas marcas de loucura envolvidas naquilo. Eu tinha combinado de jantar alguns dias depois do Natal com um dos participantes do massacre que morava em New Jersey, a cerca de 110 quilômetros da estrada de acesso entre New Jersey e Nova York. Eu estava celebrando as festas de fim de ano com meus familiares no subúrbio da cidade. Uma nevasca severa caíra no meio da manhã, e pela tarde já tinham se acumulado quase sessenta centímetros de neve, e ia piorar. Saí mesmo assim, na perua nova de câmbio manual do meu sogro, e de alguma maneira consegui chegar à estrada de acesso deserta e ao meu jantar, perfurando a neve com o carro. Fiz uma entrevista excelente com um ex-soldado que precisava desesperadamente contar a verdade; ele, assim como muitos membros da Companhia Charlie que retornaram ao país, estava trabalhando num emprego que exigia pouco contato com outras pessoas. Consegui voltar aos subúrbios nevados algumas horas antes do amanhecer, mas estraguei o câmbio do carro de meu sogro no caminho.

É claro que estive em contato com Bob Loomis desde o instante em que encontrei Calley, e não havia dúvidas de que My Lai merecia um estudo do porte de um livro. Ainda bem que eu não ia mais escrever um livro sobre o Pentágono; ainda não tinha encontrado uma maneira de entrar no assunto. David Obst estava desesperado para que eu ficasse permanentemente no *Dispatch*, e no fim do ano ele começou a falar com outros jornalistas e jornais — muitos do primeiro escalão — sobre os planos de expandir o *Dispatch* e torná-lo uma empresa de notícias independente. Não era para mim. Passei os meses seguintes escrevendo, localizando participantes de My Lai e fazendo inúmeros discursos contra a guerra em universidades e eventos políticos ao redor do país.

Nem sempre foi tão fácil como as palavras acima podem insinuar. Em certo ponto, enquanto escrevia o livro, que era baseado em muitas entrevistas com os envolvidos, redigi uma mensagem triste a Bob Loomis:

Alguns dirão que tentei explorar uns soldados burros, afastados do serviço, tagarelas demais. Mas poucos homens são acusados de assassinato [...] não é um caso de dar nome aos bois e contar tudo. Na verdade, um dos triunfos do livro é que os leitores mais perspicazes notarão que eu sei muito mais do que conto. Estou convicto de que dar o nome e a cidade natal de um soldado que estuprou e matou naquele dia, ou de um que decapitou uma criança, não tornaria o livro mais completo. É uma denúncia, mas não dos homens da Companhia Charlie. Algo muito mais significativo está vindo à tona. [...] Tanto o assassino quanto o assassinado são vítimas no Vietnã; o camponês alvejado sem motivo algum e o soldado a quem ensinam, ou que passa a crer, que uma vida vietnamita vale menos que a da sua esposa, da sua irmã ou da sua mãe.

Eu acreditava no que disse à época, e ainda acredito, mas não foi fácil chegar a essa convicção. Um soldado que disparou no próprio pé para escapar de My Lai 4 me contou da selvageria que alguns dos colegas — ou ele mesmo? — demonstraram em relação a crianças de dois ou três anos de idade. Um soldado usou sua baioneta várias vezes num garotinho, chegando a arremessá-lo (talvez ainda vivo) e fisgando-o como se fosse uma pinhata de papel machê. Eu tinha um filho de dois anos de idade em casa, e às vezes, falando por telefone com minha esposa e depois com meu filho, quando ficava fora por muito tempo, eu caía no choro, soluçando de forma descontrolada. Por eles? Pelas vítimas? Por mim, por aquilo que estava descobrindo?

Tentei evitar compartilhar o pior da história nos meus discursos, mas nem sempre fiz isso. Uma palestra na Universidade Tulane, em New Orleans, marcada muito tempo antes, foi precedida por um editorial na capa do *Times-Picayune*, o jornal matinal da cidade. O editorial, impresso entre bordas vermelhas — supus que para indicar um simpatizante do comunismo —, argumentava contra a minha aparição na universidade. A intervenção despertou ainda mais interesse pela minha fala, como costuma acontecer, e acabei dando uma palestra para um mar de pessoas no ginásio de basquete. Vi um grande número de veteranos do Vietnã na plateia, facilmente localizáveis porque usavam jaquetas gastas do Exército com adesivos dos Veteranos do Vietnã Contra a Guerra (VVAW, na sigla em inglês). Cada vez eu descobria mais coisas sobre a guerra aérea no Vietnã do Sul e a falta de disciplina desta, e estava mais do que irritado com o ataque do *Times-Picayune*, então improvisei com um objetivo em mente.

Comecei a palestra perguntando se algum dos veteranos da plateia tinha servido numa unidade de helicóptero que passou por combate em 1968 ou 1969 perto da cidade de Quang Ngai, uma capital provinciana a mais ou menos vinte quilômetros de My Lai. Algumas mãos foram erguidas. Perguntei a um daqueles veteranos, escolhido ao acaso, se ele gostaria de subir ao palco e responder a umas perguntas. Ele subiu. Depois de garantir que eu não estava interessado em seu nome, ele me contou que tinha controlado a metralhadora na porta de um helicóptero da unidade certa, na hora certa e no momento certo. Houve muitas operações difíceis, eu disse. Ele concordou. Falei que muitos dias ele terminava transportando americanos mortos e feridos em zonas de combate. Ele concordou. E após um dia especialmente horrível, perguntei, o que a sua equipe às vezes fazia — só para lidar com a raiva — na volta para casa? Eu não fiz isso, ele disse, mas sei do que você está falando. Não é verdade, perguntei, que nessa época os helicópteros, depois de uma missão dessas, quando viam um fazendeiro trabalhando no campo, mergulhavam no ar em direção a ele? O fazendeiro começava a correr, claro, eu disse, e o piloto, voando cada vez mais baixo, inclinava o helicóptero para tentar decapitá-lo com a hélice. Silêncio prolongado. Eu não fiz isso, ele disse. Garanti que não estava perguntando dele, só queria mostrar o que a guerra fazia com pessoas decentes. Ele sabia o que faziam com os helicópteros ensanguentados antes de voltar para a base? O veterano deu sua primeira resposta longa: ele sabia que o piloto aterrissava fora da zona de aterrissagem da unidade e limpava o sangue das hélices. Quem limpava?, perguntei. Não me lembro se ele respondeu ou se eu só continuei e disse que o piloto e a sua equipe pagavam vietnamitas locais para limpar o sangue. Não gostei de ter feito aquilo com o veterano de guerra, que foi chocantemente sincero, mas eu queria me vingar, de alguma forma, do *Times-Picayune*.

Meu segundo livro, *My Lai 4: A Report on the Massacre and its Aftermath* [My Lai 4: Um relato do massacre e sua repercussão], saiu no dia 1º de junho. Sua publicação, para a infelicidade de muitos que trabalhavam na editora Random House, foi ofuscada pela revista *Harper's*, que publicou um trecho de 30 mil palavras do meu livro, num papel de diferente gramatura do resto da revista, na edição de maio, que saiu poucas semanas antes de o livro chegar às livrarias. Eu sabia que Willie Morris, o astuto diretor da *Harper's*, tinha adquirido os direitos com meu agente Robert Lescher para publicar um trecho, mas não fazia ideia de qual era a definição de "trecho" para Morris. Pelo jeito, nem meu agente sabia. Para chamar ainda mais atenção para o seu golpe, Morris intitulou a edição de maio de "Especial da Harper's". Meu choque foi atenuado pelo fato de que havia literalmente filas para comprar a revista nas bancas e mercados na manhã em que saiu. A sacada de Morris deixou a Random House com um best-seller garantido que acabou nunca virando um sucesso de vendas, mas o instinto dele quanto à importância da história foi benéfico para o movimento pacifista.

Também houve uma outra espécie de triunfo: alguns dias depois da publicação do trecho, recebi um telefonema de Craig, o filho de vinte anos de idade de Robert McNamara, que se opunha à guerra e que me disse ter deixado no escritório do pai uma cópia da *Harper's*, com a matéria de My Lai em destaque na capa. Depois ele a encontrou na lareira. (Trinta anos depois, um funcionário sênior do Pentágono me contou que, em 1967, McNamara estava preocupado com a cobertura dos jornais quanto às atrocidades perpetradas no Vietnã e ordenou que o escritório do inspetor-geral do Pentágono estudasse a questão. Um estudo subsequente de 208 páginas relatou que a maioria das tropas americanas não compreendia suas responsabilidades sob a Convenção de Genebra, que definia um tratamento humano para prisioneiros de guerra. Houve ordens para que o relatório, entregue no dia 15 de agosto de 1967, sete meses antes de My Lai, fosse reescrito. Nunca foi publicado.)

Meus cinco artigos sobre o massacre me renderam em 1970 o Prêmio Pulitzer de Reportagem Internacional, uma raridade para um jornalista freelancer; assim como um George Polk Award, dado por um júri de colegas de profissão; o Distinguished Service Award, da fraternidade jornalística Sigma Delta Chi; e o Worth Bingham Prizer. Eles me deram fama e dinheiro o suficiente para dar entrada numa pequena casa em Washington. Paramos de viver de aluguel. Eu ainda queria um emprego em um jornal, e tinha muito, muito mais que dizer sobre o massacre de My Lai, sobre como havia sido encoberto e as muitas falhas de uma investigação interna do Pentágono que foi encerrada em meados de março de 1970. Acompanhei essa investigação, conhecida como a Comissão de Peers, assim chamada por conta de seu diretor, o general de divisão do Exército William R. Peers, desde o seu início, em dezembro de 1969.

O dilema persistia mesmo depois do Pulitzer: onde publicar e onde trabalhar?

II.
Rumo à *New Yorker*

Fui arrogante com Abe Rosenthal porque o repórter que ele queria enviar para "conferir as aspas" de Paul Meadlo era John Corry, um dos mais talentosos da equipe do *Times*. Será que Rosenthal realmente achava que eu era tão tosco assim? Corry queria fazer uma entrevista com Paul e colocá-la na capa do jornal, numa matéria de autoria dele, no *Times* da manhã seguinte; a última coisa que ele queria era conferir as aspas da matéria de outra pessoa.

Mas Abe era o editor executivo do *Times*, e eu estava em busca de um emprego, então, no fim de dezembro de 1969, depois de encerrada minha série de artigos sobre My Lai, mandei um recado para ele dizendo que "podíamos nos encontrar, se você quiser", para tomar um café ou almoçar, no dia 26 de dezembro, se ele estivesse no escritório naquele dia. Recebi o troco. Rosenthal respondeu imediatamente, dizendo que talvez "tirasse o dia todo de folga", e acrescentou que eu poderia "possivelmente telefonar no dia 26, e se eu estiver aqui, podemos tomar aquele café". Entendi o recado; parafraseando o que eu tinha dito a ele quando questionado sobre Paul Meadlo, Abe estaria em Nova York e eu teria que encontrá-lo. Não telefonei, e Abe não demonstrou arrependimento.

Quando *My Lai 4* foi publicado na primavera de 1970, saí mais uma vez em busca de emprego no *Times* e no *Washington Post*. Agora eu tinha um Pulitzer, vários outros prêmios e dois livros publicados; isso era com certeza um bom ponto de partida. Fui entrevistado no *Post* por um jornalista da editoria de Ciência que decidiu se focar apenas numa matéria da AP que eu tinha escrito quatro anos antes sobre um estudo altamente confidencial do Pentágono, que concluía que os Estados Unidos tinham a capacidade de monitorar, de forma confiável, um tratado de proibição de testes nucleares. Havia muito o Pentágono resistia a um tratado desse tipo, baseado na insistência de que os soviéticos poderiam burlá-lo realizando testes nucleares numa caverna subterrânea da Sibéria ou em algum outro lugar assim. Lembro-me de como fiquei surpreso e irritado quando o *Post* não publicou a matéria, que foi manchete de capa no *Star*, seu maior rival em Washington.

O editor me disse por que não publicou: ele checou a história com um porta-voz sênior do Pentágono, que explicou que eu tinha sido enganado pelas minhas fontes no que dizia respeito às recomendações feitas pelo estudo secreto. Se eu tivesse feito mais uma ligação, o editor me disse, perceberia que precisava investigar mais. Não sabia se deveria rir ou chorar, porque o editor ignorou, ou preferiu ignorar, as muitas citações que publiquei extraídas diretamente do relatório. É claro, não deixei explícito no artigo que eu recebera uma cópia do documento confidencial, entregue por um cientista do Pentágono, um especialista em geologia envolvido na pesquisa e que estava irritado e um pouco assustado com a resposta dos chefes de gabinete ao relatório. Os oficiais de mais alta hierarquia do país estavam decididos, havia anos, a não assinar uma proibição de testes nucleares com os soviéticos com base numa impossibilidade técnica de monitorar se eles cumpririam sua parte do acordo. Esse novo estudo dizia explicitamente que uma proibição poderia ser monitorada se colocassem pontos de inspeção na fronteira da Rússia. Após uma reunião, o general do Exército Earle Wheeler, líder dos chefes de gabinete, surpreendeu os cientistas envolvidos declarando que ele e os outros chefes descartariam a objeção a um tratado baseada em motivos técnicos, mas passariam a ser contra um acordo desse tipo por razões políticas. Foi esse truque do alto escalão que levou a fonte do Pentágono a vir falar comigo.

Não disse ao meu entrevistador o quanto ele estava sendo tacanho. Eu estava tendendo ao *Times*, na verdade, apesar do meu surto em relação à matéria de Meadlo. Fui a Nova York para uma entrevista que, para minha decepção, não foi com Rosenthal ou um de seus assistentes mais experientes, e sim com um editor que estava prestes a se aposentar, que usava uma viseira verde no escritório, igual aos idosos da Associated Press de Chicago. Ele olhou alguns recortes de textos meus, reconheceu que eu fizera um bom trabalho, e então sugeriu que eu pegasse um emprego num bom jornal regional — citou especificamente o *Washington Post* e o *Boston Globe* — e tentasse entrar de novo no *Times* dali a alguns anos. A experiência foi muito mais desconcertante do que deprimente, e decidi então que eu ia continuar escrevendo livros. Tinha um bom livro em mente.

No início de 1970, um oficial sênior do Exército entrou em contato comigo. Ele estava por dentro da longa investigação que estava sendo realizada pelo Exército do caso de My Lai. Tinha convicção de que tentariam encobrir ao máximo o caso, tendo em vista que os membros da companhia de Calley providenciavam mais detalhes dos horrores, e os coronéis e generais no topo da cadeia alimentar do tenente Calley — na 23ª Divisão de Infantaria — continuavam insistindo que não sabiam de nada. Não havia dúvida, o oficial me disse, de que a investigação inicial após a chacina estava repleta de mentiras que eram aceitas sem maiores questionamentos por todas as hierarquias da Divisão. Eu tinha que contar essa história, ele disse.

Quando foi encerrada, em março de 1970, a Comissão de Peers acumulara quarenta volumes de testemunhos e descobertas, e nenhum deveria ser liberado ao público. Meu amigo oficial resolveu me fornecer os volumes à medida que saíam da gráfica interna do Pentágono. A mulher dele ia de carro para seu escritório em Washington, e em boa parte das manhãs dos meses seguintes ela deixava para mim, em um lugar combinado da cidade, um ou dois volumes por vez, seguindo a sequência numérica. Eu precisava entregar os antigos em troca dos novos e fiz um acordo com uma gráfica no National Press Building, onde ainda tinha escritório, para alugar uma máquina de Xerox à noite e fazer cópias das entrevistas, uma página por vez. Isso era feito enquanto eu redigia e editava o manuscrito de *My Lai 4*.

Fiquei impressionado com o massacre enquanto lias as entrevistas, e cada vez mais me perturbavam as provas de que os próprios investigadores não fizeram a coisa certa ao saber de uma segunda chacina no dia 16 de março de 1968. A Companhia Charlie, coordenada por Medina, foi uma das três ligadas à Força-Tarefa Barker, que atuou naquele dia. A Companhia Bravo da Força-Tarefa Barker foi ordenada a atacar um vilarejo conhecido como My Khe 4, a poucos quilômetros de My Lai 4. Aconteceu por lá o mesmo que em My Lai, mas numa escala menor: depois de não encontrar inimigos na região, a força-tarefa incendiou, estuprou e assassinou a seu bel-prazer. Pelo menos cem civis inocentes foram mortos neste segundo local. O que isso significava era óbvio, em termos de como a guerra terrestre ocorria na região, mas o relatório final do Exército que tratava de My Lai fez o máximo para abafar a questão. "My Lai 4 foi algo extraordinário, mas não era um caso isolado", escrevi depois. "My Khe 4, no entanto, era apenas outra atrocidade; e essa atrocidade foi encoberta — depois de ter sido revelada em meio à investigação de My Lai 4." Acrescentei, referindo-me ao general Peers e à liderança civil do Exército: "Até o melhor general no Exército e os oficiais civis da mais alta hierarquia atingem um ponto em que, assim como os vietnamitas de My Lai 4 e My Khe 4, acabam se tornando vítimas".

Havia um livro excelente para ser escrito sobre o acobertamento de My Lai 4. Danem-se o *Times* e o *Post*. Eu sabia que Bob Loomis e a Random House fechariam um contrato comigo quando eu avançasse um pouco mais na investigação.

Eu me mantive ocupado boa parte de 1971 trabalhando nesse futuro livro, dando palestras contra a guerra, e também pesquisando e escrevendo dois longos artigos para o enfraquecido *Dispatch News Service* de David Obst. Minhas fontes do Exército que faziam parte da comunidade das CBW ficaram escandalizadas pelo fato de que a renúncia às armas biológicas de Richard Nixon foi da boca para fora; os Estados Unidos, em setembro de 1970, ainda mantinham grandes estoques de agentes biológicos e o orçamento do Pentágono para esse tipo de arma chegou a aumentar, então escrevi um longo artigo tratando do assunto no fim do outono para o *Dispatch*. Um segundo artigo, publicado em janeiro de 1971, depois de mais de um mês de pesquisa, revelou que um ataque americano muito divulgado — mas fracassado — a um campo de prisioneiros no Vietnã do Norte tinha se baseado em dados de Inteligência desatualizados e que haviam sido manipulados e distorcidos dentro da comunidade americana. O *Times* e o *Post* podiam ter suas reservas em relação a mim, mas cada vez mais fontes internas estavam falando comigo e sabiam que eu lidaria de forma honesta com a informação que forneciam, e que eu protegeria a identidade deles. As duas matérias foram publicadas na íntegra por vários jornais que tinham veiculado meus artigos sobre My Lai, entre eles o *Times* de Londres.

Eu não estava no lugar que gostaria — no *Times*, onde as minhas reportagens teriam um impacto imediato —, mas ainda era produtivo. Neil Sheehan tinha me telefonado meses antes para perguntar por que eu não tinha sido convidado a trabalhar no *Times*. Contei a minha história triste para ele, e ele marcou um almoço para mim com Max Frankel, o chefe do escritório e principal correspondente de Washington. Fiquei um pouco preocupado com a reunião porque Frankel tinha sido mencionado como alguém que expressou ressalvas em relação à tentativa de "traficar" a matéria de My Lai na época em que David Obst e eu estávamos fazendo justamente isso. James Reston, correspondente e colunista de longa data do *Times*, também questionou em certo ponto se uma história como a do massacre de My Lai deveria ter sido perseguida tão avidamente como foi, levando em consideração suas consequências adversas para os Estados Unidos. Mas Frankel foi agradabilíssimo no almoço, demonstrou apoio ao que eu tinha feito e prazer quando contei que a coisa que eu mais queria era ser repórter do *Times*. Naquele momento não estavam contratando ninguém em Washington, Frankel me disse, mas ele daria um retorno quando possível.

Eu continuava desempregado, e depois de uma palestra no Central Park, num comício de editores contrários à guerra — meu Deus, pensei, cheio de autocomiseração, posso dar uma aula para eles, mas, pelo visto, não sirvo para trabalhar para eles —, visitei o meu agente. Bob Lescher foi paternal e gentil, e o perdoei, ao contrário de muitas pessoas na Random House, por ter sido ludibriado por Willie Morris. Bob representava muitos escritores da *New Yorker*, e perguntei sobre a possibilidade de trabalhar lá. Será que ele poderia telefonar para William Shawn, o lendário editor da revista, e marcar uma reunião para mim? Bob me disse — enfaticamente — para esquecer isso; eu era inexperiente demais para a *New Yorker*. Na verdade, como Bob me lembrou, eu nunca tinha trabalhado numa redação de jornal. Era algo inalcançável.

Saí do escritório dele, fui até o primeiro orelhão que vi, e telefonei para o escritório da *New Yorker*. Pedi para falar com o sr. Shawn e me passaram para a secretária dele. Disse meu nome, falei que morava em Washington, mas estava em Nova York naquele momento e queria conversar com o chefe dela. Ela perguntou se eu tinha hora marcada. Respondi que não, mas perguntei se ele estava no escritório. Ela respondeu que sim. Então pedi a ela que falasse que Seymour Hersh estava na linha e queria encontrar com ele. Ela hesitou, mas acabou fazendo o que pedi, e retornou rapidamente ao telefone para perguntar se eu poderia ir lá naquele mesmo instante. Eu podia, e fui.

Shawn era franzino e agitado, mas irradiava aquilo que os militares chamam de presença. Tratava-se de um ouvinte e observador atento; não tirou os olhos de mim enquanto eu tagarelava. Contei o que eu sabia sobre a tentativa de acobertar o massacre de My Lai. Ele me escutou, sem interrupções, enquanto eu falava sabe-se lá o que sobre o relatório interno do Exército que eu tinha em mãos. Blá-blá-blá. Não me lembro de uma só palavra ou um pensamento específico. Depois de mais ou menos cinco minutos, Shawn ergueu a mão para que eu me calasse e disse — palavras que recordarei pelo resto da minha vida: "Parece bom, sr. Hersh. Quinhentos por semana é o suficiente?". Perguntei: quinhentos por semana do quê? Explicou que estava se referindo a um saque de dinheiro para cobrir despesas de viagens, pesquisa e para o meu sustento enquanto eu investigava o assunto. Apertou minha mão, preenchi uma papelada com algum funcionário da revista, e lá fui eu. Meu último contracheque na AP era algo como 150 dólares por semana. Agora eu estava trabalhando para a *New Yorker* recebendo mais que o triplo disso. Minha primeira ligação foi para Bob Lescher, um telefonema do qual me arrependo. Contei o que tinha acontecido e disse que achava que ele não poderia mais ser o meu agente. Ele estava equivocado quanto a mim e, mais importante do que isso, quanto a William Shawn. Ele compreendeu.

Bob Loomis ficou muito alegre em saber que, se tudo corresse bem, a *New Yorker* publicaria um trecho do meu futuro livro. Não estava certo o que eu iria encontrar, ou quão interessado o público americano ainda estaria numa guerra que estávamos perdendo, mas o adiantamento módico da Random House e o "saque" — eu adorava a palavra — da *New Yorker* seriam o suficiente. Fechei com um novo agente, Sterling Lord, que fora recomendado por David Wise, um vizinho e amigo de família cujo trabalho extraordinário sobre a CIA nos anos 1960 tinha definido um padrão de reportagem investigativa sobre a Inteligência americana.

Passei os meses seguintes absorvendo os quarenta volumes do relatório de Peers sobre My Lai — nenhum tinha sido liberado ao público — e chegando a conclusões dolorosas a partir das mais de quatrocentas entrevistas feitas pela comissão. Esta tinha recomendado que fossem feitas acusações criminais a catorze oficiais, incluindo o major-general Samuel Koster, que era o homem no comando da 23ª Divisão, e, portanto, o responsável pela conduta das unidades que comandava, o que incluía a Companhia Charlie do capitão Ernest Medina. Koster tinha sido promovido e estava atuando como comandante da Academia Militar de West Point quando os meus artigos foram publicados no *Dispatch*, e o seu envolvimento com o escândalo só ampliou o pesadelo para o Exército, o Pentágono e o presidente Nixon, que continuava intensificando a guerra. O único oficial da Divisão que foi condenado numa corte marcial julgada pelos seus colegas e que cumpriu pena foi William Calley.*

---

* No dia 31 de março de 1971, Calley recebeu a sentença de prisão perpétua e trabalhos forçados pelo assassinato premeditado de 22 civis vietnamitas. No dia seguinte, o presidente Nixon ordenou que fosse transferido da prisão do Exército em Leavenworth, Kansas, para uma prisão domiciliar no Fort Benning. Em fevereiro de 1974, ele foi liberado da prisão domiciliar aguardando recurso. Uma corte julgou o recurso e confirmou a sua condenação, e Calley retornou a Leavenworth no dia 13 de junho. Foi libertado em 25 de setembro de 1974, quando sua sentença e sua condicional foram revogadas pelo tempo de pena cumprido. Ele era um homem livre. Passou três meses e treze dias atrás das grades pelo assassinato a sangue-frio de 22 civis. [N.A.]

O sistema de Justiça militar tinha fracassado, mas apenas alguns poucos generais foram prejudicados pelo escândalo, e a Guerra do Vietnã, com a sua violência atingindo civis, continuou em ritmo acelerado.

Todas as unidades de combate no Vietnã receberam regras amplas que definiam como a guerra devia ser lutada. No seu testemunho diante da Comissão de Peers, o general Koster ressaltou que seu quartel havia publicado sete páginas de "critérios para uso de armas de fogo, antes que inimigos atirassem, em áreas civis". Mas a promulgação de regras era um mero truque que permitia que o sistema tratasse assassinato, estupro, incêndio e outros crimes de guerra como meras violações de regras. Os comandantes em My Lai e em outros lugares no Vietnã se deparavam com uma escolha que se repetia o tempo todo ao longo da guerra: tratar a matança de civis como assassinato, e iniciar uma investigação criminal, inevitavelmente sofrendo profissionalmente por causa disso, ou tratar o massacre como uma violação das regras de combate e punir aqueles que tinham cometido grandes crimes como simples infratores.

A insanidade da guerra se fez dramaticamente evidente para mim na primavera de 1971, quando fui abordado por um veterano do Vietnã depois de uma palestra minha na Universidade de Dakota do Sul, em Vermillion, no sudeste do estado. Ele era funcionário no quartel-general da 23ª Divisão em julho de 1969, quando quatro helicópteros americanos atiraram em dois povoados numa zona de fogo restrito, a dezesseis quilômetros ao norte do quartel da divisão, matando dez civis inocentes e ferindo outros quinze. A equipe afirmou ter detectado tiros vindo de um dos povoados, mas todos sabiam que a guerra, por algum motivo, não tinha chegado à região, que era composta de pequenos vilarejos de pescadores a oeste do mar do Sul da China. Os vietnamitas protestaram, e o major-general Lloyd B. Ramsey, que comandava a divisão, ordenou que uma investigação fosse feita. O registro oficial estava repleto do que poderia ser chamado, no melhor dos casos, de testemunhos contraditórios quanto à ameaça aos helicópteros. Ao final, o general Ramsey emitiu cartas de reprimendas a três dos quatro pilotos envolvidos. Os homens foram considerados culpados por violar regras, Ramsey concluiu, e as cartas de reprimendas permaneceriam no seu arquivo até que os pilotos completassem o seu turno de serviço na divisão. Se não houvesse mais violações, Ramsey escreveu, as cartas seriam removidas dos seus arquivos e destruídas.

O desprezo do funcionário do Exército pela decisão de Ramsey de tratar ataques desnecessários como meras infrações — ainda mais considerando a sórdida história da atuação em My Lai daquela divisão — o levou a fazer cópias dos arquivos e a transportá-las consigo a Dakota do Sul. Em março de 1971, um mês antes da minha visita a Vermillion, Ramsey tinha sido promovido a marechal diretor do Exército, uma promoção que acrescentou drama e importância à matéria que eu viria a escrever; ele agora era o oficial encarregado de todas as funções policiais do Exército. O ex-funcionário me entregou as cópias dos arquivos e me desejou boa sorte. Liguei de Dakota do Sul para Shawn, contei o que tinha em mãos, e recebi a aprovação dele para investigar a história. Demorei alguns meses, mas consegui chegar ao general Ramsey e a alguns dos pilotos e membros da equipe envolvidos, e escrevi um artigo de 12 mil palavras para a *New Yorker*. Encerrei o texto citando um experiente advogado do Exército que disse que oficiais tais como Ramsey tinham ido parar no meio de um "sistema de regras e regulamentos que não tem nada a ver com o que acontece no Vietnã. É um pouco como os Dez Mandamentos — estão lá, mas ninguém presta atenção neles. [...] Estamos presos num sistema que nós mesmos criamos".

Liguei para Shawn avisando que tinha terminado o artigo e pedi desculpas pelo tamanho. Ele respondeu: "Ah, sr. Hersh, artigos nunca são longos demais ou curtos demais. Eles são apenas interessantes ou entediantes". Eu havia passado dez anos ouvindo que as minhas matérias eram sempre longas demais. Meu editor na revista era Pat Crow, um rapaz esperto do Arkansas que usava jeans com botas no escritório e não tinha paciência para conversa-fiada — e eu era um especialista nisso. Naquela época, o escritor era o rei na *New Yorker*, e um editor com um ponto de vista diferente quanto a um parágrafo, à estrutura ou a um corte necessário não impunha o seu desejo, mas discutia a mudança que ele queria e explicava os motivos. Logo aprendi que seria um suicídio evitar a lógica e o bom senso das recomendações de Pat. Ele, assim como Bob Loomis, era cheio de boa vontade. Foi fácil checar os dados da matéria — ajudou muito ter um calhamaço de documentos — e logo ficou pronta para publicação. Crow me ligou em Washington para dizer que Shawn queria ler a prova da gráfica; ele me garantiu que isso era procedimento-padrão para a primeira matéria de um novo escritor.

A prova chegou pelo correio poucas semanas depois, semanas longas demais. Uma página da *New Yorker* naquela época continha cerca de quatrocentas palavras, e a primeira coisa que fiz foi contar o número de páginas. Havia mais de trinta, o que parecia adequado para uma matéria de 12 mil palavras. Bom sinal. Comecei a ler. Shawn não tinha marcado nada na primeira. Ótimo. Ele gostou da abertura. Nada na segunda. Na terceira, no entanto, Shawn circulou um clichê — uma figura de linguagem comum que eu usava. Ele puxou um traço a partir da frase que o ofendeu e anotou na margem esquerda, com sua letra minúscula e muito legível: "Sr. Hersh — prfvr use palavras".

Meu artigo de repórter convidado, intitulado "A reprimenda", foi publicado em outubro de 1971 numa edição de duzentas páginas da revista que tinha inserido a minha matéria entre textos de Donald Barthelme, Whitney Balliett, Calvin Trillin e Pauline Kael. O repórter policial da zona sul de Chicago tinha chegado à Broadway, mas a guerra persistia e eu continuaria nela.

Três meses depois, a *New Yorker* publicou em duas edições trechos do cerne do meu futuro livro sobre o acobertamento de My Lai. Cada trecho ocupou mais de 25 páginas da revista, e Shawn não quis correr o risco de fazer de um soldado inocente um assassino. Então os dois artigos tiveram seus fatos checados, linha a linha, por duas mulheres experientes que basicamente se mudaram para Washington por algumas semanas. O processo me ensinou a ser humilde, ou o que julgo significar ser humilde; eu cometera muitos erros, e a maioria deles tinha ocorrido por resumir materiais impressos ou publicados em outros veículos. Aprendi com elas que todo detalhe — essencial ou não — importa. Os artigos da *New Yorker* e o livro, que foi publicado pela Random House alguns meses depois, não geraram processos ou ameaças de processos, e não foi necessário publicar uma errata. Desde então, virei um grande defensor da checagem de fatos.

Os dois trechos chamaram a atenção de alguém do *Times*, e Doug Robinson, um repórter do escritório de Washington, que leu uma prova antecipadamente, passou um bom tempo no telefone comigo e escreveu dois artigos convincentes sobre o acobertamento. No meio disso tudo, descobri que um pedido de visto que eu tinha feito anos antes para o governo do Vietnã do Norte tinha sido aceito, e eu seria o primeiro repórter ocidental da grande mídia a ir a Hanói desde a visita impactante de Harrison Salisbury, no fim de 1966. Fiquei empolgado com isso, e Shawn também. Contei a Robinson do visto e ele, pelo que entendi, espalhou a notícia pela redação. Seja como for, em fevereiro recebi um telefonema de James Greenfield, o responsável pela editoria Internacional do *Times*. Ele me parabenizou pela série na *New Yorker* e perguntou se eu aceitaria fazer reportagens para o *Times* quando estivesse no Vietnã do Norte. Greenfield também me perguntou se eu me reuniria com Abe Rosenthal. Isso foi um tanto esquisito: será que Rosenthal achava que eu negaria um convite dele? Por outro lado, talvez eu tenha sido um pouco arrogante ao desligar na cara dele duas vezes.

Contei a Shawn sobre a ligação, e ele insistiu para que eu falasse com o *Times*. Fiz isso, então. Greenfield me cumprimentou e me apresentou a Abe, que me conduziu até um pequeno anexo de seu escritório. Havia sido construído seguindo o modelo de um quarto de chá japonês, ou algo assim. Depois descobri que Abe tinha feito reportagens para o *Times* no Japão e ficou encantando com a experiência. A primeira frase dele me deixou boquiaberto: por que eu não tinha pedido um emprego ao *Times*? O quê? Posso entender que ele tivesse se esquecido da nossa troca de cartas dois anos antes, e talvez ele não soubesse que eu tinha feito uma entrevista lá um ano antes e ouvido que deveria procurar emprego em algum outro lugar. Mas com certeza Max Frankel tinha lhe contado sobre nossa reunião, e o fato de que não estavam contratando ninguém no escritório de Washington tinha sido uma decisão, eu supunha, do homem sentado à minha frente. (Anos depois, soube que Frankel tinha escrito para Abe mais de um ano antes, no dia 9 de dezembro de 1970, dizendo que eu estava ansioso para fazer parte da redação do jornal e que ele, Max, tinha certeza de que "o talento, energia e fontes que esse homem possui devem estar a serviço do *Times*. [...] A habilidade dele pode nos trazer grandes recompensas". Max também falou das minhas óbvias tendências políticas, escrevendo que "não importa a opinião dele sobre esse ou aquele assunto, ele é acima de tudo um repórter. Acho que ele não apenas reconhece o padrão de bom jornalismo e neutralidade do *Times*, como mostrou, em especial nesse trabalho sobre My Lai, que domina as técnicas de focar nas provas factuais e abafar um instinto de pregador religioso". Foi uma avaliação muito generosa de um homem cujos instintos, no que diz respeito a ser um pregador, sempre foram o oposto dos meus.)

Seja como for, no que acredito ter sido um dos meus melhores momentos, respondi a Rosenthal que não sabia o motivo pelo qual não tinha me candidatado a um emprego. Não tinha por que falar a verdade. O resumo do que ele quis me dizer é que a *New Yorker* era bacana, mas não havia nenhum lugar igual ao *Times*; eu deveria ir para o Vietnã do Norte, escrever para ele, voltar, e então poderíamos conversar sobre a minha entrada no escritório de Washington. Greenfield depois me disse que, se eu concordasse em mandar reportagens do Vietnã do Norte, o *Times* me forneceria 10 mil dólares e um porta-dólar para esconder o valor. O dinheiro era necessário, ele explicou, porque os norte-vietnamitas insistiam que se pagasse um dólar por palavra nos artigos enviados pelo sistema de telégrafos deles, que transmitiria os textos por intermédio da agência Reuters de Nova York, e tudo seria lido, eu supus, por todos ao longo desse caminho. Parecia algo misterioso e maravilhoso. Mas o que Shawn diria disso?

Shawn foi incrível. Insistiu para que eu trabalhasse para o *Times* pelos melhores motivos: eu tinha energia demais para a revista dele, ele disse, e sabia que não conseguiria publicar tanto quanto eu escreveria. Estava preocupado quanto a minha breve participação na política presidencial e minhas crenças pacifistas, e perguntei se teria algum problema no *Times*. Ele respondeu: "Não, você vai se dar bem lá". Entendi o que Shawn quis dizer com "se dar bem": eu era um repórter que acreditava nos fatos e em investigar as coisas a fundo, e sabia diferenciar o que rendia ou não uma matéria. Ele, assim como eu, também estava convicto de que eu conseguiria lidar com a mecânica de escrever com um prazo curto para o *Times*.

Então lá fui eu para Hanói no fim de fevereiro, com um porta-dólar escondido nas calças, via Bangkok e Vientiane, no Laos, onde um oficial norte-vietnamita me encontraria e me colocaria num dos voos ilegais de Laos a Hanói. O voo da Air Lao saindo de Bangkok foi mais do que caótico: era um antigo DC-3 cheio de cabras e outros animais apavorados, passageiros espalhados pelo chão, e um motor barulhento — um de dois — que parou de funcionar enquanto passávamos por cima de uma montanha. Minha breve passagem por Vientiane acabou se tornando uma parada de dias porque, depois descobri, havia uma discussão entre a liderança de Hanói sobre o momento de minha visita de março. Estavam se preparando para uma ofensiva, e havia a preocupação de que eu fosse notar isso. Não existiam motivos. Este brilhante correspondente do *New York Times* passou mais de duas semanas no Vietnã do Norte sem entender qual era o significado daquele fluxo constante de caminhões rumo ao sul.

Não tinha expectativas de fazer uma entrevista decisiva com Vo Nguyen Giap, o ministro de Defesa e comandante do Exército do Vietnã do Norte, ou com Le Duc Tho, o líder do Partido Comunista que foi o equivalente do lado oposto a Henry Kissinger na reunião secreta para discutir um acordo de paz, realizada em Paris. Harrison Salisbury não recebera esse acesso na sua visita ao Vietnã do Norte, mas foi capaz de produzir uma série de matérias fundamentais sobre a guerra. Meu objetivo, que, admito, era ambicioso, envolvia descrever uma guerra assimétrica — tentar explicar como uma nação pequena, sem Força Área, conseguia enfrentar pau a pau os poderosos Estados Unidos e ainda sair na frente.

Meu anfitrião era Ha Van Lau, um ex-coronel do Exército, cuja importância, depois descobri, estava na esfera política; tinha sido um representante em Paris nas negociações inconclusivas de um acordo de paz que encerraria a guerra. Ele me largou no hotel, o Reunification. Era controlado pelo governo e já tivera dias melhores, mas sua localização — perto de um parque e do histórico lago Hoan Kiem — quase compensou o fato de que demorava horas para que saíssem da torneira alguns centímetros de água verde na banheira. Conheci o meu intérprete, cujo inglês era fenomenal, e meu guarda-costas, um oficial grandalhão do Exército conhecido apenas como Major Bo; constantemente eu fantasiava sobre o êxito dele em matar americanos em combate no sul. Era estranho estar ao lado do inimigo, sob controle deles, e também depositar milhares de dólares numa conta em um correio de Hanói e me perguntar se os meus dólares — isto é, os dólares do *New York Times* — financiariam as balas que talvez, numa batalha futura, matariam meus conterrâneos.

Sugeriram que eu descansasse, porque as entrevistas e reuniões começariam cedo na manhã seguinte. De jeito nenhum. Peguei o intérprete e saímos para explorar a cidade. Era início de março, e Hanói estava chocantemente serena, com poucos postos de inspeção e outros sinais de uma sociedade dominada pela guerra. Havia pôsteres incentivando a vigilância e prometendo uma vitória, mas as ruas centrais da cidade estavam cheias de bicicletas, motos, crianças e belas mulheres vietnamitas. Eu tinha sido avisado do nível de controle do Partido Comunista, mas com auxílio do meu intérprete fui levado a bolsões de empreendedorismo na indústria de fast-food que dominavam as ruelas de Hanói. Não vi restaurantes, mas vendiam incríveis ensopados de *noodles* em todo o lugar. Entrei numa livraria e encontrei um homem de muletas sem uma perna. Contou ser veterano do famoso cerco norte-vietnamita em Khe Sanh, no Vietnã do Sul, onde um grupo de soldados da Marinha americana resistiu por seis meses em 1968 antes de se render. Conversamos um pouco e fiquei inquieto, realmente perturbado, ao descobrir que este jovem soldado vietnamita sabia o nome do tenente-coronel da Marinha que comandava o batalhão que havia aprisionado a unidade dele numa emboscada e que lhe custou uma perna. Era difícil imaginar que o tenente Calley ou algum de seus colegas tivessem qualquer informação sobre o outro lado. Escrevi de manhã cedo uma reportagem para o *Times*, via Reuters, sobre o soldado de uma perna só, e os editores sabiamente decidiram que não era o tipo de matéria ideal para começar a minha série sobre Hanói.

Então eu cumpri rigorosamente a minha agenda de entrevistas, visitas a museus e lugares históricos que tinha sido pré-organizada. Era raro ver ocidentais em Hanói, e, enquanto eu aguardava ser buscado de manhã, um grupo de adolescentes bem-vestidos indo para a escola sempre me notava. Acabou virando um ritual: eles passavam por mim e diziam, entre sorrisos e risadinhas: "*Good morning, sir*", e eu lhes desejava um bom-dia. Fiz um esforço para, sempre que possível, estar na rua na hora certa. Estava determinado a encontrar coisas por conta própria, apesar das sombras que me seguiam. Sentia que ninguém ia mexer comigo; afinal, era o repórter americano que escreveu sobre My Lai. Então peguei uma lista de missões diplomáticas em Hanói e comecei a fazer visitas. O embaixador indiano que tinha servido em Pequim e Moscou me ofereceu, com todo o prazer, o seu ponto de vista sobre o Vietnã do Norte, as perspectivas para a guerra e as negociações de Paris. Ele tinha um cozinheiro maravilhoso e um estoque de algo ainda mais importante — romances de V. S. Naipaul. Jean-Christophe Öberg, o embaixador sueco, era um estudioso do Sudeste Asiático e me explicou o contexto que todo correspondente estrangeiro deveria saber — especialmente os que caíram de paraquedas numa crise, como eu — para avaliar as afirmações do seu anfitrião. Öberg, que morreu em 1992, também conhecia a vida cotidiana em Hanói e me contou no almoço sobre o desespero do filho que amava futebol. O garoto tinha entrado no time vietnamita local e descobriu uma forma curiosa de imunidade diplomática: todos os seus chutes a gol, não importa quão fracos eram, nem tentavam ser defendidos pelo goleiro. Tanto Öberg como o embaixador francês insistiram para que eu não me deixasse enganar caso me levassem — como eu esperava que fizessem — para entrevistar prisioneiros de guerra americanos. Eles tinham bons motivos para acreditar que alguns dos prisioneiros da infame prisão Hanói Hilton tinham passado por poucas e boas.

Tive um jantar agitado com um destacamento de soldados canadenses que foi designado a Hanói como parte da missão moribunda de manter a paz. De alguma forma consegui voltar de manhã cedo para o hotel, após ter me embriagado, assistido a pornografia ruim e sem ter aprendido nada sobre Hanói ou a guerra. Eu tinha uma reunião naquela manhã e Ha Van Lau riu ao me ver e perguntou, em inglês: "A noite foi boa?". Murmurei uma resposta e ele disse: "Sabe, os canadenses são mais ianques que os ianques". Gosto de pensar que a vigilância cuidadosa por parte dos vietnamitas era para me proteger de canadenses baderneiros, mas claro que envolvia outras coisas.

Meu primeiro artigo publicado no *Times* descrevia um recém-aberto museu de guerra em Hanói, que mostrava a tentativa fracassada do Vietnã do Sul de invadir o Laos no início de 1971 como um ponto de virada na Guerra do Vietnã, uma vitória vista como um "teste" contra a política de vietnamização de Nixon — a entrega da guerra nas mãos do Exército do Vietnã do Sul. Pude conferir a apresentação com um "diplomata ocidental" cujo nome não foi revelado, mas que foi citado afirmando concordar que a vitória veio num "momento crítico" para o governo de Hanói. A assinatura da matéria me descrevia como um jornalista freelancer que estava no Vietnã do Norte.

As matérias fluíram nos próximos dias quando comecei a me movimentar por lá, sempre sob o olhar vigilante do silencioso Major Bo. Viajei 150 quilômetros para o leste, para a cidade de Hon Gay, que tinha sido severamente bombardeada. Tratava-se de uma área importante de mineração de carvão, e os locais me contaram das maneiras engenhosas que descobriram para usar alumínio e outros metais da carcaça e do motor dos aviões americanos derrubados. Os materiais eram utilizados para consertar bicicletas, fazer utensílios de cozinha e até joias decorativas. Após muita persistência, fui levado à infame ponte de Thanh Hoa, que sobreviveu ao ataque dos aviões americanos por cinco anos, com perdas terríveis de ambos os lados. Os oficiais de Washington tinham insistido para que eu fosse até a ponte, e me contaram que cem aviões americanos haviam sido derrubados enquanto tentavam acertar o alvo. A ponte, um local-chave que conectava o norte ao sul, estava cravejada de buracos de artilharia e escurecida por causa das explosões de bombas, mas ainda era usada cotidianamente. Eu tinha ouvido falar da ponte e de sua invencibilidade quase mítica quando fiz reportagens para a AP.

Em uma das minhas viagens para o leste de Hanói — um percurso horrível por uma estrada muito bombardeada, com crateras cheias d'água —, pude testemunhar a guerra assimétrica. Pilotos da Marinha americana tinham bombardeado uma linha de trem perto de Haiphong mais ou menos uma hora antes de passarmos por lá, e trabalhadores cobriram as crateras e começavam a recolocar um novo trilho. Havia trilhos estocados a cada poucos quilômetros. Meus conterrâneos tinham que voar desviando de fogo pesado de armas antiaéreas para demolir linhas de trem que, mesmo se fossem atingidas, precisariam ser atacadas de novo nos dias seguintes.

Foi nesse dia sombrio que finalmente resolvi meu impasse com Major Bo. Enquanto esperava a estrada ser liberada, comecei a tirar fotos das distantes montanhas Annamese, uma serra baixa que se estende do Laos ao mar do Sul da China. Ouvi Bo dizer algo para o intérprete, e os dois caíram na risada. O que tem de tão engraçado, perguntei. Meu intérprete disse que não era nada. Repeti a pergunta, ele deu de ombros e ficou em silêncio. Entrei numa diatribe que estava sozinho, não sabia falar uma palavra de vietnamita e muito pouco francês e precisava confiar nele. Ele deu de ombros e comentou: "Major Bo disse que você é um fotógrafo muito, muito ruim". Caí na gargalhada; ele tinha razão, e foi bom para mim descobrir que o major forte e silencioso tinha senso de humor — e para ele saber que meus surtos de raiva eram minha maneira de lidar com as coisas.

Acabei me afeiçoando ao hotel Reunification, que com suas mesas e cadeiras bambas, privada antiga e cama coberta por mosquiteiro me fez fantasiar sobre o Vietnã nos dias etéreos de Graham Greene e de maquinações francesas. Os únicos outros hóspedes quando cheguei eram uma delegação chinesa e uns poucos russos. Alguns dias depois da minha chegada, quando desci para tomar café da manhã, encontrei Pete Seeger, o famoso cantor pacifista, e sua esposa, Toshi. Eu não o conhecia, mas tínhamos algo em comum: minha esposa fora conselheira num acampamento na parte norte do estado de Nova York que oferecia às crianças necessitadas da cidade uma oportunidade de passar algumas semanas no bosque durante o verão. Seeger morava perto do acampamento, e tinha grande afeto pelo local, e muitas vezes cantava com as pessoas de lá. Na manhã seguinte, ao descer para o café da manhã, vi Seeger contando a todos os garçons e funcionários da cozinha, através do intérprete, de um instrumento musical feito à mão incrível que eu tinha visto, e tocado, na tarde anterior. Tinha o formato parecido com o de uma flauta, ele disse, mas com um som muito diferente. Nenhum dos funcionários fazia ideia do que ele estava falando, então Seeger imitou o som com a boca. Foi um momento de genialidade musical, testemunhado por meia dúzia de vietnamitas impressionados — maravilhados, na verdade. E por mim.

Alguns dias depois, em 16 de março, completava-se o quarto aniversário do massacre de My Lai, um evento sobre o qual me recusei várias vezes a falar na estação de rádio do Vietnã do Norte. Seeger me contou no café da manhã que tinha sido convidado para falar o que pensava da guerra numa entrevista para o rádio naquele dia. Pediu meu conselho. Disse a ele que a visão crítica dele quanto à Guerra do Vietnã, quanto a todas as guerras, na verdade, era bem conhecida, e que, se ele quisesse falar disso no rádio, que fosse em frente. Mas ele não ia afetar o curso da guerra dizendo ao público norte-vientamita que ele era contra ela. Além disso, milhares de jovens americanos, muitos dos quais tinham a mesma visão que ele, estavam matando ou sendo mortos a poucas centenas de quilômetros ao sul dali, e inevitavelmente ele seria acusado de apoiar o lado oposto. Eu me sentia mal, acrescentei, de falar para alguém que sempre defendeu o que achava ser o certo para que não desse uma entrevista insignificante para a rádio. Ele me falou, dias depois, com um leve ressentimento — acho que direcionado a mim —, que não deu a entrevista. Nunca mais o vi.

Não fui parar na primeira página do *Times* até sair de Hanói e estar a caminho de casa via Bangkok, mas lá estava a minha assinatura, junto com o "Especial para o *New York Times*" que todos os correspondentes estrangeiros do jornal recebiam: tratava-se de uma matéria longa sobre o estado dos prisioneiros de guerra americanos, que incluía entrevistas com dois deles, um dos quais falou sobre como o tratamento que recebia melhorava constantemente e do fim do isolamento. Fui cuidadoso e registrei que mesmo o sofisticado Ha Van Lau "não parecia perceber que as entrevistas com alguns pilotos selecionados, num ambiente controlado, não demonstravam quão adequadamente os prisioneiros estavam sendo tratados".

Para mim, a assinatura-padrão das matérias significava que Abe Rosenthal tinha decidido me contratar, embora sem ter feito isso formalmente, e sem discutir as questões como o local onde eu trabalharia e qual seria o meu salário. Não precisava nem dizer que ele queria que eu fosse para Washington para escrever matérias relevantes.

Retornei ao escritório do *Times* em Nova York, entreguei alguns rolos de filme fotográfico, concordei em começar minha carreira no escritório de Washington no dia 1º de maio, e escrevi uma longa matéria, marcando procedência de Hanói, que foi publicada no fim de março. Passei mais de quinze horas discutindo como Hanói enxergava as negociações de paz em Paris com Ha Van Lau e Hoang Tung, o editor do jornal oficial do Vietnã do Norte que era um revolucionário desde os dezessete anos. Não havia o fingimento de que eu estivesse recebendo uma nova proposta de paz; em vez disso, me ofereceram um relato em primeira mão — Ha Van Lau foi um dos representantes em Paris — do vaivém das negociações com a delegação americana liderada por Henry Kissinger. O resumo era que o governo do Vietnã do Sul, chefiado pelo ex-general do Exército Nguyen Van Thieu, tinha que sair para que ocorresse qualquer negociação mais séria. As entrevistas me deram uma compreensão ótima de quais eram as exigências feitas pelo outro lado.

Meu segundo livro sobre o massacre de My Lai, intitulado *Cover-Up* [Acobertamento], foi publicado no início de abril de 1972 pela Random House. A série de duas partes publicada na *New Yorker* tinha se focado em como havia sido feito o acobertamento nas primeiras horas e dias depois do massacre, conforme a investigação de Peers registrava detalhadamente, mas eu fizera várias entrevistas para tentar descrever o que os oficiais que chefiavam a investigação não foram capazes de enxergar — como havia uma discrepância entre o cotidiano de Samuel Koster, o general que chefiava a divisão, e o dos homens em campo responsáveis pela matança:

Oficiais de alta hierarquia do Exército tradicionalmente se orgulham da qualidade das refeições servidas no quartel-general. [...] Não foram poupados esforços para tornar excelente o refeitório do general Koster. [...] O jantar era uma coisa elaborada, servido por soldados uniformizados que trajavam casacos brancos de garçons. Tinha vinho, louça de porcelana com o emblema da 23ª Divisão, um bar bem completo, e comida francesa excelente. Serviam-se com frequência bife e lagosta. Participavam até quinze oficiais, incluindo Koster, seus generais auxiliares, os chefes do quartel e convidados ocasionais — muitas vezes enfermeiras da Cruz Vermelha. Após o jantar, apagavam-se as luzes e os oficiais que ali permanecessem podiam assistir a exibições privativas de filmes. [...] A agenda normal de trabalho do general Koster e de seus principais auxiliares, assim como sua vida social, parecia ter pouco em comum com a realidade da guerra de guerrilha que ocorria a poucos quilômetros dali. Koster morava numa casa de quatro dormitórios com ar-condicionado num morro no quartel-general da divisão. [...] Ele era atendido o tempo todo por um auxiliar alistado e um jovem oficial. A poucos metros de distância havia um bunker fortificado com sistema de comunicação completo para o caso de um ataque. A maior parte do seu dia de trabalho era preenchida por visitas de helicópteros a brigadas e a batalhões que comandava. [...] Mesmo com essas visitas, o general estava distante dos problemas e medos dos "peões", os soldados de Infantaria [...] que ele comandava. Quando surgiam problemas e reclamações, muitas vezes os auxiliares nem sequer os relatavam ao general.

Eu também havia rastreado as testemunhas, que agora já tinham saído do Exército, que haviam sido interrogadas pela Comissão de Peers e que perturbaram os investigadores. Entre eles estava o padre Carl E. Cresswell, o sacerdote episcopal que fazia parte da 23ª Divisão durante o massacre de My Lai e que depois disso renunciou ao cargo. Ele disse à comissão: "Tenho absoluta convicção de que, na visão do Exército dos Estados Unidos, não existe isso de assassinato de civis vietnamitas. Desculpa, talvez seja um pouco cínico da minha parte. Sei que é, mas é assim que o sistema funciona".

Cresswell ainda estava furioso quando falei com ele, mais de um ano depois, na sua paróquia em Emporia, Kansas, e ele me contou de quando foi designado, no fim de 1967, para uma brigada de Infantaria que estava num navio a caminho da guerra. Chuvas fortes atrasaram o navio, e o coronel responsável pela viagem chamou Cresswell em certo momento, na frente de outros oficiais, e disse: "Ei, padre, por que você não pede para o seu chefe dar um jeito nisso?". Os oficiais riram, e Cresswell respondeu: "Não sei bem se Deus está com pressa para que a gente chegue ao Vietnã para matar pessoas". Fez-se silêncio e, naquela noite, o lugar de Cresswell foi removido da mesa de jantar do coronel.

Meu livro recebeu muitas resenhas de destaque, mas a que mais me agradou foi a escrita por Rob Ridenhour para o *Washington Post*, que fez mais do que qualquer outra pessoa para me ajudar a expor o horror de My Lai. "O livro", ele escreveu, levantava "questões sérias que atingem o cerne do Exército enquanto instituição" e deixava "em dúvida a integridade dos nossos líderes militares e civis, assim como o tipo de justiça empreendida pelos americanos." Ridenhour encerrou o seu artigo especulando que nos anos futuros se perguntariam por que as perguntas mais vitais do meu livro "ficaram sem reposta — e com certeza ficarão, num país que está farto da guerra".

Ron acertou na mosca, no sentido de que os Estados Unidos não queriam encarar a guerra. Com certeza não queriam encarar meu livro, que teve vendas lentas, apesar das resenhas e dos trechos que saíram antes na *New Yorker*. Com certeza não ajudou o fato de que o Vietnã do Norte tinha iniciado uma ofensiva grande e imediatamente bem-sucedida no dia 1º de abril, e avançava cada vez mais ao sul. O fracasso persistente do Exército do Vietnã do Sul em resistir e lutar, mesmo com o apoio de soldados americanos e de nossa Força Aérea, era mais do que desanimador.

Fiquei triste com as vendas fracas, especialmente porque eu queria que mais pessoas soubessem das insanidades que a Guerra do Vietnã gerou nos níveis mais altos do comando do Exército, e que os soldados que se encontravam em campo matando pessoas estavam sendo pouco atendidos, em muitas instâncias, pelos seus superiores. Tudo isso tornou a minha reportagem do dia 1º de maio, do escritório de Washington do *New York Times*, tão atraente. Agora eu escreveria para milhões de leitores diários. Que alegria.

Minha carreira no *Times* começou com grande estardalhaço — nas negociações de paz de Paris.

12.
Finalmente cheguei lá

Meu primeiro dia como funcionário do *New York Times* foi uma segunda-feira, 1º de maio de 1972, e passei o tempo todo na sede do jornal na rua West Forty-Third. Eu ficaria a maior parte da semana na redação do terceiro andar para conhecer os editores e meus colegas e para sentir, de dentro, a energia investida em cada edição. Não ficava numa redação desde que tinha fugido da AP em 1967, e passei a manhã pela editoria Mundo, ouvindo os editores falando com os correspondentes internacionais para discutir ideias para matérias e começando a moldar as notícias do dia seguinte. Fiquei na minha e só falava quando alguém falava comigo, mas o trabalho era bem diferente dos meus dias cobrindo incêndios em bueiros para Bob Billings no City News.

As notícias que chegaram do Vietnã naquela manhã eram sombrias. Os norte-vietnamitas e os vietcongues, cuja ala política era conhecida como Front de Liberação Nacional (FLN), continuavam na sua ofensiva que já durava um mês, e estavam varrendo a Highway 1, a rodovia principal que conectava o norte ao sul rumo a Saigon. Abe Rosenthal veio correndo falar comigo no fim da manhã e me perguntou se eu estava com meu passaporte. Disse "claro que não", e a sua resposta foi digna de uma peça de Ben Hecht, algo como: "Vai pra casa, pega o passaporte, faz a mala, vai pra Paris, fala com a delegação do Vietnã do Norte nas negociações de paz e descobre o que diabos tá acontecendo". Fui levado a um escritório onde recebi um cartão de crédito American Express, um cartão internacional de viagem e uma lista de números de telefones que poderiam me ajudar se tivesse algum problema.

Abe aparentemente supôs que a minha cobertura de My Lai me garantiria acesso aos vietnamitas. Eu já não tinha tanta certeza, mas fiz exatamente o que ele pediu. Viajar a Paris significava pegar um voo de classe executiva tarde da noite saindo de Washington, um quarto confortável no Hôtel de Crillon, um cinco estrelas na Place de la Concorde, uma visita ao escritório do *Times*, e meu primeiro encontro com dois jornalistas brilhantes, Anthony Lewis e Gloria Emerson. Eles me levaram para almoçar num lugar incomum perto de uma feira, e conversamos muito sobre a guerra, o jornal e, é claro, Paris. (Gloria depois me levou para almoçar com Mary McCarthy, a romancista famosa que detestava a Guerra do Vietnã assim como ela, e que estava escrevendo sem parar sobre o assunto.) Gloria e Tony acabaram se tornando grandes amigos e companheiros de luta contra a guerra dentro do *Times*, mas nunca me ocorreu que eu viveria mais do que eles.

Alertei um conhecido que fazia parte da delegação de Hanói nas Nações Unidas sobre minha viagem a Paris e, logo depois de minha chegada, fui convidado para um almoço *off-the-record* — um compromisso que é, ou deveria ser, sacrossanto na minha profissão — com Nguyen Co Thach, um representante sênior de Le Duc Tho, figura equivalente a Kissinger, só que do lado oposto. Havia muitos motivos para aceitar o que poderia ser visto como um encontro de cortesia com o jornalista americano que tinha acabado de voltar de Hanói. Eu tinha certeza de que ouviria detalhes da situação estagnada daquele momento, coisas que não tinham se tornado públicas, e no mínimo seria capaz de informar — em privado — Rosenthal e a editoria Mundo sobre como o outro lado via o impasse. O *Times* sempre teve acesso a Kissinger, algo que Thach e seus colegas com certeza sabiam. Também imaginei que, em algum momento, haveria uma reunião oficial entre algum membro sênior da oposição e eu, e o que descobrisse sobre Thach me ajudaria a fazer perguntas mais direcionadas.

À época, a disputa pública entre Washington e Hanói ainda girava em torno da insistência de Hanói na obrigatoriedade da substituição do presidente Thieu antes que qualquer negociação séria pudesse ocorrer. A realidade era que a guerra estava sendo vencida em solo pelos norte-vietnamitas e pelos vietcongues, e por mais que os americanos soltassem bombas e apoiassem o Exército sitiado do Vietnã do Sul, isso não levaria à mudança política. Os líderes do Vietnã do Norte e os vietcongues acreditavam que seu povo era capaz de suportar o bombardeio americano e que venceriam a guerra. Minhas longas discussões dois meses antes com Ha Van Lau e Hoang Tung em Hanói também me deixaram com a certeza de que estavam dispostos a sofrer para vencer a guerra.

Trabalhei sem parar durante a minha semana em Paris. Havia uma grande comunidade de vietnamitas expatriados lá — talvez cerca de 20 mil pessoas, alguns apoiando um dos lados —, e seus líderes estavam em contato com os representantes do norte e do sul do Vietnã nas negociações de paz. Comi refeições vietnamitas incríveis com muitos líderes expatriados e escrevi uma matéria sobre a comunidade de imigrantes e sua divisão interna antes de sair de Paris. Pude ter uma conversa de bastidores com um importante oficial do Vietnã do Norte no casarão de sua delegação em Choisy-le-Roi, um subúrbio de Paris. Foi sensacional ouvi-lo enquanto galinhas cacarejavam num quintal atrás de nós. Uma conversa de bastidores, no entanto, não era útil para a editoria Mundo do *Times*. Minha matéria sobre a conversa, com seus novos detalhes quanto ao impasse, poderia ter sido manchete se eu desse o nome do oficial, mas acabou parando no meio do jornal, onde merecia estar. Eu precisava que Le Duc Tho ou alguém da mesma importância me desse a sua opinião *on-the-record*. Dias antes, tomei um café com alguém que o *Times* reconhecia como um membro bem informado da CIA situado em Paris, que trabalhava disfarçado de funcionário do consulado. (Saber disso era uma das vantagens de trabalhar para o *Times*.) Expliquei o que pensava estar acontecendo, e ele, ciente de que eu não lhe atribuiria nenhuma informação ou opinião, ofereceu-me uma perspectiva honesta e negativa das possibilidades de algum grande avanço nas negociações. É claro que solicitei um encontro com Kissinger ou algum dos seus assistentes nas negociações, mas não aceitaram; Kissinger, depois descobri, preferiu falar nos bastidores com James Reston e Max Frankel.

No dia 8 de maio, o presidente Nixon respondeu ao sucesso militar terrestre dos vietnamitas do Norte e dos vietcongues aumentando o bombardeio à região e fazendo um alerta de que os Estados Unidos passariam a colocar minas nos portos do Vietnã do Norte num esforço radical para prevenir a chegada de materiais bélicos vindos da China e da Rússia. Ele também demandou um cessar-fogo imediato no Sudeste Asiático e a libertação de prisioneiros de guerra americanos em troca de um compromisso em tirar todas as tropas americanas em até quatro meses. Senti que ia conseguir o que queria antes mesmo de terem arranjado, dois dias depois, uma entrevista oficial com a sra. Nguyen Thi Binh, a líder carismática da delegação vietcongue nas negociações de Paris. Madame Binh, como era conhecida, atacou Nixon e o que ela chamou de "discurso de guerra" dele, e ironizou as suas condições para um acordo — diante de uma ofensiva bem-sucedida dos inimigos — como ainda mais absurdas do que as ofertas anteriores.

As críticas de madame Binh eram devastadoras, e a matéria que redigi depois também; não incluí nenhum dos palavrórios ordinários de Kissinger ou de alguém da Casa Branca, falas que sugeriam que a proposta de Nixon oferecia um caminho para a paz. A entrevista, destaque no jornal da manhã seguinte com quatro colunas, tinha uma manchete que dizia: "Vietcongues rechaçam proposta de paz". Os editores não tentaram atenuar a resposta feroz dos vietcongues a Nixon. Escrevi mais algumas matérias de Paris sobre as futuras negociações, incluindo uma análise da possibilidade de um acordo de paz. Essas matérias de opinião, que não eram baseadas em notícias específicas, eram conhecidas dentro do jornal como "cabeçalho Q"; raramente (se é que alguma vez) tinham sido assinadas por um repórter que estava lá havia menos de duas semanas. Eu tinha me feito notar no jornal com um estrondo talvez sem precedentes até então, e vi que Abe Rosenthal fora o responsável por isso. Liderada por David Halberstam, Neil Sheehan, Charley Mohr, entre outros jornalistas, a cobertura que o *Times* fazia da Guerra do Vietnã, e da sua falta de avanços, sempre tinha sido cética, ousada e brilhante, e Rosenthal queria mais do mesmo saindo do escritório de Washington. Senti que ele começava a se voltar contra a guerra e queria que o escritório de Washington fizesse o mesmo, e eu seria o seu veículo para essa mudança.

Finalmente cheguei ao meu nirvana em meados de maio: o escritório do *Times* em Washington. A cidade estava fervilhando com a disputa presidencial. Muitos repórteres estavam fora da cidade, e recebi uma mesa temporária perto de um repórter de longa data do jornal, uma das poucas pessoas que trabalhavam de fato no escritório. O correio entregou algumas correspondências para mim e uma grande caixa cheia de livros mandada por Erik Erikson, o famoso psicólogo e psicanalista cujo primeiro grande livro, *Infância e sociedade*, com seu conceito de crise de identidade, havia entrado em metade das listas de leituras obrigatórias das disciplinas que cursei na Universidade de Chicago. Erikson estava preparando uma série de palestras em Harvard e queria permissão para citar a minha descrição da descida aos infernos nos primeiros capítulos de *My Lai 4*. Não fiquei surpreso que Erikson tivesse sido capaz de perceber o que tentei fazer, auxiliado pelos sábios conselhos da minha esposa que estava para se tornar psicanalista: descrever como um grupo de moleques americanos acabou fazendo o que fez em My Lai sem usar termos médicos ou psiquiátricos. Citei Gregory Olsen, de Portland, Oregon, descrevendo seu choque logo depois de chegar ao Vietnã, quando ele e seus colegas "viram um caminhão de transporte de soldados dirigindo com 'cerca de vinte orelhas humanas presas na antena.

Era meio que difícil de acreditar. Eles tinham botado orelhas numa antena'". Escrevi algumas semanas depois que "a companhia começou a surrar de forma sistemática os prisioneiros, e a separar cada vez menos quem era ou não era VC [vietcongue]". Citei Michael Bernhardt, que cresceu num subúrbio de Nova York e afirmou que os oficiais da companhia achavam que "qualquer coisa que caminhasse e estivesse sem uniforme era um VC". Levou três meses para que os soldados de Calley fossem de uma violência ocasional, que nunca era punida, para um massacre. Supondo que eu aceitaria, Erikson escreveu, ele estava me enviando exemplares autografados de seus livros. Fiquei boquiaberto: Erik Erikson queria citar o meu trabalho.

Washington, em meio a uma guerra impopular e com um presidente execrado, estava repleta de histórias, e em poucas semanas encontrei uma boa. No início de junho, muitos no Exército e no Congresso ficaram estupefatos com a repentina demissão e rebaixamento do general John Lavelle, que coordenou as operações de bombardeio da Força Aérea americana. Raramente generais quatro estrelas eram demitidos durante uma guerra, e o Pentágono, que anunciou sua saída e seu rebaixamento, recusava-se a responder aos questionamentos do deputado Otis Pike, um democrata de Nova York, ex-piloto da Marinha e membro do Comitê das Forças Armadas da Câmara. Tive uma provinha do poder do *Times* quando Pike, que estava convicto de que havia algo muito maior por trás, me telefonou — eu não o conhecia — e insistiu para que eu localizasse o misterioso Lavelle, que tinha se escondido, e descobrisse a verdade.

Ninguém na mídia entrevistara Lavelle, e os oficiais no governo Nixon não diziam nada. A atitude contra ele não tinha precedentes na história militar moderna: Lavelle tinha sido sumariamente demitido e rebaixado a uma hierarquia inferior, mas não tinha sido processado. Não sei o quanto a equipe de imprensa de Washington havia se esforçado em relação ao caso — com o verão quase chegando —, porque acabou sendo bem fácil achar o sujeito. Todos os generais têm um ou dois assistentes pessoais — jovens capitães inteligentes e ambiciosos — e Lavelle, na ladeira rumo às quatro estrelas, serviu em muitos comandos em Washington e no exterior que tinham suas listas telefônicas; eu sabia da importância dessas listas por causa da minha reportagem de My Lai. Como era de esperar, consegui encontrar o nome de alguns capitães que tinham sido assistentes de Lavelle ao longo dos anos, e um deles, que se tornara major, estava trabalhando no Pentágono. Liguei para a casa dele, expliquei que era um repórter do *Times* e queria encontrar Lavelle para pegar o lado dele da história. Aprendi que se você fosse direto com alguém do Exército, a pessoa invariavelmente dava uma resposta direta. O oficial, tão curioso quanto Otis Pike em relação ao que ocorrera com o seu ex-chefe, me deu o número de telefone e o endereço do general nos subúrbios de Maryland.

Telefonei para Lavelle na manhã seguinte e, nas palavras dele ao se lamentar para um historiador da Força Aérea seis anos depois, eu o "ludibriei" para que se encontrasse comigo. Minha lembrança da nossa conversa é muito diferente, é claro. Generais de quatro estrelas não são ludibriados ou forçados a dar uma entrevista. Na verdade, Lavelle logo concordou em me encontrar num campo de golfe mais tarde naquele dia. Encontrei-o lá, jogando com seus dois filhos, e me juntei a eles. Depois de um tempo, ele pediu aos filhos que o esperassem no carro, e nós entramos no bar do clube para tomar uma cerveja. Lembro-me de que Lavelle tomou um gole grande de uma garrafa de Miller High Life, pensei que diabos e perguntei na lata por que ele tinha sido demitido, mas não levado à corte marcial. Nunca vou esquecer a resposta que ele deu, sorrindo: "Qual foi a última vez que você viu um general de quatro estrelas indo para a corte marcial?". Naquele mesmo instante comecei a gostar do sujeito. Ele disse que me contaria o que tinha acontecido se eu não o citasse de maneira direta, pois ele tinha sido alertado a não falar publicamente do caso para não sabotar o esforço de guerra do país. Por causa disso, não poderia creditá-lo pelo que me dissesse. Concordei e fiquei feliz por ter tido a conversa, pois a verdade era chocante: a guerra estava indo muito mal e ele tinha sido demitido por ordenar que pilotos bombardeassem alvos estratégicos no Vietnã do Norte que não estavam na lista de alvos aprovados. Acrescentou que todos na cadeia de comando sabiam de tudo o que ele tinha feito, mas fizeram vista grossa quando pessoas de dentro do governo se inteiraram dos bombardeios não autorizados. Ele aceitou o golpe em nome do esforço de guerra. Expliquei que eu precisava levantar a questão da organização hierárquica na matéria e insinuar de alguma maneira que ele atacara alvos fora da lista por pedido de alguém do alto escalão do governo Nixon. Jack Lavelle sabia que eu me referia a Henry Kissinger.

Minha reportagem saiu espraiada na capa do *New York Times* de domingo sob uma manchete imprecisa, que afirmava: "General bombardeou o Norte antes de receber ordem presidencial". Alguns dos alvos atingidos por Lavelle — mísseis antiaéreos, depósitos de combustível — já não eram restritos quando escrevi a matéria. Havia regras que autorizavam pilotos da Força Aérea a tomar atitudes agressivas caso fossem atacados por foguetes antiaéreos disparados por norte-vietnamitas ou se no radar houvesse sinais de atividade nos locais do Vietnã do Norte que tinham os sofisticados e letais mísseis terra-ar. O procedimento era conhecido como reação protetiva. Os pilotos de Lavelle burlaram as regras por três meses — bombardeando com ou sem uma resposta anterior do inimigo — antes de serem pegos. Isso aconteceu numa época em que todas as operações aéreas sobre o Vietnã do Norte eram constantemente monitoradas. Tinha algo de errado com a história de Lavelle, e escrevi: "É possível que um comandante de campo de batalha viole de forma tão grosseira as ordens de operação e passe despercebido por três meses?".

Todos os repórteres funcionam com base no instinto, e eu estava convicto de que esse cara falava a verdade; de jeito nenhum ele teria burlado as leis de forma tão flagrante se não estivesse seguindo o que uma autoridade maior desejava. Meu trabalho, eu pensava, era descobrir quem no alto escalão tinha levado Lavelle a violar as regras. Viajei para Nova York no sábado de manhã com o objetivo de revisar a prova da matéria sobre Lavelle que sairia no dia seguinte, para garantir a ele que não seria diretamente citado. Ele não se incomodou com o que eu tinha escrito e até acrescentou um alvo ilegal à lista que li para ele. Explicou que tinha se esquecido de mencionar antes. Não estava envergonhado do que fez.

Sentia-me como um assassino de aluguel contratado por Abe Rosenthal, livre para transformar a matéria de Lavelle numa cruzada. Escrevi outros sete artigos sobre o assunto nos onze dias seguintes, auxiliado por relatos similares de três veteranos (ativos ou não) da Força Aérea que haviam trabalhado para Lavelle na Força Aérea Sete. Peguei os nomes e informação de contato deles com um membro da Força Aérea que ainda estava em atividade no Sudeste Asiático. Um ex-sargento chamado Michael Lewis, que na época estudava na Universidade de Michigan e tinha sido um intérprete fotográfico chefiado por Lavelle, descreveu essa função como pouco mais do que acobertar as violações ocorridas na guerra aérea. A matéria me levou a outros intérpretes fotográficos que afirmaram que estavam envolvidos no acobertamento de até vinte ataques ilegais por mês em alvos fora dos limites no Vietnã do Norte. Fui contatado por alguns membros democratas do Comitê do Senado das Forças Armadas que perguntaram, assim como eu, se Nixon ou Kissinger estavam envolvidos naquilo de alguma maneira. Então, um tenente da Força Aérea, combalido mas ainda em atividade, registrou formalmente acusações na corte marcial contra Lavelle e organizou uma coletiva de imprensa em Washington para verbalizar sua raiva contra a violação de regras oficializada. A história estava recebendo bastante espaço nas coberturas de jornais e televisão, e o *Times* disse no editorial do dia seguinte à coletiva que as acusações deveriam forçar o Congresso a "analisar com atenção e profundidade" o caso de Lavelle.

Meu trabalho me levou a entrar em contato com John C. Stennis, o senador democrata do Mississipi, geralmente recluso, que chefiava o Comitê das Forças Armadas. Eu não conhecia Stennis, mas sentia que ele ficaria estarrecido com as violações e guardaria para si essas preocupações, assim como eu havia previsto, anos antes, que L. Mendel Rivers, o diretor conservador do Comitê das Forças Armadas da Câmara, ficaria perturbado com o massacre de My Lai. Disseram-me que Stennis madrugava e costumava chegar ao escritório às sete da manhã, então liguei nesse horário num dia de semana e ele atendeu o telefone. Estava acompanhando as minhas matérias, então demos início a uma série de conversas matinais que se estenderam por anos. Explicou-me, logo de início, que falaria da questão de Lavelle e de minhas matérias sobre o tema se mantivéssemos aquilo entre nós. Era reconfortante saber que Stennis estava muito perturbado com os problemas relacionados à regulamentação das Forças Armadas, especialmente porque, como ele disse numa certa manhã, estávamos numa guerra que ele pensava que deveria ser vencida. Ele disse que iria autorizar as audiências do caso e queria que eu soubesse que, se insistisse no assunto (e ele sabia que eu insistiria), minhas matérias no *Times* eram capazes de — nunca esquecerei as palavras — "destruir o Pentágono". Suspeitei então que ele sabia que Lavelle tinha sido autorizado a conduzir os bombardeios. Era um pouco difícil de compreender, dada a reputação dele como defensor de tudo relacionado aos militares, mas Stennis me encorajou várias vezes a escrever a verdade.

A história de Lavelle continuou até o fim do ano. O Senado organizou uma série de audiências públicas no outono, e Lavelle finalmente reconheceu, durante o seu testemunho, que recebera autorização. Todos imediatamente acima dele na cadeia de comando — o chefe de gabinete das Forças Aéreas, o general do Exército responsável pelo esforço de guerra, e Mel Laird, o secretário de Defesa — negaram, em testemunhos posteriores, que estivessem cientes das ações de Lavelle.

Décadas depois, a história real apareceu em fitas gravadas da Casa Branca, e era abominável. Em fevereiro de 1972, Nixon, através de Kissinger, ordenou que seus generais ampliassem a guerra aérea, bombardeando áreas de disparo de mísseis antiaéreos do Vietnã do Norte. Naquele momento, Nixon e Kissinger sabiam que Lavelle já estava fazendo isso havia meses, sem uma ordem formal. No dia 14 de junho de 1972, dois dias depois da publicação do meu primeiro artigo sobre o assunto, Nixon ficou irritado com o vazamento da informação dos bombardeios ilegais e com a demissão de Lavelle. "Não quero que ele vire um bode expiatório", Nixon disse a Kissinger. Doze dias depois, com as primeiras matérias sobre as audiências no Senado, o presidente mais uma vez demonstrou sentir culpa quanto a Lavelle e disse a Kissinger: "Não me sinto bem em empurrá-lo para essa situação e para a reputação negativa que ela pode acarretar". Kissinger insistiu para que ele não se envolvesse, e Nixon concordou, dizendo: "Quero me manter longe disso se possível, mas não quero prejudicar um inocente" — era como se ele não tivesse poder de intervenção. Lavelle foi conduzido a uma aposentadoria antecipada e injusta.

Nunca mais tive contato com Jack Lavelle — que faleceu em 1979 —, mas a mulher dele e dois de seus filhos me escreveram vez ou outra, inclusive um filho que me disse ser um dos dois garotos que esperaram uma hora no carro da família enquanto eu conversava com o pai dele no campo de golfe. No fim de outubro de 1972, quando ficou claro que seu pai não seria absolvido, o filho mais velho, Jack Lavelle Jr., me escreveu uma carta que guardarei para sempre. "É incrível como a mídia distorce as coisas", dizia. "Acho que a liberdade de imprensa implica numa liberdade em não ser preciso e uma licença para desferir golpes baixos. O general Lavelle não pediu piedade, só honestidade. Você foi justo e honesto [...] não moralizou ou fez insinuações. Em meu nome e no de minha família, eu lhe agradeço [...] por seu trabalho árduo e imparcial." Uma carta dessas por década é tudo o que um repórter pode desejar.

Minha série de textos sobre Lavelle terminou no fim de junho, justamente quando a primeira matéria sobre Watergate apareceu no *Washington Post*. Naquele momento, eu tinha sido transferido para a editoria de Política Externa e sentava diante de Bernard Gwertzman, o competente homem na linha de frente das matérias que envolviam Henry Kissinger e seu Conselho de Segurança Nacional (CSN). Havia um ritual quase diário envolvendo Bernie que me impressionava. Em muitas, muitas tardes, por volta das cinco, a secretária de Max Frankel se aproximava de Bernie e dizia que Max estava no telefone com "Henry" e que iria colocá-lo na linha. Em poucos instantes,

Bernie começava a rabiscar avidamente anotações enquanto ouvia Kissinger — ele ouvia bem mais do que falava —, e o resultado era uma matéria de política externa que aparecia em destaque na edição do dia seguinte, com aspas de um funcionário de alto escalão do governo que não era nomeado. Após uma ou duas semanas observando o processo, perguntei a Bernie, um sujeito sempre afável e direto, se ele algum dia havia checado o que Henry lhe contava com Bill Rogers, o secretário de Estado, ou Mel Laird, no Pentágono. "Ah, não", respondeu. "Se fizesse isso, Henry não falaria mais com a gente."

Frankel quase não dava bola para mim, mas eu trabalhava bem próximo a Bob Phelps, o vice-diretor do escritório e um editor incrível em quem passei a confiar por completo. Continuei focando em tudo o que via como algo errado na guerra, e Frankel pareceu não se incomodar com isso. Escrevi algumas matérias de capa naquele verão sobre o suposto papel da CIA no transporte de drogas como parte de suas operações secretas no Sudeste Asiático, como relatado num livro de Alfred McCoy, que na época era um pós-graduando em Yale. Um acadêmico publicando um livro é uma coisa, mas o *Times* dando ampla exposição às descobertas dele foi algo inesperado e traumático para a CIA. Como resultado disso, recebi uma visita de um funcionário sênior da Diretoria de Operações — conhecido como o escritório de golpes baixos da Agência — que não conseguia compreender por que eu tinha publicado aqueles artigos se a Agência negara tudo. Acho que não ajudou o fato de que eu havia citado um ex-funcionário da CIA com anos de experiência no Vietnã que disse que o trabalho de McCoy era "10% tendencioso e 90% a contribuição mais valiosa imaginável". Não havia dúvidas de que, do ponto de vista da CIA, eu estava ensandecido.*

---

* Num estudo crítico do poder global americano publicado em setembro de 2017, McCoy, professor de história na Universidade de Wisconsin, lembrou-se do papel importante — que eu mesmo não recordei — que tive em fazer com que o seu livro fosse publicado. Bem no início, Cord Meyer, o vice-diretor de operações secretas, visitara a editora de McCoy, a Harper & Row, em Nova York, para pedir que não publicasse o livro. A Harper & Row rejeitou o pedido, mas concordou, para o horror de McCoy, em permitir que a CIA avaliasse o manuscrito antes de sua publicação. Naquele ponto, McCoy escreveu, ele foi conversar comigo: "Em vez de esperar em silêncio pela crítica da CIA, contatei Seymour Hersh, que na época era um repórter investigativo do *New York Times*. No mesmo dia em que a CIA apareceu para coletar meu manuscrito, Hersh devassou os escritórios da Harper & Row como se fosse uma tempestade tropical e sua denúncia da tentativa da CIA de censurar meu livro logo apareceu na capa do jornal. Outras organizações nacionais da imprensa o seguiram. [...] O livro foi publicado sem alterações". [N.A.]

No início de julho, escrevi um artigo que saiu em destaque no jornal sobre o até então desconhecido programa do Pentágono de semeadura de nuvens no Sudeste Asiático, que consistia em tentar criar tempestades que — esperavam os militares — dificultariam o avanço das tropas inimigas e suprimiriam o fogo antiaéreo. Como escrevi depois, descobriu-se que em 1967 McNamara, o secretário de Defesa, tinha ordenado que interrompessem essas atividades, pois seu impacto de longo prazo no meio ambiente não era totalmente conhecido. O Pentágono, no entanto, continuou fazendo semeadura de nuvens até o fim de 1971. Houve outra série de artigos publicados no verão que lidavam com as alegações de que os Estados Unidos estavam incluindo represas do Vietnã do Norte como alvos. Na verdade, os alvos eram áreas de disparo de mísseis antiaéreos que tinham sido construídas no topo das represas. No fim de julho, houve mais matérias de capa baseadas em testemunhos de veteranos de guerra, que disseram terem mirado deliberadamente em hospitais vietcongues e do Vietnã do Norte. Escrevi um artigo longo para a *New York Times Magazine* sobre as façanhas de um ex-capitão da Força Aérea que passara dezoito meses trabalhando num escritório secreto no Laos na campanha de bombardeios clandestinos. A revista, assim como o jornal diário, me apoiou por completo. A manchete dizia: "Como coordenamos uma guerra aérea secreta no Laos". Quando chegou o final do verão, havia me tornado a pessoa a quem recorriam membros do Exército, e mais importante que isso, membros da CIA perturbados pelo que tinham conhecimento.

Eu estava deixando Rosenthal feliz — e um tanto quanto ansioso no que dizia respeito às minhas opiniões políticas pessoais. Em certo momento do outono, enquanto visitava o escritório de Washington, ele apareceu atrás de mim, bagunçou o meu cabelo e disse: "Como é que vai o meu comunistinha?". Acrescentou, então: "E o que você tem para me oferecer hoje?". Era a maneira dele de dizer que sabia que eu estava separando a minha opinião política das minhas reportagens. Sempre havia certa ansiedade residual em todos nós na redação que éramos abertamente contra a guerra. Em meados da década de 1970, com Saigon quase se rendendo ao Vietnã do Norte, almocei em Nova York com Gloria Emerson, Tony Lewis e Richard Eder, um colega brilhante que compartilhava da nossa visão, e demos de cara com Abe e Arthur Gelb, o editor de Cidades, que era amigo próximo de Abe. "Ah, reunião da célula", comentou Gelb. Meu ódio à Guerra do Vietnã não vinha de uma ideologia, mas do que descobrira lendo e escrevendo sobre a guerra — em certo sentido, uma aprendizagem prática.

Eu me mantive ocupado e o mais distante possível do caso Watergate. Não sabia nada sobre a Casa Branca de Nixon ou dos assistentes do presidente que trabalhavam lá. Bob Woodward e Carl Bernstein, os dois meninos gênios do *Washington Post* — ambos com menos de trinta em 1972, e eu já tinha lá meus 35 anos —, estavam lidando com uma questão que eu sentia ser capaz de condenar a presidência de Nixon. O escritório de Washington do *Times*, no entanto, pouco investigava a história. Frankel e seus editores-chefes pareciam permanecer impassíveis enquanto o *Post* botava para quebrar. Gwertzman me disse mais de uma vez naquele verão que Kissinger garantira a Frankel e a outras pessoas do alto escalão do escritório do *Times* que o *Post* estava cometendo um grande equívoco em publicar as matérias daqueles dois jovens repórteres. Era uma história vazia, e o *Post* iria passar vergonha.

A tensão entre a filial de Washington e a sede em Nova York foi tópico de revistas de fofoca e reportagens de jornal por quase uma década, mas eu não assimilei a profundidade disso até 1980, quando Harrison Salisbury, que passara mais de 25 anos no *Times*, escreveu *Without Fear or Favor* [Sem medo ou favores], um livro sobre a história do jornal, descrito por ele como intransigente. No fim do sábado, dia 17 de junho de 1972 — a invasão da sede do Comitê Nacional Democrático, no complexo de escritórios Watergate em Washington, tinha ocorrido de manhã cedo —, o *Post*, de acordo com Salisbury, designara oito repórteres para o assunto. No escritório de Washington do *Times*,

> não soou nenhum alarme. [...] Poucos membros da equipe de Washington trabalhavam aos sábados. Todos tentavam se esquivar disso. Queriam viajar no fim de semana, ficar nas suas casas nos morros de West Virginia, a serra da Virginia, no litoral de Maryland, ou, em junho, em Martha's Vineyard ou Nantucket, lugares onde metade da equipe passava o verão. [...] Nada era menos chique do que ficar na imunda Washington de Nixon em qualquer fim de semana entre 15 de junho e 15 de setembro. *Ninguém* que valia a pena encontrar estava na cidade.

Salisbury estava exagerando, é claro. Frankel tinha trazido um punhado de jovens jornalistas de primeira para a equipe — entre eles, Walter Rugaber, John Crewdson e Christopher Lydon —, que estavam investigando a história de Watergate, mas o *Post* tinha fontes internas, e se agarrava com força a elas. As palavras cruéis de Salisbury eram imprecisas, mas o cerne do que ele escreveu estava correto. Abe Rosenthal estava furioso e constrangido com o sucesso do seu principal rival, e mudanças viriam. Eu não sabia de nada disso.

Naquele outono, depois de férias em família que incluíram uma visita a Erik Erikson e seu filho Kai, que lecionava em Yale, minha relação alegre com o *Times* ficou um pouco mais complicada. Eu continuava cobrindo as audiências do Senado que diziam respeito aos bombardeios não autorizados, assistindo com tristeza a depoimentos de um general depois do outro envolvidos num esforço bem-sucedido de pôr toda a culpa em Jack Lavelle. Na época, havia me aproximado de Daniel Ellbserg, famoso por ter entregado os Documentos do Pentágono para a imprensa, e ele, um dos primeiros conselheiros de Kissinger, me disse que o Pentágono, por insistência de Nixon e Kissinger, tinha secretamente bombardeado o Camboja de forma sistemática, por mais de um ano, numa tentativa de impedir que os vietcongues tivessem um refúgio. Conversei com ex-assistentes de Kissinger que sabiam da história — o bombardeio ilegal depois se tornou um dos motivos para o impeachment de Nixon —, mas nenhum deles estava disposto a falar *on-the-record*. Eu estava ciente de que alguém tinha que ser nominalmente citado para que o *Times* publicasse uma matéria desse nível de importância dois meses antes de uma eleição na qual Nixon provavelmente sairia como vencedor.

Fui convidado para um jantar organizado por um dos amigos católicos irlandeses de Eugene McCarthy da campanha de 1968, um funcionário aposentado da CIA. Eu tinha feito contato com vários ex-funcionários e outros ainda ativos na Agência que tinham uma ou duas histórias para contar; o fato de eu ter conseguido publicar matérias críticas no *Times* fazia com que quisessem falar comigo. Meu anfitrião me perguntou em certo momento do jantar — e havia algumas outras pessoas experientes da CIA lá — quanto aos planos ultrassecretos da Agência de usar um navio de salvamento, cujo dono era Howard Hughes, para recuperar um submarino soviético que continha três ogivas nucleares do fundo do oceano Pacífico. Eu mencionei o codinome vigente da operação e todos na mesa congelaram. Meu anfitrião respondeu dizendo que esperava que eu não publicasse a história até que a missão fosse concluída.

Washington com certeza funcionava de maneira estranha, mas ter sido aceito naquela mesa de jantar me permitiu tornar a contatar ex-agentes, que compartilharam muitas informações perturbadoras, com confiança renovada no fato de que eu preservaria as fontes; um medo inevitável que qualquer repórter crítico ao governo tem é receber uma história falsa que pode resultar numa catástrofe profissional. Decidi, desde cedo, que nunca publicaria informação de alguém interno sem verificá-la de outra maneira, mesmo se uma segunda fonte insistisse que eu tinha que fingir que ela não existia. Depois que fui contratado e comecei a escrever esse tipo de matéria para o *Times*, Abe Rosenthal exigia falar comigo em privado para me perguntar o nome das fontes envolvidas, inclusive as que eu não tinha citado. Não hesitava em revelar tudo para ele. Em certos casos, a fonte sem nome era um funcionário do alto escalão da Casa Branca ou mesmo da CIA. Uma fonte levava à outra, e descobri três questões importantes que estavam gerando controvérsia dentro da Agência, liderada por Richard Helms, o veterano urbano que se entrosava muito bem com o establishment de Washington. Uma delas envolvia a recuperação do submarino soviético derrubado, uma operação cujo orçamento estava estimado em 750 milhões de dólares, numa época em que o governo federal estava cortando o subsídio ao leite da merenda dos colégios públicos; a segunda envolvia os esforços frenéticos da CIA para sabotar o governo de Salvador Allende no Chile, um socialista que não tinha receios de atacar a política externa americana; e a terceira era explosiva — a existência da Operação Caos, um projeto secreto autorizado em 1967 para coletar, dentro dos Estados Unidos, informações sobre os ativistas contra a Guerra do Vietnã e outros dissidentes suspeitos. Tal atividade violava diretamente as regras da CIA, que proibia de forma explícita que a Agência operasse dentro do próprio país.

As matérias demandariam tempo, muito tempo. Eu sabia que mergulhar na Agência seria bem mais complicado do que escrever sobre a demissão injusta de um general. Eu dependera de Bob Phelps para que Frankel soubesse o que eu estava fazendo, mas a CIA era um alvo formidável, e escrevi um longo memorando a Frankel a respeito das três matérias, explicando o que sabia, o que precisava saber e algo acerca das minhas fontes. Não me lembrava que Frankel tinha publicado uma série de artigos no início de 1972 sobre a política externa de Nixon/Kissinger, obviamente contando com grande ajuda de Kissinger, e que uma delas falava sobre como Nixon conseguiu resistir à pressão da CIA, que queria ser mais agressiva na oposição a Allende. Mesmo se me lembrasse das matérias, teria enviado o memorando; Frankel era inteligente e competente demais para não perceber que as matérias evoluem.

Passou um mês e nada de resposta. Mantive-me ocupado nesse meio-tempo. Conheci e passei a respeitar a sra. Cora Weiss, que se destacou como ativista contrária à guerra em Nova York. Ela, através de seus contatos com os vietnamitas do Norte, havia se tornado um canal de correspondência com os prisioneiros de guerra americanos em Hanói. Ela preenchia uma lacuna natural, já que o governo dos Estados Unidos se recusava a reconhecer a soberania do Vietnã do Norte e, portanto, não podia lidar com as cartas dos prisioneiros. Em setembro, Cora viajou a Hanói para receber sob seus cuidados três prisioneiros americanos que tinham sido libertados pelo Vietnã do Norte. Ela estava acompanhada da sra. Minnie Lee Gartley, cujo filho, o tenente da Marinha Mark L. Gartley, era um dos libertados. O voo partindo de Hanói parou em Moscou e, de lá, os cinco tomaram um voo comercial para Nova York, via Copenhagen. Fui convidado por Cora para me juntar ao grupo em Copenhagen. O *Times* permitiu que eu fosse, e pude passar um bom tempo com os ex-prisioneiros, além de testemunhar uma rixa muito tensa no Aeroporto JFK, depois que os passageiros comuns tinham saído. Os três prisioneiros deveriam ir imediatamente para um hospital militar para serem avaliados, e uma equipe de funcionários do Pentágono, nervosos porque os prisioneiros tinham sido libertados por Cora Weiss, e não pelo governo americano, entrou no avião para dar início ao processo. A sra. Gartley deixou todos chocados ao insistir em levar o filho para casa por alguns dias antes que ele fosse para o hospital. Um funcionário sênior do Pentágono retrucou, irritado, que o tenente, prisioneiro ou não, ainda era um oficial da Marinha e estava obrigado a cumprir essas ordens. Ao ouvir isso, a sra. Gartley caiu no choro e disse: "Não choro desde o dia em que o senhor me ligou e disse que tinham atirado no meu filho". Enquanto eu rabiscava anotações no meio da cena, um funcionário do Pentágono sussurrou para mim, falando da insistência do Pentágono em não deixar Gartley ir para a casa com a mãe: "Avisei que era uma má ideia". É claro que comecei a minha matéria do *Times* da manhã seguinte com as lágrimas da sra. Gartley.

Alguns dias depois, escrevi um artigo bem mais significativo, baseado nas informações que obtive falando com os pilotos no voo saindo de Copenhagen, sobre o alto padrão de disciplina que era mantido entre os jornalistas em Hanói, incluindo um código de conduta adotado internamente. A escrita do artigo foi coordenada com o Pentágono, algo que qualquer jornalista faria — afinal, centenas de americanos ainda permaneciam presos —, e as maneiras engenhosas pelas quais os prisioneiros se comunicavam entre si continuaram em segredo.

Meus primeiros seis meses no *Times* foram empolgantes e eu estava orgulhoso do trabalho que fiz, mas sabia que ainda estava para escrever as matérias mais importantes. Um general das Forças Aéreas bombardeando alvos não autorizados e uma mãe chorando pelo filho prisioneiro eram coisas significativas de ler, mas eu estava descobrindo a existência de coisas ainda piores na política externa de Nixon e Kissinger. Woodward e Bernstein continuavam dominando as manchetes com a investigação em busca pela verdade de Watergate, mas eu não queria um pedacinho dessa história que era propriedade dos dois. Não sabia nada da guerra entre Washington e Nova York pela cobertura de Watergate, mas estava convicto de que as três matérias que mencionara a Frankel seriam tão importantes, se não mais relevantes ainda, do que a saga de Watergate. Existia um mundo secreto em Washington, e eu queria escrever sobre ele.

No fim do outono, finalmente recebi uma resposta de Frankel. Em um memorando de um parágrafo, para "SH", de "MF", ele me disse que minhas ideias eram interessantes e que deveriam ser escritas numa só reportagem que relataria quão longe a Segurança Nacional tinha ido para proteger os interesses dos Estados Unidos e monitorar os ganhos tecnológicos dos soviéticos. Não deixe de passar a matéria por "Henry [Kissinger] e Dick [Helms]", escreveu Frankel. Fiquei devastado e estarrecido, e então me dei conta de que, se eu não encontrasse uma maneira de colocar o que eu sabia no jornal, teria que me demitir. Passar por Henry e Dick? Eles eram os arquitetos da estupidez e da criminalidade sobre a qual eu queria desesperadamente escrever. Não conseguia imaginar que um editor experiente, esperto e que me apoiou tanto como Frankel não era capaz de compreender as implicações daquilo que propunha. (Fiquei ainda mais abismado com a indiferença de Max quando descobri, tempos depois, que ele estava passando por muita pressão diante do fato de que o escritório de Washington não dera atenção à história de Watergate. Minhas matérias ofereciam ao cara uma chance de, naquele momento difícil, mostrar à Nova York o que a equipe dele era capaz de fazer.)

Não lembro para quem reclamei disso em Nova York, mas eu estava resmungando sem parar. Talvez tenha dito a Bob Phelps, que acabou chegando ao norte. Seja como for, enquanto me sentia abatido, recebi uma ligação de Clifton Daniel, um editor sênior do *Times* que eu mais conhecia como marido da talentosa filha de Harry Truman, Margaret. Lembro-me, em linhas gerais, o que ele me disse nessa ligação: "Sy, aqui é o Clifton Daniel. Sei que você está infeliz, mas fica aí. Estou indo até aí — e isso é segredo — para coordenar o escritório daqui a umas poucas semanas, e prometo que você vai poder escrever a matéria que quiser". Poucos dias depois, foi anunciado que Max estava se mudando para Nova York para virar editor da edição dominical, um emprego que o tiraria de Washington e o faria entrar na disputa para se tornar editor executivo, o cargo mais elevado que todos os editores do jornal, por motivos que nunca compreendi, sonhavam em ter. Por que alguém preferiria editar quando dava para se divertir tanto fazendo reportagens? Fiquei na minha.

Clifton era natural da Carolina do Norte, sempre simpático e educado. Seria difícil encontrar alguém no jornal, ou até mesmo no planeta, mais diferente dele do que eu. Estava sempre bem-vestido e destilava charme e um humor afiado. Na festa de fim de ano para a equipe e familiares, apresentei Clifton à minha esposa e ele disse, com um grande sorriso: "Ah, sra. Hersh, meus pêsames". Alguns dias depois, ele entrou na redação e largou meia dúzia de caixas cheias de camisas e suéteres da Brooks Brothers sobre a minha mesa e disse apenas: "Hora de se vestir melhor". Por mais diferente que fôssemos, tínhamos duas coisas em comum — amávamos matérias que irritavam Nixon e Kissinger, arquitetos de uma guerra desprezível, e tínhamos dois filhos da mesma idade que adoravam McDonald's. Acabamos marcando de levar nossos filhos lá aos sábados de manhã, para depois ver algum filme infantil bem ruim. Eu ia vestido como sempre, de camiseta e calça de algodão, enquanto ele estava sempre de terno. Que dupla.

Logo antes do fim de 1972, com Nixon tendo sido reeleito com uma vitória esmagadora — o oponente dele, o democrata liberal George McGovern, recebeu apenas 37,5% dos votos — e os democratas completamente desanimados, Clifton me deu as más notícias: Abe Rosenthal queria que eu deixasse de lado a minha obsessão pelo Vietnã — que eu julgava ser compartilhada por Abe — e focasse em Watergate. Nixon pode ter ganhado, me disseram, mas Abe estava convicto de que essa história estava longe do fim. Iam surgir novas linhas de investigação, e ele não queria que Ben Bradlee continuasse humilhando a filial de Washington, como sugeria o pessoal de Nova York. Protestei, mas Abe insistiu que estava me fazendo um favor ao me dar uma chance de mostrar ao mundo jornalístico que eu tinha outras habilidades além de atacar a Guerra do Vietnã. Infelizmente, eu não sabia nada dessa história de Watergate ou da Casa Branca, além do que tinha sido publicado.

No feriado de Natal, Abe tomou outra decisão radical ao contratar Leslie Gelb para começar a trabalhar em 1973 como repórter no escritório de Washington. Eu conhecia Gelb como uma pessoa que trabalhara como diretor de políticas de controle de armamentos para o Pentágono, além de ter ocupado o cargo de diretor do projeto ultrassecreto sobre os Documentos do Pentágono que tinha sido autorizado por Robert McNamara. Antes disso, quando era doutorando em Harvard, Gelb tinha sido professor assistente de Henry Kissinger. Eu o entrevistara quando ele trabalhava na Brookings Institution, um *think tank* de Washington, acerca das negociações de paz em Paris, assunto que ele dominava e no qual me ajudou bastante. Tudo isso me soava muito mal, especialmente porque ele nunca trabalhara num jornal e porque tinha trabalhado na guerra.

Gelb recebeu uma mesa a poucos metros de mim, e revelou ser o cara mais divertido que conheci no jornal. Ele era brilhante, não era um entusiasta da guerra e suspeitava demais de Kissinger — embora respeitasse a sua inteligência e perspicácia — e conhecia o núcleo da burocracia de um jeito que nenhuma pessoa que trabalhou a vida toda como repórter conheceria. Se eu soubesse da existência de um novo documento confidencial, Les me arranjava uma cópia em poucas semanas. Ele era incrível. Viramos amigos rapidamente e uma dupla de brincalhões. Eu não apenas contava com um chefe de escritório que me protegia como também tinha arranjado um novo melhor amigo.

Tudo o que eu tinha que fazer agora era entender o caso Watergate, seis meses depois de Bob e Carl terem iniciado o trabalho. No fim de 1972, parecia que a história tinha entrado num beco sem saída. Na verdade, estava apenas começando.

13.
Watergate e muito mais

Quando comecei a mergulhar no escândalo de Watergate, tinha algo a meu favor. Vinha de uma dica que eu recebera um ou dois meses antes, mas que tinha ignorado. Um amigo do mercado editorial de Nova York me disse que um escritor freelancer chamado Andrew St. George, que tinha ligações com a comunidade cubana anti-Castro em Miami, estava mostrando por aí uma proposta de livro sobre a experiência de Frank A. Sturgis, um dos cinco homens que haviam sido pegos saqueando os escritórios do Comitê Nacional Democrático em Washington.

Minha resposta inicial fora algo como "O que isso tem a ver com a guerra no Vietnã?". Dada a minha nova atribuição, fiz umas ligações para receber uma cópia do resumo do livro. Uma das declarações mais explosivas de St. George, baseada no que ele afirmava ser uma série de entrevistas feitas com Sturgis, era de que Sturgis fizera uma vigilância política dos democratas em Washington, além de fazer parte de uma equipe que estava investigando tráfico de drogas na América Central. Tudo isso tinha sido supostamente feito sob a direção de Howard Hunt, um ex-funcionário da CIA que estava ligado às pessoas que invadiram Watergate. A reputação de St. George no mercado editorial de Nova York não era das melhores, mas ele ganhara prêmios no fim da década de 1950 por suas fotografias da Revolução Cubana e aparentemente tinha fechado um contrato, por um valor irrisório, para um livro baseado em entrevistas com Sturgis. Telefonei para ele e marcamos uma reunião na qual ficou claro para mim que o simpático St. George estava muito ansioso para que eu escrevesse uma matéria sobre o seu projeto de livro. Respondi que isso nunca ocorreria, exceto se conseguisse me provar que ele e Sturgis conversaram de fato. Alguns dias depois, St. George, que morreu em 2001, contou-me que tinha marcado uma reunião com Sturgis; nós três, se eu ainda estivesse interessado, jantaríamos dali a poucas noites no Joe's Stone Crab, um famoso restaurante de frutos do mar em Miami Beach.

Nós nos encontramos, bebemos, e St. George explicou a um Sturgis muito taciturno que eu era um repórter em ascensão interessado em escrever uma matéria sobre o livro que os dois estavam preparando. Sturgis, de rosto esburacado e muito bronzeado, não parecia estar muito interessado em nada que St. George dizia. Eu tinha pesquisado um pouco e descobrira que Sturgis havia lutado ao lado de Fidel Castro no fim da década de 1950 para derrubar a ditadura de Batista, apoiada pelos Estados Unidos, mas depois se voltou contra Castro quando este, já líder de Cuba, abraçou o comunismo. Em 1972, Sturgis estava envolvido fazia mais de uma década em atividades anti-Castro, com ou sem a ajuda da CIA. Após umas bebidas, St. George levantou-se para ir ao banheiro. Sturgis me lançou um olhar e perguntou se eu tinha alugado um carro. Respondi que sim. Ele disse "Vamos nessa" e começou a sair da mesa. Foi um momento decisivo para mim. Sacanearia St. George para conseguir a matéria de que eu precisava? Sturgis me deu a resposta, é claro. Larguei umas notas de vinte sobre a mesa e saímos. Levei-o até o meu hotel. Bebemos mais alguma coisa, jantamos. Durante a refeição, ele começou a me contar o que tinha de fato acontecido, mas só por uns instantes. De repente, anunciou que precisava encontrar alguém e perguntou se podia pegar meu carro emprestado. Como o carro não era meu, e só havia uma resposta possível se eu queria de fato arrancar a história do sujeito, falei que sim. Ele prometeu retornar para o café da manhã do dia seguinte ou algo do tipo. Foi uma bela introdução ao mundo anti-Castro de Miami Beach.

Sturgis retornou no dia seguinte com o carro intacto, e retomamos a conversa. Ele confirmou que ele e outros da equipe de invasão a Watergate tinham sido pagos para ficarem quietos desde que foram presos. Queria mais dinheiro e não deram, e esse acho que era o único motivo pelo qual ele falara com St. George e estava conversando comigo naquele momento. Retornei para Washington sabendo que St. George estaria furioso comigo, com todo o direito, mas eu tinha o começo do que poderia ser uma reportagem e tanto. Também possuía informações para usar em negociações com o advogado que representava Sturgis e seus colegas, assim como com os policiais federais que cuidavam do caso na Procuradoria de Washington.

Sturgis me contou que ele pensava que John N. Mitchell, o procurador-geral de Nixon, sabia de golpes sujos que tinham os democratas como alvo, como espionagem, ou tentativa de espionar, em 1971, os senadores George McGovern e Edmund Muskie, que na época disputavam a indicação dos Democratas. Depois descobri, mas não através de Sturgis, que faltavam 900 mil dólares ao comitê de reeleição de Nixon, um valor muito maior do que se imaginava. Não havia provas, mas também não restavam dúvidas na minha cabeça de que parte desse dinheiro tinha acabado nas mãos da equipe que invadiu o lugar.

A matéria que saiu sobre isso tudo foi a primeira grande exclusiva do *Times* sobre o escândalo de Watergate, mas acabou sendo um pé no saco para colocá-la no jornal. Diante da enorme irritação de Abe Rosenthal em relação a Ben Bradlee e à proeminência do *Washington Post*, os editores me enlouqueceram como em nenhum dos textos sobre a Guerra do Vietnã. Havia uma estranha patologia do *Times* no que dizia respeito a matérias que lidavam com a presidência.

Bill Kovach, um colega de 1973 que se tornaria o chefe de gabinete de Washington, explicou ao *Washington Post*, anos depois, que um dos seus maiores problemas quando era editor "era controlar Sy num jornal que detestava que outro veículo o ultrapassasse, mas tampouco fazia um esforço para ser o primeiro. Morriam de medo de chegar antes a uma história controversa que questionasse a credibilidade do governo". Essa era a atitude, acrescentou Kovach, que fazia "parte da cultura da instituição que Sy estava derrubando. Jornalisticamente, Abe Rosenthal e os outros queriam chegar lá. Queriam *mesmo*. Porém, historicamente, culturalmente, visceralmente, *detestavam* isso. [...] Os argumentos e debates, e o vaivém com todas as matérias de Sy, quase não tinham fim. Não porque Sy fosse relapso. Eram materiais que eles não queriam publicar".*

Salisbury, no seu livro sobre o *Times*, recordou-se, ao contrário de mim, de que eu tinha proposto que a minha estreia falando de Watergate fosse uma série em três partes, mas minhas informações se consolidaram num artigo longo publicado no domingo, dia 14 de janeiro de 1973, com uma manchete módica no canto esquerdo da capa. Eu utilizara a palavra "fonte" várias vezes, sem identificar quem eram as fontes. É claro que Abe sabia os seus nomes, mas insisti para ser o mais obscuro possível no texto; era o primeiro degrau numa grande subida, e eu queria que todos os envolvidos nessa matéria inicial continuassem abertos. Salisbury disse que outra edição foi alvo de um processo de John Mitchell. Ele escreveu: "Mas, ao final, a matéria foi publicada, incluindo a parte de Mitchell. Tanto em Nova York como em Washington as fontes foram questionadas, não era algo tão claro e completo como o

---

* Kovach, após se aposentar do *Times*, em 1989, passou doze anos trabalhando como curador na Fundação Nieman para Jornalistas na Universidade Harvard. [N.A.]

Times gostava, mas Hersh disse aos editores que 'a partir de certo ponto, vocês vão ter que simplesmente acreditar em mim. Várias pessoas me contaram essa história'. O *Times* confiava em Hersh. [...] Até que enfim a grande reportagem de investigação e o grande repórter investigativo tinham se atrelado. E assim permaneceriam ao longo de todo Watergate".

Uma das primeiras ligações que recebi na segunda-feira de manhã era de Bob Woodward. Nunca tínhamos nos visto ou conversado, mas ele me parabenizou pela matéria. O *Post* não conseguiria lidar com tudo aquilo sozinho, Bob me disse, e ele sabia que precisava da ajuda do *Times*. A reeleição com vantagem avassaladora de Nixon, apesar do trabalho brilhante que ele e Carl Bernstein realizaram, era com certeza muito irritante. Desde então, passei a respeitar e a gostar de Bob, embora discordemos em várias questões. Ele não precisava ter dado aquele telefonema.

Não surgiu nenhum processo de John Mitchell ou de mais ninguém, e eu senti — e tenho quase certeza de que Abe também — que não haveria nenhum processo enquanto eu avançasse. Nos meses seguintes, concentrei-me em descobrir todo o possível sobre a Casa Branca e as pessoas no governo, e tive algumas longas conversas com políticos de dentro do Partido Republicano que apoiavam Nixon politicamente, mas que temiam o que ele poderia ter feito. Votou-se para que a Comissão no Senado de Watergate começasse no início de fevereiro, com um placar assustador para a Casa Branca de 77 a 0. Depois disso, consegui desenvolver um contato útil com alguns senadores e suas equipes, tanto democratas quanto republicanos. Eu tentava encontrar a verdade numa Casa Branca repleta de mentiras, enganação e medo. Ser o sujeito do *New York Times* lidando com o assunto com certeza ajudava — nenhum outro jornal dos Estados Unidos tinha essa autoridade —, mas a história ainda era de Bob e Carl.

Escrevi alguns artigos sugestivos sobre o sacrifício inevitável de assistentes do baixo escalão que trabalhavam diretamente para Bob Haldeman, o ambicioso chefe de gabinete de Nixon. Os assistentes foram estúpidos em passar boa parte do ano anterior direcionando dinheiro e mensagens a universitários que contrataram para realizar uma série de golpes baixos juvenis em nome do presidente. Tinha a convicção de que Haldeman e seu comparsa do terror na Casa Branca, John Ehrlichman, conselheiro nacional, deviam saber que iam acabar virando alvos. Também contatei investigadores e membros da procuradoria que conduziam a investigação do governo federal; eles fizeram mais para derrubar Nixon do que a história lhes credita. Também havia algumas boas pessoas no gabinete de Nixon e da Casa Branca que ficaram chocadas com o que tinha sido autorizado, de um jeito ou de outro, por Nixon. A mais importante dessas pessoas, para mim, foi Elliot Richardson, um funcionário do Departamento de Estado que fora nomeado secretário de Defesa em janeiro de 1973 e serviria menos de quatro meses antes de ser designado procurador-geral em maio por um Nixon que se mostrava cada vez mais desesperado.

Cheguei aonde precisava estar em meados de abril, em termos de contatos dentro da Casa Branca, do Congresso e das agências que investigavam o caso Watergate. De 19 de abril a 1º de julho, publiquei 42 artigos no *Times*, todos lidando com informações exclusivas que apontavam cada vez mais a seta para o presidente, e só dois dos textos não saíram na capa. O ponto alto foi no início de maio; em seis dias, escrevi quatro artigos que foram a principal manchete do jornal e um quinto que foi o *off lead* — a matéria de capa no topo da coluna do canto superior esquerdo. Relendo-os para este livro, lembrei-me de como estava meio louco de tanto cansaço, ansiedade e insônia. No dia 2 de maio, uma manchete de três linhas afirmava: "Investigadores de Watergate ligam acobertamento a Mitchell e a assistentes do alto escalão da Casa Branca". A linha fina dizia: "Seis podem ser indiciados". No dia 3 de maio, a manchete afirmava: "Investigadores definem espionagem republicana como uma tentativa de enfraquecer a indicação democrata em 1972". No dia 5 de maio, minha reportagem *off lead* ligava um advogado importante de Nixon à destruição de registros da campanha. No dia 6 de maio, levei as transgressões da CIA para a capa; uma manchete daquele dia afirmava: "Oficiais da CIA convocados para explicitar papel da Agência na invasão de Ellsberg". No dia 7 de maio, mais uma: "Chefe da Marinha ligado à autorização para o furto de Ellsberg".*

---

* Nessa primavera, fiquei completamente imerso no trabalho e fui persuadido — forçado talvez seja a palavra mais adequada — a encontrar minha esposa certa noite numa festa na casa do reverendo Paul Moore, bispo episcopal de Washington. Moore, junto com o reverendo William Sloan Coffin, tinha levado a Igreja a apoiar de forma incondicional os direitos civis e a se opor radicalmente à Guerra do Vietnã. Notei uma grande multidão de adolescentes do lado de fora da casa de Moore, mas não dei bola. Lá dentro, fui abordado por um simpático britânico e sua namorada japonesa que sabiam que eu trabalhava para o *Times* e eles me contaram sobre a dificuldade do sujeito em conseguir um *green card* e residência permanente nos Estados Unidos, devido a sua oposição à guerra e sua antiga condenação por fumar haxixe na Inglaterra. Eu tinha uma sobrinha adolescente chamada Laura cuja melhor amiga era uma das filhas de Moore, e não pude deixar de perceber que, enquanto nós três conversávamos, aquela amiga de Laura estava pulando para cima e para baixo e fazendo sinais para mim indicando... o quê? É claro, descobri que o britânico era John Lennon e sua namorada era Yoko Ono. Como eu ia saber? Eles não tinham nada a ver com Watergate. Lennon telefonou

Houve uma explosão inimaginável de notícias enquanto Nixon era servido de refeição aos lobos pelos seus amigos e inimigos. Por incrível que pareça, tudo isso ocorreu antes que se soubesse da existência dos grampos na Casa Branca. Foi um nirvana para mim, pontuado pela alegria de não ser questionado por editores em Washington ou Nova York. Também senti como se estivesse respondendo, de forma totalmente adequada e profissional, à atitude insolente de Nixon em relação ao massacre de My Lai, ao seu apoio ao tenente William Calley, e ao fato de que não estava disposto a proteger o general Jack Lavelle, cujo pecado foi cumprir as ordens do presidente. Virei melhor amigo da editoria Nacional em Nova York, e de seu editor, David Jones. Alguém me telefonava no meio do dia para perguntar se eu achava que tinha alguma matéria para aquele dia. Se a resposta fosse sim, perguntavam se era material para a capa. Eu sempre falava que sim, é claro. Com o passar da tarde, algum editor do último turno me perguntava se eu achava que a matéria valia uma manchete de duas ou três colunas.

Muitos anos depois, contei a Bob Thomson, do *Washington Post*, que escreveu coisas incríveis para a revista dominical do jornal: "Um período como aquele nunca vai se repetir no jornalismo. Ninguém nem entende como era. O sujeito acorda. Ouve uma história. Vai atrás dela. Coloca no jornal. Sem traumas". Salisbury, sempre generoso comigo no seu livro sobre o *Times*, comentou apenas isso das minhas reportagens sobre Watergate: "Era como se Sy Hersh tivesse nascido para aquilo".

Naqueles meses, tratava-se de um processo que se autoperpetuava. Eu encontrava novas matérias porque procurava e escrevia matérias, e pessoas de dentro do governo ou do Congresso que tinham algo que consideravam importante ou pertinente queriam falar comigo. Era inevitável que eu acabasse próximo de homens dignos que faziam parte daquele governo infame; por exemplo, eu conseguia entrar em contato com Elliot Richardson ou com algum de seus assistentes seniores sempre que eu precisasse, um mês depois de Richardson ter sido designado procurador-geral.

---

ou foi me ver no dia seguinte no escritório do *Times*, e o jornal acabou escrevendo matérias sobre o que era claramente uma vingança do governo Nixon contra ele por causa de sua posição sobre a Guerra do Vietnã. Alguns anos depois da morte precoce de Lennon, em 1980, Yoko Ono ofereceu um café da manhã para mim e minha esposa, além de um passeio pelo apartamento que ela compartilhou com Lennon em Nova York. Estava repleto de desenhos enquadrados feitos pelo Beatle, todos sugerindo que o mundo ainda não tinha visto o melhor que ele tinha para oferecer. [N.A.]

Até este momento, não contei a história por trás do meu contato com Richardson. Após a sua reeleição, em 1972, Nixon nomeou um assistente da Casa Branca chamado Egil Krogh para o cargo de subsecretário de Transportes. Foi um salto e tanto para um assistente de 33 anos que não tinha a menor experiência com transportes; era conhecido apenas como alguém que trabalhara com vício em drogas e problemas de segurança interna para John Ehrlichman. Eu não tinha prestado atenção em Krogh ou na sua nomeação antes de receber uma ligação de Michael Pertschuk, um democrata astuto que era o conselheiro-chefe da Comissão de Comércio, Ciência e Transportes do Senado. Pertschuk me disse que ele e um colega estavam monitorando a confirmação de Krogh antes da comissão e acharam que tinha algo de estranho naquilo. Tem alguma coisa errada com o sujeito, disse Pertschuk. Não me lembro de suas palavras exatas, mas a mensagem dizia que o sujeito indicado pela Casa Branca, supostamente digno, era bastante perturbado. Não dava para ignorar uma dica dessas vinda de Pertschuk — que acabaria servindo com distinção como chefe da Comissão de Comércio Federal no governo Carter —, então marquei um encontro com Krogh antes que o Senado votasse sobre sua indicação. Ele ainda trabalhava na Casa Branca, e o pretexto do meu encontro foi uma questão internacional de uso de drogas; Krogh e um colega, um ex-assistente de Kissinger chamado David Young, tinham viajado ao Sudeste Asiático no fim de 1972 para questionar algumas coisas, e conversamos a respeito disso. Fiz várias perguntas sugestivas, mas saí com a sensação de que Bud, como era conhecido, não estava escondendo nenhum plano secreto. Ele parecia ser sincero, ainda que infeliz.

Então, num certo dia na primavera de 1973, Krogh me telefonou no *Times*. Ele estava com um problema e me perguntou se eu podia encontrá-lo no escritório de um advogado chamado William Treadwell, no centro de Washington. Treadwell era um membro proeminente da Igreja de Ciência Cristã na região de Washington, e Krogh, um devoto, recorreu a Treadwell em busca de conselhos. Krogh explicou que estava numa crise de consciência porque não me contou a verdade no nosso encontro anterior e, após consultar Treadwell, decidiu-se que seria absolvido se revelasse a verdade naquele momento. Então, num belo dia de sol pelo fim de abril, início de maio, fiquei chocado com o que ele me contou — que ele e David Young haviam sido membros de um grupo secreto de segurança interna na Casa Branca, conhecido formalmente, descobri depois, como Unidade de Investigações Especiais, e informalmente como Encanadores. Em 1971, recrutaram G. Gordon Liddy, um ex-agente do FBI, e E. Howard Hunt, um ex-agente da CIA, para montar um time confiável capaz de fazer o que fosse necessário — desde que não houvesse ligações com a Casa Branca — para descobrir o que mais Daniel Ellsberg sabia e que pudesse prejudicar a reeleição de Nixon. O que a equipe de Hunt-Liddy fez, é claro, foi invadir o escritório do psicanalista de Ellsberg em Los Angeles. Os dois posteriormente orquestraram a famosa invasão a Watergate em junho de 1972. Krogh me contou que também iria confessar tudo aos promotores federais e me pediu para não escrever sobre a nossa conversa antes disso. Assim, concordei em tratar sua absolvição como um assunto particular entre nós dois, encarnando o papel da pessoa prejudicada diante de um representante da sua igreja. O seu objetivo era se livrar do fardo que, como viu Pertschuk, o atormentava. Depois dessa reunião de uma ou duas horas, entendi, assim como Bud Krogh, que o emergente escândalo de Watergate ficaria muito mais sombrio do que se imaginava. Ele depois aceitou cooperar com os promotores e passou quatro meses e meio na cadeia após receber uma sentença de dois a quatro anos pelo seu papel na invasão em Los Angeles.*

Honrei meu acordo com Krogh, mas transmiti em privado boa parte do que descobri para um auxiliar de Richardson, logo depois que Nixon o nomeou procurador-geral em maio de 1973. Presumi que Richardson recebera o cargo de Nixon tendo ficado subentendido que ele protegeria tanto o presidente quanto Kissinger do inferno que se aproximava. Não faço ideia se a informação que transmiti foi útil, mas Richardson e eu conversamos muitas vezes, sempre nos bastidores, ao longo dos dois anos seguintes.

Ele, assim como eu, compreendeu desde cedo que o caso Watergate iria piorar, e muito.

---

* Deixei vários recados para Krogh através de um de seus melhores amigos quando decidi escrever sobre o nosso encontro extraordinário e repassei o cerne do que eu pretendia relatar. Ele não respondeu. Mandei um resumo similar a Bill Treadwell, que está aposentado e mora em North Fort Myers, Flórida, e ele respondeu com o que se lembrava do nosso encontro. Disse-me que foi ideia de Krogh se encontrar comigo e corrigir as coisas. "Não queria que ele falasse com você ou qualquer outra pessoa da imprensa", Treadwell me escreveu em agosto de 2017. "Bud insistiu que você era um cara honesto, que conhecia o seu trabalho, e sentia que podia confiar em você. Finalmente concordei, desde que fosse no meu escritório e com apenas nós três presentes. [...] Bud decidiu que tinha chegado a hora de abrir o jogo, cooperar com os promotores [...] e contar honestamente tudo o que ele sabia e o que tinha feito." Liguei depois para Pertschuk para conferir suas lembranças, e ele contou, então, algo que não tinha revelado de início — que Krogh havia mencionado a existência dos Encanadores nas suas primeiras falas para a comissão. [N.A.]

14.
Henry e eu

Naquela primavera, uma das matérias mais memoráveis saiu numa quinta-feira, 17 de maio de 1973, e causou tumulto dentro do Conselho de Segurança Nacional (CSN) de Kissinger, assim como no escritório de Washington do *Times*. Informei, sem nomear fontes, que Kissinger tinha entregado pessoalmente ao FBI uma lista com nomes de alguns de seus auxiliares mais próximos no CSN e de jornalistas para serem grampeados. Entre eles estava Helmut Sonnenfeldt, talvez o amigo mais próximo de Kissinger na equipe, que tinha acabado de ser nomeado subsecretário do Tesouro. Abriram-se as portas do inferno.

Alguns dias antes, William Ruckelshaus, um sujeito digno que era o diretor do FBI, revelara que treze funcionários do governo e quatro jornalistas tinham sido grampeados várias vezes entre 1969 e 1971. A revelação levou a uma correria desvairada para descobrir quem pedira para que o FBI fizesse isso, e rapidamente se descobriu que era possível escutar nas fitas vários dos auxiliares mais próximos de Kissinger no Conselho de Segurança Nacional. Kissinger reconheceu que ele vira o resumo de algumas conversas, mas insistiu que não havia solicitado a instalação de grampos e que não os aprovara antecipadamente. Até então, Kissinger, querido pela mídia por ser sempre acessível, tinha conseguido escapar de boa parte dos ataques direcionados ao presidente e a seus principais assistentes, embora as maquinações de Nixon, incluindo a autorização para invadir a sede dos Democratas, estivessem ligadas à sua ansiedade pré-eleição — relacionada ao fato de que ele e Kissinger continuavam apoiando a Guerra do Vietnã.

Eu estava longe de ser um defensor de Kissinger na época. Minhas suspeitas quanto ao papel dele em tornar John Lavelle um bode expiatório haviam aumentado enquanto investigava, no ano anterior, aquela saga sem resolução. Encontrara-me com Henry só uma vez, logo depois de retornar da viagem a Hanói no fim de março de 1972. Conversamos por mais ou menos meia hora, a convite dele, no seu escritório na Casa Branca; John Negroponte, um assistente que trabalhava com as questões do Vietnã e as negociações em Paris, estava presente. Kissinger foi mais que simpático — afinal de contas, eu seria responsável pelas reportagens investigativas do *Times*, e ele estava conseguindo o que queria com o escritório de Washington — e não houve nada de especial em nossa conversa. Perguntou-me do estado de ânimo das tropas em Hanói, e contei o que ele já sabia: que eu não vira provas de que os bombardeios dos B-52 americanos e outros ataques tivessem atenuado a intensidade do apoio popular. Foi um comentário comum, mas naquele momento Kissinger se virou para Negroponte e exclamou que aquele jovem repórter tinha dado mais informações sobre o que estava ocorrendo no Vietnã do Norte do que todos os relatórios secretos da CIA. Era um típico clichê, e me lembro de perguntar a mim mesmo como Kissinger conseguia se dar bem com tanto puxa-saquismo da imprensa da Casa Branca. Eu achava que os repórteres que haviam chegado àquele espaço estavam em seu ápice, e não deviam ser tão fáceis de agradar quanto a equipe de imprensa do Pentágono da minha época. Eu estava equivocado, e Kissinger estava certo.

Foi só depois da confissão de Ruckelshaus, feita na segunda-feira, dia 14 de maio, que me envolvi com a saga de grampos, e o que consegui não foi graças a um talento incomum para a reportagem investigativa. Logo depois da admissão de Ruckelshaus, recebi um telefonema de William C. Sullivan, um funcionário do FBI que fazia muito tempo tinha sido afastado pelo despótico J. Edgar Hoover, no outono de 1971. Naquela época, Sullivan, que eu conhecera anos atrás, estava encarregado de todas as atividades investigativas do FBI, inclusive dos grampos. Bill, que morreu num acidente de caça em 1977, convidou-me para um almoço tardio num restaurante perto da sede do FBI no centro. Inocentemente pensei que fosse um convite social, porque sabia que o restaurante ficava sempre cheio de funcionários seniores do FBI na hora do almoço. Ficamos um tempo de conversa-fiada, comigo um tanto ansioso para voltar à loucura de Watergate, e ao final do almoço, Bill me pediu para deixar que ele fosse embora antes. Vai ficar uma coisinha na minha cadeira para você, ele disse. Sim, ele estava sentado sobre um envelope pardo que peguei quando ele saiu, fingindo tranquilidade. Abri o pacote assim que voltei ao escritório e encontrei dezessete solicitações formais de grampos feitas pela Casa Branca para o FBI, dezesseis delas assinadas por Henry Kissinger. Incluíam jornalistas com quem ele conversava frequentemente, e muitos dos seus assistentes mais próximos no CNS, assim como os assistentes seniores de Mel Laird, o secretário de Defesa, e Bill Rogers, o infeliz secretário de Estado. Kissinger estava grampeando amigos e inimigos — especialmente os inimigos — na burocracia.

O dossiê de Sullivan também incluía documentos indicando que os grampos tinham sido instalados nos telefones residenciais dos alvos. Os documentos listavam os nomes dos técnicos do FBI que realizaram o trabalho. Encontrei alguns deles em casa na segunda-feira à noite, e eles confirmaram, com certa rispidez, que sim, tinham feito aquilo. Na manhã de terça-feira, contei à editoria Nacional o que possuía, liguei para a assessoria de imprensa da Casa Branca, falei para alguém o que eu pretendia escrever, e deixei um recado para que Kissinger me ligasse. Poucas horas depois, começaram os problemas. Scotty Reston, que tinha uma sala no canto do escritório, veio de pantufas até a minha mesa e perguntou se era verdade que Kissinger seria o alvo de minha próxima matéria. A mensagem dele foi bastante direta: você entende que, se publicar isso, Henry vai renunciar? Nunca havia lidado muito com o estimável Scotty, embora soubesse que ele ficara um tanto irritado com uma das minhas matérias baseada num testemunho tradicionalmente secreto do grande júri. A posição de Scotty era bastante objetiva: o *New York Times* não viola os grandes júris. Ele tinha razão, até certo ponto. Algumas semanas antes, o jornal tinha hesitado em publicar uma boa matéria sobre Watergate que eu havia feito porque vinha de alguém ligado a um grande júri. Poucos dias depois, Carl e Bob publicaram a mesma reportagem, certamente usando a mesma fonte, na capa do *Washington Post*. Meu artigo descartado foi jogado para a segunda edição do *Times*, e ficou claro para mim que qualquer matéria importante de Watergate, se checada, seria publicada na primeira página. As velhas regras tinham chegado ao fim.*

---

* Reston sempre se mostrou um tanto perplexo comigo, mas acabou, de acordo com Harrison Salisbury, admirando minha ousadia. Eu não tinha tanta certeza disso. No Natal de 1973, me voluntariei, sendo um dos judeus do escritório, a trabalhar até mais tarde. Ficaríamos apenas eu, um operador de telégrafo e um funcionário até bem depois da meia-noite. Em certo ponto da noite, bem tarde, Scotty, de black-tie, entrou no escritório com sua esposa e dois outros casais bem-arrumados. Uma das pessoas era Paul Nitzes, famoso pelo controle de armas. Scotty tinha tomado alguns drinques e presumi que ele havia ido lá para pegar mais uma garrafa na sua sala, já que as lojas de bebida já tinham fechado àquela hora. Reston me viu e exclamou: "Hersh, você não vai arranjar aquela entrevista exclusiva com Jesus para a segunda edição?". Fiquei confuso, para dizer o mínimo. Será que Scotty estava tirando onda da minha agitação constante? Ou irritado comigo por ter violado as regras ao perseguir seus amigos no alto escalão do governo? Descobri a resposta semanas depois. Ernest Klein, o avô loquaz e às vezes carrancudo da minha esposa, que tinha emigrado da Hungria para Nova York na juventude e prosperado o bastante para fugir para

Não me preocupava com os direitos de Kissinger; a sua imoralidade e má-fé, e seu poder, faziam dele um alvo justo. No meio do ataque de Watergate, no entanto, o *Times* de Londres acusou o *Times* e o *Post* de interferir no sistema judicial ao publicar "vastas quantidades de material prejudicial" que levariam a um "linchamento" nos julgamentos dos acusados. Discuti essa questão numa troca de memorandos com Lester Markel, o famoso editor do *Times* que tinha inventado a revista dominical, e que impulsionou minha autoconfiança como freelancer ao publicar todas as matérias que eu sugeria. Markel também era o responsável pela seção "Resumo das Notícias da Semana" de domingo, na qual eu colaborava constantemente; isso me dava uma oportunidade de analisar as minhas reportagens, e de fazer perguntas que não podia fazer na seção de Notícias. Markel se aposentou do jornal em 1968, mas manteve um forte interesse pelas reportagens diárias, e estava preocupado com os julgamentos feitos pelos jornais, então queria me encontrar para perguntar se, no meu afã de me equiparar a Woodward e Bernstein, a ansiedade não tinha passado por cima dos escrúpulos. Achei que ele tinha razão no que dizia respeito às questões do grande júri, mas também compreendi que atacar um presidente, como o grande júri estava fazendo, era um evento extraordinário que também acabava sendo muito competitivo. Implorei para não termos essa reunião afirmando que estava exausto demais para ser qualquer coisa que não "discursivo ao tratar de qualquer assunto, que dirá ter a propriedade para destruir pessoas (talvez) inocentes sem o devido processo legal. Em especial", acrescentei no memorando, "não quero participar de nenhuma decapitação". Eu estava ciente de que Rosenthal e seus auxiliares me deixavam correr por conta própria, mas não gostava de ser visto como um assassino de aluguel.

Falei com Kissinger por telefone sobre os grampos antes de entregar a minha matéria. Ele insistiu para que todas as nossas conversas fossem *off-the-record*, ou ele nunca falaria comigo, então é claro que concordei, só para descobrir, décadas depois, através de um acadêmico que fez uma solicitação por

---

Miami no inverno, entrou de repente no escritório. Ele disse que queria me ver trabalhando, mas admitiu que na verdade estava lá para encontrar Scotty Reston, cujas colunas ele admirava. Eu estava com um prazo urgente para cumprir, mas o conduzi alegremente até a sala de Scotty e o apresentei como Ernie, um fã na faixa dos oitenta anos. Scotty fez sinal para que ele se sentasse numa cadeira e eu fui embora. Esqueci dos dois até terminar a matéria. Quando me dei conta, corri para a sala de Scotty e os encontrei tendo bebido boa parte de uma garrafa de vodca e se divertindo conversando sobre os velhos tempos. Não havia dúvida de que, no fundo, Scotty era um repórter das ruas, como eu gostava de pensar que ele era. Mas nunca saímos para almoçar. [N.A.]

intermédio da Lei de Liberdade de Informação, que Kissinger recebia transcrições completas datilografadas horas depois das nossas poucas conversas. Na época ele insistiu, de acordo com a transcrição, que seus motivos para autorizar os grampos eram "dignos". Os grampos "tinham que ser feitos em nome dos interesses do país. Do modo como eram feitos, acabaram se tornando uma proteção para pessoas inocentes". Não preciso nem dizer que as pessoas grampeadas não viam a questão dessa maneira. Um assistente, Morton Halperin, tinha boas razões para ficar ofendido com a decisão de Kissinger de inclui-lo na lista. Ele havia sido um dos auxiliares mais confiáveis de Kissinger no início de 1969, e redigiu boa parte dos documentos mais importantes do CNS para Kissinger. Halperin o processou pelos grampos e não abandonou o caso até receber um pedido de desculpas público de Kissinger duas décadas depois. Ele também recebeu do FBI uma cópia das transcrições do grampo e descobriu que, no fim de 1969, foi possível escutar Ina, sua esposa na época, reclamando porque achava que o telefone residencial tinha sido grampeado. A transcrição mostrou que, após a reclamação dela quanto a bipes no telefone, o agente que monitorava o aparelho dela anotou: "Não há bipes na linha. Ina está paranoica achando que o telefone foi grampeado".

Na minha conversa por telefone com Kissinger, eu não estava imune à bajulação, é claro. Mas ele teve uma postura melhor que a minha. Comecei nossa conversa sem saber que ele estava gravando, e disse: "Olá, dr. Kissinger. Eu sei que estamos deixando o senhor meio louco. Todos os seus amigos estão nos avisando que, se não pararmos, o senhor vai renunciar, e o senhor é um bem da nação, e nisso acho que todos concordamos. Pelo menos, sei que Scotty pensa isso". Kissinger respondeu: "É meio chato ter que gastar todo o meu tempo atendendo ligações". Eu: "Bom, deixa eu contar as más notícias que tenho aqui. [...] Todo mundo está vazando tudo, como você sabe". Falamos sobre aqueles que tinham sido grampeados, e comentei: "Bom, não vai ser uma matéria muito bacana". Com inocência, acrescentei, em outro momento da conversa, acho que por acreditar estar sendo sincero, que "o único espírito que importa é a verdade, como você sabe, dr. Kissinger, e acho que todos nós trabalhamos com esse espírito". A resposta de Kissinger foi engenhosa, ainda que dotada de puro paternalismo: "Olha, nesse ponto, a única coisa que importa para todos nós, não interessa o nosso ponto de vista, é encontrar integridade e dignidade para este país. [...] E retornar a coisas das quais possamos nos orgulhar. [...] E é isso que, você sabe, estou tentando fazer, do meu jeito". Falei muitas coisas que eram papo-furado, mas ele, com seu discurso hipócrita ensaiado, conseguiu me superar.

Kissinger sabia que poucas pessoas — ou ninguém — acreditariam que os motivos para grampear seus assistentes eram altruístas, inclusive eu, então ele pediu para que o general Alexander Haig, seu vice, que às vezes era leal, ficasse na minha cola. Haig me ligou algumas vezes ao longo da tarde para perguntar se a matéria que associava diretamente seu chefe aos grampos seria publicada na manhã seguinte. Sim, eu disse. Recebi uma ligação final chocante na hora limite do prazo, por volta das sete da noite. "Você é judeu, não é, Seymour?" Em todas as nossas conversas anteriores, ele havia me chamado de Sy. Respondi mais uma vez que sim. "Deixe eu perguntar uma coisa, então. O senhor honestamente acha que Henry Kissinger, um refugiado judeu vindo da Alemanha, que perdeu trezes pessoas da família para os nazistas, seria capaz de se envolver nessas táticas de estado de exceção como grampear os próprios assistentes? Se tem alguma dúvida, o senhor deve a si mesmo, às suas crenças e ao seu país um dia para que possamos provar que a sua matéria está equivocada." Lembro de olhar estarrecido para o telefone. A matéria saiu e Kissinger não renunciou.

Kissinger foi nomeado secretário de Estado por Nixon naquele mês de setembro, enquanto continuava atuando como conselheiro de Segurança Nacional. Foi um caixa dois sem precedentes que levou Kissinger a ter um controle quase absoluto do processo de política externa. Também sinalizava a convicção de Nixon de que a popularidade de Kissinger com a imprensa era o maior trunfo na sua luta para permanecer no poder. A saga de Kissinger e dos grampos se arrastou por cerca de mais um ano, quando começaram as audiências da Comissão do Senado de Relações Exteriores, e Kissinger, como fizera com a questão de Lavelle, escapou de qualquer sanção após insistir que renunciaria se as audiências não apagassem o que ele chamava de uma mancha na sua reputação. A ameaça mais dramática veio em junho de 1974, durante uma viagem do presidente Nixon ao Oriente Médio, vista por muitos como um último esforço para tentar evitar o impeachment. Meu colega John Crewdson, que continuou, ao lado de Walter Rugaber, cobrindo com muito talento os interrogatórios de Watergate, alertou a Casa Branca para o fato de que o *Times* publicaria um memorando interno do FBI que ligava Kissinger diretamente à colocação de grampos, cujo objetivo era revelar quem estava vazando informações na sua equipe do CSN. Kissinger reuniu jornalistas numa coletiva em Salzburgo, na Áustria, às vésperas da viagem de Nixon, para fazer um ataque preventivo. Era a mesma lenga-lenga de sempre: "Não acho que é possível conduzir a política externa dos Estados Unidos nestas circunstâncias, quando o caráter e a credibilidade do secretário de Estado estão sendo questionados. Se isso não for esclarecido, irei renunciar". Meu ponto de vista era que se manter no poder era a melhor defesa que Kissinger tinha para evitar um processo por perjúrio — o homem mentia com tanta frequência quanto as pessoas normais respiravam — ou algo pior.

Passei a maior parte do tempo entre o verão de 1973 e o outono de 1974 lidando com outros três assuntos que tinham a marca de Kissinger — o bombardeio secreto no Camboja, as atividades dos Encanadores da Casa Branca e a guerra clandestina da CIA contra o governo Allende no Chile. Ajudei a tornar públicas essas questões, encontrei novas informações que saíram em manchetes e coloquei em risco o cargo de funcionários infratores do governo —, ajudando a deixar a presidência de Nixon insustentável. Nunca consegui atingir Kissinger de forma legal ou moral, mas consegui a atenção dele.

Em julho de 1973, dei início a uma série de artigos sobre um falso sistema de registros, ilegal e chocante — essas são as palavras certas —, que foi autorizado por alguém do alto escalão do governo Nixon para esconder catorze meses de bombardeios secretos de B-52 no Camboja. Os bombardeios, cujo objetivo era romper o fluxo de armas para tropas vietcongues e norte-vietnamitas no Vietnã do Sul, foram encerrados em maio de 1970, quando o governo Nixon invadiu o Camboja e reconheceu oficialmente o regime neutro do príncipe Norodom Sihanouk. Os ataques a bomba, que duraram tanto tempo, tinham sido revelados antes na imprensa, mas não o fato de que sua existência fora ocultada por um sistema de registros falsificados que permitia que apenas pouquíssimas pessoas no Exército e na Casa Branca soubessem que as bombas não estavam caindo dentro das fronteiras do Vietnã do Sul, como constava — falsamente — nos registros confidenciais do Pentágono, e sim no Camboja.

A existência desses registros forjados se tornou conhecida numa carta enviada por Hal M. Knight, um major da Força Aérea recém-aposentado, para o senador Harold Hughes, de Iowa, um democrata contrário à guerra que estava na Comissão das Forças Armadas do Senado, que ainda lidava com os resíduos do caso Lavelle. Hughes e eu nos tornamos amigos durante o caso Lavelle — o homem conseguia devorar uma dúzia de costelinhas de porco no almoço — e ele encaminhou a carta para mim. A revelação de Knight foi parar na capa do jornal de domingo, 15 de julho. Numa entrevista,

Knight, que servira no Comando Aéreo Estratégico das Forças Aéreas dos Estados Unidos, me contou que ele tinha começado a falsificar os registros dos bombardeios de B-52 logo depois de sua chegada ao Vietnã do Sul, em fevereiro de 1970. O ex-major chegou rapidamente à questão crucial: a principal função do Comando Aéreo Estratégico, além de soltar bombas de B-52, era transportar armas nucleares e patrulhar os céus nas fronteiras da Rússia e da China. Os pilotos de B-52 estavam a um comando presidencial de distância de fazer chover um inferno nuclear na Rússia, dando início à Terceira Guerra Mundial. "Nós éramos todos do Comando Aéreo Estratégico", Knight me disse. "Se alguém [na Casa Branca de Nixon] digitasse o número certo no lugar certo, nos fariam bombardear a China em vez do Camboja, se quisessem." A integridade da contenção nuclear dos Estados Unidos estava sendo posta em risco por alguém no topo do governo Nixon, imerso numa guerra perdida, que ordenava que os pilotos do Comando Aéreo Estratégico mentissem.

Liguei para Kissinger dois dias depois, em 17 de julho, logo após o meio-dia, e de acordo com a transcrição feita pelo seu escritório, comecei dizendo que o telefonema era algo na linha de "E lá vamos nós outra vez". Contei o que sabia sobre as recordações de Hal Knight. Esperava, talvez ingenuamente, que tivéssemos uma discussão séria, dada a especialidade de Kissinger em controle de armas e assuntos relacionados, mas o que recebi foi uma série de mentiras. "O que eu li na sua matéria foi novidade completa para mim. [...] Não sei nada desse sistema de registros", ele disse. "Então não teria como ordenar uma falsificação, nem se quisesse. [...] Não saberia explicar como os registros são feitos, nem se minha vida dependesse disso." Kissinger insistiu para que eu falasse com Al Haig sobre o tema e prometeu que pediria a ele que entrasse em contato comigo. Acrescentou, de forma lamentável: "Você sabe que tem muita gente que tentou fazer a coisa certa, até mesmo a escolha moralmente correta, e fica muito difícil quando tudo, quando toda ação precisa ser constantemente interpretada quatro anos depois do evento que a gerou". Entre as pouquíssimas transcrições de telefonemas com Kissinger que obtive anos mais tarde, havia uma que registrava uma ligação de Kissinger para Haig quatro horas depois dessa conversa dele comigo. Kissinger perguntou: "Algum dia dissemos [ao Comando Aéreo Estratégico] como fazer seus registros?". Haig respondeu: "Claro que não". Kissinger: "Foi o que eu falei". Haig: "Por que razão estamos conversando sobre isso? Por que razão devemos contar alguma coisa para Seymour Hersh?" Kissinger: "Bom, você pode ter essa atitude, mas eu não. Eu sabia da operação". Na época, não precisei de uma transcrição para saber que Kissinger tinha mentido para mim.

As audiências do Senado, que foram autorizadas pelo diretor John Stennis, começaram na manhã do meu telefonema com Kissinger e geraram uma rápida confirmação dos registros falsificados de bombardeios por parte de James R. Schlesinger, o novo secretário de Defesa, que tinha acabado de substituir Elliot Richardson. A diversão começou quando Kissinger, Laird e outros funcionários, incluindo o general aposentado do Exército, Earle Wheeler, que era diretor dos chefes de gabinete na época, desprezaram, de início, o sistema de registros falsificados e insistiram não saber daquilo. No meio disso tudo, revelei que o secretário de Estado William Rogers afirmara ao Congresso, três anos antes, numa audiência secreta, que o Camboja era uma nação do Sudeste Asiático "onde nossas mãos estão limpas, e os nosso corações, puros".

A verdade finalmente apareceu no início de agosto, quando a Comissão do Senado liberou um memorando altamente confidencial mostrando que Laird e Wheeler sabiam dos registros falsificados e os autorizaram. Esses funcionários do alto escalão começaram, então, a delatar quem eram os responsáveis na Casa Branca. Laird me disse que as ordens de falsificação vieram do Conselho de Segurança Nacional de Kissinger, e Wheeler, desdizendo sua declaração inicial, disse à Comissão do Senado que Nixon tinha ordenado pessoalmente que os ataques fossem feitos "com o maior sigilo possível". Demorou mais uma década, quando trabalhava num livro sobre Kissinger, para que eu descobrisse que o sistema de falsificação de registros tinha sido organizado, com o auxílio de um coronel da Força Aérea, por Al Haig, o confidente de Kissinger na equipe do CSN, com total conhecimento do próprio Kissinger.

Resumindo o assunto para o *Times* naquele verão, não pude resistir à óbvia frase de abertura: "Tudo sempre começa com uma carta" — uma referência à dica de Ron Ridenhour quanto a My Lai. Foram necessários apenas alguns dias de audiências no Senado para que as negativas fossem derrubadas, pois o risco de abalar o senso de dever do Comando Aéreo Estratégico ficou claro. A autorização de Nixon para que o Exército mentisse e ocultasse os bombardeios no Camboja tornou-se o quarto item do pedido de impeachment contra Nixon promulgado pela Comissão do Judiciário em julho de 1974, um mês antes de ele renunciar, mas acabou não sendo adotado.

No final do ano, surgiram mais provas relacionadas ao caos extremo e à falta de respeito pela lei dentro do governo Nixon, e naquela altura Kissinger era tanto a causa quanto a vítima da confusão. Boa parte da diplomacia de Kissinger era feita em segredo, longe da mídia, um fato que, por algum motivo misterioso, parecia entusiasmar grande parcela da imprensa em Washington. Apenas poucos auxiliares, que tinham que estar por dentro de tudo, eram atualizados quanto às negociações secretas de paz em Paris; estes montaram, também em segredo, o palco para a visita triunfal de Nixon a Pequim em 1972. O almirante Tom Moorer, um milico sulista pró-guerra que era diretor dos chefes de gabinete, tinha sido limado das conversas, assim como outros oficiais militares e civis que deveriam ter sido consultados sobre questões como uma visita à China e o fim do impasse entre Washington e Pequim.

Kissinger e Haig também evitaram os profissionais civis que geralmente trabalhavam anotando e estenografando as viagens secretas, e recorreram aos militares, que pareciam menos propensos a vazar informações. Os dois líderes da Segurança Nacional pensaram ter encontrado a pessoa perfeita no soldado da Marinha Charles E. Radford, que às vezes trabalhava num submarino e era um estenógrafo de primeira. Ele havia sido designado para o escritório de Kissinger no fim de 1970 e permanecia lá no fim de 1971. Radford acompanhou Kissinger em negociações secretas no início de 1971 em Islamabad, com o então presidente paquistanês, Yahya Khan, um aliado próximo da China. Os preparativos para a visita de Nixon a Pequim no início de 1972 foram formalizados através dos bons serviços do presidente Khan. Também havia um lado obscuro nesse sigilo: Khan era um déspota genocida, cujo Exército chacinou entre 500 mil e 3 milhões de pessoas do próprio povo ao suprimir uma revolta de secessão no fim de março de 1971, na região que na época era o Paquistão do Leste (e hoje é Bangladesh). O mundo rechaçou a brutalidade de Khan, mas Nixon e Kissinger permaneceram em silêncio, por motivos que não foram compreendidos à época pelo Departamento de Estado e pelo resto do mundo, para proteger o seu acesso à liderança chinesa. Kissinger dedicou quase oitenta páginas de suas memórias para fazer uma racionalização nada convincente acerca de sua inércia diante da brutalidade de Khan. Radford, é claro, sabia do segredo; dispunha de confiança plena de Kissinger, que não fazia ideia de que o soldado estava copiando suas anotações e documentos preparados para o presidente e as transmitia, através de um almirante sênior que trabalhava na Casa Branca, para o almirante Moorer.

Algumas das informações internas do que ficou conhecido como a "virada" da Casa Branca em direção ao Paquistão começaram a aparecer em dezembro de 1971, nas colunas diárias de Jack Anderson, o jornalista de Washington que havia muito atacava os políticos. O vazamento de dados ultraconfidenciais e vergonhosos levou a investigações de segurança interna lideradas por David Young, o parceiro de Egil Krogh na equipe de Encanadores, que rapidamente conduziram a Radford. Anderson era mórmon, assim como Radford, que admitiu, sob interrogatório, que ele tinha uma amizade com Anderson por motivos religiosos; não havia dúvida de que Radford, imerso em espionagem, estava fazendo hora extra para ajudar o colunista, que recebeu um Prêmio Pulitzer em 1972 por muitas de suas colunas com notícias estrondosas.

Havia perguntas óbvias a serem feitas a Kissinger por causa disso tudo, porque o sigiloso Young, diplomado em Oxford e na faculdade de direito de Cornell, trabalhou mais de dois anos na equipe do CSN de Kissinger antes de se juntar ao Conselho Nacional de John Ehrlichman e, por fim, aos Encanadores. Houve ainda outra investigação do escândalo por parte de uma Comissão do Senado liderada por John Stennis, e Radford e todos os seus superiores no Exército negaram, de início, o que era óbvio — que havia uma rede de espionagem militar, com até cinco oficiais seniores envolvidos, além de Radford, que entrou em ação graças ao sigilo de Kissinger. Essa bagunça sórdida ficou enterrada até janeiro de 1974, quando descobri que a Casa Branca tinha informado a Comissão do Senado de Watergate sobre o que erroneamente pensava ser uma ameaça de extorsão por parte de W. Donald Stewart, que era então o inspetor-geral do serviço investigativo do Departamento de Defesa. Stewart, um ex-agente do FBI, havia se inscrito para ser diretor do escritório, e algumas pessoas no governo desestabilizado temiam que ele tivesse a intenção de oferecer informações sobre espionagem militar em troca de um cargo no alto escalão. (Stewart deu risada ao ouvir as alegações, que foram descartadas, numa entrevista posterior que fiz com ele; depois descobri que ele havia futilmente abordado o secretário de Defesa McNamara em 1967, um ano antes de My Lai, com provas de que as coisas estavam fugindo do controle na Guerra do Vietnã.)

O diligente Bob Woodward entrou na corrida, e ele também estava dominando o assunto. Começamos a jogar tênis juntos enquanto o escândalo de Watergate se tornava um pedido de impeachment, o que nos levou a comer pizza em algumas madrugadas e a decidir que compartilharíamos, na medida do possível, o que descobríssemos.* A ideia era que tudo seria mais eficiente se deixássemos de perseguir a mesma matéria — uma vez encontrei um recado de Bob que dizia "Kilroy esteve aqui" do lado de fora do escritório de uma pessoa que eu pretendia entrevistar — e passássemos a fazer matérias separadas e pressionássemos nossos editores a publicar o resumo do trabalho do outro. O acordo nos libertava para trabalhar nas nossas próprias matérias e da responsabilidade de tentar "superar" — uma palavra odiada em nossa profissão — a reportagem exclusiva do outro. É claro que não compartilharíamos uma história vital, mas essas foram diminuindo ao passo que a saga de Watergate entrava no seu terceiro ano. Bob acabou contando aos seus editores sobre o nosso acordo; ele também insistiu, de um jeito irônico, para que eu nunca pagasse pelas nossas sessões de tênis (o que não ocorreu). Durante toda a temporada as sessões foram reservadas por Katharine Graham, a diretora do *Post*, uma socialite de Georgetown que em privado era tão boca suja quanto Ben Bradlee — e eu. Ela, assim como Woodward, era capaz de ignorar a competição feroz entre o *Post* e o *Times* quando necessário, e no ápice das minhas publicações sobre Watergate ela me convocou até o seu escritório no último andar para me ajudar a elaborar um discurso sobre reportagem investigativa, enquanto se queixava do fato de que Bradlee nunca dava descanso aos principais anunciantes do jornal quando eles estavam em apuros. Era impossível não admirar o jeito direto dela.

O escândalo de espionagem militar levou a uma questão óbvia, que redigi assim: por que o presidente, em sua tão reiterada preocupação quanto à segurança nacional, não insistia para que houvesse uma investigação de verdade?

---

* Nessa época, David Obst tinha virado amigo de Woodward e de Bernstein — e depois se tornaria agente literário deles — e marcou um jantar entre nós três, que pensávamos naquele momento estar no nosso ápice, e Jane Wenner, editora e *publisher* da revista *Rolling Stone*. Bebemos um pouco, como sempre, exceto por Bob, e num momento nebuloso, tarde da noite, a conversa girou em torno das teorias da conspiração acerca do assassinato de John F. Kennedy. Obst, ou talvez Wenner, na sua loucura genial, bolou o que na hora pareceu uma ideia fantástica: a *Rolling Stone* anunciaria uma investigação conjunta do assassinato de JFK por parte de Woodward, Bernstein e Sy Hersh — e isso seria financiado publicamente e de modo completamente independente de qualquer influência exterior. Por 25 dólares seria possível comprar, através da revista, uma ação da empreitada, que produziria matérias, um livro e um documentário para TV. Todas as pessoas no país e no mundo poderiam investir. Conversou-se de modo frenético sobre arrecadar milhões de dólares. Não preciso nem dizer que o que soava como uma ideia incrível no meio da noite não pareceu tão interessante na manhã seguinte. Liguei para Obst e disse que de jeito nenhum aquilo aconteceria, e suponho que Bob e Carl tenham feito o mesmo. [N.A.]

Ao seguir a trilha de migalhas largadas por Radford nas entrevistas que me concedeu, podia-se chegar ao almirante Moorer e a outros, mas não houve processos e todos permaneceram nos seus cargos. Escrevi sobre isso, é claro, mas não podia dizer o que realmente pensava, já que eu não estava sendo pago pelo *Times* para publicar minhas ideias não comprovadas. Elas eram bastante sombrias: tinha a convicção de que a Casa Branca acobertaria qualquer escândalo com medo de que as pessoas realmente importantes, quaisquer que fossem, pudessem ser descobertas. Mais uma vez, encontrava-me focado em Kissinger, em parte por causa do papel dele nessa bagunça, mas também porque estava convicto de que o silencioso David Young o mantivera informado durante todo aquele tempo sobre outras atividades ainda desconhecidas dos Encanadores.

Pensava isso porque Kissinger fora enfático ao negar ter qualquer conhecimento sobre o assunto durante a sua audiência no Senado, quatro meses antes de sua nomeação a secretário do Estado. "Desconheço qualquer atividade que David Young possa ter executado", ele disse à Comissão de Relações Exteriores. "Não sabia da existência desse grupo de Encanadores ou de qualquer outro nome que possa se dar a eles. Nem sabia que David Young estava lidando com questões de segurança interna."

Era uma mentira que ele precisou contar, pois Young e Krogh foram responsáveis pela contratação de E. Howard Hunt e G. Gordon Liddy para a equipe de Encanadores, e os dois, como foi dito anteriormente, estavam envolvidos na invasão ilegal do consultório do psicanalista de Ellsberg em Los Angeles em meados de 1971, assim como na invasão a Watergate. Young cooperou com a promotoria no julgamento dos Encanadores e não cumpriu pena. Foi embora dos Estados Unidos e retornou a Oxford, terminou o doutorado, e ficou de boca fechada, assim como Kissinger previra, imaginei. Kissinger, questionado três dias depois pela Comissão de Relações Exteriores sobre seu conhecimento acerca da existência dos Encanadores, repetiu a negativa e acrescentou um novo elemento: "Não estava sequer ciente da localização do seu escritório [de Young] ou deveres, nem tive nenhum contato com ele".

Dez dias depois da minha primeira matéria sobre o escândalo de espionagem militar, Kissinger parou de fingir não ter laços com Young e admitiu, numa coletiva no Departamento de Estado, que no fim de 1971 ele ouvira uma gravação em fita que Young tinha feito com um jovem almirante envolvido no direcionamento de documentos do seu escritório para o Pentágono. A admissão contradizia diretamente o seu testemunho durante as audiências feitas para confirmar sua nomeação e, como Kissinger com certeza sabia, não o ajudaria diante das muitas pessoas no governo e na mídia que o viam como um mentiroso em série. Ele fez o máximo para tornar o assunto mais confuso, afirmando de início que foi John Ehrlichman quem "me deixou ver, ou melhor, ouvir, o interrogatório". Depois ele cedeu, ao ser questionado pela imprensa, e disse que o interrogatório tinha sido conduzido por David Young. Kissinger não conseguia se controlar, no entanto, e tentou convencer os jornalistas de que "não era possível supor que David Young estivesse conduzindo uma investigação" já que *ele* estava fazendo a entrevista, e não o jovem almirante. Ele "presumiu", disse, que Ehrlichman simplesmente tinha pedido a Young que fizesse a entrevista. "Reafirmo aqui todas as palavras que disse na Comissão de Relações Exteriores [nas audiências de confirmação da nomeação] e asseguro que são totalmente consistentes com as alegações feitas por fontes não nomeadas."

Chegou a esse ponto com Kissinger — era apenas outro dia, outra declaração e mais deturpações. Eu ainda estava em contato com John Stennis, e ele deixou claro que esse caos envolvendo Radford era uma investigação que não iria a lugar algum, em termos de punir os infratores. Seria outra matéria, ele disse, assim como a dos registros falsos que ocultaram o bombardeio no Camboja, que poderia destruir o Pentágono. Woodward e eu continuamos escrevendo sobre o escândalo, mas o público parecia estar farto das trapaças da Casa Branca. A constante má-fé de Nixon e a maneira como Kissinger distorcia as palavras eram condições dadas na época, e a Comissão das Forças Armadas do Senado, que era pró-militar, organizou algumas audiências pro forma e abandonou o assunto. Numa entrevista posterior, Radford me contou algo que ele não dissera à comissão ou ao público anteriormente — que havia transportado nada menos do que 5 mil documentos confidenciais do escritório de Kissinger para o Pentágono ao longo dos treze meses em que trabalhou na Casa Branca.

No início de 1974, Les Gelb, que costumava achar graça na loucura da Casa Branca, estava contando para quem quisesse ouvir sobre os meus truques ao entrevistar pessoas por telefone. O meu preferido, verdadeiro ou não, remetia a uma época durante a crise dos Encanadores em que eu me encontrava desesperado para entrar em contato com Charles Colson, o assistente de Nixon que estava muito envolvido com boa parte das infrações. Ele tinha sido indiciado por algum motivo, e todo mundo na imprensa estava em busca do sujeito. De acordo com Les, eu ligava para o número residencial de Colson, mas ninguém atendia. Então passei horas ligando de novo e de novo, supostamente lendo uma transcrição da audiência do Congresso enquanto isso. Finalmente, a sra. Colson atendeu e disse que Colson não se encontrava lá. "Ele ainda está em Washington?", perguntei, e acrescentei: "Bom, sra. Colson, se eu fosse o seu marido, teria botado um bigode falso e viajado para a América do Sul". Ela riu e então falei o quanto admirava Colson por não fugir. Ela disse que faria ele me ligar de volta, o que ele de fato fez.

Les compreendia as complexidades da estratégia das negociações nucleares, algo muito raro entre correspondentes — era o seu cargo no *Times* —, e Kissinger fez o possível para que ele, um ex-colega acadêmico, ficasse por dentro de tudo e fosse parte da equipe — como Kissinger enxergava a situação. Les e Kissinger conversavam com frequência, deixando um rastro de transcrições que mostravam a noção que Kissinger tinha da própria mortalidade e, talvez, sua sensação de estar condenado. Em certo momento de um telefonema em 1974, que girava em torno de uma das matérias de Gelb sobre controle de armas — uma conversa confidencial —, Gelb disse: "É difícil... hoje em dia em Washington não ficar com a pulga atrás da orelha com todo funcionário do governo" — isto é, havia medo de ser enganado. Kissinger, ao ouvir a palavra "orelha", deu uma resposta reveladora: "Não vou falar de grampos telefônicos". Naquela época, questões acerca da responsabilidade dele nessa questão ainda não tinham sido respondidas diante do Senado. "Estou falando em geral... o que inclui os grampos." Kissinger: "Sy Hersh quer me pegar". O sempre leal Gelb: "Só quero dizer que... se o senhor conversar com ele, explique a sua noção de realidade. Sy Hersh vai imprimi-la e levá-la em consideração. Será obrigado a isso". Kissinger: "Vou defender uma consistência. Para poder permanecer num cargo público, preciso constantemente defender a minha integridade, ou perco o cargo".

Les salvava minha vida em meio às pressões do escritório de Washington, e às vezes era difícil dizer não para algum dos seus esquemas. Por exemplo, num dia desgraçado de inverno, fui com ele, embora estivesse muito relutante, a uma reunião que Les tinha marcado no Departamento de Estado para revisar o texto de uma reunião de bastidores com Kissinger sobre o controle de armas. Como Lester contou depois a um jornalista, ele perguntou a um porta-voz de Kissinger, de um jeito casual, se "podia levar um amigo". A resposta foi sim. Chegamos e Gelb, que estava se divertindo à beça, anunciou para o porta-voz após apertar a mão dele: "Esse é o Sy Hersh". O porta-voz, nas lembranças de Gelb, "começou a tremer, literalmente. Sy está lendo um jornal. [O porta-voz] não consegue tirar os olhos dele. É como se fosse o Drácula". O sujeito ficou completamente nervoso, mas Les logo disse algo na linha de que eu estava lá por outro motivo, que não tinha nada a ver com a reunião em questão. O assistente não me cumprimentou. Les e eu rimos da cena por semanas a fio.

Era maravilhoso dar umas risadas no escritório, mas no início da década de 1970 estávamos lidando com um presidente corrupto que lutava para permanecer no cargo e que talvez estivesse disposto a tudo para isso. Pude experimentar a brutalidade do poder presidencial e a complicada responsabilidade da imprensa poucas semanas depois que o escândalo de espionagem militar evaporou. O sistema de gravações internas de Nixon tinha sido revelado no verão anterior, e promotores federais que cuidavam dos vários casos de Watergate estavam tendo êxito nos processos por conseguirem acessar conversas que podiam ser relevantes. No início de maio, um funcionário federal que eu conhecia me mandou páginas da transcrição de uma fita de Nixon que tinha sido requisitada pela Justiça para uso num julgamento criminal em Nova York de dois membros do gabinete de Nixon, o secretário do Comércio Maurice Stans e o ex-procurador-geral John Mitchell.* Na fita, que tinha sido gravada à noite, talvez Nixon estivesse se exibindo, ou talvez tivesse bebido Martinis demais, ele entrou numa diatribe contra minorias. Falou várias vezes daqueles "judeuzinhos" na Comissão de Títulos e Câmbio que "estão por toda parte. Não tem como segurá-los". Também disse algo parecido sobre "parar aqueles judeus na Procuradoria-Geral" em Washington que estavam envolvidos nos processos contra ele. Referiu-se ao juiz John Sirica, que lidou ceticamente com o caso original da invasão de Watergate, como "aquele carcamano". Passei muitos dias comprovando que esse tipo de linguagem era comum no Salão Oval e estava longe de ser usado, como a Casa Branca declarou depois, "com bom humor entre amigos".

---

* Eu conhecia Mitchell de tê-lo entrevistado algumas vezes, e fiquei surpreso quando ele apareceu com dois advogados para um almoço tardio no centro de Washington, no meio do seu julgamento de Watergate, em 1974, no qual era acusado de perjúrio, obstrução da Justiça e conspiração. Cumprimentei-o com um aceno de cabeça, mas deixei o grupo sozinho até o fim da refeição. Os advogados tinham ido embora e Mitchell estava assinando uma conta de cartão de crédito — clientes sempre pagam as contas dos advogados — quando me sentei. Mitchell tinha uma reputação terrível por causa de seu apoio fervoroso a Nixon, mas era difícil não gostar do sujeito. Perguntei se estava tudo bem. Ele rasgou o recibo do cartão de crédito, escreveu algo no verso, dobrou, me entregou e disse: "Isso vai revelar tudo o que você precisa saber na vida, moleque". Esperei até ele sair do restaurante antes de olhar o recado, que dizia: "Da próxima vez, evoque a Quinta Emenda [que garante o direito de não produzir provas contra si mesmo]". Ele foi condenado no ano seguinte por todas as acusações e passou dezenove meses na cadeia, o único funcionário de alto escalão de Nixon a cumprir pena. [N.A.]

A matéria saiu na capa do *Times* e gerou uma esperada onda de protestos por parte da Casa Branca e de apoiadores do presidente. Vários funcionários da Casa Branca, obviamente pressionados por um presidente furioso, atacaram a matéria em público e em particular, redigindo cartas a vários editores do *Times*, entre eles Clifton Daniel, que ainda era o chefe da filial de Washington. Tudo isso era esperado, mas não o que ocorreu na sequência. Tom Wicker, o maravilhoso repórter, editor e colunista do *Times*, puxou uma cadeira ao lado da minha mesa, no meio do barulho todo da redação, e perguntou se eu tinha um minutinho. É claro que sim. Ele se aproximou e disse que a minha matéria sobre o linguajar de Nixon, e as negativas exacerbadas da Casa Branca, além dos ataques a mim e ao *Times*, demonstravam o estado irracional em que Nixon se encontrava e fizeram com que ele se lembrasse de uma matéria que não tinha escrito. Ele havia se tornado o chefe da filial de Washington em 1964 enquanto cobria a Casa Branca. Em certo ponto no fim de 1965, quando a Guerra do Vietnã estava estagnada (já naquela época), ele escreveu um artigo com uma análise severa da guerra e de seus perigos um dia antes de ele e seus colegas da imprensa da Casa Branca viajarem para a estância do presidente Johnson para passar um feriado prolongado com ele. Houve um briefing para a imprensa no meio da manhã de sábado, e foi dito aos repórteres que tudo ali seria extraoficial, ou seja, não havia nenhum evento presidencial oficial naquele dia. Em um dado momento, o presidente, dirigindo um Lincoln conversível, como costumava fazer, avançou numa velocidade absurda até o local em que estava a imprensa, enfiou o pé no freio, abriu a porta da direita — todos os olhares estavam cravados nele —, gritou "Wicker" e fez um sinal para que ele se aproximasse. Tom entrou no carro e os dois saíram pela estrada de terra. Não trocaram palavras. Depois de uns instantes, Johnson mais uma vez meteu o pé no freio, estacionando embaixo da copa de umas árvores. Com o motor ligado, ele saiu do carro, caminhou um pouco entre as árvores, parou, abaixou as calças e defecou a olhos vistos. O presidente se limpou com folhas e grama, subiu as calças, voltou para o carro, deu meia-volta e retornou ao local da imprensa. Chegando lá, mais uma vez freou bruscamente, e fez sinal para que Tom saísse do carro. Tudo isso sem dizer uma palavra.

É claro que não me lembro das palavras exatas de Tom, só de algumas, e me lembro principalmente do seu desconforto. Johnson estava dando um recado bem óbvio sobre o que ele pensava da análise jornalística de Wicker. Mas o que ele fez foi uma loucura, assim como o linguajar de Nixon e sua insistência, feita através de outras pessoas, de que as palavras eram afetuosas. "Foi quando eu soube", Tom me contou, "que o filho da puta nunca ia dar um fim à guerra." Acrescentou o que pensou na época, e ainda pensava: tinha que dar um jeito de escrever sobre aquilo, o que representava em relação à insistência cega de Johnson de que ele estava certo e os que discordavam eram uns bostalhões. A Guerra do Vietnã continuaria por muito tempo.

Eu tive meu momento Wicker, mas sem arrependimento, logo depois de Nixon sair da Casa Branca no dia 9 de agosto de 1974, para retornar a sua casa em frente à praia em San Clemente, Califórnia. Poucas semanas depois recebi um telefonema de um contato ligado a um hospital próximo na Califórnia e ouvi que a esposa de Nixon, Pat, tinha sido atendida na emergência logo depois que ela e Nixon haviam retornado de Washington. Ela disse aos médicos que o marido tinha lhe batido. Posso afirmar que a pessoa que falou comigo sabia exatamente quão grave eram os ferimentos dela e da raiva do médico da emergência que a atendeu. Não tinha ideia do que fazer com aquela informação, se é que dava para fazer algo, mas segui o velho adágio do City News Bureau: "Se a sua mãe disser que te ama, é bom dar uma conferida". Em meados de 1974, já era próximo de John Ehrlichman, então liguei para ele e contei do que tinha acontecido com Pat Nixon em San Clemente, dando mais detalhes do que estou oferecendo aqui. Ehrlichman me deixou boquiaberto ao dizer que sabia de dois incidentes anteriores nos quais Nixon batera na esposa. A primeira vez foi logo que perdeu a disputa para governador da Califórnia, em 1962, quando declarou amargurado à imprensa que era a sua última disputa política e que "não teriam mais o Nixon para atacar". Uma segunda agressão ocorreu durante os anos de Nixon na Casa Branca. Não escrevi a matéria naquela época, e não lembro de ter contado aos editores de Washington qualquer coisa sobre o assunto. Pensei em revelar o que sabia numa nota de rodapé num livro posterior sobre Kissinger, mas decidi não fazer isso. Contei a história uma vez numa palestra em 1998 para os bolsistas de jornalismo daquele ano da Fundação Nieman, na Universidade Harvard. A questão era a fusão entre vida privada e pública, e expliquei que teria escrito sobre os ataques se fossem um exemplo de como a sua vida pessoal interferiria na política, mas não havia provas de tal ligação. Acrescentei que não foi um caso no qual Nixon saiu em busca da sua esposa para agredi-la, não a encontrou e então decidiu bombardear o Camboja. Fiquei abalado com a fúria que a minha decisão gerou entre as mulheres presentes, que observaram que agressão é crime e questionaram por que decidi não relatá-lo. "E se fosse outro crime?", me perguntaram. "Se ele tivesse roubado um banco?" Tudo o que pude dizer era que na época — em minha ignorância — não vi o incidente como um crime. Minha resposta não foi satisfatória. Ao contrário das mulheres, não compreendi na época que o que Nixon tinha feito era crime. Deveria ter relatado o que sabia ou, se ao fazer isso comprometesse uma fonte, deveria ter me certificado que outra pessoa relataria.

No início de setembro de 1974, me passaram uma carta escrita por Michael Harrington, membro do Congresso, falando de um testemunho ultraconfidencial que William Colby, diretor da CIA, tinha dado cinco meses antes sobre as atividades econômicas e políticas da Agência cujo objetivo era desestabilizar e derrubar o governo de Salvador Allende, presidente socialista do Chile, eleito em 1970. Allende fora assassinado no setembro anterior, e o responsável pelo golpe, o general Augusto Pinochet, instituiu a lei marcial, deslocando o país para a extrema direita, enquanto assassinava, aprisionava e reprimia boa parte da oposição de esquerda. Colby contou ao Congresso que a maioria das atividades clandestinas da CIA, se não todas, tinha sido aprovada pelo Forty Commitee, um conselho secreto de Inteligência do Departamento de Estado chefiado por Henry Kissinger. Colby, em seu depoimento, descreveu as operações contra Allende como um teste do uso de pagamentos em dinheiro para derrubar um governo visto como hostil aos Estados Unidos. O orçamento para a operação foi de 8 milhões de dólares, de acordo com Colby. Perguntaram a Kissinger, em seu depoimento de confirmação diante da Comissão de Relações Exteriores do Senado, se a CIA tinha se envolvido de alguma maneira na derrubada de Allende. Ele fez o que os funcionários oficiais dos Estados Unidos aprenderam a fazer em tais momentos; respondeu com uma bela de uma mentira: "A CIA não teve nada a ver com golpe, com base no que sei e acredito".

Investiguei a história ao longo do mês seguinte, citando fontes internas que afirmavam que a política era obra de Richard Nixon, mas Kissinger emergiu como o principal estrategista da luta econômica contra Allende. Houve várias denúncias de influência americana no golpe chileno, impulsionadas pelo reconhecimento imediato do governo Pinochet por parte do governo Nixon, e a recusa de Washington em insistir para que Pinochet interrompesse a repressão assassina de apoiadores de Allende. A carta do deputado Harrington dizia, essencialmente, que Nixon e Kissinger estavam mentindo fazia anos com a sua insistência de que os Estados Unidos não intervinham ilegalmente no Chile, e que a incapacidade do governo Allende em conseguir empréstimos e créditos não era resultado de uma avaliação negativa de crédito de seu país, e sim derivada da política americana. Em poucas semanas, obtive acesso a documentos secretos que mostravam que as atividades da CIA iam além da pressão econômica e envolviam o financiamento de grupos extremistas violentos que atuavam internamente no Chile, montando greves com o objetivo de atrapalhar a economia. Também se falava de assassinatos, e pelo menos um general do Exército chileno favorável a Allende foi morto com tiros de armas contrabandeadas pela unidade da CIA em Santiago.

Ficou óbvio que algumas pessoas de dentro da CIA estavam interagindo comigo. Kissinger devia saber o motivo: a pressão da Agência para que se fizesse algo a respeito de Allende era constante, vinha de Nixon e era transmitida por ele, o secretário de Defesa. A CIA, abalada com a Guerra do Vietnã e por seu papel perturbador no escândalo de Watergate, não ia apanhar em silêncio no que dizia respeito a Kissinger. Nem eu. Kissinger era o alvo deles, também o meu. Dentro do Departamento de Estado, não havia dúvida quanto às minhas intenções. Um memorando destinado a Kissinger, com a data de 24 de setembro de 1974 e que deixou de ser confidencial, escrito por dois assistentes próximos (Larry Eagleburger, assistente executivo de Kissinger, e Robert McCloskey, porta-voz do Departamento de Estado), alertava:

> Acreditamos que Seymour Hersh tem planos de publicar mais acusações contra a CIA sobre o Chile. Ele não pretende parar. Você é o alvo principal.
> Bill Colby falou para Brent Snowcroft [o assistente militar de Nixon] que os artigos de Hersh de hoje, da última sexta e de sábado são falsos e que está pronto para declarar isso. Acreditamos que uma negativa pública e direta de Colby seja a maneira mais eficaz de enfrentar Hersh.
> Nat Davis e Harry Shlaudeman [diplomatas que serviram no Chile] redigiram a declaração em anexo, que representa *a verdade com base no que sabem* [grifado]. Com a sua autorização, poderíamos pedir para Scowcroft entregá-la a Colby, para que ele confira, verifique tudo e publique se necessário. A pressa é fundamental, pois quanto mais tempo as acusações de Hersh ficarem sem resposta, mais credibilidade ganharão. Podemos prosseguir?

Os artigos citados estavam relacionados, em parte, com diretrizes internas da CIA com as quais tive contato ao lidar com os esforços da Agência em conseguir financiamento para apoiar extremistas contrários a Allende, tais como o Patria y Libertad, um grupo reacionário que se jactava abertamente do seu envolvimento em tentativas militares de derrubar o governo do presidente chileno. Colby nunca publicou a negativa.

Três dias depois escrevi sobre uma reprimenda chocante que Kissinger deu a David Popper, o embaixador americano no Chile, que discutiu tortura e outras violações de direitos humanos durante uma reunião sobre apoio militar com representantes do governo Pinochet. "Diga a Popper para largar as aulas de ciência política", Kissinger rabiscou em um telegrama que recebera de Popper. Escrevi que Popper e outros diplomatas no Chile e na seção de Assuntos Interamericanos do Departamento de Estado, responsável pela diplomacia na América Latina, estavam furiosos e "impressionados" com a reprimenda de Kissinger.

Kissinger imediatamente convocou uma reunião com os chefes do departamento após ler a minha reportagem e iniciou um discurso inflamado, de acordo com uma transcrição que acabou indo parar nos arquivos da seção do historiador do Departamento de Estado:

> Quero deixar bem claro que a festa acabou. Não quero mais ouvir vocês falando que o que eu estou fazendo é errado, e quem não gostar de quem eu sou pode ir embora. [...] Estou simplesmente de saco cheio. [...] O Serviço de Relações Exteriores é uma vergonha. [...] Não me importo com os vazamentos porque eu já vou ter ido embora. Eu quero que o Popper explique qual foi a sua participação nesse lance do Hersh. [...] Não me sinto obrigado a me explicar pro Sy Hersh. Se um secretário do Estado não pode escrever um recado num telegrama sem que isso vaze [...] então você não tem Relações Exteriores, só uma gentalha. [...] Esses vazamentos são desumanos, covardes e desleais. Se tivessem colhões, se tivesse uma pessoa aqui com colhões para renunciar, já seria alguma coisa. Mas deve ter algo de errado com esse sistema e na forma como deixamos que essas pessoas façam parte dele.

A diatribe de Kissinger, feita diante de pelo menos oito funcionários seniores do Departamento de Estado e um escrivão, não vazou. Seu papel no Chile seria um ponto central de muitas investigações posteriores, inclusive na mais significativa e de maior escopo sobre o papel da CIA e da Inteligência dos Estados Unidos desde a fundação da Agência após a Segunda Guerra Mundial.

15.
A maior de todas

Minha matéria do dia 22 de dezembro de 1974 sobre a espionagem da CIA em território nacional foi a mais explosiva de todos os meus anos no *New York Times*. Saiu sob uma manchete alarmante que ocupava três linhas na capa da edição dominical:

DESCOBERTA OPERAÇÃO IMENSA DA CIA NOS ESTADOS UNIDOS
CONTRA FORÇAS PACIFISTAS E OUTROS DISSIDENTES
NOS ANOS DO GOVERNO NIXON

A matéria provocou uma ampla revolta pública contra a espionagem da CIA no próprio país, e gerou duas grandes investigações no Congresso que revelaram mais provas de infrações por parte da Agência. No entanto, as pressões do Congresso para que houvesse reformas foram derrotadas pela nova administração do governo Ford, gerenciada por Donald Rumsfeld, chefe de gabinete, e Dick Cheney, seu vice, que queriam proteger a Agência. A CIA põe em prática até hoje o que costumava fazer em sigilo pelo mundo desde o fim da Segunda Guerra Mundial.

Nada disso, no entanto, diminui o trabalho árduo, a paciência e a ajuda interna que recebi ao investigar essa história de espionagem ilegal, e o quanto pude me aprofundar no funcionamento interno da Agência. A melhor maneira — isso é, a menos egocêntrica — de contar essa história é deixar que a própria CIA conte.

Em 1993, um historiador e analista da CIA chamado Harold Ford, que iniciou sua carreira participando de operações sigilosas, publicou uma história secreta da controversa carreira de William Colby enquanto diretor da Agência durante os anos de Watergate. O trabalho de Ford deixou de ser confidencial em 2011, mas, como vários relatos do tipo, não chamou muita atenção. Ford, que não cheguei a conhecer, incluiu um capítulo de onze páginas sobre mim na sua história, que começa com aspas de Ray Cline, um funcionário de longa data da CIA que, na época de Kissinger, ocupou o cargo de diretor de Inteligência do Departamento de Estado: "Gosto do Sy, de certa maneira. Ele é um filho da puta arrogante. [...] Um desses sujeitos caprichosos, céticos e iconoclastas que está interessado numa boa matéria, tem um faro apurado para pessoas e acontecimentos e que está cuidando das coisas dele".

Ray, que faleceu em 1996, compartilhava do meu ponto de vista sobre as maquinações de Kissinger e a estupidez monumental da CIA em gastar sete anos, de 1967 a 1974, espionando cidadãos americanos dentro dos Estados Unidos, violando diretamente suas próprias diretrizes. Gosto de pensar, com base no relato sem julgamentos e supreendentemente detalhado que Ford fez das minhas reportagens, que ele também enxergava algum valor no que fiz quando rastreei a mais sigilosa compilação interna da CIA — conhecida internamente como "as joias da família" —, que listava as atividades ilegais. Ford começa seu relato desta maneira:

> As acusações de Hersh contra a CIA não caíram do céu no fim de dezembro de 1974. Houve meses de pesquisa jornalística por trás de sua denúncia contra a Agência. Começou suspeitando de que a CIA tinha participado de ações ilegais relacionadas a Watergate, e então Hersh expandiu seu escopo ao receber fragmentos de informação sobre as "joias da família" da Agência. As alegações de Hersh eram baseadas principalmente na compilação [de violações] das "joias da família" que James Schlesinger [o antecessor de Colby no cargo de diretor] havia ordenado após as revelações de Watergate de maio de 1973.
>
> Ainda em novembro de 1972, Hersh contou ao diretor do subcomitê de Inteligência da Câmara, Lucien Nedzi, que tinha informações de que a CIA estava envolvida em "operações extensivas em território nacional". [Citei esta questão, entre outras, na nota sobre possíveis matérias ignoradas por Max Frankel.] Em fevereiro de 1973, o diretor Schlesinger descobriu que Hersh estava trabalhando num artigo para o *New York Times* que poderia expor operações confidenciais da Inteligência. [...] Em março, Hersh pediu uma entrevista com Schlesinger, mas ele negou. Em maio, no entanto, Schlesinger ordenou que todos os funcionários da CIA relatassem se a Agência estava ou tinha estado envolvida em

qualquer atividade ilegal. Esse foi o primeiro de vários passos tomados por Schlesinger e Colby para montar o que se tornou a lista das "joias da família". [...] A listagem preencheu alarmantes 693 páginas de possíveis violações, ou de atividades no mínimo questionáveis, no que dizia respeito às diretrizes legais da CIA.

Naquele outono, logo depois de se tornar diretor, Colby descobriu que Seymour Hersh estava investigando operações passadas da CIA e instruiu todos os assistentes a não aceitar pedidos de entrevistas de Hersh. [...] Por alguns meses, houve um relativo silêncio quanto às investigações de Hersh [na época eu estava fazendo reportagens sobre as operações da CIA no Chile], até que o jornalista telefonou para Colby no dia 9 de dezembro de 1974 para contar que entrara numa empreitada completamente diferente — uma grande matéria sobre as operações ilegais dentro dos Estados Unidos. [...] Naquele mesmo dia, mais tarde, Colby informou o supervisor da Câmara, Nedzi, sobre a conversa e descobriu que Hersh tinha visitado o deputado naquela tarde para falar da mesma matéria.

Neste ponto, a história de Ford registrou que dois funcionários da CIA altamente respeitados — o então chefe do serviço clandestino da Agência, a famosa diretoria de "truques sujos", e um de seus executores — contaram a Colby que eu tinha telefonado para avisar que estava pronto para escrever sobre espionagem doméstica, mencionando James Jesus Angleton, o famoso chefe de Contrainteligência, como o funcionário responsável por violar as diretrizes da CIA e a Quarta Emenda à Constituição dos Estados Unidos, que proíbe a busca e apreensão sem motivo razoável. No dia 18 de dezembro, Ford escreveu: "Hersh começou a apertar os parafusos. 'Acho que tenho cerca de um décimo de um por cento da história sobre a qual conversamos', ele avisou num recado telefônico que deixou a Colby, 'o que acho que é mais que o suficiente para causar muito transtorno, o que não é o meu objetivo. Quero escrever neste fim de semana. *Estou disposto a fazer uma troca. Troco Jim Angleton por catorze arquivos que eu escolher. Estarei no meu escritório no* Times *daqui a trinta minutos'".* [Grifos no original.]

Ford não entendeu meu recado espirituoso, algo compreensível porque eu e Colby conversamos mais de uma vez em sua linha telefônica residencial, que não tinha sido grampeada, sobre o perigo que Angleton representava. Angleton era uma figura lendária na CIA por acreditar que os russos tinham penetrado por completo na Agência e pelo fato de que estava disposto a investigar qualquer pessoa, especialmente espiões soviéticos que tinham desertado. A operação de espionagem em território nacional era o seu filhote querido, e ele e um assistente chamado Dick Ober se encontraram com frequência com Richard Helms, antecessor de Colby, para receber conselhos e apoio. Fui falar com Angleton, levando minha informação, e ele me deixou chocado não por negar tudo, mas por oferecer uma troca: se desistisse da matéria, ele me contaria em grandes detalhes tudo sobre as operações atuais de espionagem na Coreia do Norte e na Rússia. Ele bebia muito na época, e a sua oferta de comprar meu silêncio em troca de segredos, verdadeiros ou falsos, era inapropriada e, se legítima, uma traição. O que captei da resposta horrorizada de Colby foi que ele viu perigo nessas conversas todas, especialmente se uma das operações ainda estivesse ocorrendo; Angleton estava tentando me calar traindo seus colegas.

A situação piorou. Telefonei mais uma vez para Angleton enquanto escrevia a matéria do dia 22 de dezembro — ficou com 7 mil palavras, o suficiente para preencher uma página inteira de jornal com texto —, e dessa vez ele insistiu que não tinha nada a ver com a espionagem em território nacional. O programa era responsabilidade de Ober. Encontrei Ober em casa e repeti o que Angleton tinha me dito. Ober estava longe de ser inocente — ele estava envolvido na espionagem ilegal de americanos desde o início do programa, em 1967 — mas eu sabia, graças a uma fonte incrível, que Angleton era considerado o principal agente na operação. De qualquer forma, Ober negou saber da existência de qualquer operação nacional da CIA. Poucas horas depois, ele retornou minha ligação e deixou claro que Angleton era de fato o chefe. (No meio de todo esse vaivém, Colby, diretor da CIA, e Ober, que ainda estava trabalhando disfarçado como agente clandestino, entenderam, sem que fosse necessário dizer uma palavra, que eu não iria citá-los pelo nome.) Nessa época, comecei a simpatizar com Colby, porque ficava cada vez mais claro o quanto Angleton e Helms o desprezavam e trabalhavam contra ele diante de seus planos de abrir o jogo sobre o escopo da espionagem doméstica da CIA. Ele fez isso sabendo dos riscos. Angleton era conhecido por sua proximidade com Helms, que tinha sido demitido por Nixon no fim de 1972, mas que foi mantido no governo pelo presidente, que o designou como embaixador do Irã. Soube, por uma fonte que tinha trabalhado com Helms, que o diretor da CIA destruíra muitos arquivos antes de partir rumo a Teerã. Quanto mais descobria sobre a Agência, mais tinha convicção de que a responsabilidade de Nixon pela invasão de Watergate era, talvez, apenas uma nota de rodapé nos crimes cometidos pelo governo do meu país.

Harold Ford registrou que Colby não retornou minha ligação no dia 18 de dezembro. Em vez disso, ele ligou para Nedzi, que andava conversando comigo sobre suspeitas de abuso de poder da CIA havia mais de um ano, algo que Colby aparentemente não sabia. A conversa foi gravada, e não tem preço:

> NEDZI: Falei com ele [Hersh] faz pouco tempo, e acho que você está me ligando por causa do recado [sobre a minha oferta irônica de trocar Angleton por catorze arquivos da CIA]. Quem é Jim Angleton?
>
> COLBY: É o chefe da Contrainteligência. Meio que uma figura lendária. Está aqui já faz tipo uns 150 anos. Cara sinistro. A reputação dele é de sigilo total e ninguém sabe o que ele anda fazendo. A gente sabe o que ele está fazendo, mas ele está um pouco desatualizado, no sentido de que enxerga soviéticos debaixo de qualquer arbusto.
>
> NEDZI: E por que ele está falando com o Hersh?
>
> COLBY: Acho que ele não está. Hersh ligou para ele e quis falar com ele, mas ele respondeu que não falaria com Hersh.
>
> NEDZI: Sy me mostrou anotações do que ele falou, e disse que ele [Angleton] estava bêbado. [...] E do nada aparece um cara [Hersh] contando coisas sobre [...] a reunião que a gente teve, na qual você me informou de todas as — ele usou o mesmo termo, incidentalmente — "joias".
>
> COLBY: Hersh fez isso?
>
> NEDZI: Sim.
>
> COLBY: Eu me pergunto de onde ele tirou essa palavra. Só poucas pessoas aqui usam.

Ford acrescenta que naquele mesmo dia "Hersh conseguiu falar com Colby por telefone, e contou que estava escrevendo uma matéria que sairia no dia 22 de dezembro, domingo. [...] Colby deu o passo fatal e concordou em encontrar Hersh".

Eu gostava bastante de Colby — repórteres sempre gostam de figurões que atendem nossas ligações —, mas de jeito nenhum iria demonstrar o quanto sabia no nosso encontro, que aconteceu de manhã cedo na sexta-feira, 20 de dezembro. Era óbvio que qualquer entrevista no escritório de Colby seria gravada, mas isso não me preocupava; não pretendia comprometer uma fonte, e só estava interessado nas operações da CIA, ou atividades de Inteligência que fossem estúpidas ou criminosas. No registro de Ford do que ele designou como "uma reunião decisiva", dei um resumo parcial a Colby do que sabia e disse que estava planejando escrever sobre as duradoras e "massivas" operações em território nacional contra o movimento pacifista e outros dissidentes. Colby, de acordo com Ford, "percebendo que a matéria era um apanhado das 'joias da família', a lista que a própria CIA tinha compilado, [...] buscou corrigir e colocar em perspectiva o relato exagerado de Hersh. [...] 'Os poucos erros que cometemos no passado foram corrigidos faz tempo.' [...] E a questão ficou por aí. Pelo menos foi o que Colby pensou. Ele com certeza achava que tinha amortecido a matéria que estava para sair".

Ford não tentou me entrevistar para o seu texto histórico. Se tivesse tentado, com certeza teria lhe dito que não conseguia entender como Colby não sabia que eu possuía muito mais informação do que ele presumia; eu entrevistara muitas pessoas dentro da Agência que estavam chocadas por anos a fio com a espionagem doméstica e outras atividades, mas que só decidiram tomar uma atitude depois que Dick Helms foi demitido por Nixon. Eu enxergava Colby como um agente da CIA determinado, que tinha sido responsável pelo programa Phoenix de assassinato a sangue-frio durante a Guerra do Vietnã, quando mais de 20 mil civis no Vietnã do Sul foram assassinados após serem acusados — muitas vezes falsamente — de ligações com os vietcongues ou com os norte-vietnamitas.

As ilusões não fazem parte da maquiagem de Colby, eu pensava na época. Ele sabia, graças a Nedzi, que eu conhecia a palavra interna ultrassigilosa usada para os arquivos que lidavam com atividades domésticas ilegais. Ford citou uma série de conversas gravadas naquela época entre Colby e Larry Silberman, o vice-procurador-geral, que deixou claro, ou deveria ter deixado, que eu estava recebendo informações internas — muitas informações. Eu conhecia Silberman e o respeitava como um funcionário honesto e o informara das minhas descobertas, muito antes de escrever o artigo do dia 22 de dezembro. Ninguém da CIA tinha se dado ao trabalho de informar o Departamento de Justiça ou a Casa Branca sobre o pavio aceso das bombas contidas nas "joias da família", ou do fato de que eu estava por dentro da história. Será que Colby realmente achava que a minha informação era exagerada?

Num capítulo posterior, Ford recontou uma conversa que Colby tivera com Silberman no fim de dezembro, poucos dias antes da publicação do meu artigo, para ver se ainda estava vigente um acordo feito décadas atrás, que permitia que a CIA determinasse por conta própria se devia ou não relatar um crime. Silberman foi arrogante, de acordo com Ford. "Qual é, Bill", ele disse. "Você é advogado. Você é mais inteligente do que isso." Vinte e cinco anos de conivência da CIA com atividades criminais feitas sem preocupação alguma tinham evaporado abruptamente. Silberman também alertou Colby do quanto eu havia me inserido na Agência. A reunião de Colby com Silberman ocorreu no dia 19 de dezembro. Dois dias depois, em outra conversa telefônica gravada, Silberman contou a Colby o que não dissera antes, segundo Ford escreveu, "que Hersh tinha telefonado para contar de antemão da reunião de Silberman com Colby no dia 19".

COLBY: Estou absolutamente estarrecido que ele sabia que eu ia te encontrar.
SILBERMAN: O FDP tem fontes sem igual.
COLBY: Ele conhece este lugar melhor que eu.

É claro que Colby sabia que não era para tanto, mas o meu artigo de 22 de dezembro citou sete diferentes categorias de fontes, sem nomear nenhuma. Mencionei um indivíduo que estava envolvido na investigação inicial da CIA acerca de espionagem doméstica; ex-funcionários e profissionais então atuantes na CIA; oficiais de Inteligência de alto escalão (que não estavam na CIA); um funcionário próximo a Colby; fontes com conhecimento em primeira mão das atividades da CIA em território nacional; funcionários da CIA que começaram a erguer a "bandeira vermelha" dentro da Agência; e um ex-assistente de alto escalão que trabalhou próximo a Dick Helms no setor executivo da Agência. Posso dar o nome de um deles agora — Bob Kiley, que morreu aos oitenta anos de Alzheimer em agosto de 2016. Kiley, um dos jovens mais inteligentes que trabalharam próximos a Helms no seu apogeu como diretor da CIA, era formado na Universidade Notre Dame, juntou-se à Agência em 1963 e trabalhou para Dick Ober, disfarçado e infiltrado em grupos estudantis, até passar a integrar a equipe pessoal de Helms. Em 1970, quando pediu demissão por estar decepcionado com a Agência, Kiley era o gerente de operações de Inteligência da CIA e o assistente executivo de Helms. Havia poucos segredos que ele não sabia ou não podia saber. Ele se mudou para Boston e começou a trabalhar para Kevin White, prefeito na época. Em 1975, Kiley, que então era vice-prefeito, foi designado para reorganizar o sistema de transporte público de Boston. Foi bem-sucedido na tarefa e recrutado no início dos anos 1980 para fazer o mesmo pela rede de transporte de Nova York. O seu bom trabalho o levou a um emprego fora do país em 2001; tornou-se o primeiro comissário de Transportes de Londres. Apareceu bastante na mídia pelo seu sucesso em obter bons resultados nas três cidades.

Fui apresentado a Bob em 1972 por um amigo em comum que trabalhava para o prefeito White. Decidi falar em público sobre minha longa relação com ele — inicialmente como repórter, depois como amigo e confidente — ao receber o pedido de sua esposa, Rona, para fazer um discurso em um memorial que prepararam para ele no University Club, em Nova York, alguns meses depois de sua morte. Os seus dois filhos adultos nunca souberam muito dos seus dias na CIA, e eu pensei que eles deveriam saber um pouco sobre as razões pelas quais ele largou a Agência e resolveu me ajudar. Eu enxergava Bob — ele nunca discutiu os motivos de sua saída — como uma pessoa que acreditava muito nos Estados Unidos e na Agência, mas não na Guerra do Vietnã e no papel da CIA na espionagem em território nacional. Como contei no memorial: "Eu não precisava de Bob Kiley para saber dos segredos. Já conhecia vários, mas necessitava de alguém para me dar o contexto — para contar quem eram as boas pessoas lá dentro e quais programas valia a pena manter em sigilo". Tivemos muitos jantares tardios em Boston.

Outras pessoas com um longo envolvimento com a Agência também me ajudaram nos dois anos em que trabalhei no assunto. A qualidade e integridade das minhas fontes me deram confiança para dizer a Colby naquela sexta-feira, 20 de dezembro, que eu estaria no jornal impresso no domingo. Ainda não tinha escrito uma só palavra.

Abe Rosenthal sabia que eu estava trabalhando no que garanti que seria uma grande reportagem sobre a Inteligência, mas só depois de passar um tempo com Colby no dia 20 que telefonei para Abe de um orelhão para dizer que era sobre a CIA fazendo espionagem dentro dos Estados Unidos, e que eu tinha material suficiente sobre Colby para começar a escrevê-la. Abe ordenou, como eu previa, que eu fosse ao escritório e pusesse a mão na massa. Prometi que entregaria a matéria antes de sair da redação naquela noite, e ele disse que alertaria os editores do fim de semana para que aguardassem uma matéria importante sobre a CIA para a edição dominical.

Houve um elemento de sorte nisso tudo. Poucos meses antes, eu tinha organizado um encontro entre Colby e Abe, e acompanhei meu editor, a pedidos dele. Não pudemos deixar de notar a hostilidade que o assistente de Colby dirigiu a mim quando nos conduziu para o elevador que levava diretamente ao escritório do seu chefe. O sujeito nunca parou de me encarar com raiva. Colby foi cordial, como sempre, e nós três nos sentamos ao redor de uma mesa para tomar café. Abe contou a Colby que detestava o comunismo e tudo o que representava, e tinha orgulho de ter sido expulso da Polônia no fim da década de 1950 por suas reportagens sobre o Partido Comunista. Colby respondeu com um sorrisão e disse: "Ah, a gente sabe disso, sr. Rosenthal, a gente sabe". Abe prosseguiu e disse que também detestava todas as formas de fascismo e repressão. Então ele queria saber, e assim perguntou, por que o país apoiava os torturadores e arrancadores de unha que controlavam o Vietnã do Sul, a Coreia do Sul, a Indonésia, as Filipinas — e alguns outros lugares de que não me recordo. Colby, com muita calma, respondeu dizendo que não era o papel da CIA julgar os líderes mundiais que eram nossos aliados. A CIA faz o que o presidente manda, ele disse. Em certas ocasiões, a Agência apoiava líderes maravilhosos que comandam seus países de forma exemplar, e em outras trabalhava do lado dos que arrancam unhas. A reunião terminou logo em seguida, e Abe ficou em silêncio enquanto descemos de elevador, com o assistente de Colby ainda me encarando raivoso com seus olhos escuros. Quando começamos a sair do estacionamento em meu carro, rumo a Washington, Abe explodiu de raiva. Estava furioso com a recusa de Colby em diferenciar entre um governo democrático e um controlado por um déspota. Não me recordo das palavras de Abe enquanto ele bradava, mas me lembro de suas instruções finais: "Continue escrevendo sobre esses filhos da puta".

Amei demais o sujeito naquele instante, mas as coisas ficaram muito tensas entre mim e Abe após a renúncia de Nixon, em agosto de 1974. Eu continuava seguindo meus métodos livres, despreocupados, em cima do muro em Washington, mas tinha retornado ao escritório e ao mundo de todos os meus colegas, não apenas o de Gelb. Qualquer bom repórter sabe quais de seus colegas trabalham a sério — de forma árdua, preocupados em ser justos e verdadeiros. Denny Walsh, que teve uma carreira maravilhosa na revista *Life*, tinha sido contratado poucos meses depois de mim; ele era simplesmente incrível como repórter — cuidadoso, meticuloso e um especialista em crime organizado e corrupção política. E não era egoísta. Arranjou um tempo, no início do caos de Watergate, quando eu sabia pouco do assunto e estava sofrendo com isso, para me colocar em contato com um velho amigo dele, alguém do alto escalão do mundo de Nixon. Estava feliz de contar com Denny como amigo e colega. No verão de 1974, uma denúncia de corrupção na qual ele trabalhou muitos meses pesquisando e escrevendo foi de repente cortada por Rosenthal, sem explicação alguma. Não entendemos o que tinha dado errado, e me voluntariei para ajudar Denny a vender a matéria para alguma revista grande. Fiz a ligação inicial para um editor que eu conhecia. Rosenthal declarou — falsamente —, ao saber da intenção de Denny de vender a matéria para outro lugar, que não tinha cortado o artigo, apenas atrasado a sua publicação. Denny foi demitido e Abe, que sabia que eu o apoiava, me escreveu uma carta longa e sentimental dizendo que não me via como responsável por aquele "acontecimento infeliz" e me convidava a visitá-lo em Nova York para conversar sobre o assunto. Fui sábio em não responder, mas achei que Abe tinha se comportado de modo desprezível, como de costume, porque nada que eu dissesse seria capaz de devolver o emprego a Denny.

Poucos meses depois, dei uma palestra sobre reportagem investigativa em uma conferência patrocinada pelo American Press Institute, um grupo sem fins lucrativos que estuda mídia. Falei com honestidade sobre a pressão que sofria por ser um repórter designado por Rosenthal para, no meu ponto de vista, salvar o *New York Times* dele mesmo, em termos de seu fracasso inicial em compreender a importância de Watergate. Um editor de um grande jornal me perguntou se eu concordava que era essencial ter várias fontes numa matéria investigativa importante, e me lembro de dar uma resposta jocosa — algo na linha de que, no ápice do frenesi midiático de Watergate, se eu entreouvisse algo do sujeito ao meu lado no urinol, iria direto para o jornal. Estava obviamente brincando, mas havia um elemento de verdade naquilo; quando começava a trabalhar em um assunto, raramente me questionavam quanto às fontes, embora eu sempre respondesse a Rosenthal e a outros editores seniores quando perguntado sobre elas. Poucos dias depois da Ação de Graças de 1974, Abe me escreveu uma carta muito triste, dizendo que um editor, amigo dele, tinha transmitido meus comentários feitos naquela conferência e que ele ficara chocado ao ouvir um repórter "atacar de forma tão devastadora o seu próprio jornal em público". O objetivo dele, ao escrever aquela carta, era perguntar "se é isso mesmo que você disse ou pensa". Eu o magoara e ele não merecia aquilo, mas não disse isso a ele. Pelo contrário, fui infantil e escrevi perguntando se ele queria mesmo saber o que eu "pensava".

A contenda subjacente entre nós girava em torno do profundo amor que Abe sentia por tudo o que envolvia o *Times* e a sua necessidade de que eu também sentisse esse amor. Ele me disse várias vezes o quanto eu tornei o jornal mais rico e como ele vislumbrava "anos de apoio mútuo" entre nós. Eu achava que o jornal tinha sido ótimo para mim e comigo, e estava entusiasmadíssimo por trabalhar lá, mas discordava de muito pontos na cobertura de relações internacionais, que buscava privilegiar os Estados Unidos, e Abe sentia isso. Nunca respondi aos pedidos dele de viajar a Nova York para discutir meu futuro. Em certo ponto, encorajei Brit Hume, que fizera um trabalho incrível para Jack Anderson no início da década de 1970, a vir para o *Times*. Hume era conservador politicamente — acabou desenvolvendo uma longa carreira como apresentador na Fox News —, mas sabia como arranjar uma boa matéria, e essa habilidade era mais importante do que suas opiniões políticas, a meu ver. Brit estava descrente, mas eu disse a Abe que ele deveria encontrá-lo, e então Brit foi para uma entrevista. Não houve oferta de emprego. Depois perguntei a Brit o que acontecera, e ele, ainda perplexo com o encontro, me contou que, em certo momento, Abe disse que todos que trabalhavam para o *Times* precisavam amar o jornal. "Respondi", disse Brit, "sr. Rosenthal, não quero transar com seu jornal. Só quero trabalhar nele." E foi isso.

Esse contexto torna o que aconteceu em um sábado de manhã, dia 21 de dezembro de 1974, a minha história favorita sobre o editor mais complicado com quem já trabalhei. Eu havia retornado para o escritório do *Times* no fim da manhã, após minha conversa com Colby, e comecei a escrever. Tinha anos de entrevistas para revisar e dezenas de pessoas para telefonar e pedir um comentário, ou mais informações, ou conferir aspas com os poucos que seriam nominalmente citados na matéria. Também liguei para Sandy Berger, um assistente de peso do senador Edmund Muski, que então era considerado um candidato forte para a indicação presidencial dos Democratas em 1976. Sandy, que posteriormente se tornou o conselheiro de Segurança Nacional de Bill Clinton, era um profissional que compreendeu a importância da matéria. O texto iria gerar um debate em escala nacional. Perguntei se Muskie iria querer ser o líder de um movimento para reformar a CIA. Muskie respondeu que não.

Escrevi até o fim da tarde, fui correndo para casa jantar, e voltei para o escritório já quase vazio para continuar mandando ver. Romancistas falam de entrar no livro e descobrir que os protagonistas desenvolvem sua própria voz e escrevem por eles, e contam a história pelo autor. Senti-me da mesma maneira ao fazer a matéria sobre espionagem em território nacional. Eu havia montado a estrutura, é claro, mas após alguns milhares de palavras, a história começou a se escrever por conta própria. Por volta da meia-noite, o editor noturno já tinha ido embora, fiquei sozinho no escritório, só eu e um ou dois membros da equipe de limpeza. As luzes e o aquecimento estavam acesos; acho que nunca eram desligados. Não foi a primeira vez que fiquei até de manhã cedo no escritório, e gostava do silêncio. Fui transmitindo as retrancas que iam ficando prontas; naquela época, as matérias eram datilografadas num papel fininho com quatro papéis-carbono para cópia, e transmitidas, retranca a retranca, para a mesa do editor ou, no caso do meu plantão noturno, direto para Nova York para ser copidescada. Em algum momento bem depois da meia-noite, um editor do período da noite chamado Evan Jenkins me ligou para perguntar o que diabos eu estava fazendo. Eu tinha mandando cerca de 5 mil palavras e ainda faltava enviar mais. Não tem espaço para isso no jornal de domingo, Jenkins disse. Insisti — para dizer o mínimo — para que reconsiderasse. Ele respondeu que no máximo encontraria espaço para outras quinhentas palavras. A escolha era minha, ele disse: podia ter esse tamanho ou sairia no jornal de segunda; não havia outra opção.

Fiquei louco. Não tinha um convívio social com Abe, mas conheci a esposa dele uma vez, muito rapidamente, e lembrava que o nome dela era Ann. Também sabia que havia no escritório uma lista telefônica dos números residenciais dos editores. Encontrei o número particular de Abe, respirei fundo — eram mais de duas da manhã — e telefonei. O telefone tocou e tocou. Não desisti. Ann acabou atendendo. Pedi desculpas pela ligação, expliquei quem eu era, e disse que precisava falar com Abe naquele instante. Bom, ela disse, num tom amargurado, você ligou para a pessoa errada. Abe me largou. Telefone para a casa da namorada dele. Acabei indo parar no meio de uma novela. Murmurei algo e desliguei. E então — eu não ia desistir — liguei mais uma vez e perguntei a Ann se ela sabia o nome da namorada. Ouvi poucas e boas, mas ela era a esposa de um editor e acabou me dando um nome.

Não lembro para quem telefonei na sequência, mas consegui um número da namorada de Abe que não constava na lista. Liguei — eram quase três da manhã — e o telefone tocou algumas vezes e parou. Liguei de novo e a namorada de Abe atendeu. Falei, com muita rapidez, que não me importava com a situação toda, mas você precisa dizer para Abe Rosenthal que Sy Hersh está na linha e precisa falar urgentemente com ele. Nada de resposta, mas ela não desligou. Por favor, eu disse. Um minuto depois, Abe pegou o telefone. Estava furioso, mas eu não me importava. Interrompi suas reclamações para falar que o maldito jornal dele estava viajando na maionese e que tinham me dito que não havia espaço para a matéria da CIA. De quanto espaço você precisa?, ele perguntou. Pelo menos sete ou oito colunas, 7 mil palavras ou mais. Qual seu número?, ele perguntou. Que número? Imbecil, ele bradou. O número que você está usando no escritório. Dei o número para ele e desliguei. Abe ligou logo depois e disse: quero que você saiba que o *New York Times* de amanhã vai ter uma página adicional em cada uma das suas 1,6 milhão de cópias. De um lado vai ter um anúncio do próprio jornal e, do outro, a sua matéria ridícula. Murmurei meus agradecimentos e ele disse, em resposta: "E estou avisando para você não contar para ninguém, ninguém mesmo, sobre o que aconteceu hoje à noite. Entendido?". Aí ele desligou. E nunca mais falamos disso.

É claro que contei para alguns colegas do *Times* sobre a resposta incrível de Abe para a minha ligação maluca às três da manhã. Deixei alguns detalhes de fora, no entanto.

Até hoje não consigo entender por que Ed Muskie preferiu não se envolver na questão de espionagem em território nacional, ao contrário dos seus colegas democratas do Senado. Comecei a ouvir comentários de senadores liberais dias depois de sair a matéria. Ficou claro que era necessário que houvesse uma grande investigação por parte do Senado, mas a questão era como garantir que ela não seria chefiada por John Stennis, uma vez que ele era o líder conservador do subcomitê de Inteligência da Comissão das Forças Armadas do Senado. Eu não podia afirmar publicamente que Stennis podia muito bem ser a melhor aposta, porque os outros senadores não sabiam quantas vezes eu conversara com ele, o que me convenceu de que ele sempre faria a coisa certa. No início de janeiro, após o recesso de Ano-Novo do Congresso, fui convidado para falar a um grupo de senadores sobre a minha matéria e o que mais eu sabia do assunto. Eu tinha tratado de outras questões com cinco ou seis deles, em especial Harold Hughes, de Iowa, e William Proxmire, de Wisconsin, mas estava até mais do que cauteloso ao atuar como um informante político. Conversei com Clifton Daniel e Bob Phelps, duas pessoas do escritório em quem eu confiava, e eles me disseram para ir em frente. Naquela época eu não sabia das tentativas da CIA de assassinar Fidel Castro em Cuba, além de pelo menos outros quatro líderes estrangeiros, que estavam entre as revelações ainda desconhecidas das "joias da família", mas descobri que havia pelo menos uma solicitação autorizada da CIA para uma "ação executiva" direcionada a um agente que começou a operar de modo clandestino, uma expressão que significava assassinato e que a Agência usava nos memorandos internos naquela época. Fui a um encontro numa manhã de domingo, marcado no apartamento de Watergate do senador Alan Cranston, da Califórnia, e conversei *off-the-record* — ou era o que eu pensava — com um grupo de mais ou menos oito senadores. Em certo ponto, me perguntaram até onde uma investigação sem limites era capaz de levar, e falei do possível assassinato de um informante dentro dos Estados Unidos. Também falei que ainda estava no início da pesquisa sobre o tema. Em um discurso no Senado no dia seguinte, Cranston encorajou os colegas a votarem a favor de uma investigação completa e afirmou em tom despreocupado — me deixando chocado e furioso — que a investigação poderia desvelar um assassinato da CIA em território nacional. Para mim, isso era o fim; não estava no meu DNA ser um informante, e nunca mais me encontrei em privado com um grupo de senadores e decidi nunca testemunhar em audiências do Congresso.

Continuei cobrindo a questão da espionagem doméstica da CIA por meses depois da publicação do artigo original, cada vez mais desconfortável com isso: era pouco mais do que interesseiro ficar publicando textos que só reforçavam minha matéria inicial. Mas um furo era um furo; fui o primeiro a noticiar a demissão de Jim Angleton, que foi seguida pelas renúncias inevitáveis de dois dos seus assistentes mais experientes no escritório de Contrainteligência.* Também estava recebendo informações que vaza-

---

* Angleton me culpou por boa parte dos problemas que enfrentou, inclusive pela sua demissão. Ele telefonou para a minha casa bem cedo na manhã de domingo, 22 de dezembro, após ler minha matéria, para perguntar: "Você sabe o que acaba de fazer? Você arruinou meu disfarce. Minha esposa, ao longo de 31 anos de casamento, nunca soube o que eu fazia até ler a sua matéria. E agora ela me abandonou". Fiquei estarrecido e me senti culpado, de início. Mas também tinha ouvido falar de uma cerimônia de entrega de prêmios na CIA na qual Cicely, a esposa de Angleton, estava presente. Liguei para um agente da CIA que estava na Agência fazia bastante tempo — alguém que conheci nos dias em que trabalhei para Eugene McCarthy — e contei de forma resumida o que Angleton me falara. Meu amigo riu e disse: "Cicely largou ele, sim, mas não por sua causa. Ela o abandonou faz três anos para viver no Arizona". Três anos depois fui trabalhar num longo perfil sobre Angleton para a *New York Times Magazine* e liguei para ele; foi a nossa primeira conversa desde a sua demissão. "Ele se recusou a me conceder uma entrevista formal", escrevi na abertura do artigo — expressão codificada que significava que nós conversamos, mas nos bastidores. No entanto, ele me permitiu citá-lo, dizendo: "Vai em frente e faça o que quiser. O dano é irreversível mesmo". Ele também insistiu, escrevi, que o dano à segurança nacional causado pelas minhas revelações e pela demissão dele era muito maior do que eu era capaz de imaginar. Eu achava Angleton uma figura insondável; ele era indiscutivelmente brilhante, mas também era infantil, paranoico e mesquinho. A capa da revista resumia tudo, a meu ver: tinha um close no rosto de Angleton coberto por uma sombra, num fundo preto. A fotografia estava ligeiramente fora de foco. [N.A.]

vam de dentro da Casa Branca de Ford e descobri que Colby tinha reconhecido, em um memorando enviado ao presidente no Ano-Novo, que a Agência mantivera arquivos sobre milhares de cidadãos dos Estados Unidos, mas insistiu que isso não era um programa "massivo" de espionagem, como eu escrevera. Em contrapartida, levantei uma questão óbvia num ensaio publicado no início de janeiro de 1975 para o resumo da semana do *Times*: uma vez que alguns membros do Congresso e do governo sabiam da existência de um programa de espionagem em território nacional, e que todos conheciam a potencial criminalidade das atividades da CIA, por que foi necessária uma matéria de jornal para provocar a demissão de James Angleton, briefings da Casa Branca sobre as infrações e uma ou duas audiências no Congresso?

Infelizmente, fui criticado de início por alguns dos meus colegas mais velhos, jornalistas que trabalhavam cobrindo segurança nacional que não fizeram objeção alguma quando eu estava constantemente publicando matérias contra Nixon alguns anos antes. Parecia haver um amor, ou uma admiração pela CIA da qual eu não compartilhava. Não surpreendentemente, o *Washington Post*, sendo o maior rival do *Times*, foi o veículo crítico mais vocal e sarcástico, observando desde o início que "a maior parte das atividades da CIA pode ser descrita como 'espionagem', e embora as atividades da CIA conduzidas em solo americano possam ser chamadas de 'espionagem doméstica', ainda resta determinar quais delas de fato 'violaram' as diretrizes da Agência no Congresso ou são 'ilegais'". Larry Stern, meu camarada que cobria questões relacionadas à Inteligência para o *Post*, escreveu que não era a CIA quem estava mantendo arquivos sobre americanos dissidentes ou suspeitos, mas o FBI. Um perfil sobre mim na revista *Time*, intitulado "Superfuro", abria me aplaudindo: citava meus escritos anteriores sobre My Lai, os grampos de Kissinger e o bombardeio secreto do Camboja, entre outros, e dizia que "podiam ser lidos como um guia histórico de uma geração". Mas não as revelações sobre a CIA: "É bem provável que a matéria de Hersh sobre a CIA seja bastante exagerada e que o *Times* tenha dado espaço demais para ela". Ganhei muitos prêmios pela matéria, mas não o Pulitzer, e uma pessoa do júri me explicou que Ben Bradlee, um dos membros da banca, conseguiu convencer os outros a não me darem o prêmio, afirmando que as revelações da CIA eram, em certo sentido, "exageradas e insuficientemente investigadas".

Eu estava ciente de que não agradava a todo mundo, para dizer o mínimo. Gloria Emerson, sempre esperta, disse uma vez a um repórter, em seu estilo inimitável: "De sedoso o Sy não tem nada", acrescentando que reclamei de uma das matérias dela em nosso primeiro encontro em Paris, em 1972. "Não espere que você vá *gostar* dele — *Ah, deixa pra lá.*" A ironia disso tudo é que eu fui salvo pela honestidade de Bill Colby, que acabou admitindo em público que a Agência tinha feito o que eu denunciara, a ponto de ter arquivos sobre centenas de milhares de cidadãos americanos.

Elizabeth, minha esposa, que era psiquiatra no serviço social, decidiu virar psicanalista e foi persuadida por pessoas como Erik Erikson, o mais proeminente entre os analistas leigos, de que cursar medicina era o melhor caminho. Após um ou dois anos de estudos, ela foi aceita na Faculdade de Medicina da Universidade de Nova York, e a família Hersh planejava se mudar para a cidade no outono. Passei meus últimos meses em Washington arranjando novas encrencas para a CIA e para a Marinha, e acabei fazendo um novo inimigo — Richard Cheney, vice de Donald Rumsfeld, o chefe de gabinete de Ford. O grande intelecto de Cheney e seus pontos de vista ultraconservadores fizeram dele, mesmo no início de 1975, uma pessoa muito poderosa na Casa Branca.

16.
Destino: Nova York

Minha matéria sobre espionagem em território nacional, por mais importante que fosse, teve pelo menos uma consequência infeliz e inesperada: levou Richard Cheney para o mundo da segurança nacional. Descobri isso décadas depois, ao ler *Cheney*, uma biografia muito informativa sobre o então vice-presidente, escrita por Stephen Hayes do *Weekly Standard* e publicada em 2007. Hayes escreveu que o funcionário da Casa Branca "não trabalhara antes em questões relacionadas à Inteligência. Assim como as anotações feitas na época anteciparam, o artigo [de Hersh] teria implicações a longo prazo para o futuro da Inteligência americana e para a relação entre o Executivo e o Legislativo no governo dos Estados Unidos". O plano inicial de Cheney era proteger a CIA do Congresso — e depois ir atrás de mim.

Eu não fazia ideia na época de quem era Cheney ou que eu me encontrava na lista dele de problemas a serem resolvidos. Eu tinha os meus próprios problemas. Como poucos da imprensa de Washington — se é que alguém — pareciam interessados em acrescentar algo à minha denúncia relacionada à espionagem doméstica, não levei minha família para viajar no feriado de Ano-Novo. Em vez disso, publiquei matéria atrás de matéria no mês seguinte com o objetivo — nunca declarado, é claro — de garantir que Alan Cranston e seus colegas do Senado aceitassem montar uma comissão especial de investigação sobre os abusos da CIA. Eu me sentia dono da história, assim como tinha sido com minhas reportagens de My Lai, e aceitei a pressão e a responsabilidade de continuar desenvolvendo a matéria que tinha escrito, uma que estava sendo atacada pelos meus colegas.

No meio disso tudo, senti-me traído pelos editores de mais alto escalão do *Times*. No dia 16 de janeiro de 1975, Abe Rosenthal, Clifton Daniel, Scotty Reston e alguns outros, incluindo Tom Wicker, foram convidados pelo presidente Ford para um almoço na Casa Branca. Não fui convidado ou incluído, nem me contaram do almoço. Não se discutiu de antemão se o encontro seria oficial ou extraoficial. Ford, na esperança de impedir uma investigação por parte do Senado, anunciou uma comissão chefiada pelo vice-presidente, Nelson Rockefeller, para investigar os supostos abusos da CIA. O grupo era dominado por conservadores. Rosenthal, em um memorando que encontrei anos depois, explicou que, como editor responsável pelas minhas matérias, ele se sentia obrigado a perguntar ao presidente por que ele havia selecionado uma "comissão tão claramente tendenciosa". Ford respondeu que precisava nomear aqueles capazes de guardar segredos que tinham que permanecer secretos. "Como quais, por exemplo?", Rosenthal perguntou. "Como assassinatos", disse o presidente. E acrescentou: "Isso foi em *off*".

Ficou por isso mesmo, embora Wicker tenha saído do almoço convencido — como escreveu nas suas memórias de 1978, *On Press* [Sobre a imprensa] — de que era "intolerável que o governo americano patrocinasse tais atos criminosos e indefensáveis como assassinatos políticos, e eu não entendia os motivos pelos quais o *New York Times* deveria proteger Ford contra a revelação desses atos. Se o povo tinha o direito de saber algo, com certeza tinha direito de saber que estavam cometendo assassinatos em seu nome". A história iria vir à tona cedo ou tarde, ele disse a Rosenthal e aos outros. "Não vai dar para segurar. Por que não dar a informação a Hersh — ele não precisava saber de onde veio a dica [...] e deixá-lo investigar a partir disso?" Ford *tinha* solicitado que o comentário dele ficasse em *off*, mas só fez isso depois ter feito o comentário. A pergunta de Wicker — "tínhamos o direito de manter esse segredo entre nós?" — ficou sem resposta.

Eu compartilhava das preocupações de Tom no que se referia à moralidade, mas havia um questionamento ainda mais prático a ser feito. Se Rosenthal e seus colegas tivessem me incluído na conversa, eu teria apontado para o fato de que Ford se cercou de assistentes e agentes como Dick Helms, Bill Colby e Henry Kissinger, que passaram a carreira inteira mentindo e guardando os segredos das pessoas do alto escalão. Se tivessem me deixado ir atrás da história do assassinato, havia altas chances de que funcionários da comunidade de Inteligência — colegas moralistas, pode-se dizer —, que me ajudaram na matéria sobre espionagem doméstica, continuassem falando comigo sobre as operações que foram omitidas dos presidentes e do Departamento de Justiça. A longo prazo, portanto, minha reportagem poderia ajudar Gerald Ford a desencavar a verdade no início da investigação, impedindo que a Casa Branca fosse sacaneada pela CIA, como tinha sido no que dizia respeito à espionagem doméstica.

Também é possível que Ford soubesse o que estava fazendo ao falar de assassinatos. Décadas depois, memorandos que deixaram de ser confidenciais tornaram públicas conversas sigilosas na Casa Branca; os diálogos mostravam que o presidente e seus principais assistentes estavam obcecados pelas implicações políticas da minha matéria e sabiam que o governo Kennedy havia se envolvido profundamente nas tentativas de assassinato de Fidel Castro. No entanto, existiam riscos de dano colateral em uma perseguição a Kennedy. Em uma reunião do dia 4 de janeiro de 1975, Kissinger disse ao presidente Ford: "O que está acontecendo é pior do que nos dias de McCarthy. Você vai acabar com uma CIA que só relata, não executa operações. [...] Helms disse que todas essas histórias são apenas a ponta do iceberg. Se vierem à tona, vai rolar sangue. Por exemplo, Robert Kennedy cuidou pessoalmente da operação da tentativa de assassinato de Castro". Nessa altura, o memorando registrou apenas que Kissinger "descreveu algumas das outras histórias". Kissinger, sempre nervoso em relação à sua persona pública, também disse a Ford, "as coisas do Chile não estão em nenhum relatório. Isso é uma espécie de extorsão que fazem comigo. [...] Isso vai ficar bem difícil, e você precisa de pessoas que conheçam a presidência e o interesse nacional. O que Colby fez [ao falar comigo] é uma desgraça".

A atitude privada da Casa Branca em relação às revelações, na visão de Wicker, zombava da resposta pretensiosa da liderança do *Times* ao pedido tardio de Ford para que seu comentário sobre o assassinato fosse mantido em *off*. (Wicker encerrou as suas memórias implorando para que a censura interna terminasse.)

Rosenthal me telefonou um dia ou dois depois do almoço e insistiu para que eu continuasse cobrindo as operações domésticas, mas também para pensar nos assuntos de Inteligência no exterior. Respondi que não fazia ideia do que ele estava falando. Houve um breve silêncio. Então Abe disse: "Deixa para lá", e desligou. Não era algo típico de sua personalidade, mas achei que todo mundo tinha direito a um momento de chefe. Poucos dias depois, Wicker mais uma vez puxou uma cadeira, sentou-se ao meu lado e me informou de que Ford tinha mencionado um assassinato, e contou sobre a conversa que houve depois disso entre os maiores nomes do jornal, na qual se chegou à conclusão de que o melhor era não me contar. Fiz alguns telefonemas e soube, pela primeira vez, que Fidel Castro estava no topo da lista da CIA. Mas eu não podia escrever sobre isso sem passar por cima da decisão que Abe e outros jornalistas do *Times* tomaram para que o pedido de sigilo feito por Ford fosse respeitado.

Isso que era amor não correspondido. Os caras que gerenciavam o jornal em que eu trabalhava, e que por anos me encheram de elogios e aumentos, eram mais leais a um presidente que tinha acabado de criar uma comissão de investigação fraquíssima que a uma pessoa que os tirou do pântano de Watergate. Claro, eu sabia que havia maneiras mais simpáticas de ver o dilema de Abe e seus colegas, mas estava transtornado por ter sido — e não há outra palavra — censurado. De modo algum eu poderia ir atrás do assunto e escrever uma matéria sobre o assassinato importante para o *Times*, mas isso tinha que se tornar público. Então fiz o mesmo que Wicker: ele vazou a informação para mim, e eu a passei adiante para um colega e amigo da família, Daniel Schorr, da CBS News. Contei a Dan do almoço com Ford e o pouco que descobri sobre as ações contra Castro. Sabia que ele tinha contatos, e a CBS era um lugar ótimo para dar o furo de que a CIA esteve envolvida em um assassinato político. Dan conseguiu a matéria e se deu bem.

Finalmente pude parar de cobrir a CIA quando o *Times* contratou Nicholas Horrock, um profissional sério vindo da *Newsweek*, para acompanhar as investigações que ocorriam. Senti que os dias idílicos na redação tinham chegado ao fim. Sem Nixon, o pêndulo voltou para um lugar no qual o argumento do presidente de que a segurança nacional era mais importante do que o direito das pessoas à informação foi mais uma vez levado a sério pelos editores.

Passei os meus últimos meses em Washington aproveitando umas férias havia muito adiadas e ajudando minha esposa a procurar uma escola para nossos dois filhos, além de um lugar para morar em Nova York, enquanto dava alguns beijos de despedida na comunidade da Inteligência. Durante o inverno e a primavera, eu estava tentando terminar as três questões que mencionara a Max Frankel — Chile, espionagem da CIA e a tentativa de recuperar um submarino russo afundado. No outono de 1973, Colby, que na época era o novo diretor da CIA, tinha me ligado para marcar uma reunião. É claro que aceitei, e ele foi ao escritório do *Times* logo depois, com o objetivo de perguntar se eu podia deixar para lá a história do submarino. Eu tinha pedido a Bob Phelps para se juntar à reunião e não hesitei em fazer uma extorsão de baixo nível na frente dele. Colby sempre achava que eu sabia mais do que de fato sabia e respondi que faria o que ele quisesse, mas precisava de algo sobre Watergate e a CIA em troca. Colby não hesitou e me contou que o subcomitê de Inteligência na Câmara de Lucien Nedzi tinha se deparado, um ano antes, com informações fundamentais de Watergate que haviam sido ignoradas. Recebi uma dica para uma bela matéria.

Corta para fevereiro de 1975, quando o *Los Angeles Times* revelou a existência do programa de recuperação do submarino da CIA e o fato — que eu desconhecia — de que a Agência tinha contratado uma empresa, cujo dono era o misterioso Howard Hughes, para construir um navio de resgate de vários milhões de dólares que julgavam ser capaz de trazer o submarino russo de volta à superfície. Watergate havia acabado, mas eu tinha me esquecido da história do submarino. Fiquei furioso comigo mesmo por isso e renovei freneticamente as minhas investigações. Eu não estava mais cobrindo o escândalo de espionagem doméstica e achei ótimo voltar a trabalhar, e logo fui acumulando informações capazes de encher uma página inteira. Havia muito mais do que a matéria inicial do *Los Angeles Times* informava — por exemplo, o fato de que havia, numa parte recuperada do submarino, cadáveres de marinheiros russos. Também descobri que Colby começou a visitar os chefes de redação em Washington para insistir — com êxito total — que não noticiassem o assunto e deixassem a operação se concretizar. Ele estava se gabando aos editores e repórteres de que o *Times* e eu tínhamos acatado esse pedido antes, sem mencionar — não havia motivos para isso — a troca que fizemos. Para meu grande horror, fiquei sabendo depois que ele convenceu Abe Rosenthal a abandonar o assunto, algo que ele aceitou sem me consultar. Abe certamente sabia que eu estava trabalhando nisso. Por que outro motivo Colby teria pedido para encontrá-lo? Escrevi um recado furioso para Clifton Daniel e pedi que o encaminhasse a Rosenthal, reclamando da decisão e dizendo a Abe que sabia da traição deles de um mês antes, sobre a questão do assassinato. Vociferei bastante naquele memorando do dia 4 de março de 1975: "Com medo de soar como se eu desdenhasse segredos, a verdade é que estou por dentro de quase toda grande operação de reconhecimento em atividade [...] e sei sobre ela há anos. Não saio por aí tagarelando sobre o assunto" — exceto para os meus editores, é claro —, "mas quando um desses programas parece arriscado e com um orçamento acima do normal, e tem um gancho legítimo para ser noticiado, não faz sentido escondê-lo do povo americano". Eu era tão purista.

Parei de trabalhar na matéria depois de descobrir que Abe havia concordado com a proibição de Colby e ignorei a insistência de Clifton, que me pediu para atualizar a matéria do submarino e para me preparar para publicá-la caso alguém decidisse ignorar a interdição. Clifton repetiu o seu pedido. Respondi que de jeito nenhum; se o *Times* queria ficar do lado da CIA, era problema deles, não meu. Daniel não cedeu. Telefonou para a minha esposa em casa naquela noite ou no dia seguinte e disse que eu estava me comportando feito um bebê, e que era para ela me dizer para agir como adulto. Ela fez isso e passei um ou dois dias terminando uma longa versão da matéria, que logo foi editada e preparada para publicação.

Algumas semanas depois, Jack Anderson rompeu o embargo em um de seus noticiários noturnos e deu muito mais detalhes do projeto de recuperação do submarino; ele também revelou o sucesso de Colby em convencer dezenas de editores de jornais a omitir a história. Ele havia me telefonado antes de entrar ao vivo para me perguntar se era verdade o que tinha escutado, que eu tinha uma história bem mais detalhada pronta para ser publicada e que havia sido censurada. Respondi que sim, porque gostava de Jack. Também fiquei impressionado com sua habilidade em conseguir documentos importantes; ele e Les Gelb eram os melhores que já conheci na hora de fazer uma pilhagem na burocracia federal. Lidei bastante com Jack quando pesquisava para um livro sobre Henry Kissinger, anos depois, e descobri, em primeira mão, que ele possuía uma biblioteca atualizada de documentos confidenciais da Casa Branca disponíveis para empréstimo que era de cair o queixo.

Contei a Daniel que Anderson iria revelar a história do submarino naquela noite; o programa era exibido às nove, tarde demais para a primeira edição. Jack, como previsto, rompeu de fato o embargo, e me pediram para atualizar a matéria, incluindo o fato, e prepará-la para a segunda edição, cujo prazo era dali a algumas horas. Fui petulante outra vez. Liguei para Rosenthal e argumentei que Jack Anderson não era poderoso no jornalismo, mas o *Times* sim — tinha ouvido que a minha matéria para a segunda edição receberia uma manchete de três linhas e ocuparia cinco colunas no topo da capa —, e o pedido de Bill Cosby quanto à segurança nacional ainda não estaria válido? O majestoso *New York Times* era levado bem mais a sério pela Rússia do que Jack Anderson, não? Por que publicar a matéria? Abe ignorou meus resmungos e disse apenas: "Cale a boca e deixe o texto pronto".

Minha autocomiseração piorou ainda mais graças ao falecido David Halberstam, cuja cobertura brilhante sobre o Vietnã para o *Times*, no início da década de 1960, mudou a percepção que muitos americanos tinham da guerra. David conseguiu, de uma forma ou de outra, notar que eu estava tendo alguns problemas com o *Times*, e começou a me escrever cartas de fã que criticavam de forma tão maravilhosa o jornal que não ousei mostrá-las a ninguém além de Gelb. A mais entusiasmante e generosa foi uma escrita em 1974: "Meu instinto me diz que você provavelmente está passando por um período difícil e que os burocratas pálidos que controlam o seu destino [...] são um pé no saco, mas espero que você nunca se esqueça da importância do que está fazendo. Você, meu amigo, é um tesouro nacional. Deus te abençoe". David saiu do *Times* num piscar de olhos em 1969, por motivos que nunca ficaram claros para mim, para dar início a uma carreira bem-sucedida como biógrafo e historiador.

A meu ver, o *Times* se redimiu alguns meses depois, quando publicou um artigo meu cheio de segredos que certamente causariam problemas nas audiências do Senado que investigavam a espionagem da CIA. O artigo mostrava como a Marinha dos Estados Unidos estivera espionando dentro das fronteiras marítimas da União Soviética havia pelo menos quinze anos. O objetivo inicial da missão era grampear as linhas de comunicação subterrâneas dos soviéticos, além de monitorar o percurso da frota de submarinos, mas ao longo dos anos os dados de Inteligência que coletaram podiam ter sido obtidos mais facilmente por outros meios — principalmente interceptação eletrônica — e os riscos inerentes da missão ilegal eram considerados, por várias pessoas, como muito elevados para justificar sua continuidade. Antes que eu saísse de Washington naquele verão, um agente federal disse para eu me cuidar; a Casa Branca de Ford pirou com a matéria e tinha gente querendo me processar. Não fiquei preocupado porque, pensei na época, tinha muito mais informações sobre o programa de espionagem, como ele havia sido iniciado e as muitas coisas que deram errado e foram acobertadas. Perseguir-me poderia trazer muita sujeira à tona.

Eis que entra Cheney na jogada. Depois da publicação da matéria, ele lutou muito para me punir, não apenas pelo que percebia como sendo uma transgressão de minha parte, mas também para impedir que outras infrações fossem reveladas durante as audiências do Senado chefiadas por Frank Church, um democrata liberal de Idaho. Muitos memorandos de Cheney deixaram de ser confidenciais em 2000, 25 anos depois, e mostraram que ele, a partir do dia 29 de maio de 1975, quatro dias depois da publicação do meu artigo, passou a liderar um grupo que queria me calar. Um dos seus memorandos propunha cinco linhas de ação, que incluíam: não fazer nada, obter um mandado de busca e apreensão de qualquer documento confidencial que eu tivesse em casa, organizar um grande júri para me acusar imediatamente. Ao final, o governo Ford escolheu a primeira opção, mas fiz uma inimizade pelo resto da vida.* Nas poucas vezes nas décadas seguintes em que estive cara a cara com Cheney — incluindo uma vez em que Donald Rumsfeld nos apresentou —, ele ignorou minha mão estendida para um cumprimento e passou reto por mim sem olhar para trás.

Foi corajoso da parte de Abe publicar a matéria sobre o submarino e mais uma em julho — talvez a última que eu tenha escrito de Washington —, um artigo a respeito de uma frota especial da Marinha que contava com submarinos espiões, meios para falsificar registros oficiais e não informar o alto escalão no caso de uma colisão ou algum outro incidente. A matéria, como muitas outras que escrevi nos quatro anos que passei no escritório de Washington, não chamou muito a atenção dos meus colegas.

No fim de agosto, estava pronto para me mudar de Washington para Nova York — a cidade passava por uma grande crise financeira. Gostei de fazer reportagens sobre o mundo militar e relacionadas à Inteligência, e agora estava ansioso para ver como me sairia no mundo de Wall Street e das altas finanças.

Minha única preocupação quanto ao escritório de Nova York era que lá teria um contato bem mais próximo com os editores, inclusive Abe. Eu ia chegar como um lobo solitário, e teria um escritório próprio, uma raridade que me separava dos outros repórteres na redação, mas não queria ser mimado ou receber tratamento especial. Queria ser parte da equipe do *Times* que estava cobrindo uma Nova York que não conseguia coletar impostos o suficiente para manter a cidade em funcionamento e que precisava urgentemente de um resgate por parte do governo federal. O que tinha dado errado

---

* As sugestões linha-dura de Cheney foram imediatamente descartadas por Edward Levi, o ex-reitor da faculdade de direito da Universidade de Chicago que, na época, era procurador-geral. Levi explicou a Cheney que as ações legais que ele buscava forçariam o governo a "ter que admitir — e provar — que as operações de Inteligência para comunicações submarinas existiam e eram confidenciais. Isso colocaria um selo de verdade no artigo". Levi encerrou seu memorando declarando que "a melhor atitude que se pode tomar" seria falar com os *publishers* sobre os riscos de publicar materiais prejudiciais à segurança nacional. Ele foi tão direto com Cheney como tinha sido ao me abordar em 1959, quando eu parei de fazer qualquer trabalho no último trimestre do meu primeiro ano na faculdade de direito. Ele me perguntou na época, de um jeito muito simples, se eu queria mesmo estar lá, na faculdade. Respondi que não, sem hesitar. [N.A.]

e as razões do insucesso rendiam uma boa reportagem. O fascinante livro de Robert Caro sobre Robert Moses, *The Power Broker* [O mediador do poder], tinha sido publicado no ano anterior e me convenceu de que ainda era possível encontrar outras matérias sobre o assunto na cidade. Também me lembrei de que Harrison Salisbury havia retornado a Nova York nos anos 1950, após ganhar um Pulitzer pela sua cobertura da Rússia para o jornal, e decidiram, reza a lenda, rebaixá-lo de cargo, designando-o para cobrir o Departamento de Limpeza da cidade. Ele transformou o cargo numa série em três partes premiada, que investigava por que a cidade não conseguia manter as ruas limpas apesar de gastar milhões a mais do que qualquer outra cidade dos Estados Unidos em coleta de lixo. Nova York estava aí para ser conquistada.

Meu primeiro dia no cargo me mostrou que seria uma experiência idiossincrática. Havia questões familiares: eu deveria estar no escritório após o Dia do Trabalho de 1975, mas os professores da cidade estavam em greve e não tínhamos encontrado ninguém para cuidar das crianças. As aulas da minha esposa na Universidade de Nova York já tinham começado havia uma semana, então levei os pequenos comigo para o jornal. Eles adoraram andar de metrô, e nós três chegamos ao saguão do *Times* às nove da manhã em ponto, assim como Abe. Ele perguntou ao seu novo funcionário vindo de Washington: "Mas o que é isso?". Expliquei a situação e disse que as crianças saberiam ficar sozinhas enquanto eu me organizava naquele primeiro dia. Tudo bem, ele disse, e fez um aceno aos meus filhos por mera formalidade. Algumas horas depois, encontrava-me arrumando os arquivos no meu escritório, que ficava logo depois da editoria de Esportes, na gigantesca redação do terceiro andar. Minha filha de cinco anos estava num canto desenhando, e o meu filho de sete brincava de jogar bola com uma dupla de repórteres do Esporte que tinha sete anos de idade na alma. Ouvi uma batidinha na porta. Olhei para cima e lá estava Abe, com o rosto sério. "Seymour", ele perguntou, "o que você acha que teria acontecido se, naquele dia fatídico, 2 mil anos atrás, a sra. Moisés tivesse dito ao marido que ele tinha que ficar em casa cuidando das crianças? Você acha que o mar teria sido dividido?" Olhei para ele e vi que não estava brincando. Tudo o que pude responder foi: "Não sei, Abe". E então ele foi embora. Bom, pensei, o sujeito com certeza era sincero. Encontramos uma babá em poucos dias e, no fim da semana, enviei um bilhete a Abe relatando a novidade. (Não acrescentei que o mar já poderia voltar a ser dividido.)

Naquelas primeiras semanas em Nova York, fiz de tudo para que Abe me designasse para a equipe que lidava com a crise orçamentária da cidade e a recusa do governo Ford em ceder fundos para um resgate. O próprio sujeito que tinha insistido que eu devia expandir minhas habilidades como repórter para compensar o fracasso do jornal com Watergate não tinha o menor interesse em usar aquelas habilidades recém-adquiridas para cobrir a crise da cidade. Abe simplesmente me via como o cara a quem recorrer em questões de segurança nacional. Sendo assim, me disseram que eu estava livre para ir e vir de Washington o quanto quisesse.

Fiz uma cara de desânimo. Ainda tinha semanas de férias acumuladas, então comecei a jogar tênis no meio do dia com alguns novos colegas que adoravam o esporte. O grupo às vezes incluía James Goodale, o conselheiro-geral do *Times*, que teve um papel significativo na decisão do jornal de publicar os Documentos do Pentágono. Goodale era um atleta incrível que não se preocupava em ter um horário de almoço longuíssimo, com direito a partidas de tênis. Fiquei viajando para Washington e de vez em quando escrevia matérias sobre como a investigação do Senado acerca dos abusos da CIA era desajeitada, ou sobre um novo livro escrito por um ex-agente que estava de saco cheio e prometia revelar tudo. Era puro blá-blá-blá, até eu me deparar outra vez com Adam Walinsky, o advogado muito inteligente que tinha trabalhado para Bobby Kennedy quando era procurador-geral no Senado e me conhecia dos meus dias na campanha de McCarthy em 1968. Walinsky era um especialista em crime organizado, assim como Kennedy, e ele me desafiou a escrever sobre uma denúncia de um advogado discreto de Los Angeles chamado Sidney Korshak. Walinsky o descreveu como um dos principais nomes do crime organizado. Ele tinha ligações com muitos líderes corruptos de sindicatos, especialmente com o Teamsters Union,* muito antes de que este fosse assumido por Jimmy Hoffa. Korshak, que cresceu na zona oeste de Chicago, tinha sido um gângster comum na juventude, mas expandiu sua autoridade e influência após cursar direito. Ele resolvia problemas e fazia o meio de campo, e nunca havia sido formalmente acusado, embora muitos tribunais tenham cogitado fazer isso. Se eu decidisse enfrentá-lo, Walinsky acrescentou, seria esperto de minha parte contratar um cara chamado Jeff

---

* Um dos maiores sindicatos dos Estados Unidos, surgiu em 1903 para representar motoristas e caminhoneiros. [N.T.]

Gerth, que havia abandonado a pós-graduação em Columbia e escrito alguns dos melhores textos sobre a máfia para vários veículos de mídia alternativa.

O *Times* ficou entusiasmado com o fato de que Hersh finalmente começaria a trabalhar numa matéria suculenta, e recebi carta branca para fazer o que quisesse. Se precisasse de algum moleque para me ajudar, tudo bem. Saí em busca de Gerth e o encontrei tocando piano no meio de uma tarde de sol em Berkeley, Califórnia, e notei, dentro de poucos minutos, que Walinsky tinha razão — o garoto sabia das coisas. Ele era bem mais jovem do que eu, sem laços, disposto a viajar, e totalmente autoconfiante quando se tratava de crime organizado. Nós dois agíamos sozinhos, e os dois queriam acertar de primeira. Em poucas semanas, localizamos um arquivo altamente secreto do FBI sobre Korshak, que contava como ele tinha se metamorfoseado de um advogado menor em Chicago nos anos 1930 em um advogado importante e rábula dos sindicalistas em Los Angeles; poucas décadas depois, estava socializando com pessoas como Lew Wasserman, um agente de ponta em Hollywood, e com a diretoria do Partido Democrata. Korshak podia acabar com uma greve de Teamsters num set de Hollywood com uma só ligação e tinha poder o bastante para salvar a carreira de Frank Sinatra ao ordenar que ele fosse contratado para um papel de peso em *A um passo da eternidade*. Em 1976, Korshak era considerado praticamente intocável. Dizem que o falecido Jimmy Breslin, colunista de Nova York, sempre insistiu que a máfia era controlada por nove italianos e um advogado judeu chamado Sidney.

Os arquivos do FBI mostravam que Korshak tinha cometido um grande equívoco em sua carreira: havia traído um importante empresário de Chicago ao testemunhar contra ele em seu processo de divórcio. O empresário era dono de uma rede de lojas de departamento em Chicago, cidade com sindicatos fortes, e recorrera a Korshak na década de 1940, quando o advogado ainda era um rábula de pouca importância, para ajudá-lo a subornar o Teamsters Union. A liderança enriquecia enquanto o custo do transporte despencava e os peões ganhavam cada vez menos.

O empresário acabou se tornando uma fonte para o FBI, mas era esperto para não testemunhar num tribunal ou de modo oficial sobre atividades criminais feitas em conjunto. O cara ainda queria vingança, no entanto, e nós oferecemos uma maneira segura para que ele a obtivesse. Trair um mafioso importante não é algo que se faça tranquilamente, então Jeff e eu fizemos o possível para mascarar a identidade de nosso informante, enquanto ele nos conduzia a outros que tinham sido sacaneados por Korshak e estavam dispostos a falar disso.

Eu não fazia ideia do quanto a máfia havia se espalhado na sociedade até uma noite na primavera de 1976, quando recebi uma ligação de John Van de Kamp, o promotor do condado de Los Angeles, que estava fazendo o possível para nos ajudar na investigação. Minha esposa estava estudando na faculdade de medicina, eu preparava hambúrgueres para duas crianças ranzinzas que queriam um jantar melhor. A mensagem de Van de Kamp foi sucinta: "Vá para um orelhão e me liga agora. É sério". Passou-me seu número pessoal. Não me lembro do que falei para as crianças, mas elas entenderam o recado e não saíram de lá até eu voltar. Havia um orelhão na loja de doces do bairro, que também funcionava como casa de apostas, e liguei para John de lá. Ele me contou ter ficado sabendo que a turma de Korshak tinha obtido todos os meus registros de viagens e telefonemas feitos do *Times*; isso significa, ele disse, que qualquer fonte confidencial minha ou de Jeff havia sido comprometida e podia estar correndo riscos. Eu tinha usado cartões de crédito do *Times* para viagens e telefonemas, cuja conta mensal, com a listagem de cada ligação, era paga pelo jornal, o que significava que, se Van de Kamp tinha razão, todo mundo que tinha falado comigo e com Jeff estava ferrado.

Alertamos aqueles que precisavam saber disso para que se protegessem e descobrimos, após uma investigação cautelosa e discreta feita pelo jornal, que um dos funcionários da tesouraria do *Times*, que cuidava dos recibos mensais dos repórteres, era de Chicago e tinha ligações com a máfia. Ele seria demitido, mas não imediatamente, me disseram, e me ofereceram outro método para cobrir minhas despesas.

Enquanto percorríamos os Estados Unidos, os advogados de Los Angeles de Korshak enviaram uma série de cartas ameaçadoras a Abe Rosenthal, ao passo que continuavam rejeitando nossos pedidos de entrevista com o chefão. Rosenthal e os editores pareciam estar apoiando a matéria, embora os seis meses em que Jeff e eu trabalhamos no assunto estivessem custando muito caro ao jornal. Na nossa última viagem a Los Angeles, poucas semanas antes de que nossa série em quatro partes fosse publicada, pensei "que diabos" e liguei mais uma vez para o número que tínhamos como sendo o da residência de Korshak. Alguém atendeu. Eu disse quem eu era e pedi para falar com o sr. Korshak. Houve uma pausa, e então Korshak, falando suavemente e me chamando de sr. Hersh, me acusou de tê-lo "caluniado por todos os cantos do país". "Sr. Hersh", ele disse, "deixe eu lhe perguntar: por que você está interessado em mim? Você é um especialista em escrever sobre genocídios, valas cheias de sangue." Ele falou por mais alguns minutos sobre sangue, morte, caos, chacina; não demorei para entender aonde queria chegar. Estava me ameaçando sem de fato fazer isso. Fiquei ao mesmo tempo perturbado e impressionado.

Nossa série foi editada e reeditada por questões legais — Korshak nunca tinha sido acusado formalmente —, e também porque havia editores ambiciosos que queriam provar para Abe que eles conseguiam aprimorar uma série de Hersh. Esse era um problema que eu não tinha tido em Washington, e todas as alterações na série — sempre apenas nos primeiros parágrafos — me levaram, numa tarde em meio a uma profunda irritação com as travessuras editoriais, a arremessar minha máquina de escrever pela janela de vidro do meu escritório e ir mais cedo para casa. No dia seguinte, quando cheguei, tinham trocado o vidro da janela, limpado o meu escritório, e nunca ninguém me disse nada. Jamais me dei ao trabalho de arremessar de novo a máquina de escrever, mas deixei um recado para Abe reclamando do processo. Recebi em uma hora uma resposta que me fez dar gargalhadas. Começava assim:

Falando em memorandos: talvez seja de seu interesse notar que, nesse momento, boa parte do *New York Times* está parada porque o vice-editor-chefe, um editor assistente, um editor de Nacional e um editor assistente da mesma editoria estão ocupados o dia todo, como estiveram há vários dias, tentando tornar sua série publicável. Acho que se eu fosse um repórter cujo trabalho exige tanta atenção, estaria um pouco envergonhado e profundamente grato. Ao contrário de mim e de você, os editores envolvidos são indivíduos educados e civilizados.

"*Ao contrário de mim e de você.*" Abe tinha seus bons momentos.

A série finalmente foi programada para estampar a edição de um domingo do início de junho, e é claro que o sindicato Teamsters Union montou uma greve não autorizada na tarde anterior, e cerca de meio milhão de cópias do jornal de domingo não saiu de Nova York por dias. Ficou claro que alguém dentro do *Times* ainda estava em contato com os rapazes. Ironicamente, a edição não continha o primeiro artigo da série sobre Korshak; este tinha sido retirado de última hora para que a equipe de Abe e advogados do jornal dessem uma outra olhada. Saiu duas semanas depois, e os Teamsters deram trabalho de novo.

Tive a sensação de que Abe e sua equipe sênior não achavam que a série valia o custo de dinheiro e de tempo — meu e dos editores designados para dar marretadas nela. Gerth e eu fizemos a nossa parte, e quase todas as alegações de corrupção política e financeira significativas acabaram entrando na série, mas nenhum de nós ouviu uma só palavra de apoio desde que começamos o trabalho. O primeiro elogio que recebi, na segunda-feira depois do começo da série, veio de um editor sênior que não tinha, que eu soubesse, se envolvido com a série. Ele me chamou ao seu escritório e disse, com entusiasmo e empolgação, que os grandes empresários que jogavam tênis em dupla com ele em Connecticut elogiaram sem parar o ataque a Korshak. Um deles era um CEO de uma grande empresa que tinha uma filial em Hollywood. A unidade estava com um filme pronto para entrar em produção quando houve uma briga e os Teamsters Union paralisaram o set. Perguntaram ao CEO se ele podia ajudar. Ele fez algumas ligações e descobriu que a pessoa a quem recorrer era Korshak, que foi localizado num *country club* em Los Angeles. Ele contou do seu problema a Korshak; Korshak anotou os dados e disse que ia dar uma olhada. Algumas horas depois, os homens do CEO em Hollywood ligaram para parabenizá-lo: ele tinha conseguido um milagre; o sindicato desistiu do protesto, e a produção poderia começar. O CEO ligou para Korshak, que descartou no mesmo instante a ideia de receber dinheiro por isso; sem problemas, ele disse, acrescentando que em algum momento no futuro ele precisaria de um favor e o CEO estava em dívida com ele. O assunto ficou por isso mesmo por cerca de um ano, até que Korshak telefonou para o CEO e disse que estava em Nova York e queria encontrá-lo. Ele chegou de braços dados com uma estrela de cinema loira. O que posso fazer por você?, o CEO perguntou. Quero fazer parte da sua diretoria, respondeu Korshak. É claro que o CEO sabia quem Korshak era e o que representava, mas também estava ciente de que não tinha como colocá-lo na diretoria. Ficou apavorado. Eventualmente, um cheque de 50 mil dólares ou 100 mil dólares — o editor não se lembrava do valor — foi entregue ao hotel de Korshak. Baita história, hein? Perguntei o nome do CEO. O editor respondeu que não importava. Falei, então, que o parceiro de tênis dele tinha infringido uma série de leis federais antiextorsão e antissindicais e deveria ser exposto por isso. A resistência de editores em dar os nomes das pessoas é o motivo pelo qual vagabundos como

Korshak continuam se aproveitando de empresários e inocentes. Corrupção era corrupção. Não foi um bom momento, e piorou quando o editor, furioso, ordenou que eu saísse do seu escritório.

Fiquei pessoalmente entusiasmado com a série sobre Korshak. Tratava de uma versão horrível dos Estados Unidos, que poucas pessoas conheciam e um número ainda menor de gente queria ter que encará-la. Eu não estava indo atrás de um agente de Inteligência do alto escalão escondido dentro da Washington oficial, que não pararia suas atividades após uma matéria crítica, apenas encontraria uma maneira melhor de ocultá-las. Meu alvo ia além de Korshak e atingia trambiqueiros e picaretas do mundo empresarial, que eram seus facilitadores e protetores. Esperava que a série constrangesse os jornais de Los Angeles que preferiam não mostrar as coisas como elas eram; também esperava que sentissem ansiedade. Os repórteres que cobriam o crime organizado entenderam o que Gerth e eu fizemos. Sidney Zion, um jornalista de Nova York com um conhecimento considerável do submundo, escreveu um artigo em 1996 para o *Daily News* nova-iorquino, no qual descrevia Korshak como um sujeito misterioso intocável. De acordo com Zion, um agente do FBI uma vez o alertou: "Nem tente chegar perto dele. Nem com a ajuda de Bobby [Kennedy], do Departamento de Justiça, dos jornais e do Senado conseguimos alguma coisa. Sidney Korshak está imune, não perca seu tempo". Ele me descreveu, auxiliado por Jeff, como "o primeiro jornalista a ir atrás de Korshak". Zion então contou de uma festa na casa de Lew Wasserman, em Los Angeles, que ocorreu um dia depois da publicação do primeiro artigo da série sobre Korshak. A matéria, ele escreveu, tinha

> deixado o nariz de Korshak sangrando, e o expunha como uma figura importante no submundo e no universo do show business, do sindicato, da política e das finanças. [...] Recebi uma ligação de um cara que estava na festa. [...] "Ninguém queria falar da matéria do *Times* sobre o Sidney", contou o meu amigo. [...] "Só sussurrando. Daí, de repente, o Sidney aparece na porta. Silêncio. Dava para ouvir um alfinete caindo. E então Lew Wasserman caminhou até ele e lhe deu um abração. Todo mundo respirou outra vez, e a festa prosseguiu."

Os editores do jornal podem ter percebido o que seis meses de trabalho e dezenas de milhares de dólares renderam, mas o editorial do *Times* foi direto ao ponto, a meu ver; ao final da série, quando observou: "Uma responsabilidade básica da imprensa é apresentar evidências quando estas apontam para uma ameaça grave ao interesse público e quando mostram problemas crônicos e fraquezas e deficiências significativas nas instituições nacionais. A série sobre o sr. Korshak faz justamente isso".

É muito comum dizer no meio jornalístico que matérias têm pernas próprias — isto é, que geram mais informações, às vezes anos depois. Aconteceu duas vezes com a série sobre Korshak. Jeff e eu — e o FBI — nunca conseguimos ligar Korshak a um assassinato, embora fosse sabido que, se ele fizesse um sinal de negativo com o dedão, alguém perderia a vida. Tentamos convencer uma das sobrinhas de Korshak a abrir a boca depois que descobrimos que ela tinha se afastado da família, em especial do Tio Sidney. Ela nos ofereceu café mas explicou que tinha medo demais de revelar qualquer coisa.

Alguns meses depois da publicação da série, a sobrinha telefonou para a minha casa e ouvi uma história que respondeu à minha pergunta sobre o que tinha acontecido no outono de 1960 com um político local, reformista, sobre quem eu escrevera quando ainda editava aquele semanário inútil. Ele tinha sido morto num assassinato de gangue. A sobrinha de Korshak disse que ela me daria uma prova da hipocrisia do tio e de como ele era impiedoso, mas só se eu prometesse não escrever sobre isso. Prometi. O incidente acontecera 25 anos antes, quando ela tinha cerca de doze anos de idade, e foi no começo do outono — ceia de Rosh Hashaná na casa de um parente de Korshak, num subúrbio ao norte da cidade. O Tio Sidney, o patriarca da família, buscou-a pilotando um Cadillac. Mesmo naquela época, já estava claro para ela que o tio era um homem perigoso. Estava no banco de trás com os dois primos, que tinham mais ou menos a mesma idade que ela, brincando de jogos de palavras. Ela estava cantando uma canção mais ou menos assim: "*Eenie, meenie, miney mo; catch a* nigger *by the toe*".*Ao ouvir essa palavra, Korshak meteu o pé no freio, virou-se, deu um forte tapa no queixo dela e disse: "A gente não quer que eles falem assim de nós, então a gente não pode falar assim deles". Ela ficou apavorada e chorou histericamente. Depois, enquanto o Tio Sidney estava conduzindo a refeição,

---

* O refrão faz menção a agarrar um *nigger* pelo dedão. O termo usado para fazer referência a afrodescendentes é pejorativo e tem forte carga simbólica nos Estados Unidos. [N. T.]

o telefone tocou e um membro da família trouxe o aparelho para ele, avisando que era urgente. Korshak escutou por uns instantes e então disse: "Que bom, você pegou o gói". A cerimônia prosseguiu. No dia seguinte, os jornais trouxeram várias matérias sobre um reformista no sudoeste de Chicago que tinha sido executado, claramente um assassinato de gangue. Eu queria acreditar — e acreditei — que o gói era o homem em questão.

O nome de Korshak surgiu anos depois, num almoço em Washington com um arrecadador dos democratas. Ele sabia que eu tinha escrito a série sobre Korshak e me contou a seguinte história. As coisas não estavam indo bem nas disputas primárias para um candidato que ele apoiava, ele disse, e era preciso mais dinheiro, muito dinheiro. O arrecadador desesperado recebeu a sugestão de entrar em contato com Lew Wasserman em Los Angeles. Ele poderia ajudar. O arrecadador nunca tinha ouvido falar de Wasserman, mas ligou para ele. Ouviu o conselho de entrar em contato com um sujeito chamado Korshak e recebeu um número de telefone. Fez essa ligação e conversou com Korshak, que estava em Las Vegas, e combinaram de se encontrar no dia seguinte. O arrecadador sugeriu onze horas da manhã; Korshak, surpreso, disse que ninguém em Vegas se encontra tão cedo. O arrecadador chegou às quatro da tarde ao hotel combinado na região de Sunset Strip e foi levado a uma sala de reuniões onde estava Korshak, cercado de homens de aparência durona. Você é o cara de Washington?, Korshak perguntou. "Sim." Korshak apontou para dois homens e disse para que cuidassem do camarada de Washington, e explicou que ele ficaria com os outros rapazes e faria uma festinha. Os dois gângsteres conduziram o arrecadador ao cassino, repleto de apostadores, e afastaram um grupo de pessoas da mesa de dados. "Você já jogou dados?", um deles perguntou. O arrecadador respondeu que não. "Faz o que a gente mandar", disseram. O gângster, então, falou para a crupiê colocar 10 mil dólares em fichas na mesa. Ela obedeceu. "Jogue os dados", disse ao arrecadador. Ele jogou. Um dado com uma bola, o outro com duas. "Que sorte", disse o gângster. "Um sete." Colocou-se uma pilha bem maior de fichas sobre a mesa. "Tenta de novo." O arrecadador, que não sabia nada sobre a aposta de o vencedor levar tudo se conseguisse um sete ou um onze, ficou confuso e hesitou. "Joga a porra dos dados, imbecil", ouviu. Ele obedeceu. Um três e um seis. "Mais um sete", disse o gângster. A pilha estava transbordando. O arrecadador ouviu que deveria coletar as fichas, levá-las ao caixa e voltar para casa. Fez o que mandaram, e voltou com dinheiro o bastante para manter a campanha ativa por muitas semanas. Foi uma aula impressionante sobre o funcionamento da democracia.

A série sobre Korshak me deixou interessado na maneira como crime organizado, política e negócios importantes se misturavam nos mecanismos internos dos Estados Unidos da década de 1970. Eu estava desesperado para me aprofundar nisso. Uma das figuras medíocres que faziam parte do mundo de Korshak era Charles Bluhdorn, o CEO da Gulf & Western (G&W), um dos maiores conglomerados do país, dono, entre outras, da grande editora Simon & Schuster; da Paramount Pictures; e da Madison Square Garden Corporation, proprietária de times profissionais de basquete e de hóquei. No início de 1977, a G&W, amplamente conhecida por suas práticas de negócio arriscadas, era alvo de nada menos que catorze investigações diferentes por parte da Comissão de Títulos e Câmbio de Washington, cuja divisão de execução era liderada por Stanley Sporkin, o carismático funcionário federal que não tinha medo dos poderosos. Sporkin tinha uma vantagem imensa no caso: um dos principais associados de Bluhdorn havia sido condenado por peculato e estava cooperando com a comissão para não ter que cumprir pena na cadeia.

Eu estava morando em Nova York havia dois anos e aprendera a me virar ali. Às vezes jogava tênis com Robert Morgenthau, promotor da cidade, e alguns de seus colegas. Todos sabiam quem era o magnata com a ficha mais suja na cidade; na época, o escritório de Morgenthau estava realizando sua própria investigação acerca das práticas empresariais da Gulf & Western — deixando Sporkin profundamente irritado. A competição entre agências investigativas era ótima para jornalistas, assim como o fato de que poucos no mundo da mídia, com a notável exceção do *Wall Street Journal*, tinham enfrentado Bluhdorn. A empresa era um alvo óbvio; Mel Brooks chegou ao ponto de dar o nome de "Engulf & Devour"* para uma empresa maligna na sua comédia pastelão *A última loucura de Mel Brooks*, de 1976. Não obstante, eu estava fazendo campanha dentro do *Times* para obter permissão para trabalhar com Gerth na matéria quando me disseram que Arthur "Punch" Sulzberger, o *publisher* do *Times*, havia interagido socialmente com Bluhdorn, e chegara a assistir de antemão, no cinema caseiro do CEO da G&W, a filmes da Paramount que seriam lançados em breve. Foram necessários meses de

---

* Trocadilho com Gulf & Western que significa, literalmente, "engolir e devorar". [N.T.]

pesquisa intensa antes que Gerth e eu pudéssemos apresentar — "confrontar" é uma palavra mais exata — os editores-chefes com provas específicas das infrações financeiras de Bluhdorn. Recebemos o sinal verde, começamos a entrevistar funcionários do alto escalão da G&W, atuais e antigos, e adentramos quatro meses de inferno.

Havia um fluxo constante de cartas escritas por Bluhdorn e Martin Davis, vice-presidente da G&W, para Abe Rosenthal, Punch e outros editores do *Times*, acusando-me de assassinato de reputação e táticas gângsteres. Passei por esse tipo de coisa pelas duas décadas anteriores, e o meu sucesso enquanto repórter se devia em parte ao fato de que ficava incessantemente incomodando as minhas fontes. Um perfil atrás do outro me descrevia como um repórter camicase, um jornalista que aterrorizava generais e funcionários do governo para que revelassem os segredos mais graves. Muitas vezes me perguntei por que os meus colegas de imprensa pensavam que alguém era capaz de levar um general experiente em batalhas ou um funcionário do alto escalão a se abrir gritando com eles. Uma vez fui citado a sério dizendo que atropelaria minha própria mãe para conseguir uma boa história. Cada besteira que eu não tinha outra alternativa a não ser aguentar. Então não me surpreendeu que os caras da Gulf & Western, mestres em difamação, agarrassem a chance de me retratar como um terrorista do jornalismo. Todas as cartas deles reforçavam isso, como aquela enviada por Davis à chefia do *Times* no dia 6 de maio de 1977:

> Não estamos escrevendo isso para tentar acabar com uma matéria que pode ser negativa. [...] Queremos interromper esses ataques selvagens e preconceituosos [de minha parte] disfarçados sob o nome de um jornal que é conhecido no mundo todo por sua maneira agressiva, porém responsável, de transmitir informações. O nome do jornal confere peso, dignidade e suporte para esses ataques doentios, maliciosos e cheios de ódio. [...] Acreditamos que vocês têm a obrigação de investigar as táticas do sr. Hersh da mesma maneira que esperaríamos que vocês fizessem em qualquer outra matéria.

A carta, então, informava a gerência do *Times* sobre alguns comentários que eu supostamente teria feito a funcionários antigos e atuais da G&W:

"É melhor você se encontrar comigo... [dito a um ex-funcionário da G&W] ou vai parar na cadeia."

"Por que a G&W se parece tanto com a máfia, no sentido de que ninguém (dos ex-funcionários) quer falar com a gente?"

"Todas as transações que fazem, fazem pensando em fraude de impostos."

"Sei tudo sobre o perjúrio que Bluhdorn cometeu no caso A&P."

"Sei que Levinson [advogado e vice-presidente da G&W] destruiu documentos."

"Levison segura o casaco para Bluhdorn, acende as velas para ele."

"Bluhdorn mentiu para mim."

"G&W é uma bosta — lixo puro."

Só vi essa carta anos depois. Por que não a mostraram para mim e para Jeff na época é um mistério. Nunca tivemos a oportunidade de lhe responder, e portanto não pudemos observar que era baseada em comentários que eu supostamente tinha feito para pessoas não identificadas, transmitidos por elas para a gerência da G&W, sem provas por parte de Bluhdorn e sua corja de representantes de que eu havia de fato ameaçado um ex-funcionário da empresa com pena na prisão, descrito a empresa como uma bosta e todas as outras besteiras. Se tivessem me mostrado as cartas quando chegaram, eu teria dito aos meus chefes que de fato ficava ofendido quando alguém mentia para mim ou reproduzia incorretamente nossa conversa — e ainda fico —, mas nunca ameaçaria alguém com cadeia por não falar comigo, nem diria para um funcionário da Gulf & Western que a empresa era uma "bosta". Aprendi bem cedo na minha carreira que a maneira de convencer alguém a se abrir é mostrar que eu sei do que estou falando e fazer perguntas que provem isso. Humor e persistência costumam funcionar, e deu certo com a esposa de Charles Colson, mas ameaçar e ser agressivo nunca trariam resultados.

Não ficamos sabendo de nenhuma das muitas reclamações da G&W direcionadas para gerência do *Times* até que Jeff e eu participamos de uma reunião de três horas com Martin Davis e um advogado que representava a empresa, no início de maio. Nesse dia, fomos sujeitos a vários insultos e ameaças de processo por fazer o que eu fiz a minha carreira toda: reportagem. Contei a Seymour Topping, o editor executivo, sobre o que havia acontecido. "Foi a entrevista mais perturbadora de que participei em dezessete anos trabalhando com jornalismo", escrevi. Alguns dos ataques dirigidos a mim e a Jeff pareciam xingamentos feitos na hora do recreio. A série sobre Sidney Korshak tinha "prejudicado a minha reputação", a matéria era um "desperdício" e alguns editores do *Times* tinham dito em particular para funcionários da G&W que o artigo estava abaixo do padrão de "justiça e precisão" do jornal.

Depois, a Gulf & Western alertou a mim e a Jeff de que estavam investigando as nossas famílias e que sabiam que uma das tias de minha esposa flertara com o Partido Comunista na década de 1930. Também sugeriram que o pai de Jeff, que era um investidor em negócios de aço em Cleveland, tinha ligações comerciais suspeitas. Um funcionário da empresa especialmente ofensivo gravou uma ligação na qual fui muito duro — com razão, pois ele tinha mentido para nós e sobre nós, e continuava fazendo isso — e enviou a fita para Sulzberger, um homem muito simpático que com certeza ficou perturbado com o diálogo, que não incluía a conversa inteira. Rosenthal ficou furioso com o drama empresarial que envolvia a nossa investigação, e me disse com um sorriso que eu tive sorte de os idiotas da Gulf & Western mandarem a fita direto para o *publisher*, passando por cima dele, pois não lhe restou outra opção a não ser me defender.

Tudo isso continuou ao longo da primavera e do verão, até que Gerth e eu finalmente entregamos nossa acusação de 15 mil palavras. Naquele ponto, havia um novo elemento, um que Jeff e eu não deveríamos ficar sabendo. A nossa matéria foi encaminhada para John Lee, o responsável pela editoria de Negócios do *Times*, que tinha recebido o nome de Business Day. Jeff e eu demos um apelido sardônico para essa editoria tão morna — *biz/millenium*. Não gostávamos ou respeitávamos Lee e sua trupe de editores puxa-sacos e imbecis, e eles com certeza não gostavam da gente. Lee nos destruiu num memorando confidencial enviado a Topping, o principal assistente de Abe. No memorando, que não mencionava nem a Gerth nem a mim pelo nome, Lee reconhecia que "Nós" — quem diabos éramos "nós?" — "temos a oportunidade única de expor em detalhes as práticas que são o alvo de uma grande investigação da Comissão de Títulos e Câmbio. [...] Quanto ao material em questão, é excessivo, difuso e mal organizado. Fontes mais próximas são necessárias. As aspas anônimas não podem ser utilizadas." A última frase foi para agradar a Abe, com quem discuti por anos sobre o assunto de citações anônimas, que ele detestava e que eu insistia que deviam ser publicadas se quiséssemos revelar a verdade, ainda mais porque ele sabia quem eram as fontes.

O timing de Lee foi perfeito: era o momento ideal para me criticar, pois o alto escalão do jornal estava surtando com as cartas de Bluhdorn e Davis e meus memorandos sobre ameaças e telefonemas grosseiros que recebíamos enquanto entrevistávamos os funcionários da empresa que haviam tido permissão para falar conosco. Passamos a achar que todos os funcionários do topo da G&W tinham sido alertados sobre sanções que poderiam sofrer caso conversassem conosco. (As ameaças inevitavelmente incentivaram alguns a conversar com a gente, é claro.)

A série, quando foi publicada, tinha sido toda retalhada por advogados, mas conseguiu contar aos leitores do jornal sobre uma empresa que tinha deturpado sua posição financeira usando todas as vias possíveis, legais ou ilegais, e havia sido pega, em grande nível, pela Comissão de Títulos e Câmbio. Fiquei especialmente orgulhoso do fato de que fomos capazes de mostrar, com relatos em primeira mão (e anônimos), como um grupo de empregados da empresa trabalhou de madrugada no verão de 1968 para transportar os registros de impostos da firma do centro de Manhattan para a cidade de Stamford, Connecticut, onde Bluhdorn e outros tinham a convicção de que a empresa passaria por uma auditoria menos detalhada e intrusiva por parte da Receita Federal. A matéria citava um funcionário anônimo do alto escalão explicando que a G&W "tinha medo de que os auditores da receita de Nova York fossem mais sofisticados". Sem dúvida muitos leitores do *Times* compartilhavam desse sentimento, mas não podiam se dar ao luxo de mudar a sede de suas empresas, em razão do imposto de renda, no meio da noite.

Fiquei orgulhoso da série, que cumpriu a promessa inicial feita a Rosenthal — que uma reportagem séria sobre os métodos da Gulf & Western ajudaria "a explicar como as coisas funcionam nesse país". Em certo ponto de nossa pesquisa, Jeff decidiu por conta própria dar uma olhada nos arquivos do *Times* na Comissão de Títulos e Câmbio — o tipo de coisa que me levou a gostar do sujeito — e descobriu que Rosenthal tinha pegado um empréstimo com o conselho de diretores do jornal, a metade dos juros, para comprar uma cobertura no elegante bairro Central Park West. Punch Sulzberger e a diretoria eram generosos com muitos repórteres e editores: recebi, depois, um empréstimo-ponte para facilitar minha mudança de volta para Washington. Mas eu não tinha responsabilidades com o conselho de diretores, ao contrário de Abe. Ele tinha uma obrigação com a redação e os homens e mulheres que faziam parte dela, e o empréstimo que solicitou e recebeu do conselho comprometia essa obrigação. Jeff e eu tínhamos descoberto, algumas semanas antes, que Bluhdorn tinha pegado milhões de dólares emprestados do conselho da G&W com juros baixíssimos e usou o dinheiro para comprar ações da empresa mais ou menos uma semana antes de dobrarem o número de ações de cada acionista. O seu investimento, antiético para alguém de dentro da G&W, só poderia ser equiparado à estupidez e à obviedade de sua ganância. Seja como for, sentíamos que não dava mais para mencionar essa ganância porque o editor executivo do nosso jornal, que era supostamente independente do seu conselho, agira da maneira questionável.

Fiquei furioso quando Jeff me mostrou o arquivo da comissão que registrava o empréstimo e fui até o escritório de Abe. Ele estava conversando com Robert "Rosey" Rosenthal, que tinha sido contínuo no *Times* e queria agora um emprego como repórter. (Rosey acabou se tornando o editor do *Philadelphia Inquirer* e diretor de uma associação de repórteres na Califórnia.) Rosey me descreveu a cena para este livro e, segundo contou, o encontro aconteceu na redação. Ele estava conversando com Abe quando cheguei "causando": "Você estava com seu visual desleixado de sempre, o cabelo todo revirado, metade da camisa para fora, e trazia uma cópia [...] da sua matéria na mão. Foi até Abe, irritado com alguma coisa. Ele estava falando comigo e você começou a gritar, sacudindo a sua matéria na cara dele. Não me lembro de nada do que você disse sobre o artigo, mas você estava puto da vida. Depois de gritar com Abe, você olhou para mim e falou algo como 'Ele é doido', apontando para Abe, e disse: 'não venha trabalhar neste lugar cagado'. Depois, você saiu apressado dali".

Na minha lembrança, a cena ocorrera no escritório de Abe. Eu falara a Abe sobre a pesquisa de Jeff, e Rosey estava ali, assistindo, e perguntei como diabos ele tinha sido capaz de fazer algo tão idiota como pegar um apoio financeiro do conselho de diretores do jornal. A resposta de Abe saiu direto de um manual empresarial: "Perguntei ao meu advogado e ele disse que não havia problema". Nunca vou me esquecer da minha resposta: "É o que todos dizem. Os Bluhdorn do mundo; é para isso que eles têm advogados". Contei que foi por causa dele que tivemos que tirar um material incrível do artigo. Saía do escritório dele me sentindo moralmente superior. Quando passei pela porta, ele me interrompeu: "Seymour", num tom severo. E me chamou de novo, pelo meu nome completo. "Que foi?" "Você acha que tem o direito de investigar qualquer coisa, qualquer pessoa, deste jornal?" Hesitei e respondi: "Não". Ele disse: "Que bom", e voltou à entrevista com o pobre Rosey. Algumas semanas depois, a secretária dele largou um grande envelope pardo vindo de Abe sobre a minha mesa. Era uma cópia da sua nova hipoteca, feita em um banco local, na taxa de juros normal, com um recado dizendo que agora o seu gasto mensal tinha duplicado. Como alguém poderia ficar irritado com o sujeito?

Deixarei outra voz discutir o resultado do nosso trabalho sobre a Gulf & Western. Mark Ames, um jornalista freelancer que fez muitos trabalhos admiráveis em Moscou, analisou a série sobre a G&W e seu impacto para um jornal online em 2015. Sua conclusão foi brutal, mas bastante precisa:

> A denúncia gigantesca que Hersh fez da Gulf & Western tinha [...] 13 mil palavras, foi dividida em três partes e revelava um labirinto de fraude corporativa, abuso, esquemas para evadir impostos e infrações mafiosas. E, ainda assim — apesar de todo o frisson pré-publicação —, a matéria saiu sem um estouro. Algo a que Hersh não estava nem um pouco acostumado. Para começar, a linguagem do artigo era estranhamente cautelosa e sem graça para um furo de Hersh. Como ironizou a revista *New York*, *a reação geral foi um grande bocejo*.
>
> Ao contrário das matérias de Hersh sobre a CIA e o Exército, nesta o *Times* estava mais medroso e cuidadoso, temendo as consequências de enfrentar uma empresa privada tão poderosa [...] com medo de ser processado até não sobrar nada. [...] O *Times* domou Hersh com uma equipe de editores e advogados para aparar a sua reportagem, tirando a vida do artigo até deixá-lo quase ilegível. Entre outras coisas, o *Times* cortou todas as citações anônimas que tornaram seus ataques devastadores à CIA [...] em leituras tão memoráveis.

A crítica acertou no que dizia respeito à edição covarde, mas a história sabia andar com as próprias pernas de um jeito que não foi percebido inicialmente. Pude notar, pela correspondência que recebi, que havia muitos especialistas que entendiam bem mais de práticas empresariais que Ames ou os editores da revista *New York*, e até mesmo que os editores do *Times*, que compreenderam o quanto Jeff e eu subimos o nível. Por exemplo, John Kenneth Galbraith, o economista de Harvard que trabalhara como embaixador na Índia no governo de John F. Kennedy, me escreveu dizendo: "Os artigos sobre a Gulf & Western são excelentes — melhores do que pensará a maioria dos leitores. Posso afirmar, com base em uma pequena experiência, que extrair alguma informação útil desses personagens é dez vezes mais difícil do que de funcionários da CIA". Ele anotou ao final: "Obrigado mais uma vez". Charles Nesson, um professor de longa data de direito de Harvard, me escreveu dizendo que matérias eram "extremamente importantes [...] a primeira série que vejo que tenta explicar aos leigos as maquinações de um magnata que ainda está surfando a onda. Estou impressionado por quão inexplorado é esse território, em termos de ética empresarial e do direito. Você fez um trabalho incrível". Galbraith e Nesson aparentemente compreenderam que o preço a se pagar por investigar a fundo uma grande corporação seria uma edição cautelosa e um medo excessivo quanto a represálias — os fatores que impediram que nossos artigos fossem mais interessantes de serem lidos. Bill Kovach, meu ex-colega de Washington que havia se tornado chefe de gabinete, depois diria a Bob Thomson do *Washington Post*, que escreveu um longo perfil meu em 1991, que o problema era que Jeff e eu estávamos escrevendo sobre o poder privado, e não sobre questões do governo. Kovach acrescentou que a verdade é que se a minha matéria, fosse sobre uma instituição pública, teria "saído no jornal assim que ele terminasse de escrever, do jeito que ele tinha escrito".

A experiência foi frustrante e enervante. Escrever sobre a face corporativa dos Estados Unidos tinha drenado minhas energias, decepcionado os editores e me deixado irritado. Não havia como frear essas grandes empresas: a ganância tinha vencido. A briga feia com a Gulf & Western incomodou tanto o *publisher* e os editores a ponto de os responsáveis pela editoria de Negócios poderem invalidar e sabotar o trabalho que Jeff e eu fizemos. Não pude deixar de me perguntar se os editores ficaram sabendo da ligação pessoal entre Bluhdorn e Punch. Seja como for, ficou claro para Jeff e para mim que a coragem que o *Times* demonstrara ao confrontar a fúria de um presidente e um procurador-geral na crise dos Documentos do Pentágono, em 1971, tinha evaporado quando precisou enfrentar uma corja de empresários bandidos que lutavam para continuar vivos diante de uma investigação da Comissão de Título e Câmbio, sobre a qual Gerth e eu sabíamos mais coisas do que podíamos publicar. De modo algum os homens assustados, arrogantes e vociferantes da Gulf & Western teriam coragem de processar o *Times*; sabiam que Jeff e eu havíamos nos embrenhado a fundo nas infrações deles, e um processo poderia revelar essas informações tão prejudiciais.

Depois dessa experiência, estava pronto para ir embora de Nova York. Minha esposa concordou em terminar boa parte do último ano dela na faculdade de medicina na Georgetown University, e nós voltaríamos a Washington.

Passei meus últimos meses em Nova York como um repórter especial muito bem pago, viajando o tempo todo para Washington para escrever sobre as disputas sem fim de política externa no governo Carter. Consegui ajudar Jeff Gerth em algo que nem deveria ter necessitado da minha intervenção. Desde a série sobre Korshak, fiz campanha para o *Times* contratar Jeff como um funcionário em tempo integral, e não obtivera retorno. Ninguém disse não, mas também ninguém disse sim. Jeff depois me contou, avançado o verão, que havia sido contatado por um editor sênior do *Washington Post* para fazer uma entrevista lá. Quando ouvi isso, exagerei um pouco a notícia e contei a Arthur Gelb como era incrível que Gerth tivesse recebido uma ótima oferta de emprego do *Post*. De repente, Gerth tornou-se desejável e imediatamente lhe ofereceram um emprego no *Times*, que ele aceitou e passou trinta anos botando para quebrar em Washington.

Durante a greve de dois meses que fechou todos os jornais de Nova York no fim de 1978, mantive-me ocupado escrevendo alguns artigos para a coluna "The Talk of the Town", editada pelo sr. Shawn. Não obstante, ainda me via como um jornalista e ainda apreciava o poder do *Times*. Washington podia ser um território fértil, pensei. Mas a cidade tinha mudado. A Guerra do Vietnã chegara ao fim, assim como Watergate. Ninguém na CIA tinha sido processado pelos crimes cometidos contra o povo americano e a Constituição. Richard Helms, que mentiu na cara dura para o Congresso sobre as atividades da CIA no Chile, era visto como um herói e um patriota — permitiram que ele declarasse *nolo contendere** diante da acusação de não ter sido completamente sincero no seu testemunho sobre as atividades da CIA perante o Congresso. Ele recebeu uma sentença de suspensão por dois anos, pagou uma multa de 2 mil dólares, e foi recebido por uma multidão que o aplaudia na saída do tribunal. O jornalista Richard Harris, da *New Yorker*, num artigo sobre o caso Helms, percebeu o absurdo do conceito de *nolo contendere*: "O governo acusou Helms de cometer crimes, mas não quis especificar que crimes eram aqueles nem prová-los, e Helms se recusou a admitir que era culpado, mas permitiu que registrassem um veredicto de culpa contra ele". Eu ainda estava desiludido com o caso Gulf & Western, e a análise astuta de Harris sobre a declaração de Helms não ajudou em nada.

---

* Termo usado no sistema jurídico dos Estados Unidos para indicar ausência de contestação dos fatos. [N.T.]

Piorou quando o *Times* fez elogios à declaração num editorial, como muitos outros veículos, notando que "Helms estava preso entre o dever de obedecer à lei e o dever de proteger segredos. [...] E então o governo foi pego entre a necessidade de cumprir as leis contra perjúrio e a necessidade de continuar preservando os segredos". Em outras palavras, todos os agentes da CIA que juraram segredo agora estavam isentos de ter que oferecer um testemunho verdadeiro ao Congresso. A comunidade de Inteligência havia sobrevivido a uma blitz da mídia que durou um ano e à investigação da Comissão Church, e estava mais uma vez no lugar em que poderia florescer — na área cinzenta entre o certo e o errado, o legal e o ilegal, a honra e a desonra. Era uma área cinzenta, pensei, da qual muitas empresas americanas faziam parte.

O escritório de Washington não deu certo para mim. Isso ficou claro alguns meses após o meu retorno, quando John Finney, um maravilhoso repórter das antigas que fora promovido a editor, me mostrou uma mensagem confidencial de bastidores enviada a ele por um dos jornalistas da editoria *biz/millennium*, um aviso que dizia que eu era tendencioso contra corporações americanas. Finney ficou chocado com a estupidez imensa do recado e com o insulto a mim contido nele. Pedi demissão imediatamente, sem dizer o motivo, e aceitei uma oferta para escrever um livro sobre Henry Kissinger feita muito tempo antes. A partir de então, nunca mais trabalhei regularmente para um jornal.

17.
Kissinger, outra vez, e além

A oferta para analisar criticamente a ficha diplomática de Kissinger tinha sido feita mais de um ano antes. Era um livro que precisava ser escrito, eu sabia, mas a ideia tornou-se ainda mais atraente porque chegou na hora certa e vinha de James Silberman, editor-chefe da Random House na época em que fiz os livros de My Lai. Jim agora tinha o seu próprio selo, Summit Books, e um instinto incomum para descobrir best-sellers.

Na minha carta de demissão, não contei a Abe o motivo verdadeiro pelo qual saí — embora ele devesse saber que eu ficara desanimado com o apoio morno, para dizer o mínimo, que a série Gulf & Western tinha recebido do jornal —, mas mencionei que um estudo crítico sobre Kissinger era necessário. Solicitei uma licença formal, e Abe recusou. Não fiquei surpreso: boatos de que eu sairia do jornal tinham aparecido nas colunas de fofoca de Nova York e devia ser um assunto delicado. Abe sentia que não só eu nunca amara o jornal como também tinha usado o *Times* para, na visão dele, conseguir um contrato de livro e seguir adiante, assim como havia feito David Halberstam.

A ironia é que, ao longo da década seguinte, até a aposentadoria de Abe como editor executivo, em 1988, escrevi mais ou menos uma dezena de artigos como freelancer para o *Times*, e minha assinatura saía como se eu ainda fizesse parte da equipe. Era como se as palavras que trocávamos entre nós não tivessem significado; estávamos conectados pelo nosso amor pelo bom jornalismo. Meus primeiros artigos saíram em agosto de 1979, só quatro meses depois do meu pedido de demissão. Eu havia retornado a Hanói, que era então a capital da República Democrática do Vietnã, com o intuito de fazer entrevistas para o livro sobre Kissinger acerca das negociações secretas em Paris com Nguyen Co Thach, que depois se tornou ministro das Relações Exteriores do Vietnã, em 1980. Após as entrevistas, decidi ficar no Vietnã para escrever sobre a vida em Saigon sob o comunismo. Como muitos colegas jornalistas, eu era viciado no Vietnã, e tinha uma obsessão sem fim pela equivocada guerra americana. Acabei escrevendo meia dúzia de reportagens para o jornal sobre a Saigon pós-guerra, renomeada grosseiramente como Cidade de Ho Chi Minh, numa tentativa de mostrar um pouco das dificuldades enfrentadas por muitos dos que não conseguiram fugir do Sul após o seu colapso em 1975. Um artigo dava detalhes sobre o efervescente mercado negro; outro mostrava um jornal não comunista que florescia em Saigon. Entrevistei em Hanói e Saigon pessoas da Cruz Vermelha e das Nações Unidas e escrevi uma matéria longa sobre a luta de mais de 2 milhões de cambojanos que passavam fome. Era como se eu nunca tivesse saído da equipe do jornal.

Deu tudo certo com minha entrevista com Thach e outras fontes para o livro sobre Kissinger, mas o ponto alto da minha visita se deu no almoço em um restaurante que ainda funcionava e ficava no terraço do Caravelle Hotel, em Saigon, o local onde muitos correspondentes estrangeiros interagiam durante a guerra. Eu tinha marcado de me encontrar lá com um dos líderes, na época da guerra, da Frente Nacional de Libertação. Ele era nacionalista, mas não comunista, assim como muitos líderes da Frente, mas agora trabalhava como um administrador de alto escalão da Cidade de Ho Chi Minh.

Houve dois momentos dignos de nota. Nosso garçom, ao descobrir que eu era um jornalista americano, contou que trabalhara na guerra servindo os meus colegas e me ofereceria de presente um bife congelado, uma sobra dos últimos dias do Vietnã do Sul, que caiu em 1975. Após semanas me alimentando de comida vietnamita, por mais maravilhosa que fosse, comer um bife descongelado de quatro anos de idade foi delicioso. O segundo momento veio quando o meu companheiro de almoço, depois que garanti que a nossa conversa era privada, me contou ter ficado chocado ao descobrir, após a queda de Saigon, quantas centenas de milhões de dólares os Estados Unidos tinham gastado em projetos de infraestrutura — inclusive estradas e sistemas de água e esgoto — para apoiar o Exército do Vietnã do Sul, e a sociedade em geral, durante a guerra. Os russos, ele disse, assumiram o papel dos Estados Unidos de parceiros econômicos e consultores do novo governo ao final da guerra. Um dos projetos russos mais antigos envolvia a construção de uma fábrica em Ho Chi Minh com capacidade de transformar medicamentos em pó, caso da Aspirina®, em comprimidos, e embalá-los para os parceiros comerciais da Rússia no Leste Europeu. Navios russos começaram a chegar no bem movimentado porto da cidade cheios de drogas em grandes quantidades e retornavam com medicamentos embalados. A fábrica foi um sucesso, mas o governo russo não pagou pelo trabalho, e, após um ou dois anos, meu companheiro de almoço foi designado para coletar o valor devido. As autoridades de Moscou lhe disseram, sem um pingo de ironia, que o governo russo ficaria contente em deduzir o custo das embalagens feitas pelos vietnamitas da dívida que tinham com a Rússia pela compra de armas e outros suprimentos fornecidos ao Vietnã do Norte durante a guerra. Demos de ombros — o que mais pode ser dito sobre os caprichos dos Estados Unidos e da Rússia? — e seguimos adiante.

Reuni um material importante sobre as negociações de paz enquanto estava em Hanói, e boa parte dele era confirmado pelos memorandos internos que forneciam algo que a imprensa dos Estados Unidos não tivera durante a guerra — um ponto de vista vietnamita. A beleza do meu projeto sobre Kissinger era que não importava se Kissinger aceitaria falar comigo ou não; ele já tinha me dado o que contava como uma entrevista longa e reveladora no primeiro volume de suas memórias, *White House Years* [Os anos na Casa Branca], publicado em 1979. A intenção — muito mais forte do que a maioria de seus leitores percebeu — de seu livro de mais de quinhentas páginas era responder a todos os seus críticos. Era uma mina de ouro de novas informações sobre todas as questões importantes (e não importantes) que ele enfrentou, junto com uma quantidade absurda de deturpações e mentiras. Passei quase um ano lendo a versão dele dos fatos, comparando-as com informações publicadas na época; também tive o luxo de poder cotejar o relato de Kissinger com outros lançados por pessoas de dentro do governo, incluindo o livro *RN — The Memoirs of Richard Nixon* [As memórias de Richard Nixon], a história presidencial em narrativa muito mais honesta — e, portanto, reveladora.

Isso tudo era muito trabalhoso, e dei uma pausa para produzir para a revista do *Times* uma série em duas partes cujo tema era a rede de veteranos de prontidão a serviço de dois ex-agentes da CIA, que estavam fornecendo armas e explosivos ao regime rebelde de Muamar Kadafi na Líbia e lucrando bastante com isso. Edwin P. Wilson e Frank Terpil convenceram um terceiro ex-agente da CIA, chamado Kevin Mulcahy, de que o que faziam estava dentro da lei. Mulcahy descobriu o esquema, que resultou no lucro de milhões de dólares para Wilson e Terpil, e acabou chegando até mim com a história. A série me rendeu um quinto — e sem precedentes — Polk Award em 1981, um prêmio que compartilhei com dois repórteres do

Times, Philip Taubman e Jeff Gerth, meu velho companheiro, que também escrevera sobre o esquema Wilson-Terpil. (Richard V. Allen, um ex--assistente de Kissinger, que era, naquele momento, conselheiro de Segurança Nacional de Reagan, me enviou uma cópia da revista na qual o presidente tinha escrito um recado pedindo que ele investigasse as alegações ali contidas.)*

As contradições nas memórias de Kissinger eram flagrantes, e descobri mais sobre elas em entrevistas que fiz ao longo dos anos seguintes. Escrever um livro de não ficção envolve os mesmos princípios que eu buscava utilizar no meu jornalismo diário: leia antes de escrever, encontre as pessoas que sabem da verdade, ou de uma verdade, e deixe que os fatos contem a história. Havia algumas pessoas na equipe do Conselho de Segurança Nacional de Kissinger que não queriam falar comigo, mas a maioria quis, e muitos falaram *on-the-record*.

---

* A série também me causou um enorme constrangimento. Depois da sua publicação, fui contatado por outro suposto agente da CIA, que me disse ter informações específicas sobre materiais nucleares que haviam sido transportados por Wilson e Terpil para a Líbia. Naquela época, eu tinha voltado a trabalhar no livro sobre Kissinger, e decidi, com a permissão do agente, passar essa informação para Dick Allen. Allen tinha me ajudado bastante com o livro antes de entrar no governo. Contei a história a ele e dei o nome do agente. Ele me disse que ia conferir e me daria um retorno. Foi o que fez, e organizou um encontro na Sala de Situação da Casa Branca. Fui convidado por Allen para fazer parte da reunião, mas me sentia no mínimo dividido quanto a isso. Uma parte de mim dizia que o assunto não era da minha conta; por outro lado, eu nunca tinha entrado na sigilosíssima Sala de Situação, embora já tivesse escrito sobre ela. Então me juntei ao encontro. Concordou-se que minha presença lá seria extraoficial — outro equívoco. Em certo ponto, um funcionário sênior disse ao agente que acreditava não haver nada que ele não tivesse feito pelo seu país. O idiota que eu levara à reunião respondeu que sim, e acrescentou que tinha feito o máximo possível. Ficou claro para todos ali que os dois estavam falando de assassinatos sancionados. Fiquei chocado e furioso com a conversa e com o fato de que ocorria diante de meus olhos. Mas eu era um participante, não um repórter. Falou-se de coisas sobre as quais eu não podia escrever, e não escrevi. Na volta para o meu escritório, caminhei uma ou duas quadras ao lado do agente e expressei minha raiva por ter participado daquilo. Ele, com um sorriso maroto, perguntou se eu queria uma transcrição da sessão. Eis que de algum modo ele tinha conseguido levar clandestinamente um pequeno gravador bem no meio das pernas, passando pela segurança da Sala de Situação. Saí dali o mais rápido que pude e telefonei para Allen para avisar que ele tinha sido traído. Allen disse para eu não me preocupar, e mantivemos uma amizade que persiste até hoje. Nunca mais ouvi falar do agente, e o contexto da reunião nunca veio a público. Também não faço ideia se a informação do agente era válida e, em caso positivo, se algo havia sido feito quanto àquilo. Depois desse episódio, participar de algo *off-the-record* virou um anátema para mim, e mais uma vez aprendi a lição de não aceitar participar de um ato oficial do governo. [N.A.]

Também me beneficiei do mal essencial da política externa de Nixon/ Kissinger. Minhas reportagens para o *Times* sobre o Chile, publicadas em 1974, me levaram a receber várias cartas anônimas enviadas por alguém de dentro do serviço clandestino da CIA com informações em primeira mão sobre as intenções do governo, de Nixon e Kissinger para baixo, de se livrar de Allende. As cartas eram surpreendentes — cheias de mensagens internas confidenciais e preocupações políticas — e puseram à prova, mas não alteraram, a minha determinação de jamais publicar informação fornecida por pessoas que não se identificavam.

Uma de minhas idiossincrasias como repórter, no entanto, foi acompanhar a aposentadoria de generais seniores e almirantes; aqueles que não chegavam ao topo sempre tinham uma história para contar sobre por que tinha sido assim. Também observava a seção de Obituários, que surpreendentemente revelava em detalhes os postos que agentes da CIA falecidos tinham ocupado no exterior. Um breve obituário de 1979 no *Washington Post*, sobre um agente aposentado da CIA chamado John C. Murray, intrigou-me porque mencionava que Murray havia servido na América Latina antes de se aposentar. Constava o nome da viúva e o seu endereço. Encontrei o número de telefone e fiz um lembrete mental de ligar para ela. Seis meses depois, telefonei e bingo. Sim, a esposa afirmou que era ele quem estava me escrevendo, irritado e frustrado com as atividades criminosas da Agência no Chile; e, sim, o marido possuía uma ou duas caixas de documentos que guardava no porão; e, sim, eu poderia ir lá buscá-las; e, sim, por que não publicar com o nome dele? Ele havia ficado chocado com a prontidão com a qual a Agência estava disposta a executar ordens criminosas de Nixon e Kissinger.*

O instinto de Kissinger para a enganação também ajudou. Roger Morris, um de seus assistentes mais confiáveis nos primeiros anos de seu posto — era um elo com a Inteligência mais delicada no governo. Morris —, tinha muito o que dizer *on-the-record* sobre Kissinger e a África, assim como do interesse de seu chefe pelos detalhes de como usar uma arma nuclear tática

---

* Alguns anos depois, com a publicação de um trecho relacionado ao Chile do meu livro sobre Kissinger, que ainda não tinha saído, recebi uma carta da filha de Murray, Marea, que morava então em Massachusetts, me agradecendo pelo meu trabalho e acrescentando: "Finalmente sei qual foi o papel do meu pai nesse negócio de CIA — pelo menos no que diz respeito ao Chile — e estou orgulhosa". [N.A.]

numa crise. O codinome para essa opção era "Duck Hook", e Morris guardou cópias de seus memorandos sobre o assunto. Kissinger era visto por membros da equipe como uma pessoa que ganhava o crédito pelo trabalho dos outros, então alguns assistentes levavam cópias contrabandeadas de seus documentos, altamente confidenciais ou não, como uma forma de se prevenir de uma deturpação do próprio trabalho. Outros, como Dick Allen, que logo abandonou a equipe de Kissinger para trabalhar na Instituição Hoover, da Universidade Stanford, recompensou minhas visitas constantes e minha disposição para ir atrás de detalhes: ele me falou, após anos de contato, sobre como ele esteve no meio enquanto Kissinger passava informação política confidencial e de segurança nacional para ambos os lados na corrida presidencial de 1968 entre Nixon e Hubert Humphrey. O resultado era que, fosse lá quem se elegesse, Kissinger seria o escolhido como conselheiro de segurança nacional. Chequei o relato de Allen, que, amplificado, deu origem ao muito divulgado capítulo de abertura do livro sobre Kissinger.

Memórias de pessoas do governo são sempre abomináveis, invariavelmente são autopromoções cheias de mentiras, mas uma das melhores foi escritas por um almirante aposentado chamado Elmo Zumwalt, que serviu como chefe de operações navais, o mais alto cargo na Marinha, entre 1970 e 1974. No seu livro de memórias, *On Watch* [Em alerta], o almirante foi crítico em relação àquilo que descreveu como a disposição cínica de Nixon — algo que explicou em particular aos chefes de gabinete do presidente — em ignorar o que estava explícito nas negociações de paz que avançaram com Hanói no fim de 1972. "Vamos manter o acordo se for útil para nós", disse Nixon, de acordo com Zumwalt. Lembro-me de admirar o livro de memórias, mas não de ter conversado disso com o almirante, que faleceu em 2000. O que me recordo é de receber uma ligação de Zumwalt no fim de 1982, que então morava e trabalhava em Milwaukee, e de ser convidado para visitá-lo no fim de semana. Fui entusiasmado até ele, e nos encontramos no fim da tarde de um sábado num subúrbio próximo ao lago Michigan. Zumwalt me contou que ele tinha uns documentos que gostaria de compartilhar comigo, e para isso precisávamos de um lugar que fizesse cópias. Encontramos e paguei um valor adicional para acessar uma fotocopiadora fora do horário de expediente. Com tudo em silêncio, passei uma boa hora fazendo cópias de páginas e mais páginas numa máquina primitiva, com Zumwalt me entregando as folhas e cuidando de grampeá-las. Era ótimo ter um almirante quatro estrelas como meu comparsa. Eis, então, que em meados de 1972, com as negociações secretas de paz com Hanói andando cada vez mais rápido, Zumwalt queria saber o que estava acontecendo dentro do conselho de Kissinger e descobriu uma maneira nova para fazer isso: plantou um jovem oficial da Marinha na equipe pessoal de Al Haig. Era alguém de sua confiança e deveria monitorar e fazer anotações de muitas das ligações pessoais de Haig, conforme as instruções que recebera. Haig era conhecido por deixar seus assistentes, sempre um jovem militar, ouvirem suas ligações num outro aparelho. O que Haig não sabia era que o jovem da Marinha a quem deu essa tarefa em 1972 estava gravando trechos das chamadas em fitas e entregando-as diretamente a Zumwalt, que as transcrevia. Usei só algumas linhas das fitas no livro sobre Kissinger, com medo de denunciar a Haig quem era a fonte, que havia deixado a Marinha para seguir carreira no mundo dos negócios.

A extensão da atmosfera predominantemente vil, vingativa e paranoica na qual Kissinger buscou um acordo de paz, junto de um presidente inacreditavelmente instável, ficou bastante aparente para mim quando li as transcrições. A principal influência que Nixon e Kissinger tinham, ou pensavam ter, à medida que as negociações de paz afundavam no verão de 1972, com a eleição já perto de ocorrer, era um bombardeio massivo de B-52. "Mais três meses", disseram a Zumwalt em junho, "e então dê um fim na questão com um bombardeio completo, ou caia fora." Alguns meses depois, sem avanços nas negociações de Paris, Zumwalt ouviu que Nixon "atualmente está numa linha conciliadora. [...] O presidente disse para aceitar qualquer coisa que Hanói oferecer. O presidente tem medo de que a guerra acabe com ele. Kissinger está preocupado que a sua reputação seja maculada". Algumas semanas mais tarde, Zumwalt ouviu que Nixon, "cuja mente está sendo envenenada por Haig nesse assunto, sente que Kissinger está estragando as negociações. Haig disse ao presidente que os norte-vietnamitas estão brincando com Kissinger como se ele fosse um ioiô. Haig ligou para Kissinger e transmitiu isso como se fosse a visão do presidente. Kissinger ficou furioso". Kissinger se vingou depois; quando Haig estava fora de Washington, foi até o presidente e disse a ele que "era importante colocar Haig de volta no Exército porque, dentro do Exército, ninguém estava de olho em Abrams [chefe de gabinete do Exército, general Creighton Abrams]. [...] Haig disse, 'Henry está tentando me tirar da Casa Branca me promovendo'".

A loucura interna prosseguiu depois de ter sido feito um acordo com os norte-vietnamitas — violado imediatamente por ambos os lados, conforme previsto — e continuou após Kissinger se tornar secretário de Estado, enquanto persistia como conselheiro de Segurança Nacional de Nixon. Com o desenrolar do escândalo de Watergate em 1973 e 1974, Zumwalt ouviu que Haig, então vice-chefe de gabinete do Exército,

> estava conspirando com Haldeman e Ehrlichman e estava ciente da operação dos Encanadores. [...] O presidente quer declarar [no que diz respeito aos grampos de assistentes e outras pessoas] [...] que todos os presidentes fizeram igual. Quer justificar o motivo, não o ato em si. [...] Kissinger continua insistindo que não se envolveu com Watergate [...] que não sabia dos grampos. [...] Kissinger perguntou se [David] Young [com quem Egil Krogh comandava a equipe de Encanadores para Ehrlichman] era leal a Kissinger. [...] Kissinger queria levar David Young de volta à equipe do Conselho de Segurança Nacional. [...] Ninguém consegue abordar o presidente. Alguns dos seus antigos conselheiros políticos tentaram, mas ele se recusa a encontrá-los. [...] Há cinco golpes por dia, com tantos centros de poder tentando assumir o controle.

Foi reconfortante receber essas informações enquanto eu finalizava o livro sobre Kissinger na Casa Branca de Nixon. Ao final do texto, escrevi que, como as memórias de ambos haviam deixado claro, "nenhum dos dois chegou a compreender a vulnerabilidade mais básica de sua política: trabalhavam numa democracia, seguindo a Constituição, entre cidadãos que cobravam um nível razoável de integridade e moral de seus líderes. [...] Os mortos e mutilados no Vietnã e no Camboja — assim como no Chile, em Bangladesh, em Biafra e no Oriente Médio — não pareciam ser levados em consideração enquanto o presidente e seu conselheiro de Segurança Nacional enfrentavam a União Soviética, suas visões equivocadas, seus inimigos políticos e um ao outro".

Foram necessários quatro anos de leituras constantes, entrevistas, escrita e reescrita antes que o livro, longo demais, fosse publicado, em junho de 1983. Seu título, *The Price of Power*, foi sugerido pelo sempre leal Halberstam. A reação à sua publicação foi previsível: aqueles na mídia cujo sucesso e descobertas derivavam, em parte, de sua proximidade a Kissinger detestaram; outros o admiraram. Noam Chomsky, que eu conhecia pouco, mas respeitava bastante, me enviou um gentil recado: "É realmente fabuloso, tirando o fato de que você se sente como se estivesse rastejando pelo esgoto. Define um novo padrão para análises perspicazes e abrangentes sobre como a política externa é definida; uma obra difícil de ser equiparada". Russell Baker, sempre cômico, escreveu uma coluna no *Times* chamada "As vaias para Hersh", mostrando outro ponto de vista:

Entre o grupo de pessoas bem-vestidas que estão se dirigindo à casa de Seymour Hersh, consigo distinguir Endicott. "Junte-se a nós", ele gritou. "Vamos ficar na frente da casa de Seymour Hersh e vaiar."

Bom, ele nem precisou me explicar o motivo. Sei que Hersh acaba de publicar um livro de 698 páginas. [...] Pessoalmente, não li o livro e não sei se vou conseguir ler tão cedo. [...]

Ainda assim, li nos jornais que o livro de Hersh não fez muitos elogios a Kissinger; e sei que Endicott considera Kissinger o maior diplomata desde Talleyrand, então não fiquei surpreso com o fato de que uma opinião contrária lhe desagradasse.

"Mas será que é ruim o bastante a ponto de justificar vaiar Hersh em massa na frente da casa dele?", perguntei. "Pior que isso", respondeu Endicott, "é um amontoado de mentiras nojentas." "Que terrível. E sobre o que Hersh mente tanto, de forma tão nojenta?" "E como vou saber?", Endicott disse. "Ainda não tive chance de ler o livro."

A inspiração de Baker veio de uma entrevista que dei um dia depois do lançamento a Ted Koppel, o ilustre apresentador do *Nightline*, programa extremamente popular da rede de TV ABC. Kissinger tinha sido entrevistado por Koppel na noite anterior à minha aparição; o assunto era outro, mas Koppel mencionou meu livro, cujo capítulo de abertura sobre como Kissinger lidava com os dois rivais tinha saído nos jornais daquele dia. A resposta de Kissinger foi feroz, e sem dúvida fez vender milhares de exemplares do meu livro. "Não li o livro", ele disse, acrescentando: "o que você leu é uma mentira nojenta". Mas foi Kissinger quem mentiu quando questionado se me conhecia ou se era familiarizado com o meu trabalho. Disse a Koppel: "Não o conheço, não sei nada dele".

A maneira como Koppel me apresentou na noite seguinte marcou o tom de uma hora horrível, mas que conseguiu gerar algo incomum — simpatia por mim.

Koppel: "O livro do sr. Hersh desenha um retrato selvagem de um homem extremamente ambicioso e bastante desprovido de princípios, com acusações que Kissinger denunciou como sendo 'mentiras nojentas'. [...] Sy Hersh, qual o motivo? Qual o objetivo do livro?".

Lembro-me de pensar: isso não vai ser nada bom. A resposta veio fácil, no entanto: "Ah, a verdade, com certeza... simplesmente contar o que aconteceu no primeiro governo Nixon".

Koppel: "Contar a verdade mesmo sem ter falado com ele?".

Hersh: "Um repórter muitas vezes consegue encontrar a verdade sem falar com as pessoas diretamente envolvidas".

Koppel: "Que você me perdoe, mas acho que todos estão no mesmo barco. [...] Ninguém ainda teve tempo de ler o livro inteiro. [...] Tenho a impressão de que, tirando uns parágrafos sobre a abertura da China e as Conversações sobre Limites para Armas Estratégicas, não há muita admiração pela figura no livro".

E continuou assim por alguns minutos, com Koppel sugerindo que meu livro estava focado num Kissinger que era "quase um Rasputin na sua habilidade de enganar todo mundo, até Sy Hersh aparecer e arrancar a máscara do rosto dele". Foi impossível para mim contar o que tinha descoberto sobre a verdadeira política externa de Kissinger, pois Koppel não fazia ideia do que o livro continha, nem sabia como toda a Casa Branca tinha agido como Rasputin.

Entram outros dois convidados no programa com duração de uma hora: Larry Eagleburger, que era o subsecretário de Kissinger no Departamento de Estado, um dos que avisaram Kissinger de que ele era o meu "principal alvo" por seu papel na derrubada de Allende no Chile, e Winston Lord, que eu conhecia um pouco das partidas de pôquer na casa de Les Gelb. Lord, um dos auxiliares mais confiáveis de Kissinger, merecia o meu respeito por ser alguém que permaneceu totalmente fiel ao chefe numa equipe cheia de insatisfeitos. Eu queria que os dois falassem comigo, mas não falaram.

Eagleburger começou. Em certo momento de 1974, enquanto trabalhava para Kissinger, Larry havia me convidado para o Departamento de Estado e dissera, sardonicamente, que "Heinrich" queria que eu visse alguns documentos ultrassecretos sobre as operações da CIA no Chile, numa tentativa de provar que um ex-agente da CIA que conversara comigo havia apoiado a missão num período crítico. É claro que folheei os documentos confidenciais e percebi, como Larry talvez não tivesse notado, que incluíam um resumo de uma reunião secreta anterior, na qual outra operação sigilosa e terrível contra o governo Allende tinha sido aprovada por Kissinger. Escrevi uma matéria sobre isso no dia seguinte para o *Times*. Fiquei feliz de zombar de mais uma aposta de Kissinger, que demonstrava o seu desprezo essencial pela imprensa. Lembrando-me de tudo isso, tive que me esforçar para não rir quando Larry disse: "O que temos aqui é uma ignorância completa, ou uma tentativa de evitar [...] o fato de que houve um grande esforço intelectual e tivemos uma ótima política externa. [...] Também lamento por não ter lido o livro".

Lord me atacou pessoalmente. Ele reconheceu não ter lido o livro, mas me descreveu, ainda assim, como uma pessoa que não sabia de nada e que ignorava as conquistas de Kissinger na China, no controle de armamentos e na tentativa de dar um fim honroso à guerra. "Estamos melhores" porque Kissinger serviu como uma âncora para o povo americano e o mundo durante Watergate?, Lord perguntou retoricamente. "Diria que a resposta é sim. Esse será o veredicto da história muito depois de essas farsas voltarem para o buraco de onde surgiram." Lord devia saber que estava se arriscando ao mencionar a visita pioneira de Nixon e Kissinger à China, em 1972. Quem fez o meio de campo das negociações secretas foi, como mencionei antes, o assassino Yahya Khan, presidente do Paquistão, e Nixon e Kissinger fizeram vista grossa enquanto o Exército paquistanês chacinou um número desconhecido de inocentes. Na época, Lord era famoso entre seus pares por sua habilidade de saber qual assistente ouvira quais mentiras ditas por Kissinger. Citei no meu livro uma rara entrevista oficial de Lord sobre a chacina, na qual ele conseguiu afirmar que a recusa de Kissinger em ser severo com os ataques de Khan no Paquistão Oriental, apesar dos muitos protestos nos Estados Unidos, tinha a ver com a China: "Não foi tanto um 'Obrigado, Yahya, por nos ajudar com a China', e sim uma demonstração ao governo chinês de que éramos um país confiável com o qual ele podia lidar".

Naquele ponto, tinha certeza de que Koppel me defenderia, nem que fosse apenas para sugerir que eu era um jornalista suficientemente respeitado para merecer uma hora em seu programa. Ele não fez nada, então tive que dizer: "Estou cansado de discutir o meu livro com pessoas que não o leram. [...] Quero acreditar que [...] quando o sr. Eagleburger e o sr. Lord estiveram no governo, não conduziram a política externa com base no que liam nos jornais".

Fui exposto a ataques de Sidney Korshak, Charles Bluhdorn, de agentes da CIA e de vários bandidos ao longo de minha carreira, mas nada se compara à hostilidade cara a cara vinda de Koppel e dos outros convidados, com milhões assistindo na televisão. Eu sabia que o apresentador era um admirador de longa data de Kissinger, e que estava disposto a descrevê-lo — o que fez numa entrevista em 1989 — como "um dos dois ou três melhores secretários de Estado do século". Em 2005, depois de se aposentar da ABC, Koppel foi além e contou a um entrevistador da televisão pública que Kissinger, após ser nomeado secretário de Estado por Nixon, pediu a ele que fosse porta-voz do Departamento de Estado, ocupando o cargo de assistente do secretário de Estado. "Foi uma bela oferta", Koppel disse ao repórter para a série documental *Frontline*, da PBS. "Refleti por três ou quatro semanas" antes de negar.

O livro cumpriu o planejado: expôs algumas verdades sobre Kissinger. Recebeu resenhas negativas, mas mais positivas. A crítica que acho que captou o que havia de bom e de tedioso no livro foi escrita por Christopher Lehmann-Haput, um resenhista de livros que publicava diariamente no *Times* e que eu não conhecia. O que mais impressionava, ele escreveu, era

> sua atenção exaustiva aos detalhes, sua aparente objetividade e, o mais admirável, a sua tese final. É um livro que não fica na fofoca, mas reconstrói quatro anos de política externa dos Estados Unidos com muito mais detalhes do que fez o sr. Nixon em suas memórias oficiais, e quase rivaliza com o nível de detalhes dos dois volumes do sr. Kissinger. [...]
>
> É um livro que, através de sua densidade factual, evita o tom tipicamente repreensor do repórter investigativo ou do ideólogo que quer cumprir uma agenda política. De fato, o sr. Hersh consegue soar como um historiador, e um historiador moralmente objetivo.

Lehmann-Haupt explicou qual era o principal problema do livro. Era, em essência, difícil de ler. "Tão detalhado que testará a tolerância de qualquer pessoa que esteja ao menos levemente cansada de ler sobre o governo Nixon." Além disso, acrescentou, o livro, no final das contas, "é deprimente, especialmente para quem está farto de Watergate. Política externa e Henry Kissinger deveriam ser os dois fatores que se salvavam do governo Nixon. Se o sr. Hersh está equivocado, ainda temos motivos para nos reconfortarmos, mas se o seu estudo monumental sobreviver ao escrutínio futuro, então não temos nem mais esse consolo".

Eu vi tanto o lado bom quanto o tedioso num dia bem cedo, no verão de 1983, quando minha família foi convidada para nadar na piscina do YMCA no subúrbio de Maryland. Enquanto nos ajeitávamos, observei uma jovem mulher lendo o meu livro enquanto tomava banho de sol. Trinta minutos depois, ela havia caído no sono, com o livro aberto protegendo seu rosto do sol.

Com o livro terminado, Les Gelb achava que nós deveríamos montar uma coluna. Não havia dúvida de que seríamos capazes de encontrar muitos jornais interessados nela. Les, no entanto, por mais brilhante que fosse em desenterrar informações difíceis, era um pouco preguiçoso, e teria que ser muito sedutor e esperto para me convencer a cuidar de boa parte da redação, ou pelo menos de escrever o primeiro rascunho. Minha maior preocupação era que isso não era para mim: eu me dava melhor em projetos longos e teria enlouquecido escrevendo duas ou três colunas de setecentas palavras uma semana depois da outra. Les se deu muito bem sem mim e acabou com uma coluna no *Times*.*

Enquanto isso, havia muita coisa maluca acontecendo na Casa Branca. As consequências da incapacidade do presidente Reagan de controlar, ou querer controlar, William J. Casey, o diretor da CIA, não estavam sendo discutidas, e eu sabia que poderia fazer um trabalho importante para o *Times* se o jornal me desse espaço. Conversei com Abe sobre mim, sobre o *Times* e como eu o magoara, e nós dois soubemos, então, que seria um erro. Ele me escreveu uma longa carta depois: "Teria sido incrível se você tivesse ficado e crescido conosco, mas como não deu certo, acho melhor pararmos por aqui". Ele tinha razão — embora, mais uma vez, isso não o tenha

---

* Ben Bradlee me ligou no meio do meu planejamento com Gelb e me convidou para almoçar num restaurante francês chique no centro de Washington. Contou-me que Bob Woodward, que na época liderava a equipe investigativa de dez pessoas do *Post*, ia sair de licença para escrever um livro. Será que eu estaria disposto a cobrir a licença dele? Estaria livre para escrever, também. Não contei a ninguém da oferta, a pedidos de Bradlee, e tive uma boa reunião sobre o cargo e o salário com Katharine Graham. Bob descobriu, dias depois, que eu o substituiria — não existe sigilo quando se trata de fofoca no meio jornalístico — e se ofereceu para permanecer e me ajudar na adaptação ao novo emprego. Eu gostava de Bob e o respeitava — ele é um dos poucos repórteres com quem compartilhei uma ou duas fontes —, mas eu era alguém que gostava de agir sozinho, e sempre fui assim, tanto na lavanderia do meu pai quanto no *Times*. Surpreendi-me com o fato de que me dei bem trabalhando ao lado de Jeff Gerth, mas a colaboração, mesmo com pessoas talentosas como Bob Woodward ou Les Gelb, não era para mim, e disse isso a Ben. Ele respondeu que entendia, e nossas partidas de tênis prosseguiram por muitos anos ainda, sem que voltássemos a discutir uma possível ida minha ao *Post*. [N.A.]

impedido de publicar algumas matérias importantes que escrevi ao longo dos anos seguintes. Os artigos:

- Ajudaram a impedir que Kissinger assumisse um cargo na Casa Branca em 1984, por terem revelado que uma comissão sobre o futuro da América Central liderada por ele havia concluído, de um modo farsesco, que a União Soviética estava ameaçando "dar um golpe estratégico de grandes proporções" na região. Tal golpe não ocorreu, e a comissão foi encerrada em meio à controvérsia quanto à sua conclusão. Um rascunho do relatório da comissão foi vazado para mim, e boa parte dele saiu no jornal;
- Revelaram provas altamente confidenciais que relatavam que o Iraque havia usado um gás nervoso na guerra com o Irã — os Estados Unidos apoiavam o Iraque na época — e também havia comprado equipamentos de laboratório para produzir o agente químico de uma empresa da Alemanha Ocidental. Informações de Inteligência, reunidas a partir da cobertura de satélite, tinham sido apresentadas três vezes em uma mesma semana para o presidente Reagan, e não havia indícios de que ele as tivesse lido. Isso forçou os agentes da CIA a sublinharem as questões mais urgentes para o relatório diário do presidente, que ele aparentemente não andava lendo. (Ouvi na época, mas não conferi, que os assistentes de Segurança Nacional da Casa Branca conseguiram dar um jeito de fazer Reagan prestar atenção — gravando um resumo da Inteligência em videocassete e exibindo-o para ele numa TV.);
- Detalharam uma operação paquistanesa bem-sucedida, que durante nove meses contrabandeou gatilhos nucleares destinados ao crescente programa de armas nucleares do Paquistão para fora dos Estados Unidos. A matéria, que incluía uma entrevista com o agente paquistanês envolvido na operação, foi publicada alguns dias antes da exibição de um documentário da *Frontline*, da PBS, sobre o contrabando paquistanês no qual trabalhei junto com Mark Obenhaus, um cineasta de Nova York;
- Revelaram o papel secreto da comunidade de Inteligência dos Estados Unidos em fornecer ao governo da África do Sul informações sobre o Congresso Nacional Africano (ANC), que tinha sido banido e exilado, e estava imerso numa luta que acabou sendo bem-sucedida: dar fim ao apartheid. O compartilhamento de tais informações, que levou à prisão de líderes da ANC, foi interrompido pelo presidente Jimmy Carter. (Não consegui descobrir se Reagan o reinstaurou.)

O artigo mais problemático que escrevi, como alguém de fora da equipe do jornal, foi publicado em junho de 1986 e lidava com dados de Inteligência dos Estados Unidos coletados através da interceptação de sinais, que mostravam que o general Manuel Antonio Noriega, o ditador que comandava o Panamá, havia autorizado o assassinato de um oponente político bastante popular. Na época, Noriega estava ativamente envolvido em fornecer ao governo Reagan o que supostamente eram dados de Inteligência sobre a difusão do comunismo na América Central. Noriega também permitiu que o Exército dos Estados Unidos e as unidades de Inteligência operassem de forma impune e sigilosa, a partir de bases no Panamá, e os americanos, por sua vez, faziam vista grossa enquanto o general traficava armas e drogas. A matéria foi publicada quando Noriega estava dando uma palestra em Harvard, o que lhe causou — e à Universidade Harvard — bastante constrangimento; também recebi uma ameaça por telefone muito perturbadora, cujo alvo não era eu, mas a minha família.

Escrevi ainda três artigos de revista mais detalhados naqueles anos para a *New York Times Magazine*. Um falava de uma unidade de espionagem secreta do Exército que tinha se corrompido por dinheiro e falta de supervisão; outro descrevia a tentativa de assassinato de Muamar Kadafi, por F-111 americanos que decolaram da Inglaterra; e um terceiro falava do escândalo do Irã-Contras, em 1987, que girava em torno do acordo secreto da Casa Branca para vender armas ao Irã em troca de reféns americanos. Esse artigo, que dependia de entrevistas com membros da equipe de diferentes comissões do Senado e da Câmara, levantou questões significativas sobre a relutância dos legisladores, democratas e republicanos, em se aprofundar no papel de Reagan e do vice-presidente Bush no caso sórdido que maculou os últimos anos do governo.

Os artigos de jornal e revista para o *Times* envolviam muitas entrevistas e investigação, e me lembravam do poder e da importância do jornalismo de fôlego. Mas meus principais projetos na década posterior ao livro sobre Kissinger giravam em torno da escrita de outros dois livros e da preparação de um segundo documentário para a série *Frontline*, em 1988, com Mark Obenhaus, que mostrava os vários fracassos de Inteligência e de planejamento tático durante a problemática invasão de Granada pelos Estados Unidos, em 1983. Naquela época, também fui arrastado para outra profissão por David Obst, que havia entrado no mundo do cinema e ajudado a produzir *A vingança dos nerds*, em 1984. David me encheu o saco sem parar e finalmente me convenceu a cavar algumas horas na minha viagem seguinte a Los Angeles para encontrá-lo e visitar Martin Bregman, um produtor bem-sucedido cujo último sucesso tinha sido *Um dia de cão*, estrelado por um jovem Al Pacino. Achei o filme ótimo, então aceitei.

O plano era discutir um possível filme baseado numa figura similar a Kissinger; David e eu passamos mais ou menos meia hora conversando enquanto nos dirigíamos para o que é conhecido em Hollywood como reunião de *pitch*, na qual você propõe uma ideia para um filme. Após mais ou menos dez minutos de conversa-fiada com Bregman, ele nos chocou ao dizer "Tá bom" e pedir para que os nossos agentes ligassem para ele. Depois descobri que estávamos no meio de um período curto e incrível no qual estúdios investiam uma grana pesada com base em conversinhas, sem precisar ter um roteiro em mãos.

Não deu certo com Bregman, mas logo David e eu conseguimos um contrato com a Warner Bros., e eu precisava aprender algo novo. Acabamos escrevendo cinco roteiros ao longo dos anos seguintes para vários cineastas sérios, incluindo Oliver Stone, Sarah Black e Ned Tanen. Minhas semanas viajando entre Washington e Los Angeles não tinham nada a ver com jornalismo, é claro, e de acordo com a minha esposa serviram para três coisas: visitar a Costa Oeste e jogar tênis com o meu irmão; levar a minha mãe para jantar; e nunca ficar envergonhado por algo que eu fiz. Aprendi a escrever um roteiro razoável e competente, em boa parte por causa da nossa associação ao brilhante e paciente Tanen, um executivo de longa data do estúdio que se envolveu na criação de uma série de filmes de sucesso como *O franco-atirador*, *Loucuras de verão* e *Top Gun*. Como Ned nos ensinou, repetidas vezes, o personagem é tudo.

Escrevi mais dois livros depois daquele sobre Kissinger. *The Target Is Destroyed* [O alvo foi destruído], publicado em 1986, era uma exegese da derrubada do Boing 747, voo 007, que levava passageiros coreanos e foi interceptado pelos russos em 1983. E *The Samson Option* [A opção Samson], editado em 1991, sobre quando os Estados Unidos secretamente concordaram com a decisão de Israel de desenvolver armas nucleares. Ambos foram editados por Bob Loomis, da Random House.

Os dois livros tinham muito o que dizer para além dos fatos. O livro sobre o voo 007 lidava com a disposição do governo Reagan em concluir imediatamente, sem provas, que os russos tinham derrubado um avião plenamente cientes de que nele havia passageiros, quando este voou de forma inadvertida sobre território russo. Acabou que foi um erro do piloto, mas os Estados Unidos entraram num espasmo de histeria típica da Guerra Fria, gerado pela Casa Branca por causa do avião abatido. Com o auxílio do major-general James Pfautz, líder da Inteligência da Força Aérea, pude me aprofundar na ótima investigação que a Força Aérea fez dos erros cometidos. O admirável Pfautz, que voou em muitas missões na Guerra do Vietnã, era um general determinado, que basicamente forçou o sistema a perceber que os russos haviam apenas confundido um avião coreano com passageiros, que tinha saído da rota, com um avião americano de espionagem, que estava constantemente sumindo dos radares que monitoravam a costa russa. Pfautz passou a confiar em mim porque, na minha investigação, eu descobrira alguns fatos que ele pediu para que não fossem publicados, e cumpri o combinado. Em compensação, me ajudou a encontrar várias pessoas dentro da comunidade americana de Inteligência que sabiam da verdade e estavam dispostas a contá-la. Meu livro acaba com esta frase: "Um erro soviético trágico e brutal — nunca admitido por Moscou — tornou-se um barril de pólvora a partir de Inteligência distorcida e incompreendida, enquanto a NSA [Agência de Segurança Nacional], que estava mais informada, preferiu não contar às pessoas do governo aquilo que não queriam ouvir". O lugar em que o livro mais vendeu foi no Japão, cujos cidadãos descobriram, graças à obra, que a NSA tinha um local de monitoração de sinais conhecido por poucos na hierarquia japonesa, situado em uma das ilhas mais ao norte do país.

O jornalista Thomas Powers compreendeu a mensagem. No parágrafo que encerra sua resenha sobre o livro no *Times*, ele disse:

O sr. Hersh não é contrário à coleta de informação de Inteligência, e com certeza ficou impressionado com a seriedade e a capacidade das pessoas que a reúnem e a analisam, e teve muito cuidado para não comprometer o trabalho desses indivíduos. Mas ele fez um grande esforço para expor o segredo mais guardado de todos — o fato de que os consumidores finais da Inteligência, os oficiais no topo da pirâmide do governo, têm instintos políticos que estão acima de tudo, e às vezes utilizam os dados para fins de política pessoal. Estão acostumados a se safar. O sr. Hersh pegou-os em flagrante, e eles não gostaram nem um pouco.

Não me surpreendeu que um experiente repórter de Segurança Nacional tenha compreendido o objetivo do livro, mas fiquei ainda mais feliz quando um analista de Inteligência, situado em uma das mais importantes e secretas estações de coleta de dados no Japão, perguntou-me se eu doaria algumas cópias autografadas do livro. Elas seriam vendidas para arrecadar fundos na feira de livros que fazia parte dos programas de caridade da base. Também ouvi falar que era leitura obrigatória lá, e em outras instalações da NSA no Oriente.

Meu livro sobre a bomba israelense, da qual os Estados Unidos sabiam, beneficiou-se com a vitória surpreendente do Partido Likud, de Menachem Begin, nas eleições nacionais de Israel em 1977. A derrota do Partido dos Trabalhadores, que havia se fundido em 1968 com o Partido Mapai, de centro-esquerda, significava que os liberais moderados não dominariam a política israelense pela primeira vez em 29 anos. O resultado foi algo que só poderia acontecer em Israel: alguns que saíram do governo começaram a falar do que ainda era insondável — como Israel conseguiu a bomba, e como os Estados Unidos decidiram não fazer nada sobre o assunto. Eu não podia dar o nome daqueles ex-membros do Partido dos Trabalhadores que conversaram comigo nos Estados Unidos e em outros lugares sobre os primeiros dias da bomba, assim como não podia identificar os oficiais da CIA que ficaram chocados com o que sabiam do apoio secreto dos Estados Unidos à pesquisa israelense.

Também me deparei com um relato de alguém por dentro do caso de como Robert Maxwell, na época o proeminente *publisher* britânico de tabloides que vendiam muito como *Daily Mirror* e o *Sunday Mirror*, trabalhou ao lado de Nicholas Davies, responsável pela editoria Mundo do *Daily Mirror*, e a Mossad, a agência de Inteligência israelense, com o objetivo de fisgar e capturar Mordechai Vanunu, um antigo funcionário do programa nuclear de Israel — o governo israelense estava à sua procura para julgá-lo por traição e espionagem. Vanunu, um cidadão árabe israelense, tinha dado a um jornal britânico rival vários detalhes sobre o programa nuclear de Israel — e a revelação foi uma sensação internacional — e então desaparecera. Maxwell, que era judeu, não era um espião de Israel, mas alguém que estava disposto a fazer o que pudesse para apoiar o país. Eu mencionara Davies como um ocasional negociador de armas e uma figura principal na captura de Vanunu. A alegação levou a um furor de acusação e negação entre os tabloides, com uma manchete de destaque no *Daily Mirror* que gritava "FALSIFICAÇÃO" em fonte enorme sobre um dos documentos que eu possuía. Seu principal rival respondeu com uma manchete igualmente ousada: "MENTIROSOS", quando foi provado que o documento que eu tinha era verdadeiro.

A disputa gerou ainda mais manchetes nas semanas seguintes à entrada do processo de difamação que o grupo Mirror moveu contra mim quando Maxwell foi encontrado morto — misteriosamente morto — em 1991, no seu iate, em águas próximas às Ilhas Canárias. O processo foi descartado em 1995, e um processo de difamação que eu havia iniciado, por insistência de Michael Nussbaum, meu advogado, foi resolvido no ano seguinte: o tabloide emitiu um pedido de desculpas abjeto e também me indenizou substancialmente por danos que, por causa dos termos do acordo, não posso especificar. O *Washington Post*, ao escrever sobre o acordo, observou que o grupo Mirror reconhecia que as alegações contra mim e Faber & Faber, minha editora britânica, "eram completamente sem fundamentos e nunca deveriam ter sido feitas". A declaração do grupo Mirror acrescentava que eu era um autor de "excelente reputação e de altíssima integridade que nunca escreveria algo que não acreditasse ser verdade e que tinha completa razão em publicar o que escreveu". A frase seguinte do *Post* me deixou muito intrigado: "Os advogados do jornal pareciam estar afirmando que antes Hersh tinha razão". Acho que sim.

Havia uma grande expectativa no mercado editorial dos Estados Unidos para o livro, cujas revelações sobre a extensão do arsenal nuclear de Israel foram parar numa manchete de capa no *Times* quando a obra foi lançada, no outono de 1991. Logo ficou claro, no entanto, que o livro estava longe de ser uma celebração do poder de Israel, e sim um olhar crítico lançado em relação ao papel dos Estados Unidos, da presidência de Dwight D. Eisenhower em diante, em evitar um confronto com o governo israelense por causa do trabalho de desenvolvimento de armas nucleares. Uma empolgação inicial com as vendas na zona oeste de Nova York, onde muitos judeus residem, logo se atenuou quando descobriram a mensagem do livro. Era uma mensagem que poucas pessoas, judias ou não, queriam escutar. Nos dias seguintes à publicação, recebi uma quantidade avassaladora de convites de sinagogas e vários grupos judaicos, e foi decepcionante, embora não surpreendente, quando todos foram cancelados, exceto um: uma sinagoga no subúrbio de Cleveland. O evento virou um caos porque muitas pessoas na plateia tentaram me calar a gritos quando descrevi, estupidamente, como um presidente atrás do outro fez vista grossa no início da produção de armas nucleares em Israel. O que eu quis dizer não era que Israel não devesse ter bombas, mas que o apoio secreto americano tinha sido descoberto pelo Oriente Médio e transformava em piada os esforços dos Estados Unidos para impedir a proliferação de armas no Paquistão e em outras nações com ambições nucleares não declaradas. Os protestos da congregação se acirraram enquanto eu continuava falando, e acabei me vendo forçado a pedir ao rabino que presidia a sessão, em tom de brincadeira (mas só em parte), para que ele me desse dois minutos de vantagem ao fim da palestra, assim eu poderia correr até o carro que tinha alugado e estava parado no estacionamento.

Não me surpreendeu que as resenhas sobre o livro fossem favoráveis ou contrárias dependendo do ponto de vista do resenhista em relação a Israel e ao comportamento do país quanto aos vizinhos árabes. Aqueles que apoiavam Israel invariavelmente citavam minha dependência de fontes anônimas ao se recusarem a acreditar nas principais revelações do livro; faziam isso enquanto ignoravam o fato de que todos os dias o *Times* e outros veículos da grande imprensa citavam funcionários não identificados em matérias que envolviam política externa. O livro também me deu um vislumbre da confusão que era o mundo árabe. *The Samson Option* foi publicado poucos dias antes da Conferência de Madri, realizada em outubro de 1991, um esforço inovador patrocinado pelos Estados Unidos e pela União Soviética para tentar renovar as negociações de paz entre Israel e Palestina. Síria, Jordânia e Líbano também se envolveriam no processo, com a aprovação do presidente George H. W. Bush. A publicação do livro deu uma oportunidade imediata para as nações árabes que queriam discutir as implicações militares e diplomáticas do arsenal nuclear de Israel, o famoso elefante na sala quando se tratava de negociações de paz; Israel tinha um arsenal nuclear, ao contrário de todos os outros países na região. Portanto, recebi várias ligações e mensagens de grupos árabes me pedindo para dar palestras. Dei a mesma resposta a todos, disse que ficaria muito feliz em falar sobre o livro em qualquer lugar do Oriente Médio, mas não tinha tempo para dar a mesma palestra em cinco ou seis nações. Propus, então, que as nações que queriam ouvir o que eu tinha a dizer combinassem um só local. Isso não ocorreu, apesar do interesse que muitos no Oriente Médio tinham pela palestra, e nunca fiz a viagem. A lição que aprendi é a de que haverá paz no mundo entre brancos e negros, russos e americanos, ricos e pobres, antes de haver um acordo entre árabes e israelenses.

Ambos os livros "se pagaram", uma frase do meio editorial que significa vender cópias o bastante para cobrir o adiantamento, mas ficaram pouco tempo na lista de mais vendidos. Houve muitas vendas para o exterior, uma quantidade enorme de resenhas, mas o número de vendas nos Estados Unidos de ambos os livros não se equiparou ao montante de *The Price of Power*.

Eu me questionava se não tinha chegado a hora de deixar de lado livros, filmes e documentários para TV e retornar mais uma vez para o jornalismo diário. Anos antes, Craig Whitney, chefe do escritório do *Times* de Washington, me convidou a voltar para a redação, mas eu recusei. Max Frankel, que havia substituído Abe como editor executivo em 1989, era mais cauteloso em relação a permitir que pessoas de fora escrevessem matérias de capa para o jornal, o que fazia sentido. (Ouvi falar que Rosenthal explicava o fato de que eu continuava aparecendo no jornal ao dizer que não havia necessidade de comprar a vaca se ele conseguia o leite por cima da cerca. Espero que ele tenha dito isso, ou algo assim, porque o arranjo funcionava bem para nós dois.) Então o *Times* diário não estava mais disponível para mim. A revista dominical estava, no entanto, e eu impaciente para escrever uma matéria sobre a investigação fracassada do Senado acerca do escândalo Irã-Contras. Encontrava-me imerso no livro sobre a derrubada do avião coreano quando a história ocorrera, e achava que a imprensa diária tinha fracassado em fazer o que havia sido feito no caso Watergate — isto é, focar no papel do presidente Reagan e do vice-presidente George H. W. Bush. Era impossível acreditar que Bush, um ex-diretor da CIA que trabalhava para um presidente atrapalhado, não fosse uma das peças-chave nessa bagunça. Tanto Bush quanto Reagan escaparam com a reputação intacta, assim como os investigadores do Senado, a meu ver. Entre 1990 e 1991, passei meses fazendo essa investigação para a revista, tentando entender o que tinha dado errado. Uma descoberta: nenhum dos senadores envolvidos tinha estômago para ir atrás de Reagan.

A investigação do Senado fora um grande fracasso, então escrevi: "Mais de três anos de investigação e de procedimentos criminais e ninguém foi parar na cadeia. E a revelação do Irã-Contras, a venda ilícita de armas por um grupo rebelde na Casa Branca em troca de lucros, tampouco levou a qualquer reforma legal ou constitucional". Ronald Reagan, o sujeito avuncular e miolo mole conhecido como "Gipper", tinha recebido passe livre.

18.
Uma reprise na *New Yorker*

Fiquei muito contente quando Tina Brown, que foi designada ao cargo de editora da *New Yorker* em 1992, me ligou e insistiu para que eu voltasse a escrever para a revista. Eu sabia que o marido dela, Harry Evans, tinha sido um grande apoiador de reportagens investigativas quando ele comandou o *Sunday Times*, de Londres, e havia motivos para pensar que Tina, como era chamada por todos, faria o mesmo.

A ligação veio na hora perfeita. Eu tinha fracassado no ano anterior após receber uma proposta dos sonhos de Joe Lelyveld, editor executivo do *Times*, o vice de Max Frankel. Joe tinha o meu respeito — era um repórter de primeira — e queria que eu voltasse à redação para fazer uma reportagem especial em que tentaria resolver o mistério persistente acerca da derrota de Jimmy Carter em 1980, quando tentou se reeleger. A questão era se os republicanos tinham algo a ver com a decisão do Irã de libertar 52 prisioneiros americanos poucos minutos depois da posse do presidente Ronald Reagan, em 1981. Os encarcerados, a maioria diplomatas, tinham sido presos dentro da Embaixada dos Estados Unidos em Teerã em novembro de 1979, nove meses depois que o xá Mohammad Rezā Pahlavi havia sido violentamente derrubado com o apoio dos Estados Unidos. Havia boatos bastante difundidos de que William J. Casey, o gerente de campanha de Reagan — que depois virou seu diretor da CIA —, tinha feito uma surpresa em outubro: presenteado os líderes iranianos, pedindo que mantivessem os prisioneiros até depois das eleições de 1980, reduzindo as chances de Carter se reeleger.

Gastei meses e muito dinheiro do *Times* viajando para lá e para cá na Europa, sem conseguir um visto para visitar Teerã ou chegar perto de uma resposta. O fato de que os Estados Unidos tivessem apoiado o Iraque de Saddam Hussein com armas e informações de Inteligência na guerra violenta do país contra o Irã — que durou oito anos e acabou em 1988 — não ajudava nem um pouco. Saí do escritório do *Times* em Washington depois de mais de cinco meses e com três fracassos na conta: não tinha desvendado o mistério, se é que havia um, sobre o resultado surpreendente da eleição de outubro; esquecera várias vezes o nome da famosa colunista Maureen Dowd, cujo escritório ficava ao lado do meu; e a única matéria substancial que escrevi naqueles meses — revelando que a Terex Corporation, uma empresa americana com uma subdivisão na Irlanda, estava fabricando e vendendo caminhões para o Iraque que podiam ser facilmente transformados em lançadores de mísseis Scud —, acabou resultando num processo contra mim, e não contra o *Times*. Houve muitas discussões desagradáveis até o departamento jurídico do jornal aceitar contratar Michael Nussbaum, que se juntou à excelente firma de Washington chamada para cuidar do caso. O processo, cujo objetivo eu pensava ser prevenir que outros também escrevessem sobre as operações da empresa na Irlanda, terminou em acordo, mesmo com a minha objeção; o *Times* fez uma declaração afirmando que não tinha provas de que a Terex fornecia equipamentos militares para o Iraque. Minha principal fonte para a matéria, um empresário dos Estados Unidos com laços duradouros com o Oriente Médio e a CIA, foi impedido de testemunhar porque o Departamento de Justiça, citando o perigo à segurança nacional, invocou o Privilégio de Segredo de Estado, um precedente muito utilizado para evitar a revelação de informações confidenciais. Só uma década depois a verdade se tornou conhecida — mais de cem empresas ocidentais vendiam armas e artigos militares para o Iraque, inclusive itens sancionados que podiam ser usados para fabricar armas nucleares. Essas negociações viraram uma vergonha para as empresas e as nações envolvidas após o início da Primeira Guerra do Golfo contra o Iraque, no final do verão de 1990.* Os honorários de Michael eram mínimos, mas o

---

* Minha matéria acabou sendo um mero vislumbre da realidade, de maneiras que os editores do *Times* e eu não éramos capazes de prever. Em 2003, o jornal escocês *Sunday Herald* relatou que a Terex era uma das dezessete empresas inglesas citadas pelo Iraque num dossiê de 12 mil páginas; a Terex forneceu armas nucleares, químicas, foguetes e armas convencionais para o governo de Saddam Hussein ao longo de muitos anos, até 1991. A lista de nações que faziam esse tipo de negócio incluía empresas de todos os cinco membros permanentes do Conselho de Segurança Nacional da ONU — Inglaterra, França, Rússia, Estados Unidos e China — e o Conselho de Segurança, obviamente constrangido, censurou 8 mil páginas do dossiê antes de sua divulgação. Descobriu-se depois que as páginas apagadas incluíam detalhes das transações das empresas ocidentais que ajudavam o programa nuclear do Irã antes de 1989. [N.A.]

departamento legal do *Times* não havia feito o pagamento, e no fim de dezembro de 1991 algum gênio de lá entrou em contato com Michael para oferecer o que ele chamou de "acordo de fim de ano", algo como 60% do valor devido. O ocupado Nussbaum, cujos clientes incluíam o mercado de seguros Lloyd's of London, ignorou a oferta ridícula. Até sua morte, duas décadas depois, Michael não se esforçou para cobrar o pagamento.

A ligação de Tina significava que eu voltaria a trabalhar com Pat Crow, que havia editado tão bem os meus trechos de My Lai, e também poderia trabalhar com os ótimos funcionários de checagem de dados da *New Yorker*. Crow e eu vivenciamos uma experiência muito esquisita mais ou menos um ano antes, época em que o ilustre Robert Gottlieb editava a revista. Eu havia reunido bastante informação de dentro do Pentágono sobre o tumulto acerca do planejamento da invasão do Panamá pelos Estados Unidos em 1989, que tirou Manuel Noriega do poder mas deixou centenas de mortos e parte da capital em ruínas. Telefonei para Pat e nós dois nos encontramos com Gottlieb, que foi bem tagarela e informal — ao contrário de Shawn. Ele me contou como estava feliz por eu oferecer uma matéria, ouviu-me com atenção e me deu o sinal verde. Enquanto Pat e eu saíamos do escritório dele, Gottlieb acrescentou as seguintes palavras: "Sy, só para você saber, não gosto de controvérsia".

Caminhamos em silêncio até o elevador. Apertei o botão do térreo, olhei para Pat e disse: "Vejo você por aí". Acho que ele ficou tão perplexo quanto eu, mas a história acabou por aí. Gottlieb nunca mais entrou em contato.

Naquela época, o diretor de cinema Oliver Stone andava aparecendo no noticiário falando de como queria fazer um filme sobre a invasão do Panamá, e joguei a informação que eu tinha no colo de Esther Newberg, minha agente irreprimível, cujos conselhos eu sempre seguia.* O passo seguinte era visitar Stone — insisti em pagar o meu transporte — no seu escritório em Venice, Califórnia. Nunca tinha conhecido o sujeito, mas era fã de *Platoon*, seu filme de 1986 que capturava a intensidade da Guerra do Vietnã. (Eu havia levado Daniel Ellsberg para assistir ao filme, e Dan, que arriscou sua vida várias vezes no Vietnã, chorou nas cenas de combate.)

---

* Anos antes, eu precisava de um novo agente. Esther e eu nos vimos pela primeira vez em 1985, num café da manhã em Washington. Depois de dar oi, comecei a tagarelar sobre uma fofoca que tinha escutado, e ela me interrompeu para dizer: "Isso é besteira". Tornou-se minha agente pelo resto da vida a partir daquele momento. [N.A.]

Comecei contando a Stone o que eu sabia sobre a invasão do Panamá e todos os fios soltos. Depois de uns instantes, Stone fez um gesto com a mão, descartando o assunto, e contou que havia sido contatado por dezenas de agentes depois de anunciar que pensava em fazer um filme sobre o Panamá. "Não estou interessado em falar sobre isso com você", explicou. "O que preciso saber é se você acha que a CIA está me vigiando." Havia andado o suficiente por Hollywood para saber que muitos achavam que Oliver tinha uns parafusos a menos, mas isso era pura maluquice. Disse isso e me levantei para sair de seu escritório; uma partida de tênis com meu irmão me aguardava. Quando cheguei à porta, Stone disse: "Fale para o seu agente me ligar e vamos dar um jeito de fechar negócio". Isso de fato aconteceu. Então David Obst e eu passamos semanas em bases militares nos Estados Unidos e na Cidade do Panamá fazendo pesquisas para o roteiro. Em defesa de Stone, ele gostou muito do que fizemos e trabalhou bastante conosco para que encontrássemos o melhor final, e também começou a montar um elenco. Insistiu para que me juntasse às entrevistas com os atores — estava muito interessado em Jimmy Smits e Raul Julia, entre outros —, mesmo que isso significasse uma viagem de um dia para Los Angeles. Não posso criticar o profissionalismo de Oliver ou a sua disposição para o trabalho. Numa tarde, ele viajou a Washington para jantar comigo na minha casa e remoer o fato de que precisávamos de um final mais forte no roteiro. Trabalhamos um pouco nisso, mas ele estava muito mais interessado em expor a sua teoria, que depois virou um filme: o assassinato de Kennedy era uma conspiração da CIA. O projeto Panamá terminou naquele momento, e acabei contando o que tinha descoberto sobre Noriega numa matéria de capa para a revista *Life*. (Achei estranho escrever para uma publicação que rejeitara duas vezes a minha matéria de My Lai, mas os editores de lá, duas décadas depois, me apoiaram bastante.)

A vida na *New Yorker* era rejuvenescedora, e muito menos complicada do que no *Times*. Uma das minhas primeiras matérias para Tina tratava do que havia sido uma grande crise nuclear em 1990 entre dois inimigos perenes, Índia e Paquistão. Posso escrever agora sobre o que não pude revelar na época, que a CIA possuía uma Inteligência impecável — conversas sobre questões nucleares em tempo real — dentro do establishment nuclear paquistanês. Meu desinteresse em expor o trabalho incrível feito pela CIA foi um fator decisivo, acredito, para que Robert Gates e Dick Kerr, dois funcionários seniores dos Estados Unidos que monitoravam a crise, falassem comigo *on the record*. Gates tinha motivos para evitar os holofotes; havia sido um assistente muito leal de Bill Casey nos anos 1980, durante o desenrolar do escândalo do Irã-Contras, e retirou sua indicação para substituir Casey como diretor da CIA depois que ficou claro que o Senado não o nomearia. Ao assumir o governo em 1989, o presidente George H. W. Bush ressuscitou a carreira de Gates, colocando-o no cargo de assistente para assuntos de segurança nacional. (Gates foi nomeado diretor da CIA dois anos depois.) O discreto Kerr era um oficial de carreira muito admirado na CIA, que ocupava o cargo de vice-diretor da Agência quando a crise surgiu.

A hostilidade crônica entre Índia e Paquistão, estimulada pela coleta de Inteligência explosiva de ambos os lados, cresceu mais uma vez em 1990 por causa da disputa territorial na Caxemira; o Paquistão temia que a Índia estivesse preparando uma invasão. Houve relatos de tensão nuclear naquele momento no *Sunday Times*, de Londres, e no *Los Angeles Times*, mas as negativas oficiais e imprecisas do governo Bush eram levadas a sério sem questionamentos. O medo do governo Bush era que a Índia atravessasse a fronteira e atacasse a província de Sindh, e que o Paquistão interrompesse o avanço inimigo com uma arma nuclear. Citei um agente da CIA, sem nomeá-lo, que afirmava que a Força Aérea paquistanesa tinha aviões F-16 "posicionados e prontos para soltar a bomba — em alerta total, com pilotos nas aeronaves".

Kerr não queria discutir detalhes *on the record*, mas concordou em ser mencionado como autor da seguinte declaração: "Foi a situação nuclear mais perigosa que enfrentamos desde que entrei no governo. Talvez seja o mais próximo que já estivemos de uma guerra nuclear. Foi muito mais assustador do que a Crise de Mísseis de Cuba". Gates, enquanto isso, recebeu o necessário respeito dentro da comunidade de Inteligência americana por sua mediação silenciosa entre Nova Déli e Islamabad, que ajudou a encerrar a crise. Contei a Gates do que sabia sobre o quanto a CIA tinha conseguido se infiltrar no Paquistão e deixei claro que não estava interessado em escrever nada que fosse interferir naquele fluxo vital de informações. Mas havia uma história que precisava ser contada. Tenho bastante certeza de que o fato de eu ter sido tão sincero levou Gates a querer conversar cara a cara, então ele veio ao meu escritório capenga no centro de Washington em um fim de tarde — o prédio já estava vazio — para responder a algumas perguntas e se assegurar de que eu não havia passado dos limites. Ele me contou que achava que havia o risco de um holocausto nuclear. "A analogia que fazíamos era com o verão de 1914", informou Gates, mencionando o desencadear da Primeira Guerra Mundial. "O Paquistão e a Índia pareciam estar presos num ciclo do qual não sabiam como sair. Eu tinha a convicção de que se fosse começar uma guerra, esta seria nuclear."

Crow editou, os responsáveis pela checagem de dados fizeram sua parte, e Tina deixou que a matéria, intitulada "Na beira do abismo nuclear", ocupasse dezessete páginas na revista. O artigo chamou atenção, em especial no sul da Ásia, mas houve pouca resposta da grande imprensa nos Estados Unidos. Eu esperava que as aspas de Gates e Kerr gerassem novas matérias por parte dos meus colegas que acompanhavam o assunto, mas também sabia, graças aos meus anos no *Times*, que os poucos jornalistas com o conhecimento e as fontes necessárias para investigar de fato as questões de segurança nacional não estavam interessados em dar continuidade a artigos escritos por outros repórteres; eles tinham as próprias histórias para ir atrás. Compreendia o processo porque, quando estava no *Times*, eu me recusava a colaborar na ampliação de uma matéria escrita por outra pessoa.

Redescobri essa realidade no fim de novembro, quando questionei os fatos e a lógica por trás da ação mais aplaudida de Bill Clinton nos seus primeiros meses como presidente — ele autorizou um ataque de míssil Tomahawk ao centro de Bagdá, em junho de 1993, em resposta a um suposto plano do Iraque de assassinar o ex-presidente George H. W. Bush numa visita ao Kuwait em abril. Clinton foi o primeiro presidente dos Estados Unidos desde a Segunda Guerra Mundial a bombardear uma grande cidade do Oriente Médio, e três dos 23 mísseis disparados desviaram e atingiram prédios residenciais no centro de Bagdá, matando oito civis, um deles um artista célebre. Apesar das mortes, foi o melhor dia da presidência de Clinton; festejaram-no como um líder que não tinha medo de usar a força para defender os valores de seu país.

Eu me encontrava, então, no processo de pesquisa para o que acabaria virando uma reportagem candente sobre a visita de Bush ao Kuwait em abril. O ex-presidente era visto por muitos kuwaitianos como um herói que havia salvado seu país de um ataque iminente por ter autorizado a Primeira Guerra do Golfo, em agosto de 1990, e acabado com o regime de Saddam Hussein. A vitória também foi vista como a guerra estrangeira mais bem-sucedida dos Estados Unidos desde o Vietnã. Bush foi convidado para dar uma volta da vitória, e viajou ao Kuwait em abril num voo especial, pago pelo Kuwait, que estava lotado de ex-assistentes, familiares e puxa-sacos. Todos foram recebidos com um relógio Rolex de presente. Houve casos ainda maiores de sordidez: a indústria de petróleo do Kuwait tinha ficado devastada na guerra, e James Baker, o secretário de Estado de Bush, estava buscando refazer contratos que podiam render bilhões para a Enron Corporation, uma de suas clientes de consultoria. Marvin Bush, o filho mais novo do presidente, estava fazendo lobby em nome de duas firmas de equipamento de mineração de petróleo do Texas que tinham usado o nome de Bush em tentativas anteriores de fechar negócio. "Fiquei envergonhado", me disse um funcionário americano, bancário, quando visitei o Kuwait depois do presidente. "Os kuwaitianos estavam abafando o riso depois do jantar. Temos uma visão tão moralista na hora de fazer negócios internacionalmente: 'Não fazemos acordos familiares, e não aceitamos gorjeta'. E daí aparecem no Kuwait o filho do presidente e o secretário de Estado para conseguir umas esmolas..."

O passo em falso de Clinton na autorização do bombardeio de Bagdá foi compensado por várias reportagens da grande imprensa, que tratavam do plano de assassinato que supostamente havia sido bolado por um Saddam Hussein movido a vingança. Quando estive no Kuwait, descobri que havia muitas inconsistências no suposto plano, e dei continuidade às investigações após retornar de viagem. Tina Brown continuou me apoiando por completo. Certa manhã, enquanto eu ia atrás dessa história, ela me ligou para contar que num jantar em Nova York na noite anterior, Colin Powell, diretor dos chefes de gabinete, tinha dito a ela que eu era um repórter desonesto e mentiroso que inventava histórias. Gargalhei e disse que eram as palavras mais simpáticas que um repórter investigativo poderia escutar — uma medalha de honra para alguém que nunca havia sido convidado a visitar a Casa Branca ou para uma rodada de entrevistas, e nunca quis ser. Tinha certeza de que Powell havia dito exatamente o que Tina me contou, e que ela não gostou de ouvir aquilo. Mas não dei descanso a ela. Eu era livre para fazer o que quisesse, como todos os repórteres investigativos deveriam ser.

O argumento público da Casa Branca contra Saddam Hussein foi legitimado após um grande vazamento no início de maio para o *Washington Post*, que colocou a história na capa do jornal, junto com uma manchete que declarava que o governo possuía muitas provas da conspiração iraquiana para matar Bush. Havia três elementos inquestionáveis no argumento da Casa Branca, de acordo com o jornal: a facilidade suspeita com a qual a equipe que seria responsável pelo assassinato e os equipamentos da bomba atravessaram a fronteira do Iraque para o Kuwait; o detonador da bomba que teria como alvo a limusine transportando Bush era tão sofisticado que tinha que contar com algum agente do Estado; e os explosivos usados eram rastreáveis até a fonte. Todos esses três elementos, logo descobri com funcionários que faziam parte do governo Clinton — mas não da Casa Branca —, eram falsos. Uma pessoa que posteriormente vazou informações ao *Times* defendia a ideia de que os componentes de uma bomba que seria plantada no carro de Bush eram "quase idênticos", conforme dito no *Times*, àqueles encontrados nas bombas plantadas nos carros durante a guerra iraquiana de 1991. Essa informação também se revelou falsa. Os vazamentos para ambos os jornais facilitaram a vida do governo e da imprensa de Washington, que descartaram uma matéria inconveniente publicada depois por um repórter do *Boston Globe*. Ele recebera acesso a uma análise confidencial da CIA que se mostrava cética em relação à história da tentativa de assassinato. O estudo sugeria que o Kuwait poderia ter falsificado os registros sobre o suposto plano numa tentativa de exacerbar a ameaça persistente que o Iraque representaria. Como não se encaixava na versão oficial, foi basicamente ignorado.

Qualquer esperança que eu tinha, como democrata de longa data, de que a Casa Branca de Clinton seria mais aberta à verdade acabou quando fiz uma entrevista de encerramento da investigação com Sandy Berger, o vice-conselheiro de Segurança Nacional, na Casa Branca. Berger mostrou-se irritado enquanto eu expunha o meu argumento, algo já previsto. Meu objetivo era que ele autorizasse algum dos analistas que concluíram que o Iraque tinha mesmo tentado assassinar Bush a me dar uma declaração oficial. Sandy não quis fazer isso e em certo momento me perguntou por que eu perdia tanto tempo com uma história tão periférica. Respondi que não era periférica para as oito pessoas mortas no bombardeio. Sandy disse, provocando um grande desânimo em mim: "Ah, Sy. Foram só oito". Houve uma troca intensa de palavras, e Sandy encerrou a entrevista exigindo que eu deixasse a Casa Branca imediatamente. Não incluí a conversa na matéria que saiu mais ou menos um mês depois.*

---

* O governo do Kuwait cancelou o seu contrato com a Enron depois da minha matéria. Baker, que se recusou a falar comigo sobre a viagem ao Kuwait, acabou dando de cara comigo numa viagem entre Washington e Houston alguns meses depois. Ao passar por mim, ele parou, apontou um dedo na minha cara e disse, furioso: "Você não me atingiu. Não encostou nem um dedo em mim". Anos depois, sentamos lado a lado num voo partindo de Houston e tivemos uma conversa agradável. Ele era um dos poucos apoiadores de George W. Bush que fizeram o máximo para mitigar os danos causados aos Estados Unidos e ao mundo por Bush e Dick Cheney após o Onze de Setembro. [N.A.]

A resposta irritada, ainda que cômica, do editor-chefe Abe Rosenthal à minha reclamação, também irritada, sobre a edição enfadonha de uma das minhas matérias.

Um trio de fotos de Abe Rosenthal enquanto ele lia a série Hersh/Gerth sobre a Gulf & Western, o conglomerado chefiado por Charles Bluhdorn, que considerávamos um safado. Nossa reportagem gerou ansiedade por conta dos amigos de Bluhdorn no alto escalão da gerência do *Times*. Abe, que podia ser um tanto travesso, me mandou as fotos. Ele estava lendo o texto durante uma queda de energia em Nova York, em 1977.

Uma matéria de capa da *New York Times Magazine* de 1982 sobre dois ex-agentes da CIA, Edwin P. Wilson e Frank E. Terpil, envolvidos em negócios escusos com o líder líbio Muamar Kadafi. A história causou furor dentro do governo.

Recado do conselheiro de Segurança Nacional Richard Allen para mim, dizendo como a matéria sobre Wilson e Terpil era um "documento notável". Ele pedia para se encontrar comigo. Dick era ao mesmo tempo conselheiro e amigo do presidente; as duas coisas não se misturavam direito, e o único encontro que me lembro de ter com Dick enquanto ele estava na Casa Branca foi um desastre.

A capa da *New York Times Book Review* com um título provocador, que trazia um ensaio do professor Stanley Hoffmann acerca do meu livro sobre Kissinger, *O preço do poder*, em 1983.

Um cartum devastador de Kissinger feito por Richard Guindon, do *Detroit Free Press*, publicado depois do lançamento do meu livro. No balão: "A alegação de que eu estava à venda em 1968 é uma mentira asquerosa".

Outra matéria de capa da *New York Times Magazine*, esta de 1987, sobre a tentativa de assassinato de Kadafi por bombardeiros americanos.

A capa da *New York Times Book Review* sobre *O lado sombrio de Camelot*.

Key Excepts

April 10, 1961

MEMORANDUM FOR THE PRESIDENT

SUBJECT: Cuba: Political, Diplomatic and Economic Problems

1. *Introduction.* The operational planning for the Cuban project seems much farther advanced than the political, diplomatic and economic planning which properly should accompany it. As a result, preparations to deal with the political, diplomatic and economic repercussions of the operation are inadequate. Unless we speed these preparations, we run the risk that a successful military result may be to a considerable degree nullified by seriously adverse results in the political, diplomatic and economic areas.

8. *The United States line.* The impending Stevenson speech in the United Nations represents our first effort at a political-diplomatic counteroffensive. The essential elements of this speech are (a) that Castro is threatened, not by Americans, but by Cubans justly indignant over his betrayal of his own revolution, (b) that we sympathize with these patriotic Cubans, and (c) that there will be no American participation in any military aggression against Castro's Cuba. If our representatives cannot evade in debate the question whether the CIA has actually helped the Cuban rebels, they will presumably be obliged, in the traditional, pre-U-2 manner, to deny any such CIA activity. (If Castro flies a group of captured Cubans to New York to testify that they were organized and trained by CIA, we will have to be prepared to show that the alleged CIA personnel were errant idealists or soldiers-of-fortune working on their own.)

10. *Protection of the President.* The character and repute of President Kennedy constitute one of our greatest national resources. Nothing should be done to jeopardize this invaluable asset. When lies must be told, they should be told by subordinate officials. At no point should the President be asked to lend himself to the cover operation. For this reason, there seems to me merit in Secretary Rusk's suggestion that someone other than the President make the final decision and do so in his absence -- someone whose head can later be placed in the block if things go terribly wrong.

Arthur Schlesinger, Jr.

Um memorando chocante de tão cínico destinado a JFK — resgatado por um acadêmico e enviado para mim — escrito por Arthur Schlesinger Jr., que na época era um funcionário da Casa Branca, poucos dias antes da fracassada invasão da Baía dos Porcos, em 1961. Ele recomendava encontrar "alguém cuja cabeça possa rolar se as coisas derem terrivelmente errado" e assim proteger o presidente.

No fim do verão de 2002, o secretário de Defesa Donald Rumsfeld foi instruído pelo Pentágono sobre a avaliação mais recente do programa de armas nucleares iraquiano — as famosas armas de destruição em massa usadas pelo governo de George W. Bush para justificar uma invasão ao Iraque. Na segunda página, constava: "Nosso conhecimento de armas nucleares iraquianas baseia-se, boa parte — talvez 90% —, em uma análise de informações de Inteligência imprecisas".

Uma foto enviada para a *New Yorker* — "Proteja Seymour Hersh", estava dito no alto do cartaz — mostra um jovem protestando contra a Guerra no Iraque na Europa Ocidental, em 2004.

Uma foto tirada na prisão de Abu Ghraib, no Iraque, em 2004, publicada na *New Yorker*.

O editor da *New Yorker*, David Remnick, me entrevistando em 2007 no New Yorker Festival, em Manhattan. Foi uma conversa séria sobre assuntos sérios, mas David, como é de sua índole, conseguiu torná-la divertida. Escrevi pela primeira vez para a *New Yorker* em 1971, após ser contratado depois de uma entrevista que não durou mais de cinco minutos com o famoso William Shawn, que editou a revista por 35 anos. Após meus anos no *Times*, passei a escrever de novo para a *New Yorker* no início da década de 1990, quando Tina Brown se tornou editora. Meus anos mais significativos lá vieram depois que Remnick foi nomeado editor, em 1998.

Um sobrevivente de My Lai, Pham Thanh Cong, agora dirigente do museu de My Lai, aberto em 1978. Por décadas, recusei os convites para visitar o museu e conversar com Cong, mas finalmente fui até lá, por insistência da minha família, no fim de 2014.

Uma noite, durante nossa visita a Hanói, quando eu estava numa reunião, minha esposa e meus filhos fizeram um tour pelos melhores restaurantes de rua, que ofereciam comida excelente e nada pretensiosa. Começando da direita, minha esposa, Elizabeth; a filha Melissa; e filhos Joshua e Matthew. Nenhum de nós consegue se lembrar do nome do sorridente guia turístico.

Por mais agradável que fosse, tive que interromper minha investigação para a *New Yorker* no fim de 1994 porque James Silberman, o editor que sussurrou o nome de Kissinger para mim, agora estava sussurrando Kennedy. Jim achava que ainda havia muitas reportagens a serem escritas sobre ele. Eu também tinha a convicção de que havia muito mais a ser dito sobre John F. Kennedy e a CIA — uma história secreta. Comecei minha pesquisa focando em Frank Church e na Comissão do Senado conduzida por ele — a que foi montada após o meu artigo de 1974 sobre espionagem doméstica —, que investigara as atividades da CIA nas décadas de 1960 e 1970. O político que mais se importava em controlar a comunidade de Inteligência dos Estados Unidos era Mike Mansfield, de Montana, o silencioso líder da maioria no Senado que por décadas refletiu sobre a inabilidade e a falta de disposição do Congresso para supervisionar de fato a comunidade de Inteligência — algo pouco valorizado na época. Mansfield fora eleito para o Senado em 1952, após passar dez anos na Câmara, e dentro de um ano apresentou um projeto de lei para estabelecer uma comissão conjunta no Congresso para supervisionar o orçamento e as atividades da CIA. Não foi a lugar nenhum, assim como as suas futuras tentativas de obstruir os sussurros trocados entre alguns senadores experientes e o diretor da CIA, que acabavam funcionando como uma supervisão do Congresso desde que a Agência tinha sido criada após a Segunda Guerra Mundial.

A matéria sobre espionagem em território nacional saiu na hora certa para que ocorresse uma mudança de verdade. De forma lenta mas enfática, os Estados Unidos tinham se voltado contra a Guerra do Vietnã, com suas 58 mil mortes em combate, brutalidades horríveis e, mais importante de tudo, uma derrota acachapante para uma guerrilha com muito menos armas. Os escândalos de Watergate forçaram Nixon a sair do governo e colocaram o jornalismo investigativo num pedestal, mesmo que por um breve período. Matérias sobre grampos ilegais feitos por funcionários de Washington, mentiras oficiais como as codificadas nos Documentos do Pentágono e as atividades secretas da CIA no Chile e na África levantaram questões óbvias acerca da integridade e da competência daqueles que governavam Washington. Até o Congresso resolveu se mexer quando ficou claro que a guerra estava perdida; uma coalizão entre democratas e republicanos moderados aprovou em 1973 uma legislação para acabar com a guerra. A coalizão chegou também a uma resolução conjunta, uma tentativa fracassada de limitar os poderes do presidente em declarar guerra de forma unilateral no futuro. Os esforços dos legisladores não foram bem-sucedidos.

Mansfield recorreu, de início, ao senador Philip Hart — um democrata liberal do Michigan e veterano da Segunda Guerra Mundial muito respeitado por seus colegas no Congresso — para dirigir a Comissão do Senado que investigaria os abusos da CIA. Hart hesitou, explicando em privado a Mansfield que estava tratando um câncer e que não teria forças para atuar como diretor, embora concordasse em participar da comissão. Mansfield estava sendo alvo de um lobby pesado por parte de Church, que tinha dirigido uma série de audiências detalhadas sobre suborno estrangeiro e corrupção em empresas multinacionais americanas. A persona pública de Church era incandescente, mas ele não tinha uma posição de respeito entre seus pares como a de Hart. Era visto com ambivalência pelos membros seniores da Comissão de Relações Exteriores do Senado, que por décadas foi dominada pelo democrata William Fulbright, do Arkansas, cujas audiências céticas sobre a Guerra do Vietnã definiram um padrão que o Congresso não conseguiria alcançar nos anos seguintes. Church era visto como pomposo e ambicioso demais — mesmo entre senadores conhecidos por serem pomposos e ambiciosos — e muito disposto, apesar do que afirmava em público, a se comprometer quando em privado com questões legislativas de primeira ordem.

Eu queria me aproximar de Church porque ele era o diretor de um subcomitê de Relações Exteriores que investigava práticas mercantis de empresas multinacionais no início da década de 1970. A equipe dele logo começou a desencavar pagamentos ilegais a estrangeiros feitos por firmas americanas que buscavam contratos fora do país. O subcomitê descobriu que a CIA sabia do tamanho da corrupção. Jerry Levinson, o diretor de equipe do subcomitê, compartilhou informações internas comigo mediante aprovação de Church, na esperança de que eu pudesse verificar o que foi dito para publicar no *Times*, dando crédito a Church e seu subcomitê. Uma das audiências coordenadas por Church acabou se deparando com a operação secreta da CIA de minar o governo Allende no Chile, e houve uma pressão intensa entre os colegas do senador para que ele recuasse. Levinson, que acabou virando um bom amigo, insistiu em um momento crucial para que eu telefonasse a Church e dissesse como o trabalho dele era importante e como o *Times* e eu o apoiávamos por completo. Fiz isso sem hesitar; o subcomitê de Church estava adentrando um território em que o Congresso não havia chegado, em termos de supervisão da CIA. Meu papel nisso tudo era um só, mas eu possuía informações e acesso a informações que o comitê não tinha, e era importante que soubessem disso. Deixei claro aos editores o que estava fazendo. O que não compreendi na época era quão desesperado Church estava para atingir o presidente — uma ambição que talvez o tenha levado a enfrentar os riscos envolvidos em expor a corrupção política e financeira de americanos no exterior.

No entanto, Mansfield conhecia bem o sujeito. Em algum dia do fim de janeiro de 1975 — a comissão fora formalmente aprovada no dia 27 de janeiro — Mansfield convocou Church para uma entrevista sobre o cargo de diretor, feita na presença de um pequeno grupo de líderes que incluíam Fulbright e Barry Goldwater, o senador conservador republicano do Arizona cujo partido seria minoria na comissão. Um assistente sênior dos democratas também estava presente, e décadas depois, com vários dos senadores envolvidos já mortos, ele se sentiu livre para me contar num jantar sobre um pedido extraordinário que Mansfield fizera. "Se você pegar esse cargo", o assistente lembra de ouvir Mansfield dizendo a Church, "precisa entender que não poderá concorrer à presidência." Church concordou imediatamente e disse a Mansfield que ele havia discutido a possibilidade com sua esposa, Bethine — os dois eram conhecidos por tomarem decisões juntos —, e os líderes do Senado sabiam que suas ambições presidenciais teriam que ser deixadas de lado.

Church pegou o cargo e foi imediatamente convidado para participar do *Face the Nation* [Encare a nação], um programa de entrevistas exibido no domingo de manhã pelo canal CBS. Eu fui um dos entrevistadores, ao lado de Daniel Schorr, da CBS. Quando perguntei se ele planejava se candidatar à presidência, Church foi categórico ao negar. "Vamos riscar isso já", disse, explicando que falou para todos que se voluntariaram a trabalhar numa campanha para as primárias que ele não se envolveria em atividades políticas enquanto durasse a comissão. "Não vou misturar política presidencial com algo tão importante."

Church estava mentindo; essa é a única palavra adequada. Mais de uma década depois de sua morte, em 1984, Kathryn Olmsted, uma pesquisadora que estava buscando informações para um livro sobre o escândalo da CIA, encontrou algumas cartas no acervo de Church, depositado na Universidade Estadual de Boise, que sugeriam que ele manteve amplo contato com Joseph Napolitan, um sofisticado agente político que trabalhara nas campanhas presidenciais de Jack Kennedy, Lyndon Johnson e Hubert

Humphrey. As cartas mostram que Church tinha planos de concorrer à presidência em 1976 e, seguindo o conselho de Napolitan, buscou usar uma série de audiências muito aguardadas, realizadas no outono daquele ano, cujo mote era mostrar a extensão dos excessos da CIA e do FBI, para reunir apoio popular para a sua campanha.

No fim do verão, no entanto, as ambições de Church estavam por um fio. Ele havia feito campanha para ocupar a diretoria da comissão no início do ano porque tinha a crença de que esta focaria na espionagem em território nacional e em outros absurdos que tinham sido promulgados pelos governos Johnson e Nixon, na paranoia deles em relação aos ativistas contrários à Guerra do Vietnã. Quando chegou a primavera, um novo elemento surgiu — relatos que sugeriam que Jack Kennedy tinha se aliado ao irmão Bobby, que na época era procurador-geral, em várias tentativas de assassinar Fidel Castro, talvez como vingança pela maneira como Castro tinha sido mais esperto que o presidente no caso da Baía dos Porcos.

Jack Kennedy era um modelo para Church, que se deslumbrava com tudo o que dizia respeito aos Kennedy. Church dera um discurso apaixonado na convenção democrata de 1960, que indicou Kennedy, e, junto com a esposa, levara Teddy Kennedy para um safári na África em 1961, um ano antes do Kennedy mais jovem ocupar um assento de Massachusetts no Senado. Ele tinha todos os motivos para acreditar que seus anos de lealdade e amizade seriam recompensados com um apoio familiar dos Kennedy quando concorresse à presidência.

Era um clássico conflito de interesses: uma investigação completa das infrações dos irmãos Kennedy no início da década de 1960 lhe custaria o apoio vital, financeiro e político da família Kennedy em 1976. Então Frank Church deu uma moderada. Declarou no início da investigação do assassinato que a CIA deveria ser comparada a um "elefante selvagem num frenesi" que tinha saído do controle dos presidentes. Depois, no outono, ele foi além, ao confrontar publicamente William Colby sobre uma arma eletrônica que, afirmava, era capaz de disparar um dardo que continha uma toxina altamente letal para uma potencial vítima. A Agência tinha recebido ordens, na década anterior, de destruir esse tipo de material, de acordo com Church, mas desafiou a ordem da presidência. A demonstração provocou manchetes enormes e cobertura televisiva, como Church previra, e deixou a impressão de que nem mesmo um presidente seria capaz de conter um plano de assassinato.

A postura de Church era demais para Gary Hart, um democrata do Colorado que tinha sido eleito senador em 1974 e que estava no cargo fazia menos de uma semana quando foi designado por Mike Mansfield como o membro mais júnior da comissão. Ele era bom de estudo e levou o cargo muito a sério, ainda mais depois que um investigador republicano chamado David Bushong e um colega apareceram com provas de que Jack Kennedy, no seu período na Casa Branca, tivera um caso com Judith Exner, uma modelo ocasional de Los Angeles que também transava com Sam Giancana, um líder mafioso notório. Hart depois me contou como ficou surpreso, sendo o senador mais inexperiente ali, ao ser convidado por Church para se encontrar em particular com Ted Kennedy, assim poderia informá-lo dessas novidades que mudavam tudo. "Fiz isso, e Ted simplesmente me agradeceu e não fez mais nada", contou Hart. A comissão descobriu que o FBI de J. Edgar Hoover tinha conhecimento da ligação entre Exner e Kennedy, mas esta foi mantida fora da Comissão Warren durante a investigação do assassinato de Jack Kennedy.

A hesitação de Church, à medida que mais e mais detalhes da imprudência de Kennedy apareciam, acabou com qualquer chance, por menor que fosse, de uma cooperação significativa com os republicanos na comissão. Mais uma vez, meu trabalho sobre questões de Inteligência para o *Times*, e o fato de que eu continuava tendo acesso a informações, me levaram a receber impressões de dentro da comissão. Tive alguns encontros em particular com vários membros desta, democratas e republicanos, em momentos decisivos, e com alguns poucos membros seniores da equipe. Na primavera de 1975, Goldwater demonstrou-se correto em achar que Church, como diretor, estava fazendo todo o possível para proteger a família Kennedy, e utilizava as audiências para concorrer à presidência. Quando a investigação se aproximava do fim, houve mais uma reunião privada entre os leões do Senado — Mansfield, Fulbright, Church e Goldwater — para decidir como lidar com a questão de responsabilidade presidencial. O assistente da equipe democrata também participou da sessão e me contou anos depois o que não me disse naquela época — que Goldwater declarou, em certo momento: "Sabemos o que os presidentes fizeram", referindo-se à autorização de Eisenhower e Kennedy para o assassinato de líderes estrangeiros. Goldwater acrescentou, então, numa linguagem que o assistente nunca esqueceu: "Se havia uma autorização presidencial para o que a Agência estava fazendo, temos a responsabilidade de decidir o que é ou não é constitucional". A questão era se a CIA estava agindo como parte da equipe pessoal do rei, como Richard Helms sugeriu em certo momento, ou se os homens que controlavam a Agência estavam sujeitos, como todos os cidadãos e todas as entidades governamentais, às leis e regras da Constituição.

Ao final, a comissão evitou a questão da autoridade presidencial e observou que era impossível "concluir se os planos de assassinato foram autorizados pelos presidentes ou por outras pessoas acima da agência governamental ou outras agências envolvidas". Seu relatório final, intitulado "Supostos planos de assassinatos envolvendo líderes estrangeiros", foi escrito numa linguagem que só pode ser descrita como anódina:

> A Comissão conclui que o sistema de comando e controle executivo era tão ambíguo que é difícil afirmar em quais níveis a atividade de assassinato era conhecida e autorizada. A situação produz um prospecto perturbador de que funcionários do governo podem ter elaborado planos de assassinato sem que ficasse indiscutivelmente claro que havia uma autorização explícita por parte do presidente. É também possível que houvesse uma "negativa plausível" bem-sucedida na qual a autorização do presidente tivesse sido emitida mas agora foi ocultada. [...] Sem dúvida há uma tensão nestas descobertas.

Anos depois, Gary Hart me contou que, resumidamente, os democratas da comissão vacilaram. "Meu papel era buscar coisas que os outros não queriam saber. Não pudemos encontrar alguém abaixo do presidente [Eisenhower ou Kennedy] que dissesse: 'Ele ordenou e ele sabia de tudo'. Havia muitos eufemismos — tais como 'quem vai se livrar desse pregador encrenqueiro?' —, não era como se houvesse testemunhas que nos dissessem que o chefe tinha dado a ordem e nós da comissão acobertamos tudo. Simplesmente não podíamos levar alguém para declarar que um presidente ordenara um assassinato. Mas ficou claro que eles sabiam o que estava acontecendo."

Após falar com Hart, localizei David Bushong, o investigador republicano que trabalhara diretamente para Barry Goldwater. Ele me disse que Goldwater tinha convicção de que havia amplas evidências que provavam que o percurso da autorização presidencial passara por Bobby Kennedy. "Nunca ligamos Jack Kennedy diretamente à autorização — uma ordem direta para assassinar Castro —, mas Bobby sim, tanto na participação como na autorização de um assassinato durante uma reunião secreta", afirmou

Bushong. "Bobby estava coordenando operações secretas em Cuba e participando separadamente de encontros cujo objetivo era usar a máfia de Giancana para levar comprimidos de veneno para Castro. E havia o Hoover, que alertou o presidente num almoço sobre os grampos que mostravam que ele estava se relacionando com Judy Exner enquanto ela mantinha laços com Giancana. Kennedy cortou imediatamente qualquer contato com Exner. Seis semanas depois, Bobby autorizou o transporte das pílulas de veneno para Cuba. Tudo isso nos leva a um caso sólido de autorização presidencial que pode ser apresentado aos senadores."

O resultado inevitável foi que uma falta de confiança aguda no alto escalão da CIA foi despertada — mesmo entre aqueles que sabiam que erros haviam sido cometidos — porque Helms e outros oficiais seniores da Agência não conseguiam acreditar que Frank Church e os senadores democratas não entendiam que, quando a questão era assassinato, a CIA fazia o que o presidente queria, sem, é claro, ter provas escritas. A mostra do quanto a CIA desprezava Church — um desprezo justificado ou não — apareceu na história escrita por Harold Ford sobre a direção de Bill Colby. John Waller, que depois virou o inspetor-geral da CIA, insistiu numa entrevista com Ford que Church "não estava interessado nessas questões. Na nossa humilde opinião, ele estava concorrendo à presidência. [...] Grosso modo, ele era uma prostituta política, não alguém que buscava a verdade". Richard Lehman, um respeitado oficial da Inteligência que depois virou diretor do Conselho de Inteligência Nacional — o grupo interno responsável por análise estratégica de longo prazo —, descreveu Church como um "filho da puta fingido. Hipocrisia, o seu nome é Frank Church. [...] Tenho a convicção de que ele se jogou para pegar o cargo na esperança de que seria uma carruagem capaz de conduzi-lo à presidência".

Dado o meu envolvimento com os membros da Comissão Church e com a equipe sênior, não demorou muito para que eu renovasse os antigos contatos e conseguisse o que procurava. Certa manhã, chegou uma grande caixa da FedEx ao meu escritório, sem remetente, repleta de documentos da CIA altamente confidenciais que a comissão não tinha tornado públicos. Eu sabia quem a enviara, é claro. Os documentos deixavam claro que a pressão contínua para assassinar Fidel Castro vinha de Jack Kennedy. Também revelavam que Kennedy sabia exatamente o que Nixon estava planejando contra Castro naquele outono — uma invasão de dissidentes cubanos. O planejamento para o que ficou conhecido como Baía dos Porcos era um grande segredo de Estado, mas funcionários seniores da Agência — diplomados da Ivy League que interagiam com Kennedy — compartilharam a informação com o candidato Kennedy no início do outono. Kennedy, determinado como sempre, enfureceu Nixon e conseguiu votos cruciais na Flórida ao cobrá-lo, num estágio final da campanha de 1960, por não ter feito o bastante em relação a Castro. Nixon guardou o segredo e perdeu a eleição.

Levei o que sabia sobre esse Kennedy tão durão para Sam Halpern, um veterano dos dias de *matar Castro* na Agência, que se aposentara anos depois de trabalhar muito próximo de Richard Helms. Falei para Halpern que não conseguia entender por que Kennedy tinha se arriscado tanto, mesmo no fim de 1963, para continuar pressionando a CIA para fazer com Castro algo que a Agência não podia fazer. A resposta de Halpern foi surpreendente: se você quer entender a imprudência de Kennedy, procure os agentes do Serviço Secreto dele. Fiz justamente isso e acabei localizando quatro agentes aposentados que cuidavam pessoalmente de Kennedy — homens dispostos a tomar um tiro por ele —, e que falaram das imprudências sexuais do presidente. Também concordaram em falar *on-the-record*, apesar de saber que isso faria com que sofressem críticas ou algo pior por parte dos outros colegas aposentados.

Os agentes do Serviço Secreto foram um ponto muito positivo para o livro. Mas houve algo tão negativo quanto e que começou de forma bastante inócua. Nos meus anos como repórter, fui abordado várias vezes por pessoas com uma história que, insistiam, eu precisava investigar. Não consigo lembrar de nenhuma matéria que escrevi baseado nisso. Mas, no processo, acabei conhecendo pessoas fascinantes. Uma delas era um empresário muito simpático chamado Hal Kass, de Annapolis, Maryland, que tinha sido ludibriado num negócio sobre o qual eu não tinha interesse em escrever. Hal não se ofendeu com o meu desinteresse, e de vez em quando comíamos um sanduíche quando ele passava por Washington. Ele colecionava documentos históricos, e, sabendo que eu estava trabalhando num livro sobre Kennedy, contou-me do que supostamente era uma pilha de recados e memorandos desconhecidos do presidente, oferecida a ele e a outros colecionadores endinheirados por um investidor que representava Lawrence Cusack. Investiguei e descobri que Cusack, conhecido como Lex pelos amigos, era filho de um advogado proeminente de Nova York que tinha entre os clientes a Arquidiocese da cidade e Gladys Baker Eley, mãe de Marilyn Monroe. Cusack trabalhava como assistente na firma do pai.

Os documentos de Cusack supostamente continham um material devastador, escrito à mão por Kennedy, sobre a máfia e o seu lado mulherengo, incluindo uma troca de correspondência com Marilyn Monroe. Garantiram-me que os documentos tinham sido analisados e autenticados por um dos maiores especialistas em caligrafia nos Estados Unidos; isso, descobri, era verdade. Não fazia ideia na época de que o negócio de documentação manuscrita era um grande mundo de apostas, e fiquei alegre quando Kass, o empresário, aceitou me colocar em contato com Cusack e o negociador. A primeira leva de documentos que tive permissão para fotocopiar — e Cusack demorou meses para permitir — fez sentido para mim.

Não hesitei em compartilhá-los imediatamente com Mark Obenhaus, o diretor de documentários. Eu havia abordado Mark com a proposta de escrevermos juntos um filme sobre Kennedy assim que entrei em contato com os agentes do Serviço Secreto e descobri que alguns deles estavam dispostos a falar sobre Kennedy em frente às câmeras. Os documentos de Cusack seriam um bônus adicional, que ainda precisavam ser verificados, é claro. Mais de um ano depois, a verificação ainda era incerta. Eu achava que os documentos eram reais, Mark, um pouco menos, mas nos perturbava o fato de que Cusack e seu negociador conseguiam aparecer, convenientemente, com mais documentos com base nas perguntas que íamos fazendo. Tudo isso foi feito em absoluto sigilo.

Continuei investigando e escrevendo o meu livro revisionista sobre os Kennedy enquanto Mark, sua equipe de produção e eu — tínhamos um contrato para um documentário de duas horas com a ABC — filmávamos entrevistas por todo o país. Sabíamos que tínhamos uma grande história, com ou sem os documentos de Cusack. Os agentes do Serviço Secreto contaram o que tinham presenciado, e fomos a fundo na história da Baía dos Porcos, vista da perspectiva dos participantes da CIA que sentiam que Kennedy os havia traído.

O livro sobre Kennedy seria publicado no outono de 1997 pela editora Little, Brown, e havia uma grande demanda de pré-venda, o que justificava uma tiragem de no mínimo 350 mil exemplares, sem nenhum conhecimento público dos documentos de Cusack. Mark, sua equipe e eu continuamos pensando sobre o assunto. Queríamos torná-los públicos, é claro, mas passamos a desconfiar dos supostos verificadores de autenticidade de caligrafia. Obenhaus gastou dezenas de milhares de dólares num ano com especialistas em caligrafia que confirmavam que os documentos de Cusack eram verdadeiros. Mark, sempre cuidadoso, continuou investigando e acabou chegando a um especialista em documentos do FBI chamado Jerry Richards, que encontrou anomalias em uns poucos documentos — emendas e coisas do tipo — que levantaram sérias dúvidas. Ao mesmo tempo, no fim do verão de 1997, Ed Gray, um dos produtores assistentes de Mark, descobriu a verdade. Entre as obrigações de Ed estava verificar os documentos, e ele se deu conta de que duas das supostas cartas de Kennedy, datadas de 1961 e 1962, incluíam códigos postais que não existiam na época. Ed, durante a faculdade, passou o verão de 1969 trabalhando no correio e por algum motivo conseguia se lembrar que o CEP de cinco dígitos, padrão nos Estados Unidos, entrou em vigor no meio de 1961.

E era isso. Os documentos eram fraudulentos. O próximo passo foi contar aos executivos da ABC, pedir que os contatos avisassem ao FBI, e então tornar pública a existência dos documentos e da investigação criminal contra Cusack. (Ele foi considerado culpado pelo tribunal federal de Nova York por trezes acusações de falsificação e condenado a dez anos de cadeia.) Mesmo sem os documentos, o meu livro e o documentário ainda estavam repletos de novas informações e reflexões sobre a presidência de Kennedy. Eu queria fazer o que tinha feito antes, trabalhando com Obenhaus: escrever uma matéria para o *Times* sobre a fraude do documento e de como a descobrimos, mas fui convencido a revelar a história de Cusack e seus documentos numa entrevista para o programa de TV *20/20*, da ABC. Como fui ingênuo. A entrevista para a ABC, depois de editada, me deixou numa saia-justa. Os executivos da emissora tinham investido 3,5 milhões de dólares num documentário de duas horas sobre Kennedy, que seria exibido no horário nobre no fim do ano, e não pude imaginar que ficariam apavorados com o fato de que a ABC sofreria acusações de ter sido enganada pelos documentos de Kennedy. Eu fui enganado a princípio, admiti ao vivo, mas a noção de que isso fazia parte do processo de investigação e o fato de que sempre houve muita incerteza em relação aos documentos — especialmente por parte de Obenhaus e sua equipe, mas também de minha parte — acabaram ficando, como reza o clichê, na sala de edição. Tudo girava em torno de como o repórter que descobriu o caso de My Lai havia sido enganado.

O escândalo que surgiu por causa dos falsos documentos de JFK, nas palavras dos tabloides, vendeu muitos livros, mas me tornou um alvo fácil para as muitas pessoas nos Estados Unidos que eram apaixonadas por qualquer coisa que envolvia Kennedy. Eu estava numa guerra contra Camelot, na qual não queria estar e não tinha como vencer. Não preciso nem dizer que, quando o documentário foi exibido pela ABC, não teve o título *The Dark Side of Camelot* [O lado sombrio de Camelot], e sim *Dangerous Years* [Anos perigosos].

Enquanto pesquisava para o livro sobre Kennedy, também descobri, assim como muitos jornalistas, que tinha sido injusto com Edward Korry, que ocupara o cargo de embaixador dos Estados Unidos no Chile entre 1967 e 1971. Ele havia emergido como um dos críticos mais abertos do governo socialista de Allende após a sua eleição presidencial, em 1970. No fim de 1974, depois da publicação dos meus artigos iniciais sobre o papel da CIA no Chile, ele fora acusado publicamente, junto com Richard Helms e outros dois funcionários do Departamento de Estado, de dar falso testemunho diante da Comissão do Senado. Korry, que se aposentou do serviço público após sair do Chile, insistiu na época que não tinha o menor conhecimento de qualquer planejamento de golpe e focou suas reclamações nas minhas matérias para o *Times*. Ele tinha virado amigo de Abe Rosenthal em algum momento de sua carreira e se queixou para ele. Expliquei a Abe que eu tinha escrito uma matéria sobre um relatório comum de uma Comissão do Senado, uma das várias que escrevi sobre o Chile, e não havia motivos para crer que Korry não estivesse ligado aos esquemas da CIA contra Allende. Fiquei surpreso ao descobrir, seis anos depois, que Korry, de fato, não era visto como alguém confiável pelo chefe local da CIA, e não foi informado sobre o que acabou ficando conhecido como o esquema "Track Two" para sabotar o governo de Allende. Liguei para Rosenthal e contei que eu e o jornal havíamos prejudicado Korry. Abe me pediu para escrever uma matéria sobre isso para a capa do jornal.

O artigo de 2300 palavras que escrevi ficou na gaveta por umas semanas — Abe queria colocá-lo na primeira página, e precisava de um dia tranquilo para isso — e foi publicado em fevereiro de 1981. Abe e eu sentimos ter feito a coisa certa por Korry. A reação de nossos colegas, no entanto, foi de cinismo, destacado por um ensaio na revista *Time* intitulado "A errata de 2300 palavras do *Times*". A ideia de que Abe, eu e o *Times* corrigimos um equívoco de forma tão proeminente — algo raro no mundo jornalístico — não foi reconhecida. O artigo publicado era mais do que uma mera errata; explicava como um jornal, que dependia de um relatório do Congresso, podia errar nas suas matérias. Após ler o texto da *Times*, Abe me disse: "Nunca mais vou mostrar a bunda para eles". Fiquei irritado em especial porque a revista teve a cara de pau de declarar erroneamente que a informação que eu descobrira a partir de documentos internos da CIA — todos altamente confidenciais — "já estava circulando por aí havia anos". Também havia uma insinuação muito compartilhada na imprensa, apoiada por Korry devido a motivos que eu não compreendia, de que eu dissera que só escreveria uma errata se ele me entregasse informações prejudiciais a Kissinger. Tais coisas eram publicadas na grande mídia sem que um só repórter me telefonasse. Se eu tivesse recebido uma ligação, poderia ter mostrado as cartas que Korry me mandou, insistindo para termos uma conversa sobre Kissinger. A insinuação dele, facilmente refutável, foi publicada como fato verídico várias vezes sem ninguém levantar a seguinte questão que, se as acusações dele eram verdadeiras, então ele tinha sucumbido à minha chantagem.

Quando meu livro *The Dark Side of Camelot* foi publicado, tornou-se um best-seller no mesmo instante — mas pelos motivos errados. Os novos materiais que desencavei sobre o fato de que Jack Kennedy sabia de antemão da invasão da Baía dos Porcos e como ele utilizara politicamente essa informação não provocaram a menor reação; as primeiras matérias focaram nos documentos falsos que não estavam no livro e na parte sexual dos comentários dos agentes do Serviço Secreto. Quando o furor diminuiu, dei uma entrevista para a revista *The Atlantic*, na qual finalmente encontrei algo de bom para dizer sobre os falsos documentos: "É curioso, mas fico feliz que [...] houve esse escândalo. Levando em conta a recepção universalmente hostil ao meu livro, graças a Deus tinha esses documentos, porque, do contrário, eu seria acusado de falsificar tudo. [...] Fui criticado por muitas coisas que escrevi — My Lai, as histórias sobre a CIA —, mas essa foi a primeira vez que fui criticado pelo que pensei. [...] O resumo é que eu não publiquei os documentos. Não entendo o que há de tão ruim em investigar algo, descobrir que não é verídico e admitir isso".

Alguns poucos jornalistas entenderam aonde eu quis chegar. Em uma matéria de destaque na parte de resenhas de livros da edição dominical do *Times*, Tom Powers me criticou pelo que chamou de "namoro muito longo" com as falsificações, e então observou que, como os documentos não entraram no livro, "muitas outras coisas estão lá, e a pergunta é o que fazer com isso". Acrescentou, então:

A primeira coisa a se dizer sobre *The Dark Side of Camelot* é que é um livro de repórter, não de historiador. O que consta nele basicamente veio do próprio Hersh. Lemos, várias e várias vezes, que fulano "afirmou numa entrevista para o livro" ou "me contou" tal e tal coisa, ou que certos documentos foram "obtidos para este livro" e que estão "publicados aqui pela primeira vez". Na primeira meia dúzia de vezes que isso surge, parece que ele está se gabando, mas logo nos acostumamos à litania, e fica claro que Hersh fez um trabalho árduo; não está tentando contrabandear informações de outros livros. Ele nos conta o que descobriu em primeira mão, facilitando o julgamento de resenhistas e arqui-inimigos. As notas sobre as fontes ao final podem ser um pouco confusas, mas, se comparado aos repórteres investigativos que não fornecem fonte alguma, Hersh integra o mesmo grupo que Edward Gibbon.

Era reconfortante deixar para trás o livro de Kennedy e retornar, alegremente, à sanidade da *New Yorker*. Pat Crow tinha se aposentado e Tina Brown fora substituída por David Remnick, um ex-correspondente do *Washington Post* que eu não conhecia. Esther Newberg era amiga de David, e anos antes tinha me enviado a prova de gráfica de *O túmulo de Lênin*, seu livro de 1993 sobre os últimos dias do império soviético e que vencera o Pulitzer. Era o que havia de melhor em escrita de não ficção, conforme disse num comentário para a orelha do livro, e a nomeação de David para o cargo de editor me pareceu ótima. Ele foi muito receptivo à minha chegada, e lá fomos nós.

Meu novo editor era John Bennet, que, como todos editores da revista na época, achava que a sua missão era entender o que o repórter estava tentando dizer e ajudá-lo nisso. Meu primeiro grande artigo na era Remnick foi publicado no fim de 1998 e retomava o ponto onde eu havia parado — questionando o senso comum do governo Clinton em atacar o Oriente Médio com um míssil Tomahawk. O alvo da Casa Branca, dessa vez, era um suposto laboratório farmacêutico na periferia de Cartum, capital do Sudão, que a Casa Branca afirmava ser capaz de fabricar armas químicas, assim como remédios genéricos baratos e vitais para a população local. Clinton anunciou o bombardeio enquanto estava de férias em Martha's Vineyard, em agosto de 1998. Sua decisão foi tomada três dias depois de encerrar seu depoimento diante de um grande júri federal, acerca de seu envolvimento com Monica Lewinsky. Ele descreveu a fábrica que foi alvo como uma "ameaça iminente" à segurança nacional dos Estados Unidos.

Quase todos os militares seniores e oficiais de Inteligência que eu conhecia tinham permanecido no cargo durante os quatro anos em que lutei contra o mito de Kennedy, e ficaram perturbados com a decisão de Clinton de bombardear o alvo. Usamos a palavra "fontes" no mundo jornalístico para descrever aqueles que fornecem informações necessárias, mas é uma palavra totalmente inadequada. Tomei cafés da manhã bem cedo em lanchonetes e outros lugares incomuns com as minhas fontes, e tive vários almoços e jantares com elas quando estavam trabalhando fora de Washington. Algumas reuniões foram no exterior. Esses informantes rapidamente se tornaram mais do que fontes; eram amigos e permaneceram amigos depois de saírem do governo.

Como no bombardeio de 1993 a Bagdá, questionaram-se as informações de Inteligência que conectavam o laboratório farmacêutico, um dos poucos no Sudão, à produção de agentes de armas químicas. Também foram levantadas dúvidas igualmente sérias sobre o quanto a Casa Branca de Clinton estava preparada para a missão. O mais importante de tudo era que quatro membros dos chefes de gabinete foram excluídos do planejamento do ataque até o último instante. Só Hugh Shelton, general do Exército e diretor dos chefes de gabinete, esteve envolvido desde o início da operação, e descobri que ele fora instruído por Sandy Berger, o conselheiro de Segurança Nacional de Clinton, a não informar os chefes da missão e a não envolver a Agência de Inteligência de Defesa no planejamento. A operação foi dirigida por Berger, que estava se comunicando por baixo dos panos com um almirante de baixa hierarquia que, para a surpresa de algumas pessoas do Pentágono, recebeu ao final dos anos Clinton uma promoção e foi designado como chefe de comando no exterior.

Algo não cheirava bem no processo, e muitos oficiais seniores do Exército e da comunidade de Inteligência achavam que o ambicioso Berger, que previam que seria nomeado como chefe de gabinete presidencial até o final do segundo mandato de Clinton, estava realizando os desejos do presidente em Cartum. Era um cenário digno de *Mera coincidência*,* e encerrei o meu artigo citando um ex-funcionário de alta hierarquia do Departamento de Estado, que explicava que à época Clinton estava preocupado com os problemas pessoais e profissionais causados pela sua relação com Lewinsky, que começou quando ela era estagiária na Casa Branca. "A sobrevivência é a questão mais importante para ele", afirmou o ex-funcionário sobre o

---

* Filme de 1997 estrelado por Dustin Hoffman, no qual o presidente dos Estados Unidos entra em uma guerra fictícia para mascarar um escândalo sexual. [N.T.]

presidente. "É algo que está sempre na cabeça dele. Se Clinton não estivesse metido nessa encrenca, não teria feito isso" — autorizado o ataque com os mísseis Tomahawk, no caso. "Ele é esperto demais." Berger se recusou a me encontrar enquanto eu investigava a história, apesar de todas as solicitações.

Remnick fez o que todo bom editor deveria fazer enquanto minha matéria enfrentava a burocracia. Ele se consultou com os responsáveis pela checagem de dados — que trabalhavam de forma totalmente independente de mim — e, dando crédito a ele, fez muitas perguntas ao ver as provas. Se ele apanhou da Casa Branca depois da publicação da matéria, não compartilhou isso comigo.

Desviei o foco do Sudão para Israel e escrevi um artigo no início de 1999 expondo a visão negativa que a comunidade de Inteligência dos Estados Unidos tinha em relação à provável decisão de Clinton de ceder às exigências de Israel — o país reivindicava que Jonathan Pollard fosse perdoado. Pollard, um oficial judeu que integrava a equipe de Inteligência da Marinha, tinha sido pego espionando para Israel em 1985, o que lhe rendeu uma condenação à prisão perpétua. O perdão previsto de Clinton fez com que várias figuras do alto escalão da CIA e do Pentágono ameaçassem renunciar. A questão mais óbvia era: por que tanto rancor de homens e mulheres no topo da cadeia alimentar?

Logo depois de começar a fazer essas perguntas, fui convidado por um oficial da Inteligência para uma conversa na sede da CIA. Já fizera entrevistas lá antes, mas sempre por insistência minha. (George Tenet era o diretor da CIA na época, mas o convite não partiu dele.) Quando cheguei lá, fui levado a uma pequena sala de conferências no sétimo andar, onde ficava o escritório de Tenet. Quem me conduziu até a sala foi um funcionário que eu só conhecia por sua reputação; nunca tínhamos conversado, e não foi por falta de tentativas minhas. Perguntaram como eu queria o café e pediram que eu me sentasse. Meu anfitrião voltou com um café e um volume encadernado. Entregou os dois para mim, disse algo parecido com "Divirta-se" e foi embora.

O volume incluía material que tinha sido entregue sob sigilo a um juiz federal durante o julgamento de Pollard. Era um resumo dos muitos documentos que Pollard fora acusado de obter de formas ilegais em várias bibliotecas confidenciais de Washington e de entregar — isto é, supostamente entregar — aos seus chefes israelenses. Foi algo chocante para mim, pois os documentos deixavam claro que boa parte dos documentos furtados por Pollard girava em torno das maneiras como os Estados Unidos espionavam o seu maior adversário — a União Soviética. Espionagem nos Estados Unidos parecia ser uma mera nota de rodapé nas principais missões que Pollard recebera dos israelenses. Escrevi que a maior parte dos documentos que pude ler não lidava com o produto obtido pela Inteligência americana — avaliações, estimativas —, mas focava no modo como o país descobria as coisas, os dados conhecidos na comunidade de Inteligência como "fontes e métodos". Uma série de documentos obtidos por Pollard revelava como uma unidade de interceptação de sinais da Marinha escondida no Oriente Médio rastreava submarinos nucleares russos quando estes atravessavam o Mediterrâneo pelo Estreito de Gibraltar. Outra listava em quais frequências os Estados Unidos conseguiam captar os sinais russos. Outro documento dava detalhes de um manual americano de dez volumes conhecido como Rasin, sobre notação de rádio-sinal. O manual, cuja existência era desconhecida para mim, listava os parâmetros físicos de cada sinal conhecido, de aliados e inimigos. "É a bíblia", disse um veterano da Agência de Segurança Nacional que eu citei. "Explica como coletamos sinais em qualquer lugar do mundo."

Sabia quem deveria procurar para averiguar a substância do que eu tinha sido autorizado a ver, mas me sentia bastante ambivalente de estar na posição de auxiliar a comunidade de Inteligência dos Estados Unidos. Eu, que tanto me esforcei ao longo da minha carreira para desencavar segredos, estava recebendo os segredos nas mãos. O funcionário sênior que me entregou os documentos nunca mais falou comigo, embora eu tenha tentado entrevistá-lo por anos. Pude conferir a informação que jogaram na minha direção, e também tomei cuidado, como gosto de pensar que aqueles que me deram o material acharam que eu tomaria, para não passar do ponto ao tornar os detalhes públicos. Tive clareza de quais documentos obtidos por Pollard haviam sido repassados, na maioria dos casos, para os israelenses. Cada página possuía muitas marcas que indicavam o sigilo extremo do que eu estava lendo.

Os arquivos que vi também deixaram claro que os homens e as mulheres no controle da Inteligência americana acreditavam que o governo israelense repassava as informações de Pollard para Moscou em troca da emigração de judeus soviéticos com as habilidades e especialidades de que Israel necessitava. Essa ideia nunca foi confirmada, mas aparecia em várias das avaliações confidenciais que vi.

Voltei a escrever as matérias que eu queria e tratei das tentativas dos Estados Unidos de interferir e secretamente assumir uma série de operações de Inteligência altamente produtivas, conduzidas no fim da década de 1990 pela Unscom, como ficou conhecida a comissão especial da ONU criada para lidar com a guerra no Iraque. A missão da equipe da ONU era determinar se ainda havia no arsenal de Saddam Hussein alguma arma de destruição em massa, nuclear ou química. O objetivo dos Estados Unidos era fingir que tinham o mesmo interesse que a ONU em informações sobre as armas de Saddam enquanto o que faziam, na verdade, era reunir dados que facilitariam o assassinato do líder iraquiano. A manchete dessa matéria, aprovada por Remnick, foi: "O melhor amigo de Saddam: como a CIA facilitou o rearmamento do líder iraquiano". Foi bom voltar a escrever um artigo com informações que o governo não queria que circulassem. Eu tinha o melhor emprego do mundo. Trabalhava para uma revista incrível, com editores sofisticados e corajosos que seguiam o mais alto padrão, e estava livre para investigar o que quer que parecesse valer a pena, com o apoio e a aprovação de Remnick.

Soube, através de várias pessoas que trabalharam com Barry McCaffrey, de seu comportamento aberrante. McCafrey era um general agressivo e fotogênico, que liderou uma divisão na Guerra do Golfo em 1991 e se aposentou do Exército em 1996, após ser nomeado por Bill Clinton diretor do Setor de Política Nacional de Controle de Drogas da Casa Branca — o general também era conhecido como o tsar das drogas. O comportamento imprevisível de McCaffrey persistiu na Casa Branca. No fim de 1999, tomei café bem cedo com um general quatro estrelas — que estava se coçando para começar a sua corrida matinal de oito quilômetros — e falei da possibilidade de investigar a conduta de McCaffrey como um funcionário civil. Meu amigo, que também tinha servido como comandante de divisão na guerra de 1991, me contou que a verdadeira história envolvia a decisão de McCaffrey de autorizar e executar um ataque surpresa e assassino contra um batalhão de tanques que estava retrocedendo, após o fim da guerra — depois de terem garantido aos iraquianos que eles receberiam uma passagem segura do front perto do Kuwait até Bagdá.

Foram necessários meses e centenas de entrevistas, quase todas *on-the-record*, até que eu sentisse que tinha uma matéria incontestável. Dispunha de transcrições de chamadas de rádio, feitas de um quartel para o outro para perguntar sobre o ataque enquanto este ocorria, e sentia que tinha em mãos comentários devastadores feitos por uma dúzia de generais que eram colegas de McCaffrey. Remnick, que se envolveu de perto com a investigação de seis meses, insistiu para que eu encontrasse o máximo de críticos de McCaffrey dispostos a falar *on-the-record*, o que demonstrava um instinto editorial muito sólido. Passei semanas negociando declarações oficiais moderadas dos colegas de McCaffrey e de seus superiores no Exército, cujas críticas, não importa quão discretas fossem, contribuíam para formar um retrato adulador de um general determinado a deixar a sua marca no deserto, assim como o general alemão Erwin Rommel, um dos heróis de McCaffrey, fizera no norte da África em 1942.

O artigo de 24 mil palavras, intitulado "Força avassaladora", estava no estágio final de checagem de dados quando McCaffrey, que se recusou várias vezes a falar comigo e também desencorajou todos os colegas a isso, lançou um ataque antecipado. Ele emitiu uma declaração, através de um advogado, me atacando pessoalmente, e queixando-se de que eu estava fazendo entrevistas "difamatórias", movidas por uma "má-fé pessoal". A tática funcionou; muitas pessoas na imprensa escreveram sobre os ataques dele, que ocorreram semanas antes da publicação do meu artigo.

Minha matéria recebeu muita atenção, mas não gerou uma revisão oficial do incidente. A vitória contra Saddam Hussein em 1991 era vista como o fim do estigma da derrota, que assombrava o Exército americano desde o fim da Guerra do Vietnã, e não havia um incentivo oficial para arranhar essa imagem. McCaffrey não me processou, apesar de suas reclamações vitriólicas, e fiquei com a impressão de que os Estados Unidos não se importavam com a matança desnecessária de prisioneiros iraquianos ou de soldados iraquianos voltando para casa por um trajeto definido por um acordo de paz ao fim da guerra. Era um lembrete da RAVQ da Guerra do Vietnã, a Regra do Apenas um Vietcongue Qualquer: se quem foi assassinado ou estuprado é um vietcongue, não é crime. (Aprendi a versão nacional dessa regra décadas antes, quando cobri um incêndio que matou pelo menos cinco pessoas no gueto negro de Chicago.)

Minha última matéria para Remnick antes do Onze de Setembro lidava com uma série de atividades corruptas perpetradas pela Mobil Oil, uma empresa gigantesca dos Estados Unidos, após o colapso do comunismo na União Soviética. Era possível obter petróleo por um preço ridiculamente baixo naquele período caótico, desde que grandes subornos fossem repassados a ex-funcionários soviéticos, muitos dos quais haviam sido agentes de Inteligência e estavam envolvidos num processo de arrecadar bilhões de dólares em ativos. A matéria, muito complicada, levou meses para ser editada e gerou várias ameaças de processo por parte dos maiores escritórios de advocacia de Nova York, todos contratados pela Mobil e por outras entidades envolvidas. Lembro-me de uma reunião na qual o novo conselheiro jurídico da revista declarou, queixoso, que achava difícil de acreditar que uma empresa tão grande quanto a Mobil pudesse operar tão fora da lei quanto eu estava alegando. Desesperado com esses comentários, caminhei até ele, dei um tapinha em sua bochecha e falei: "Você é um garoto tão bonzinho". (O advogado acabou virando um grande defensor de matérias difíceis de investigar.) Remnick não pestanejou, embora sua preocupação tenha diminuído depois de eu ter feito várias modificações no texto, seguindo conselhos jurídicos. A matéria complicada, publicada em julho de 2001, era um saco de ler, repleta de transações comerciais desconhecidas e nomes estrangeiros, mas chamou a atenção do governo federal, que abriu imediatamente uma investigação acerca das infrações listadas pelo artigo.

Apesar de ser pouco atraente e de toda sua dificuldade, o artigo, intitulado "O preço do petróleo", fez com que muitos comerciantes de petróleo e especialistas em energia na Europa e no Oriente Médio prestassem atenção em mim. Depois do Onze de Setembro, eles me ajudariam bastante a fazer o que tinha que ser feito.

19.
A Guerra ao Terror dos Estados Unidos

Encontrava-me em casa na manhã do dia 11 de setembro de 2001, vivenciando os mesmos medos e ansiedades que a maioria dos americanos, após a primeira torre ser atingida. O telefone tocou, como eu previa, antes mesmo de a segunda torre ser atacada. Não me lembro exatamente das palavras de David, mas a sua mensagem era simples: "Agora você está permanentemente designado à maior reportagem da sua carreira". Ele não estava falando da resposta de Nova York aos ataques — a edição seguinte seria dedicada a isso —, e sim que estava confiando em mim para tentar responder às perguntas clássicas que os editores fazem em momentos assim: quem, o que e por quê?

Tive um flashback da ansiedade que senti num momento do fim de 1972 no *Times*, quando Abe Rosenthal insistiu para que eu parasse de cobrir o que conhecia tão bem, a Guerra do Vietnã, e mergulhasse em Watergate. Abe confiava em mim tanto quanto David, mas essa nova atribuição seria muito mais desafiadora. Watergate era um caso interno de Washington, e eu sabia que conseguiria entrar em contato com alguns dos principais envolvidos. O ataque a Nova York parecia muito mais difícil: eu nunca tinha feito a cobertura do terrorismo islâmico, nunca tinha viajado ao Afeganistão, onde Osama bin Laden tinha seu quartel-general. Por outro lado, eu escrevera sobre o Paquistão para a *New Yorker* e sabia que o serviço de Inteligência paquistanês, o ISI (Inteligência Inter-Serviços), tinha um papel profundo, ainda que suspeito, dentro do Afeganistão.

Também sabia que o Onze de Setembro seria uma matéria única na minha vida, que me exigiria encontrar novas fontes em Washington e no Oriente Médio. Já havia feito isso várias vezes, então não fiquei surpreso quando me disseram que algumas pessoas do *New York Times*, entre elas Tom Friedman, estavam sugerindo que eu fosse imediatamente recontratado. Um editor sênior do jornal me deixou um recado telefônico, e parecia estar ambivalente em relação à ideia de ter que lidar de novo comigo. Não retornei a ligação e não entraram mais em contato. Pouco importava, eu era o homem de Remnick.

Comecei minha nova missão lendo, nas primeiras semanas, o máximo que pude sobre a região, e falando com as pessoas que conhecia de dentro do Departamento de Estado e na comunidade de Inteligência que servira no sul da Ásia; meu objetivo era desenvolver uma compreensão básica do Afeganistão, Paquistão, e do terrorismo internacional. Localizei os poucos especialistas nos Estados Unidos que sabiam como funcionava o Talibã, cujos membros eram Pashtuns, o maior grupo étnico no Afeganistão. Era perturbador descobrir que a vingança na cultura Pashtun não exigia uma resposta imediata, mas que poderia chegar meses, até mesmo anos depois de um ato violento contra um membro da família. Estava convicto de que George W. Bush e Dick Cheney responderiam com violência ao Afeganistão, não apenas contra Bin Laden, mas também contra seus anfitriões, o Talibã, sem ter a menor ideia de quais seriam as consequências de longo prazo da decisão deles.

Minhas investigações sobre Jonathan Pollard e o ataque de 1998 a um laboratório farmacêutico em Cartum me colocou em contato com vários funcionários seniores do FBI, e arrisquei a fazer uma ligação de manhã cedo para um deles poucos dias depois do Onze de Setembro. Sempre tentei ser o mais aberto e direto possível com os funcionários do alto escalão da Inteligência, e os melhores — havia muita gente boa que merecia o meu respeito — em geral respondiam positivamente. Tudo estava caótico, é claro, disse o funcionário, mas uma coisa estava clara tanto para ele quanto para seus colegas: os dezenove terroristas que sequestraram os aviões, controlados por Bin Laden ou não, não estavam na vanguarda do que seria uma onda de terror dentro dos Estados Unidos, ao contrário do que muitos temiam. De acordo com ele, os dezenove equivaliam a um time de pelada de fim de semana que acaba chegando à Copa do Mundo. Ele afirmou que a comunidade de Inteligência dos Estados Unidos talvez nunca descobrisse a história completa por trás do ataque, mas estava convicto de que os terroristas tinham se valido da falta de cooperação crônica entre os vários serviços de Inteligência.

Marquei reuniões com pessoas de dentro e de fora da CIA que tinham me ajudado em matérias desde a Guerra do Vietnã; ex-agentes sempre foram capazes de coletar informações incríveis com seus antigos colegas. Fui convidado para me juntar a um grupo de agentes num almoço pós-Onze de Setembro num restaurante chinês no subúrbio da Virginia. Havia muita discordância, e não paravam de reclamar da burocracia cada vez mais rígida da Agência, da falta de liberdade que tinham e das restrições orçamentárias. Na visão deles, o fracasso da CIA em detectar o plano antecipadamente não era culpa dos caras no serviço clandestino, mas da liderança vacilante da CIA. A conversa acabou se voltando para a crença de longa data da CIA, a de que seus agentes eram superiores aos outros da comunidade de Inteligência. Com isso em mente, voltei-me para um velho amigo, que tinha sido chefe de estação no Oriente Médio e sabia muito mais sobre terrorismo do que eu, e perguntei a ele por que, mesmo depois do Onze de Setembro, havia tanto desprezo pelo FBI? A sua resposta me deixou de queixo caído. "Você não entende, Sy? O FBI pega os ladrões de bancos. Nós roubamos os bancos." Meu amigo continuou: "E a NSA? Você realmente espera que eu converse com palermas que andam com transferidores de grau no bolso e que estão sempre olhando para baixo, para os seus sapatos marrons?". Fiquei chocado e perplexo com o cinismo dele, e não pude conter o riso quando ele mencionou os sapatos marrons do pessoal da NSA.

Saí do almoço convicto de que nunca haveria uma união total da Inteligência — mesmo depois do Onze de Setembro. Talvez os dezenove terroristas suicidas tenham sido bem-sucedidos porque havia uma guerra dentro da comunidade de Inteligência.

A *New Yorker* estava ansiosa para publicar qualquer matéria referente ao Onze de Setembro, e meu primeiro objetivo era escrever um artigo detalhando o que tinha dado errado — por que os Estados Unidos não tinham notado os dezenove terroristas que, como fomos descobrindo, não foram nada discretos no planejamento do ataque do Onze de Setembro. Eu estava à caça de qualquer informação interna ou avaliação da Inteligência que pudesse conseguir: minha ideia era dar um jeito de deixar claro às pessoas de dentro que eu era confiável, que poderia verificar e descrever com precisão as informações mais confidenciais sem deixar rastros que pudessem conectá-las à fonte. Um processo parecido tinha funcionado comigo na AP e no *Times*, porque os informantes com diferentes pontos de vista sobre a Guerra do Vietnã ou sobre as atividades da CIA me viam como um veículo para dizer o que queriam sem correr riscos. Então, nos primeiros meses depois do Onze de Setembro, pude escrever sobre interceptações da NSA, que mostraram muitas brigas internas dentro da família real da Arábia

Saudita por causa de dinheiro;* forneciam novas informações de Inteligência sobre o arsenal nuclear paquistanês, que estava em expansão, e sobre sua rixa contínua com a Índia; e que falavam dos medos dos Estados Unidos em relação ao Irã e à possível decisão da liderança xiita de desenvolver armas nucleares, em parte para confrontar a ameaça paquistanesa. A minha reportagem não lidava diretamente com o Onze de Setembro, mas delineava outros riscos que os Estados Unidos enfrentavam na região. Meus artigos publicados naqueles dias logo após o Onze de Setembro eram checados até não poder mais; Remnick garantiu que só os funcionários mais obsessivos de checagem de dados cuidassem deles.

Bush e Cheney, conforme previsto, entraram em guerra com o Afeganistão no início de outubro. Num artigo escrito poucas semanas depois, revelei que doze membros de um grupo sigiloso do Exército, o Delta Force, tinham sido feridos, alguns gravemente, por causa de uma decisão estúpida do general Tommy Franks, o comandante responsável pela guerra. Os soldados especiais, que se movimentavam apenas à noite e dormiam em buracos no chão durante o dia, foram designados para capturar ou matar um líder importante do Talibã; quando estavam se aproximando da casa bem protegida dele, Franks ordenou que *Rangers* [membros de elite] do Exército e helicópteros dessem apoio. A demonstração de força indicou ao Talibã que um ataque era iminente, e os soldados do Delta Force foram descobertos e sofreram uma emboscada. Foi, nas palavras de um membro do Comando de Operações Especiais, uma "bosta fumegante completa". A história, fácil de ser compreendida, virou manchete, e o fato de que muitos dos melhores soldados do Exército tivessem sido feridos, alguns com gravidade, foi previsivelmente negado num programa de TV de domingo de manhã pelo general Franks, Donald Rumsfeld, o secretário de Defesa, e por

---

* O material da NSA que obtive mostrava uma enorme hipocrisia dentro da família real, com várias orgias e muita conversa sobre corrupção financeira e discussões sobre qual príncipe ficaria com uma porcentagem dos subornos advindos das compras multibilionárias de armas por parte do Estado. A grande imprensa ignorou a história, apesar de eu citar nomes, mas George Soros não: ele me convidou para jantar no seu apartamento em Nova York para falar da Arábia Saudita. Quando neguei, ele se ofereceu a pagar uma contribuição imensa a um grupo que defende o interesse público cujo diretor era Morton Abramowitz, um diplomata aposentado, se eu mudasse de ideia. Em sua carreira, Mort dirigira o escritório de Inteligência do Departamento de Estado e também ocupara o cargo de embaixador dos Estados Unidos na Tailândia e na Turquia. Era um amigo meu de longa data, e senti que não tinha escolha a não ser ir ao jantar. Boa parte da conversa girou em torno do futuro do preço do petróleo, algo com que eu não me importava nem um pouco. [N.A.]

Condoleezza Rice, conselheira de Segurança Nacional. Naquela tarde, me ligaram em casa. Era um oficial de quatro estrelas querendo me fornecer uma foto de satélite, altamente confidencial, que mostrava a bota e parte de uma perna arrancada de um dos soldados feridos. Mais tarde, um segundo oficial entrou em contato comigo. Ele tinha laços diretos com o Comando das Forças Especiais e estava ofendido com as constantes mentiras do governo Bush ditas em público. Mantive contato esporádico com os dois ao longo dos quinze anos seguintes.

Eu ainda estava perturbado com o fato de que a grande imprensa não acompanhava minhas matérias, que muitas vezes lidavam com o mau uso da Inteligência à medida que a Guerra ao Terror ia se intensificando. Após a publicação de um desses artigos, James Risen, um dos melhores repórteres investigativos da filial de Washington do *Times*, ligou para a minha casa uma noite para me parabenizar pelo artigo e para dizer que ele e outros repórteres tinham sido convocados para tentar superar minhas matérias. Não encontraram ninguém no governo Bush disposto (ou com conhecimento suficiente) para ajudá-los, contou Risen, rindo, então mandaram todos os repórteres para casa. Não haveria nenhuma menção à matéria da *New Yorker* no jornal da manhã seguinte. "Não conseguimos superar o texto", acrescentou Risen, "então vamos ignorá-lo." Para mim, esse tipo de raciocínio não fazia sentido. Durante Watergate, Bob Woodward e eu, cientes de que o tema era mais importante do que rivalidade, retroalimentávamos o trabalho um do outro, assim como fizeram os jornalistas do *Los Angeles Times* e de outros veículos, e fazíamos o possível para acrescentar algo ao que já havia sido publicado.

Ironicamente, o *Times*, enquanto parecia continuar ignorando a minha cobertura, achou adequado publicar uma matéria longa, no fim de 2001, elogiando o que foi descrito como a renovação da rivalidade iniciada durante Watergate entre mim e Woodward. "Algumas das informações mais surpreendentes e controversas sobre a crise surgiram em artigos de autoria deles", apareceu no jornal, com o acréscimo de que três décadas "depois de terem se enfrentado no escândalo de Watergate [...] eles estão em confronto mais uma vez". Woodward foi descrito como "educado, suave e meticuloso". Eu era "desleixado, teimoso, barulhento. [...] Seu charme é a sua total falta de charme". Falta de charme e desleixo, pelo jeito, eram a chave do sucesso em Washington — muita leitura, muitas entrevistas, muitas fontes corajosas, pelo jeito, não importavam.

No início de 2002, eu recebia informações vindas de dentro da Casa Branca e de dentro de um dos maiores comandos militares, e proteger minhas fontes ficou cada vez mais complexo dada a ampliação da autoridade de Cheney. Como sempre, eu estava descobrindo coisas sobre as quais não podia escrever no exato momento, do contrário algumas pessoas de dentro desvendariam quem era a fonte, por mais disfarçada que estivesse. Sabia, por exemplo, que haviam tomado a decisão, no fim de 2001 — impulsionada por republicanos neoconservadores de dentro e de fora do governo —, de retirar várias tropas de operações especiais do Afeganistão, e da caça a Bin Laden, para dar início aos preparativos para uma invasão completa do Iraque. O argumento para isso era que Saddam Hussein representava uma ameaça mais imediata, pois tinha capacidade de montar uma bomba nuclear. Isso era besteira pura. Sabia, graças à minha cobertura anterior da Unscom, a equipe das Nações Unidas cuja missão era remover qualquer arma de destruição em massa do Iraque, que o bombardeio americano na Primeira Guerra do Golfo, em 1991, tinha destruído a infraestrutura de armas nucleares do Iraque, e esta não havia sido reconstruída. Pelos quinze meses seguintes — até os Estados Unidos darem inicio à Segunda Guerra do Golfo, em março de 2003 —, escrevi várias vezes sobre a distorção de informações de Inteligência e das mentiras oficiais acerca das armas de destruição em massa no Iraque, que abriram caminho para a guerra.

Comecei a compreender que oito ou nove neoconservadores, que eram outsiders políticos durante o governo Clinton, tinham basicamente derrubado o governo dos Estados Unidos — e não foi difícil. Era chocante perceber como a nossa Constituição era frágil. Os líderes intelectuais do grupo — Dick Cheney, Paul Wolfowitz e Richard Perle — não escondiam sua ideologia e sua crença no poder do Executivo, mas apareciam em público com uma tranquilidade e autoconfiança que mascaravam o seu radicalismo. Passei muitas horas depois do Onze de Setembro em conversas com Perle. Para a minha sorte, essas conversas me ajudaram a entender o que viria a seguir. (Perle e eu falávamos sobre política desde o início da década de 1980, mas cortamos relações em 1993, por causa de um artigo que fiz para a *New Yorker* no qual eu o ligava — ele, um apoiador fervoroso do estado de Israel — a uma série de reuniões com empresários sauditas, que tinham o objetivo de tentar fechar um contrato multibilionário com a Arábia Saudita. Perle respondeu publicamente com uma ameaça de processo e me definindo como um terrorista do jornalismo. Ele não me processou.)

Enquanto isso, Cheney havia emergido como o líder do bando neoconservador. A partir do Onze de Setembro, ele fez de tudo para sabotar a supervisão do Congresso. Aprendi muito com os informantes de dentro do governo sobre sua primazia na Casa Branca, porém mais uma vez fiquei limitado em relação ao que podia escrever, já que tinha medo de comprometer minhas fontes. Era um peso que eu sentia profundamente. Era muito mais difícil me comunicar com os meus contatos depois do Onze de Setembro, com pessoas de dentro que possuíssem acesso a muitos segredos e não tivessem medo de falar sobre as operações, planejadas ou vigentes, que contrariassem os valores dos Estados Unidos — ou o que tivesse sobrado deles. Compreendi que o objetivo de Cheney era executar operações militares e de Inteligência de grande importância com o mínimo possível de conhecimento e interferência por parte do Congresso. Era fascinante e importante saber mais sobre o acúmulo constante de poder e de autoridade de Cheney enquanto vice-presidente, como eu vinha fazendo, mas era impossível ao menos começar a conferir as informações sem correr o risco de que Cheney ficasse sabendo dos meus questionamentos e tivesse um bom palpite sobre quem estava me passando dados.

Eu estava descobrindo detalhes das atividades cínicas e talvez inconstitucionais da Casa Branca, mas não podia contar sobre elas a ninguém. Quem sabe eu escreveria um livro dali a uma década, pensei. A curto prazo, no entanto, tudo o que ouvi, e que acreditava ser verdade, deixava a minha visão da Casa Branca de Bush/Cheney cada vez mais negativa, e me convencia de que, assim como no caso Watergate, o pior ainda estava por vir.

Houve certa tensão entre mim e Remnick nos meses que antecederam a invasão ao Iraque. David via a invasão dos Estados Unidos, que estava ameaçada, como uma chance para que o governo Bush, nas palavras dele, "lutasse para que houvesse paz e reforma política no Oriente Médio". Eu achei que ele estava se iludindo; a possibilidade de paz ou de reforma política futura no Iraque, levando em conta a política extrema de quem comandava a guerra, era nula. Porém, em defesa de David, ele não me impediu de escrever aquilo que as fontes me contavam — que o governo Bush estava simplesmente inventando informações de Inteligência —, mas insistiu para que eu registrasse em cada matéria que havia, ainda assim, a possibilidade de que Saddam Hussein possuísse armas de destruição em massa.

A guerra não estava indo bem, algo que as pessoas de dentro já haviam previsto — dada a falta de compreensão que os americanos tinham das estruturas de poder no Iraque —, e em poucos meses a vitória fácil e rápida dos Estados Unidos virou uma ocupação contestada, com a resistência aumentando diariamente. Os Estados Unidos responderam com mais violência, o que incluiu um aumento nos assassinatos, prisões e tortura. No início da guerra, funcionários envolvidos, que insistiam em não serem citados pelo nome, me disseram várias e várias vezes que havia um acordo implícito de não enterrar as pessoas mortas durante um interrogatório — a não ser que os corpos depois fossem desenterrados —, e sim destruir os cadáveres com ácido ou de alguma outra forma. Levou anos, diante da possibilidade de Cheney começar uma caça às bruxas atrás das minhas fontes, para que me sentisse confortável a escrever sobre o assunto na imprensa.

Ao longo dos anos, o nível do desprezo de Cheney pela supervisão do Congresso também foi notado por alguns membros democratas seniores da Comissão de Dotações da Câmara, entre eles David Obey, de Wisconsin, o diretor da comissão, e John Murtha, da Pensilvânia, um membro antigo que, sendo ele um ex-soldado da Marinha, era próximo da liderança militar no Pentágono. Obey e Murtha eram membros de um subcomitê especial de Inteligência, composto de quatro homens — os outros dois eram republicanos que, de modo geral, seguiam as ordens de Cheney —, que recebia informações sobre todas as operações secretas da CIA. Os dois democratas não se davam bem, e quase não conversavam. Decidi compartilhar o que tinha encontrado sobre as operações secretas com Murtha, e descobri que ele sabia muito mais do que eu sobre o assunto e estava igualmente preocupado. E ficou sabendo das minhas conversas com Murtha e achei que era importante informá-lo de algumas coisas que Murtha tinha me contado. Isso levou Obey, um sujeito muito taciturno, a passar a confiar em mim. Mais tarde, ele me disse que tinha ido falar com Cheney e David Addington, conselheiro do vice-presidente, e contou a eles que estavam violando a Constituição ao conduzir operações fora dos registros e sem financiamento nem autorização do Congresso. A resposta deles foi, em resumo, que o presidente Bush tinha a autoridade para fazer o que fosse necessário num período de guerra. A mensagem específica que recebeu dos dois foi, nas palavras de Obey, "se você não gosta do que estamos fazendo, vá para o tribunal federal e nos processe".

Eram todas informações confidenciais que eu não podia compartilhar com ninguém nem colocar na revista, porque daria pistas de onde eu andava tirando parte das informações que publicara sobre operações secretas da CIA. (Murtha faleceu em 2010, e Obey se aposentou em 2011, após mais de quarenta anos no Congresso.)

Alguns meses depois da invasão do Iraque, durante uma entrevista no exterior com um general que era diretor de um serviço de Inteligência estrangeiro, recebi uma cópia de um plano republicano neoconservador para a dominação americana do Oriente Médio. O general era um aliado dos Estados Unidos, mas ficou muito desconfortável com a agressão de Bush/Cheney. Me disseram que o documento que vazaram para mim tinha sido obtido, de início, por alguém da estação local da CIA. Havia motivos para ficar perturbado: o documento declarava que a guerra para remodelar o Oriente Médio havia começado "com o ataque ao Iraque. O motivo fundamental para isso [...] é que a guerra vai começar a dar hegemonia aos Estados Unidos no Oriente Médio. A motivação correlata é fazer com que a região sinta na pele a seriedade das intenções e determinação dos Estados Unidos". A vitória no Iraque levaria a um ultimato em Damasco, um "corte das garras" do Irã, Hezbollah, Hamas e a Organização para a Libertação da Palestina de Arafat, além de outros grupos anti-israelenses. Os inimigos dos Estados Unidos precisavam entender que "estão lutando pela própria vida: a *Pax Americana* está a caminho, e isso implica na aniquilação deles". O general estrangeiro e eu concordamos que os neoconservadores dos Estados Unidos eram uma ameaça à civilização.

Donald Rumsfeld também estava contaminado pela fantasia neoconservadora. A Turquia havia se recusado a permitir que a Quarta Divisão dos Estados Unidos se juntasse ao ataque a partir de seu território. A divisão, com 25 mil homens e mulheres, só entrou no Iraque em meados de abril, quando a luta inicial já havia essencialmente acabado. Descobri então que Rumsfeld tinha pedido ao comando militar dos Estados Unidos em Stuttgart, na Alemanha, responsável pelo monitoramento da Europa, incluindo a Síria e o Líbano, que começasse a planejar uma invasão à Síria. O jovem general designado para a tarefa se recusou, merecendo o aplauso dos meus amigos de dentro do governo e arriscando a carreira. O plano era visto pelos meus conhecidos como algo especialmente bizarro, pois Bashar Assad, o líder secular da Síria, havia respondido ao Onze de Setembro aceitando compartilhar com a CIA centenas dos arquivos de Inteligência delicados sobre a Irmandade Muçulmana em Hamburgo, cidade em que boa parte do planejamento do Onze de Setembro ocorreu. (Eu tinha escrito sobre a ação de Assad para a *New Yorker* em julho de 2003.) Rumsfeld acabou recobrando o bom senso e recuou, me disseram, mas não antes de exigir que todo o planejamento militar para a Síria e o Líbano fosse transferido para o Comando da América Central, sediado na Base da Força Aérea MacDill, em Tampa, Flórida, e gerenciada pelo mais obsequioso Tommy Franks.*

Não sabia nada sobre o recuo de Rumsfeld quando viajei apressado para Damasco e marquei uma entrevista com Mustafa Tlass, o ministro de Defesa da Síria, que estava no cargo fazia cerca de três décadas. Tlass me convidou para jantar na sua espaçosa residência e depois me levou ao porão para me mostrar — bizarramente — a sua coleção de pornografia, focada principalmente na voluptuosa atriz italiana Gina Lollobrigida. Depois, era hora de uma conversa séria. Contei a Tlass, que falava inglês fluentemente, que havia uma possibilidade, certamente conhecida por ele, de que Rumsfeld ordenasse à Quarta Divisão, acampada perto da fronteira entre a Síria e o Iraque naquele momento, que atravessasse o deserto até Damasco. O que você faria?, perguntei. Ele deu de ombros. Perguntei se a Síria usaria seu arsenal de armas químicas contra os americanos. "Aqueles troços?", ele perguntou, com um desprezo óbvio. "Se usássemos aquilo, os Estados Unidos nos incinerariam [na retaliação com armas nucleares], e teriam todo o direito de fazer isso." Tlass acrescentou que o arsenal químico da Síria havia sido criado por Hafez Assad, o pai de Bashar, que morrera em 2000 e que pensou o arsenal como uma arma capaz de dissuadir um ataque de Israel, cujo armamento nuclear estava se expandindo. As armas químicas

---

* Rumsfeld era charmoso e simpático e se tornou uma espécie de herói para a equipe de imprensa do Pentágono e para boa parte dos Estados Unidos no início da guerra. Ele se divertia nas conferências de imprensa, negando às gargalhadas as minhas primeiras matérias negativas sobre como a guerra estava sendo conduzida, enquanto mandava mensagens privadas para sua equipe — tive acesso a algumas delas — questionando a honestidade do general Franks. Robert Gallucci, que teve uma longa carreira como especialista em controle de armamentos antes de se tornar o diretor da Escola de Relações Exteriores da Universidade de Georgetown, me contou de um encontro com Rumsfeld no Pentágono em 1983, época da crise do Oriente Médio. Participaram da reunião os chefes de gabinete e funcionários seniores do Departamento de Estado; Gallucci estava lá como assistente do seu chefe no Estado. Rumsfeld, que então servia como enviado especial, delineou uma abordagem diplomática que ele pensava que resolveria o problema, se fosse apoiado por uma demonstração do poderio militar americano. Ele pediu comentários, e ninguém disse nada. Gallucci finalmente perguntou a Rumsfeld por que ele achava que essa abordagem funcionaria, já que o mesmo conceito não havia dado certo antes numa crise similar. Rumsfeld o encarou e disse, bem alto: "Cai fora". Gallucci ficou chocado e olhou para o chefe, que desviou o olhar. Rumsfeld repetiu: "Fora". Gallucci se levantou e saiu. Enquanto isso, Rumsfeld acrescentou: "Não vou tolerar ninguém que não saiba trabalhar em equipe". [N.A.]

eram inúteis nesse sentido, caras e de difícil manutenção, de acordo com Tlass. Certo, respondi, e se você não tivesse uma arma para dissuadi-los, o que faria? "Que venham para Damasco", disse Tlass, "e aí a gente vê o que acontece." Ele estava falando de uma prolongada guerra de guerrilha. Retornei a Washington e contei aos meus amigos militares americanos sobre a abordagem diferente em relação à guerra de um ministro de Defesa do Oriente Médio, cuja nação estava num conflito perpétuo fazia décadas.

Escrevi um pouco sobre a minha noite com Tlass para a *New Yorker*, mas não mencionei o corajoso e jovem general. Um relato público do que ocorreu poderia custar a carreira do general, e eu sabia que manter um funcionário com integridade no cargo era mais importante do que umas linhas num artigo.

A matéria que realmente cruzou fronteiras, no sentido de ter recebido uma ampla cobertura midiática, foi a que fiz sobre a prisão de Abu Ghraib e o abuso sexual de jovens prisioneiros do sexo masculino. Eu estava monitorando o comportamento cada vez mais violento dos Estados Unidos naquilo que acabou virando uma guerra de ocupação, na qual a Al Qaeda, com o apoio de muitos oficiais ressentidos do Exército iraquiano, estava provocando o caos com emboscadas-relâmpago. A brutalidade das prisões militares americanas estava longe de ser um segredo na primavera de 2004, quando publiquei o primeiro dos três artigos sobre Abu Ghraib; a Anistia Internacional e o Human Rights Watch [Observatório dos Direitos Humanos] já haviam publicado relatos devastadores sobre as prisões no Iraque, mas que não tinham recebido muita atenção. Aprendi tudo o que precisava saber sobre Abu Ghraib no Natal anterior, quando passei três dias num hotel em Damasco com um ex-major-general da Força Aérea iraquiana.

O Exército iraquiano tinha sido expulso, assim como o Partido Baath, e a maior parte dos generais iraquianos que não fugiu do país ou aqueles que se juntaram à resistência haviam sido interrogados pelo comando americano e, em certos casos, aprisionados; outros foram recrutados para trabalhar com as milícias apoiadas pelos Estados Unidos na luta contra a insurgência que estava em ascensão. O general da Força Aérea tinha escapado desse destino e estava cuidando da própria vida nos primeiros meses após a invasão americana, ganhando uma miséria vendendo frutas e vegetais plantados na sua horta. Ele era fluente em inglês e, enquanto estava na ativa, nos anos 1990, havia sido designado para monitorar as operações do time da Unscom. Ele se tornou alguém visto como íntegro, confiável e respeitado pelos inspetores das Nações Unidas. Quando Bagdá se rendeu, ele entrou em contato com ex-membros da ONU, incluindo Scott Ritter, um ex-major da Marinha que liderara muitas inspeções em locais suspeitos de abrigar armas de destruição em massa nos anos 1990. Ritter, que gerou uma controvérsia após o Onze de Setembro ao insistir em público que o Iraque não tinha armas nucleares, me apresentou ao general através do Gmail — a internet estava em ascensão nos primeiros meses após a invasão americana —, e marcamos de nos encontrar em Damasco, quando fosse seguro para ele viajar até lá de táxi.

O general tinha histórias tristes para contar, a maioria de segunda mão, sobre os horrores da ocupação americana, começando pelos soldados que invadiam casas e roubavam dinheiro — muitos iraquianos guardavam suas economias em notas de cem dólares — e outros objetos valiosos. Contou de sargentos americanos que aprisionaram pessoas e exigiam dinheiro para libertá-las, e funcionários seniores que exigiam propinas nos muitos contratos que eram firmados com empreiteiras locais e estrangeiras. No seu relato, os intérpretes iraquianos que trabalhavam para as unidades de combate dos Estados Unidos abusavam constantemente dos prisioneiros e extorquiam dinheiro dos seus conterrâneos, ameaçando falar aos americanos que eles estavam colaborando com os inimigos. Seus comentários mais perturbadores, já que eram informações em primeira mão, discorreram sobre as prisões controladas por americanos, a tortura incessante e os assassinatos ocasionais que aconteciam lá. A pior de todas era Abu Ghraib, ele disse, onde prisioneiras mulheres eram espionadas e atacadas por americanos e guardas iraquianos a ponto de escreverem para os pais e irmãos implorando para que eles fossem matá-las na prisão, porque haviam sido desonradas tanto por carcereiros americanos quanto por iraquianos.

Muito do que ele me narrou era impossível de confirmar sem ir para o Iraque e, em certos casos, difícil de acreditar. Mas as palavras dele sobre Abu Ghraib refletiam muito do que constava naqueles relatórios ignorados redigidos pelos grupos de direitos humanos; o relato do general também soava verdadeiro. Alguns meses depois, fiquei sabendo de fotos que circulavam por aí e que registravam um abuso sexual chocante de prisioneiros do sexo masculino. Algumas imagens estavam nas mãos do programa de TV *60 Minutes*, da CBS. Também descobri que alguns soldados que tinham sido designados a trabalhar lá como carcereiros estavam sendo processados. As fotos supostamente mostravam jovens prisioneiros do sexo masculino sendo forçados a se masturbar enquanto carcereiras observavam. Os militares americanos e a CIA estavam desesperados atrás de informações acerca de planos futuros, e um dos esquemas para consegui-las, me contaram, era permitir que alguns jovens prisioneiros fossem libertados antes para que, em troca, eles se juntassem à resistência e se tornassem informantes de planos de ataques futuros. Questionei-me se a ideia de transformar alguns prisioneiros em agentes de Inteligência havia, de algum modo, se metamorfoseado na depravação sexual que as fotos exibiam. Aqueles prisioneiros que se recusavam a se tornar espiões para o Exército americano talvez pensassem diferente se os militares tivessem fotos deles se masturbando diante de mulheres. Nada seria mais vergonhoso para um homem no Oriente Médio. Enquanto pesquisava a história de Abu Ghraib, fiquei sabendo de algo que não consegui confirmar, que a extorsão sexual havia sido testada pelos israelenses, numa tentativa de fazer com que os prisioneiros palestinos concordassem a se juntar ao Hamas e a outros grupos igualmente radicais para espioná-los.

Acabei arranjando o nome de alguns carcereiros americanos que haviam sido processados, descobri o nome dos advogados e parti para o trabalho. Logo consegui cópias das fotografias, incluindo algumas que a produção do *60 Minutes* não tinha, mas além disso obtive algo muito mais importante — um relatório interno das ocorrências criminais na prisão, escrito por um major-general chamado Antonio Taguba. O relatório detalhado era tão incendiário quanto as fotos. Descobri que os executivos do alto escalão da CBS estavam receosos de exibir as imagens, após o governo Bush insistir para que não o fizessem. Convenci Remnick, que estava cético, de que não havia motivos para que a nossa revista furasse o *60 Minutes*; a exibição das fotos por parte da emissora daria milhões de dólares de publicidade gratuita para a *New Yorker* depois que publicássemos o relatório de Taguba. Senti que seria fácil resolver a ansiedade dos executivos da CBS. Telefonei para Mary Mapes, a produtora responsável pela matéria na emissora, na casa dela no Texas e contei que estava em posse tanto das fotos que eles tinham quanto de um relatório que eles não possuíam, e que se a CBS não mostrasse as fotos na semana seguinte — o *60 Minutes* era exibido aos domingos e às quintas naquela época —, eu não teria opção: escreveria na *New Yorker* sobre a censura contínua da emissora. Eu sabia que Mapes detestava a censura da concorrente, a NBC. As fotos foram exibidas na quinta-feira e, para minha surpresa, Dan Rather, o apresentador do programa, que eu sabia que estava lutando para colocar a matéria no ar, começou o programa dizendo que a CBS só estava mostrando as imagens porque descobriu que outros veículos — ele não citou a *New Yorker* — também as tinham em mãos. Não foi difícil descobrir que ele recebera ordens para dar essa desculpa esfarrapada.

Funcionou lindamente. De modo algum a grande imprensa poderia ignorar o relatório que Taguba escrevera. É claro que meu antigo jornal tentou evitar citar outra publicação e dar crédito a ela; pediram que Jeff Gerth me telefonasse quando saísse a *New Yorker* para me perguntar se eu daria uma cópia do relatório ao *Times*. Nós dois gargalhamos com a estupidez do pedido.

A matéria da *New Yorker* era uma notícia importantíssima, e choveram pedidos de entrevistas comigo. Dei várias — era bom para a revista e para mim —, mas eu sabia que havia mais coisas a fazer.* O desprezo que os soldados tinham pelos prisioneiros, e a noção de que podiam fazer o que bem entendessem, vinham lá do alto escalão. Disse isso numa entrevista para uma emissora de rádio nacional e acrescentei, no calor do momento, que se alguém estivesse ouvindo e soubesse de mais detalhes sobre a prisão poderia me ligar, e falei rapidamente o número de telefone do meu escritório. Não faço ideia por que fiz aquilo, e temi sofrer uma enxurrada de ligações querendo me vender assinaturas de revistas ou algo do tipo. Em vez disso, recebi um telefonema da parte da mãe de uma das soldados — uma mulher jovem — que estava envolvida nos casos de abuso. Retornei a ligação e fui imediatamente ao encontro dela. Ela havia me ligado por desespero.

---

* Não consegui entrar em contato com Taguba antes de escrever a primeira reportagem sobre Abu Ghraib, e não consegui localizá-lo por dois anos. Taguba me contou, então, que Rumsfeld tinha a convicção de que ele havia sido o responsável pelo vazamento do relatório para mim. O general disse que fora convocado para uma reunião com o secretário de Defesa uma semana depois que o relatório veio a público e foi recebido com sarcasmo e desprezo. "Lá vem [...] o *famoso* general Taguba — do relatório Taguba", disse Rumsfeld, zombeteiro, diante de generais seniores do Exército. Sua carreira, que estava em rápida ascensão, morreu na praia depois daquele encontro, de acordo com Taguba, e ele acabou sendo forçado a se aposentar sem ser promovido. Nos falamos várias vezes desde então, sobre crimes de guerra e tortura — ainda almoçamos a cada tantos meses —, e a sua honestidade é de tirar o fôlego. Ele me contou, muito amargurado, de uma viagem de limusine que fez depois de Abu Ghraib com o ansioso general John Abizaid, comandante da Guerra no Iraque, que na época estava indo de mal a pior. Abizaid subiu o vidro que os separava do motorista e alertou Taguba de que ele estava indo longe demais na sua investigação. "Você e o seu relatório serão investigados." "Eu estava no Exército fazia 32 anos, e foi a primeira vez que senti como se fizesse parte da máfia", Taguba me disse. [N.A.]

A filha dela, uma moça jovem e entusiasmada da reserva do Exército, tinha sido designada para uma unidade da polícia militar em Abu Ghraib e retornara da guerra uma pessoa completamente diferente. Estava deprimida e desolada; casou-se logo antes de ir para a guerra, mas ao voltar abandonou o marido, afastou-se da família e arrumou um emprego noturno. Ninguém conseguia entender os motivos. A mãe dela leu a matéria sobre Abu Ghraib num jornal local e confrontou a filha sobre o que estava escrito. A filhou deu uma olhada na reportagem e bateu a porta na cara dela. Naquele momento, ela se lembrou de que tinha dado à filha um laptop antes de ela ir para o Iraque, com o objetivo de que as duas mantivessem contato mais facilmente. A filha tinha deixado o computador em casa. Depois de ler sobre Abu Ghraib, a mãe decidiu levar o laptop para o seu escritório para usá-lo como um computador reserva e, antes disso, começou a apagar os arquivos. Abriu uma pasta chamada Iraque e viu dezenas de fotografias de prisioneiros nus. Uma das fotos chamava mais atenção: um jovem iraquiano apavorado diante de uma cela, com ambas as mãos cobrindo suas partes íntimas, enquanto dois cães da raça pastor-belga rosnavam para ele a meio metro de distância. A mãe ouviu minha entrevista e me telefonou. Estava hesitante, de início, em permitir que as fotos fossem publicadas na *New Yorker*, mas ao final aceitou, e também concordou em obter permissão da filha para isso. Quando eu estava saindo, ela resolveu me contar mais uma coisa. Todo fim de semana, depois de retornar do Iraque, a linda filha dela ia para um estúdio de tatuagem para cobrir seu corpo o máximo possível com grandes tatuagens escuras. Nas palavras da mãe, era como se a filha estivesse tentando trocar de pele.

A denúncia sobre o que ocorria em Abu Ghraib e outros artigos meus me levaram a assinar um contrato para um livro. Amy Davidson, minha editora na revista, foi convidada a reunir novos materiais e reportagens já publicadas por mim no volume *Cadeia de comando*, que foi lançado no fim de 2004. Provavelmente vendeu tantas cópias no exterior quanto nos Estados Unidos, para decepção da editora, mas gostei das resenhas. Uma delas, escrita por Michiko Kakutani, crítica do *Times*, atingiu meu coração em cheio: "E boa parte das suas reportagens pós-Onze de Setembro — que geraram controvérsia e críticas quando saíram — acabou se tornando senso comum". Eu tinha bastante certeza de que nas décadas seguintes continuaria provocando controvérsia e críticas, e me sentia bem em fazer isso com a ficha limpa, pelo menos de acordo com ela. Sempre dei mais atenção às resenhas escritas pelos colegas, em vez dos tiros que recebia dos acadêmicos, e Jonathan Mirsky, um ex-editor do *Times* de Londres, reclamou, de forma bastante simpática, na sua resenha para o *Spectator*, de que "este é o único livro que resenhei que parece impossível de resumir. Cobre [...] boa parte do que apareceu em mais de vinte matérias na *New Yorker* [...] tudo isso contribui para formar um argumento titânico — devastador não é um adjetivo forte o bastante — contra Washington e, por conseguinte, contra Londres".

Seria incrível dizer que minhas reportagens sobre Abu Ghraib mudaram o rumo da guerra e acabaram com a tortura, mas não aconteceu nada disso, assim como a matéria sobre My Lai não encerrou a Guerra do Vietnã ou sua brutalidade. Continuei acompanhando a bagunça cada vez maior provocada pelos americanos no Iraque, no Oriente Médio e no sul da Ásia ao longo dos anos seguintes, escrevendo sobre:

- Uma mudança crucial na política americana na Guerra ao Terror: o governo Bush decidiu que iria trabalhar com grupos sunitas extremistas na Arábia Saudita e em outros locais do Oriente Médio, numa tentativa de pressionar o Irã dominado por xiitas, o Hezbollah e a Síria alauíta. O artigo de março de 2007, intitulado "O redirecionamento", foi bastante reimpresso ao longo dos anos;
- O reiterado, mas não realizado, desejo de Dick Cheney de atacar o Irã, um país que, insisti, para a incredulidade dos meus colegas no jornalismo, não tem um programa de desenvolvimento de armas nucleares, segundo a avaliação da comunidade de Inteligência dos Estados Unidos;
- A expansão do programa de armas nucleares do Paquistão, que aterrorizou Washington a ponto de que fossem desenvolvidos planos secretos para exterminar todos os complexos de armas nucleares do país asiático em caso de crise;
- O apoio secreto com armas e informações de Inteligência por parte de Cheney e Bush na guerra fracassada de Israel contra o Hezbollah, que foi, como escrevi, um recuo estratégico para Israel, que viria a diminuir sua capacidade de interromper um ataque árabe no futuro;
- O bombardeio israelense em setembro de 2007, cujo alvo afirmavam ser um reator nuclear na Síria, e por que esse local poderia não ser o que os israelenses afirmaram que era;
- Apoio secreto de Inteligência e armas por parte dos Estados Unidos na guerra de Israel contra o Hamas na Faixa de Gaza no fim de 2008,

quando Bush e Cheney estavam deixando o governo. A guerra acabou em 19 de janeiro de 2009, após o recém-eleito presidente Obama alertar Israel em privado de que se a guerra continuasse um dia após a sua posse, ele iria solicitar publicamente o seu encerramento.

Para elaborar minhas reportagens após o Onze de Setembro, foram necessárias muitas viagens ao Oriente Médio e entrevistas com líderes importantes relativamente desconhecidos dos americanos, incluindo o presidente Bashar Assad, da Síria, e o sheik Hassan Nasrallah, líder do Hezbollah, a milícia xiita invariavelmente descrita na mídia americana como o esquadrão classe A das organizações terroristas.

Minha primeira entrevista com o homem alto e desengonçado que é Assad ocorreu em 2003, no seu escritório no centro de Damasco. Ele era presidente havia três anos e não estava muito confortável em conversar com um repórter americano. Fiz a minha primeira pergunta e ele respondeu me questionando, timidamente, se havia problema em dar uma resposta detalhada. Falei que ele era o presidente, e a escolha era dele, e então perguntei o motivo da dúvida. Ele explicou que tinha sido entrevistado anteriormente por Lally Weymouth, a filha de Katharnie Graham, e ela disse que as respostas dele eram muito longas. Como eu era o primeiro jornalista americano que ele encontrava desde então, estava se perguntando se havia uma regra sobre o tamanho das respostas. Depois questionei Weymouth, que escrevia bastante sobre questões estrangeiras no *Washington Post*, sobre o comentário de Assad, e ela negou enfaticamente ter pedido para o presidente calar a boca.

Assad não apoiara a invasão de Bush/Cheney no Iraque, como o seu pai fizera na primeira invasão da família Bush ao país, em 1991, mas o líder secular da Síria me garantiu que apoiava a guerra americana contra a Al Qaeda. Ele me lembrou de que tinha emitido uma declaração de apoio aos Estados Unidos após o Onze de Setembro, e depois disse que fornecera milhares de documentos de Inteligência sobre a Irmandade Muçulmana em Hamburgo para a comunidade de Inteligência americana, assim como detalhes operacionais acerca de um futuro ataque da Al Qaeda no quartel da Quinta Frota dos Estados Unidos em Bahrein.

De volta a Washington, confirmei que a Inteligência de Assad tinha sido inestimável; também descobri que algumas pessoas em Washington estavam convictas de que o ataque do Onze de Setembro não fora planejado em Hamburgo. Depois fiquei sabendo — Assad não me revelou esse detalhe — que o ataque planejado contra a Quinta Frota exigia que um planador cheio de explosivos colidisse contra o quartel na base. A dica sobre Bahrein tinha vindo de uma fonte valiosa dentro da Al Qaeda que estava cooperando com a Inteligência síria. A CIA, que não tinha conseguido desenvolver fontes similares, começou a pressionar Assad, através da Embaixada dos Estados Unidos em Damasco, para contar todo o possível sobre a fonte. Assad resistiu por meses, mas finalmente cedeu depois que a CIA garantiu que não tentaria contatar a fonte. Assad me contou, numa entrevista posterior, que ficou chocado ao descobrir que a Agência tinha feito exatamente o que prometeu que não faria — uma tentativa desajeitada de recrutar a fonte, que reagiu imediatamente cortando todo o contato com a Inteligência síria. Assad insistiu para que eu não escrevesse sobre a traição porque ele esperava que o governo Bush percebesse que a Síria, sendo um país secular, poderia ser uma aliada na Guerra ao Terror.

Uma questão raramente discutida entre jornalistas é a do acesso; é claro que tendemos a gostar de funcionários seniores e de líderes, como Assad, que nos cedem entrevistas e falam abertamente conosco. Mas esse acesso inevitavelmente provoca dilemas éticos. Reencontrei Assad em Damasco às onze da manhã do dia 14 de fevereiro de 2005, e o primeiro tópico da conversa foi a discussão que ele supostamente tinha tido com Rafic Hariri, primeiro-ministro do Líbano. A Síria tinha, na época, um papel preponderante no Líbano e controlava muitos aspectos de sua política e de seu Exército. Hariri, como todos os primeiros-ministros do Líbano na época, andava na linha e seguia todas as exigências da Síria, mas em Damasco corriam muitos boatos sobre o encontro dos dois. Comecei a minha conversa com Assad, que estava muito mais confortável e confiante dessa vez, perguntando o que tinha acontecido com Hariri. A questão era dinheiro, contou Assad. A Síria ia entrar no negócio de telefones celulares, uma atividade de alto lucro, e todos queriam participar, inclusive membros da família dele. A proposta de Hariri era extremamente onerosa, porque ele insistia em reter 70% do lucro. De acordo com Assad, até mesmo seus parentes gananciosos ofereceram uma proposta melhor. A questão foi resolvida e Hariri voltou a Beirute, ele disse. A corrupção era endêmica na região, é claro. Mudamos de assunto para as questões geopolíticas relevantes do dia.

Mais ou menos uma hora depois do começo da entrevista, um assistente abriu a porta do escritório de Assad, mas Assad fez um sinal para que ele fosse embora antes que pudesse abrir a boca. Alguns momentos depois, um funcionário do alto escalão abriu mais uma vez a porta, e Assad disse que logo estaria disponível. Conversamos por mais uma meia hora — Assad é fluente em inglês — e quando fui embora, havia uma grande quantidade de funcionários do governo esperando do lado de fora. Só uma hora depois fiquei sabendo que, enquanto Assad e eu conversávamos, Hariri tinha sido assassinado por uma bomba que matou outras 21 pessoas perto do Parlamento libanês. Assad era um suspeito óbvio por causa da discussão pública com Hariri, que precedeu imediatamente o assassinato. Eu estava convicto de que Assad não fazia ideia de que Hariri seria assassinado, levando em consideração a maneira como ele foi aberto ao me revelar a oferta de Hariri e por que esta não lhe interessava. Também estava ciente da minha ignorância a respeito de várias coisas, e era possível que o horário da nossa entrevista, que havia sido marcada com semanas de antecedência, tivesse sido escolhido propositadamente. Em outras palavras, talvez eu tenha sido usado para criar um álibi para um assassinato ordenado pelo presidente da Síria. Pensei que isso era muito improvável, mas, apesar de certa pressão da *New Yorker*, decidi não escrever sobre a entrevista. Foi uma escolha difícil, e fiquei surpreso em notar que o fato de que não escrevi sobre o nosso encontro não impediu que eu tornasse a entrevistar Assad em outras ocasiões. Ele nunca trouxe o assunto à tona, e o assassinato de Hariri permanece sem resolução até hoje.

Meu contato com o recluso Nasrallah girava em torno da guerra dos Estados Unidos contra o Iraque. O sheik era conhecido por ser próximo da liderança xiita no Irã — o grupo que era duramente antiamericano — e, em meados de 2003, August Hanning, o líder de longa data do serviço federal de Inteligência da Alemanha, insistiu para que eu o encontrasse. Hanning me contou, durante a entrevista em sua casa em Berlim, que ele havia trabalhado com Nasrallah e Ariel Sharon, o primeiro-ministro linha-dura de Israel, numa série de trocas de prisioneiros ocasionadas pelo estado crônico da guerra entre Israel e o Hezbollah. Fiquei surpreso ao descobrir sobre esses contatos: o Hezbollah era conhecido por considerar Israel um inimigo existencial, um Estado ilegal, e Israel via o Hezbollah como uma organização terrorista operando em suas fronteiras. É claro que o sheik, rotundo e gorducho, foi profissional e afável no nosso primeiro encontro, e fui regalado com chá, biscoitos e o que aparentou ser uma conversa bastante direta em relação a Israel e à guerra. Nasrallah tinha um senso de humor irônico e ficava constantemente mexendo nas contas de um *masbasha* enquanto conversávamos com o auxílio de um intérprete. Perguntei logo de cara o que ele faria se as autoridades palestinas entrassem num acordo permanente de paz com Israel. A resposta dele me surpreendeu. "Se fecharem um acordo, que este ocorra", ele falou. "Não diria nada. Ficaria quieto. No final das contas, não dá para entrar na guerra em nome dos palestinos, mesmo se você não concorda com aquilo que os palestinos acordaram."*

Entrevistei o sheik umas três ou quatro vezes ao longo dos anos seguintes, e ele mantinha a crença de que os Estados Unidos não venceriam a guerra contra o Iraque de jeito nenhum. Também me garantiu que a oposição iraquiana assumiria o controle do Parlamento nas eleições de 2005 — todos os lados se aproveitaram do processo —, duas semanas antes de tornarem público o resultado da eleição, muito questionado. Prever a vitória de um candidato em uma eleição é uma coisa, mas Nasrallah acertou a sua previsão em um décimo de ponto percentual. Concluí, então, que os americanos sabiam muito pouco sobre manipulação de eleições. Também saí dos meus encontros com Assad e Nasrallah convencido de que os presidentes americanos, movidos por medo de críticas e do desconhecido, erraram em não lidar com esses dois.

Remnick era muito mais cético do que eu quanto à integridade de Assad e Nasrallah, mas não hesitou em publicar o que havia de mais crucial nas minhas entrevistas. Era um voto de confiança no meu julgamento, e assim ficou mais fácil para que eu confiasse no dele. Houve uma matéria, após a minha série sobre Abu Ghraib, que eu queria publicar e ele foi contra. No

---

* Houve um momento de uma das minhas últimas entrevistas com Nasrallah que me marcou. O sheik era muito querido pelo seu tradutor de inglês, um membro do Hezbollah que sempre ficava entusiasmado ao me ver, pois sabia que passaria o que ele chamava de "um bom momento" com o sheik. Durante a entrevista, que ocorreu poucos meses depois da guerra de 2006 entre o Hezbollah e Israel, Nasrallah me contou do apoio financeiro do Irã e do Qatar para a reconstrução — os bombardeios de Israel transformaram áreas xiitas de Beirute em terrenos devastados. Nasrallah citou então um valor na casa dos 12 milhões de dólares de auxílio diário vindo do Irã. Nesse instante, o intérprete iniciou uma conversa histriônica com o sheik. Ficaram num vaivém em árabe. Finalmente os interrompi para perguntar o que diabos estava acontecendo. Descobri que o intérprete achou que Nasrallah não estava sendo completamente sincero ao discutir os valores fornecidos pelo Irã e, sem nenhuma sombra de rancor, Nasrallah deu de ombros e então aumentou bastante o número de dólares. A entrevista ocorreu poucas semanas depois que o presidente Bush tinha ordenado que um oficial do alto escalão do Departamento de Estado fosse demitido por ousar corrigi-lo numa reunião de Segurança Nacional. [N.A.]

início de 2005, um oficial sênior da CIA me dissera que ficou perturbado ao ouvir um respeitado ex-chefe de estação da Agência se gabar aos colegas, tomando drinques, de como ele conseguiu fazer um alvo valioso da Guerra ao Terror abrir a boca. Era um terrorista nascido na Indonésia, conhecido pela comunidade de Inteligência americana como Hambali, cuja prisão no final do verão de 2003 tinha sido festejada publicamente pelo governo Bush como um grande sucesso da Guerra ao Terror. O verdadeiro nome de Hambali era Riduan Isamuddin, e supostamente ele era o cara da Al Qaeda na pesquisa de armas biológicas. A CBS News e o *Chicago Tribune*, citando fontes da Inteligência, informaram que quando foi capturado ele estava trabalhando no processo de "implementar planos" para a disseminação de uma arma biológica, talvez antraz.

O ex-chefe da estação, que tinha sido promovido para o alto escalão da Agência em Washington, explicou que fizera Hambali abrir a boca ao colocar um saco cheio de formigas lava-pés em cima da cabeça dele. Em poucos minutos, Hambali, que antes estava "gemendo e sorrindo afetadamente", virou um "vegetal". De acordo com o oficial da CIA, ele conferiu os arquivos mais sigilosos da Agência sobre Hambali e não achou nenhum indício concreto de que ele estivesse trabalhando com armas biológicas. Relatou, então, a história das formigas para a gerência da Agência. Em reposta, recebeu a insultante ordem de passar por um teste no detector de mentiras. Renunciou imediatamente, e não falou nada do que sabia até um ano se passar, quando me procurou. Ele conseguia entender a necessidade política de George W. Bush exagerar a importância de Hambali e mostrar êxitos na Guerra ao Terror, que não estava indo bem, mas não era capaz de compreender como seus colegas e chefes não ficavam tão perturbados quanto ele com o suposto uso de formigas lava-pés numa interrogação. (Era uma tortura que tinha sido praticada por tribos Apache, Comanche, entre outras, na guerra contra o Exército dos Estados Unidos pelo controle do Oeste no século XIX.)

Era uma história chocante sobre um homem que não tinha limites. Remnick ficou tão horrorizado quanto eu em relação à tortura americana no Iraque, mas me disse que, dada a importância do chefe de estação, ele ficava incomodado que a principal fonte não quisesse ser nomeada, e também pelo fato de que o chefe de estação era conhecido como um mentiroso crônico pelos colegas. Estava convencido de que os colegas do chefe de estação estavam promovendo uma mentira coletiva ao redor dele, e depois confirmei com um desses colegas, mas não sabia disso quando David decidiu que a matéria era muito arriscada. Não se tratava de Abu Ghraib, sobre a qual havia uma abundância de provas oficiais, inclusive fotografias de prisioneiros iraquianos sujeitados a humilhação sexual e o relatório interno do general Taguba. A preocupação principal de David não dizia respeito apenas à revista, mas também a mim — o repórter que havia exposto o caos de Abu Ghraib. A história das formigas, que foi editada e chegou às provas de gráfica, acabou nunca saindo.

A história teve mais um desdobramento. Informei o escritório de relações públicas da CIA sobre o que pretendia escrever, e descobri que o Departamento de Justiça decidiu tirar a confidencialidade de um memorando legal de 2002 sobre tortura enquanto editávamos a matéria. O memorando autorizava o uso de insetos durante interrogatórios, desde que soubessem que o prisioneiro tinha medo de insetos e fosse informado de "que os insetos não têm ferrões capazes de provocar morte ou uma dor severa". O inseto sugerido era uma centopeia. Mesmo essa artimanha, infelizmente usada para atenuar o peso da minha matéria, não justificava a publicação do texto. David ainda tinha razão. Foi por esse motivo que Deus inventou os editores.

Um tema constante nas minhas reportagens girava em torno das liberdades que Bush, Cheney e Rumsfeld deram aos Comandantes das Operações Especiais no Iraque e em outros locais. Tive um surto de fúria quando, durante uma conversa com o ex-vice-presidente Walter Mondale, do Minnesota, que intregara a Comissão Church quando estava no Senado, fui citado reclamando do que eu chamava de um "grupo executivo de assassinato", que estaria em atividade durante boa parte da guerra contra o Iraque. Geralmente eu tentava deixar o que publicava falar em meu nome acerca de questões controversas como assassinato — a maior parte dos americanos prefere não saber dessa realidade —, mas havia uma circunstância especial nesse caso, como expliquei para Remnick, que estava irritado, com razão. Minha conversa com Mondale tinha sido agendada meses antes como parte de uma série de bate-papos sobre política externa na Universidade de Minnesota, onde Mondale era professor. Cheguei a Minneapolis no meio da manhã para o evento que ocorreria à noite, bem quando começou a nevar. No fim da tarde, Minneapolis estava coberta de neve e paralisada, mas o show tinha que continuar — diante de menos de cem pessoas, sendo que centenas tinham se inscrito. Mondale virou um radical no que dizia respeito à comunidade de Inteligência dos Estados Unidos por causa das coisas suspeitas que ele descobriu na Comissão Church, e insistiu para que todo o público se aproximasse do palco enquanto conversávamos. O ex-vice-presidente falava de forma aberta e irritada acerca dos abusos sobre os quais eu vinha escrevendo. Foi nesse espírito que mencionei a existência de um grupo americano responsável por assassinatos. Eu sabia mais do que podia falar sobre o assunto, o que foi algo bom. Dez meses depois do Onze de Setembro, eu obtivera um pacote de documentos internos confidenciais, respostas de vários escritórios do Pentágono para a pergunta chocante feita por Donald Rumsfeld: como os Estados Unidos poderiam se organizar de forma mais eficiente no que ele chamou de "caçadas" — o assassinato de inimigos? Um grupo de operações especiais respondeu insistindo para que o Exército americano parasse de exigir uma "Inteligência litigável" — isto é, provas de que a vítima era o alvo correto — e estivesse "disposto a correr riscos maiores". De acordo com o grupo de operações especiais, o Exército americano "tem que aceitar que às vezes é necessário agir antes de ser possível responder a todas as questões [...]. Isso nos impede de usar uma surpresa tática muito necessária para perseguições, capturas e retaliações". Conhecer essa linha de pensamento me ajudava na cobertura do assunto, mas, ao mesmo tempo, não publiquei os documentos que tinha, com medo de expor a fonte. É claro que alguém na plateia estava gravando todos os meus comentários num celular e escreveu um post em um blog sobre o assunto. Pensei de início que pouco importava, afinal Mondale concordou com a minha escolha de palavras. No entanto, o post viralizou, e houve um clamor quanto à minha alegação sobre a existência de um grupo de assassinatos, o que era cômico levando em consideração que eu estava cobrindo isso de forma consistente para a *New Yorker*.

Em 2005, a brilhante Amy Davidson trabalhava como minha editora havia mais de um ano, e ela respondeu às críticas com um longo ensaio chamado "Leitura atenta", publicado no site da *New Yorker*. No artigo, ela resumiu muito do que eu tinha escrito sobre a Guerra ao Terror. Mesmo eu, que era o responsável pela escrita e investigação, fiquei impressionado com a quantidade de detalhes específicos que foram publicados.

Davidson retomou muitos artigos que eu escrevera entre 2001 e 2008 para a revista, nos quais contei como os assassinatos a sangue-frio tinham se tornado algo comum na zona de combate. O primeiro deles, publicado poucas semanas depois do Onze de Setembro, citava alguém que chamei de um "homem da CIA" defendendo a necessidade de cogitar táticas que "violam as leis americanas. [...] Temos que fazer isso — derrubá-los um a um".

No fim de 2002, expus o assassinato planejado de um líder da Al Qaeda, que fora aprovado pelo presidente Bush, embora esse tipo de matança tivesse sido barrado pelo presidente Ford após as audiências de Church em 1975. Encerrei o artigo citando um experiente consultor do Pentágono: "Criamos uma cultura nas Forças Especiais — gente de vinte, 21 anos, que precisa de liderança adulta. Eles supõem que você tem a autoridade legal e executam", eliminam qualquer alvo designado. Eventualmente, as informações da Inteligência serão equivocadas, disse ele, e pessoas inocentes morrerão. "E então eles serão enforcados." No fim de 2003, descrevi o assassinato como uma tática padrão no Iraque, ao passo que aquilo que parecia ser uma rápida vitória dos Estados Unidos contra os insurgentes — muitos deles ex-membros do Exército iraquiano — tornava-se cada vez menos provável. Citei um ex-funcionário da Inteligência dizendo que quando as Forças Especiais dos Estados Unidos tomavam um insurgente como alvo, "tecnicamente, não é assassinato — é operação normal de combate". Em um terceiro artigo sobre Abu Ghraib, publicado em 2004, falei sobre assassinatos como pano de fundo de um grande escândalo naquela prisão e citei um funcionário que disse: "As regras são 'Agarre quem for preciso. Faça o que quiser'". (Também revelei nesse artigo a existência do que ficou conhecido como "zonas sombrias", prisões americanas de tortura situadas na Europa ou na Ásia, que operavam em grande sigilo, sem financiamento ou mesmo conhecimento do Congresso.) No início de 2005, com a Guerra do Iraque indo mal e a violência aumentando, revelei uma ordem do alto escalão que "autorizava especificamente que o Exército poderia 'localizar e acabar' com alvos terroristas". A ordem incluía uma lista de alvos que citava membros da rede Al Qaeda, a liderança da Al Qaeda e outros alvos valiosos. Também citava um funcionário perguntando enfaticamente: "Você se lembra das equipes de execução da direita em El Salvador?". E acrescentou: "E não vamos falar disso pro Congresso".

Quando Bush encerrava os oito anos de mandato, citei "um ex-funcionário do alto escalão da CIA recém-aposentado" que contou sobre as discussões severas entre a Casa Branca e a Agência em relação a assassinatos planejados. "O problema é o que constituía as aprovações", ele disse. "Meu pessoal brigava por causa disso o tempo inteiro. Por que colocar a nossa gente na linha de fogo no futuro? Se você quer que eu mate Joe Smith, então só me diga para matar Joe Smith. Se eu fosse o vice-presidente ou o presidente, eu diria: 'Smith é um cara malvado e é do interesse dos Estados

Unidos que ele morra'. Eles não diziam isso. Em vez disso, George" — George Tenet, diretor da CIA até meados de 2004 — "vai até a Casa Branca e escuta: 'Vocês são profissionais, sabem como isso é importante. E nós sabemos que vocês vão encontrar as informações de Inteligência'. George voltava e dizia: 'Façam o que tem que ser feito'."

Ser um repórter investigativo ficou muito mais complicado depois da guerra desastrosa de Israel contra o Hezbollah em 2006. A guerra deu muito errado para Israel, escrevi, apesar do apoio e das informações de Inteligência fornecidos pelo governo Bush, algo bastante desconhecido do público. Bush e Cheney esperavam que o ataque israelense ao Líbano, que pretendia acertar os complexos subterrâneos de disparo de míssil e de controle do Hezbollah, serviria de modelo para um ataque preventivo dos Estados Unidos ao que eles pensavam ser as instalações nucleares subterrâneas do Irã. O ataque decepcionante de Israel foi muito mais oneroso do que a imprensa americana informou. Meu artigo citava Richard Armitage, um experiente veterano da Marinha que tinha servido como vice-subsecretário de Estado no primeiro mandato de Bush, dizendo: "Se a força militar mais preponderante na região — a Força de Defesa de Israel — não consegue pacificar um país como o Líbano, com sua população de 4 milhões de habitantes, é melhor pensar com muita cautela antes de transferir o mesmo esquema para o Irã, que tem distância estratégica entre o front e o centro, e uma população de 70 milhões. A única coisa que o bombardeio [do Líbano] conseguiu até agora foi unir sua população contra os israelenses".

Um ano depois, aviões de guerra israelenses sobrevoaram a Síria para atacar e destruir o que o governo de Israel afirmou ser um reator nuclear em construção. Não houve reconhecimento oficial do ataque, embora os jornais tenham sido inundados por vazamentos de informações que insistiam que o reator estava quase finalizado — pronto para ser ativado — quando foi atingido. Israel também não se deu ao trabalho de dar provas fotográficas ou de alguma outra natureza para mostrar que o alvo de fato era um reator, como fizera em 1981, quando houve bombardeios bem-sucedidos a um reator nuclear em construção em Osirik, no Iraque, a dezenove quilômetros a sudeste de Bagdá.

Viajei para Damasco poucas semanas depois do bombardeio em 2007 e entrevistei o presidente Bashar Assad, o ministro das Relações Exteriores, Walid Muallman, e o oficial sênior de Inteligência da Síria. Ouvi falar que a Síria não tinha dinheiro ou conhecimento de especialistas para investir num programa de armas nucleares e, se tivesse, o reator não seria construído no deserto a noroeste, perto de um grande sítio arqueológico e das fronteiras com a Turquia e o Iraque, dois regimes hostis, com os ventos soprando em direção a Damasco. Também me disseram, mas sem oferecer provas, que a estrutura bombardeada por Israel seria usada para aprimorar foguetes e mísseis de pequena distância.

Encontrei várias vezes com Assad no fim de 2007, e descobri que as asserções factuais dele, incluindo declarações *off-the-record* acerca do compartilhamento de informações com a CIA, sempre se confirmavam. Assad me contou que ficou chocado com o fato de que a resposta de Bush ao seu apoio com informações de Inteligência após o Onze de Setembro tenha sido incluir a Síria como uma aliada do famoso "eixo do mal" — Irã, Iraque e Coreia do Norte. Apesar disso, Assad disse continuar esperando ter uma relação melhor com Washington.

Antes de viajar para a Síria, descobri através das minhas fontes de Washington que havia uma disputa na comunidade americana de Inteligência sobre a validade do alvo de Israel. Alguns achavam que a intenção da missão israelense não tinha nenhuma relação com o suposto reator, e sim com restabelecer a credibilidade militar do país após a sua decepcionante guerra contra o Hezbollah no ano anterior. Também mostrei que muitas das declarações específicas que davam suporte à afirmação de Israel, como o navio cargueiro supostamente usado para transportar materiais nucleares até a Síria, eram incorretas. (Na década posterior ao ataque, os Estados Unidos e Israel repetiram várias vezes que a Síria tinha capacidade de produzir armas químicas, mas nunca mais mencionaram um programa de armas nucleares lá.)

Não fiquei surpreso quando o meu artigo cético, repleto de pontos de conflito específicos, não provocou outras reportagens investigando o assunto. Mas havia um novo elemento que justificava a indiferença da mídia em relação a um relato contrário ao oficial. A versão israelense do ataque e sua validadação por parte do governo Bush foram aceitas, sem maiores questionamentos, pelas emissoras de TV a cabo, cujos noticiários exibidos 24 horas por dia jamais polemizavam, e se tornavam cada vez mais o ponto de vista dominante. Havia muitos motivos para ser cético em relação à certeza de Israel e dos Estados Unidos. Israel era uma nação que ainda negava a existência de um arsenal nuclear que todos sabiam que existia, e a credibilidade do governo Bush fora eviscerada após a sua insistência pré-guerra de que havia armas de destruição em massa no Iraque. Também investiguei o navio cargueiro que, Israel depois insistiu, havia transportado suprimentos nucleares para a Síria e escrevi que ele não podia ter feito o que Israel afirmara. Ao longo dos anos seguintes, assisti à maneira como a mídia americana, cada vez mais oprimida pelos noticiários exibidos 24 horas por dia, passaria a depender cada vez mais, em períodos de crise, das afirmações imediatas da Casa Branca e da comunidade de Inteligência politicamente obediente. O ceticismo, o instinto que motiva boa parte da reportagem investigativa, diminuiria mais ainda após Barack Obama, cheio de esperança e promessas, assumir a presidência, em 2009.

Obama entrou na Casa Branca falando de mudanças dentro dos Estados Unidos e, mais importante para mim, na política externa. Depois descobri, no fim de 2008, que Bashar Assad estava envolvido em negociações sérias com Ehud Olmert, o primeiro-ministro israelense, para reconquistar as Colinas de Golã. Dois terços da zona oeste dos montes tinham sido conquistados e ocupados por Israel na Guerra de Seis Dias, de 1967. Em certo momento do início de dezembro, fiquei sabendo que Olmert viajara a Ankara para ter uma discussão de cinco horas com o primeiro-ministro da Turquia, Recep Tayyip Erdogan, que mantinha contato constante por telefone com Assad. Essas negociações secretas foram dinamitadas quando Olmert autorizou o ataque do Exército israelense a Gaza, poucas semanas depois.

Passei as seis semanas seguintes conversando com funcionários seniores no Oriente Médio, na Europa e em Washington sobre os prospectos para um novo acordo de paz no Oriente Médio — um que desse fim ao impasse das Colinas de Golã e levasse a Síria de volta ao primeiro plano. Assad me contou que estava ansioso para se encontrar com Obama e se envolver com o Ocidente. Havia um entendimento implícito de que a relação que a Síria tinha de apoio ao Irã e ao Hezbollah, assim como ao Hamas, teria que mudar. Fiquei surpreso ao descobrir que continuava igualmente difícil conseguir falar com os funcionários do alto escalão no governo Obama, embora o presidente eleito e seus auxiliares não hesitassem em conversar com os repórteres que tendiam a papagaiar tudo o que dissessem. Muito se falava de uma nova era em política externa, mas isso não se concretizou com o passar dos meses, e Obama concordou em aumentar de forma drástica o número de tropas americanas no Afeganistão. Mais uma vez ficou claro para mim que, após assumir o cargo, Obama também não estava disposto a correr os riscos necessários para mudar a política externa do país.

Apesar do início cauteloso, o mundo era um lugar melhor com Obama no poder, e eu estava cansado e precisando de mudanças após quase oito anos trabalhando contra a dupla Bush/Cheney. Havia algo mais a levar em consideração: por mais que respeitasse Remnick, fiquei incomodado com o que eu percebia como uma proximidade dele com Barack Obama durante a campanha presidencial de 2008, e também com o fato de que ele planejava escrever uma biografia sobre o presidente. Aprendi, com o passar dos anos, a nunca confiar nas aspirações declaradas de nenhum político, e eu também era puritano o bastante para achar que editores não deveriam virar amigos de um presidente no poder.

Não era justo com David, nem era justo comigo, ter essas dúvidas todas, então havia chegado a hora de seguir adiante. Eu tinha uma oferta pendente para escrever um livro sobre os anos Cheney e, através da minha agente, assinei um acordo com Sonny Mehta, o diretor e editor-chefe da Knopf. Jonathan Segal seria o editor. David foi tranquilo. A despedida foi fácil; tivemos um ótimo período juntos, e concordamos que eu ficaria atento a boas histórias. Assim como ocorreu com Abe Rosenthal, não demorou muito para que eu voltasse a trabalhar para a revista. Escrevi um artigo muito difícil no fim de 2009, sobre o persistente esforço dos Estados Unidos em impedir que uma disputa entre Índia e Paquistão virasse uma guerra nuclear. Eu passara semanas investigando no Paquistão e na Índia e descobri muitas rixas na relação entre Estados Unidos e Paquistão. Se a liderança paquistanesa começasse a montar suas armas nucleares em meio a uma crise, sofreriam uma resposta americana violentíssima.

A matéria foi checada com funcionários seniores do Departamento de Estado e da Casa Branca que, como sempre, não puderam fazer comentários oficiais, mas em privado implicaram — para dizer o mínimo — com o que escrevi. A negativa oficial tinha vindo do Pentágono também, mas no dia anterior à ida da revista para a gráfica David me ligou para dizer que um oficial sênior do Exército havia entrado em contato e insistido para que o artigo não fosse publicado daquele jeito. Caso uma das minhas descobertas fosse publicada, poderia criar revoltas perigosas na embaixada americana em Islamabad, a capital do Paquistão, e em consulados espalhados pelo país. Disseram a David que, se não estivéssemos dispostos a fazer mudanças significativas, o Departamento de Estado iria pedir a todos os funcionários dos Estados Unidos localizados no Paquistão que deixassem o país imediatamente. Era algo muito pesado para uma matéria que não tinha provocado nada além de negativas oficiais. É claro que concordei em alterar a matéria; qualquer repórter faria o mesmo.

Menciono este incidente porque deve ter ficado óbvio para David que eu tinha fontes no Paquistão e dentro de Washington que eram confiáveis para falar do que permanece uma questão séria de segurança para os Estados Unidos — o que fazer com o arsenal nuclear do Paquistão. Corta para dois anos depois: o anúncio dramático do presidente Obama, na primavera de 2011, sobre a suposta morte de Bin Laden num esconderijo de um vilarejo paquistanês ao norte de Islamabad. O assassinato impulsionou as chances de reeleição do presidente, e o governo fez o que qualquer outro faria, usou isso ao máximo a seu favor. Poucos dias depois, uma fonte do Paquistão me disse que a verdade era muito mais complicada, e envolvia o governo Obama trabalhando com muito apoio do serviço de Inteligência paquistanês (ISI), que mantivera Bin Laden aprisionado por anos. Levei essa informação para uma fonte americana e fiquei sabendo de muito mais detalhes. O governo tinha matado Bin Laden, disso não havia dúvidas, mas boa parte do que a Casa Branca havia contado aos repórteres após o fato era mentira. Levei a informação para David, e ele me surpreendeu ao me perguntar se eu não estava disposto a trabalhar com outro repórter na matéria; um recém-contratado que, por acaso, estava no Paquistão. Era a primeira vez que ouvia algo assim, mas aceitei. Algumas semanas se passaram; o outro repórter não descobria muita coisa — eu não podia dar o nome das minhas fontes no Paquistão —, e David me disse que achava que eu não tinha informações suficientemente confiáveis para uma matéria. Eu havia investigado mais do que ele imaginava, e escrevi um longo memorando resumindo o que planejava pesquisar e escrever. Recebi de resposta um e-mail dizendo que ele estava preocupado com o fato de que eu continuava confiando na "mesma fonte velha e cansada de sempre". Fiquei chocado; a fonte cansada em questão, como David e os outros editores e muitos checadores de dados sabiam, ajudou a colocar a cobertura da Guerra ao Terror feita pela *New Yorker* em primeiro plano na década anterior.

Certo, pensei, ele não quer a matéria agora, mas houve várias que ele não se interessou de início mas que acabaram sendo publicadas. Tirei uma folga de dez dias para escalar com minha esposa na Europa e, no caminho de volta, mandei um longo e-mail a David, escrito em Frankfurt, resumindo o que eu tinha e o que pretendia escrever. Quando retornei a Washington, David me ligou e, após me pedir para não ficar irritado, contou que um longo relato do ataque, narrado do ponto de vista dos Seals, a Força Especial responsável pela missão e pelo assassinato de Bin Laden, seria publicado na semana seguinte. Ele acrescentou que eu não deveria me preocupar, que o texto não prejudicaria de modo algum o que eu planejava escrever. Ele não ofereceu me enviar o texto antecipadamente, e eu também não pedi para ler. Descobri na revista que John Brennan, que era então o conselheiro de Contrainteligência de Obama, e Denis McDonough, o vice-diretor de Segurança Nacional, passaram bastante tempo no telefone com os checadores de dados, verificando os detalhes do artigo.

Fiquei furioso — talvez mais magoado que irritado — e imediatamente escrevi uma carta de demissão, dizendo a David que ele não precisava que eu dissesse os motivos. Ele me telefonou em poucos minutos, insistindo para que eu não fosse tão radical, repetindo que achava que eu não "tinha" a matéria e que ele estava disposto a publicá-la quando a tivesse. A insinuação subjacente, a meu ver, é que eu devia a ele esse respeito, após tantos anos trabalhando juntos. Fizemos muitas coisas em parceria, e foi um bom período. Também sabia, com base na minha experiência, que repórteres investigativos logo viram um pé no saco; aconteceu na AP e no *Times*. Editores se cansam de matérias difíceis e de repórteres difíceis. Não me demiti, mas voltei a trabalhar no livro sobre Cheney, e só li a matéria supostamente narrada por alguém presente no momento do ataque a Bin Laden, um ano depois.

Montei a primeira parte do livro sobre Cheney, baseado em centenas de entrevistas com vários funcionários e ex-funcionários de alguma maneira envolvidos com seu governo, nenhum deles citado pelo nome, e comecei a ter problemas com as fontes. Escrever uma matéria aqui e outra acolá era uma coisa, mas um livro repleto de segredos, baseados em entrevistas com pessoas que ainda faziam parte de comunidades militares e de Inteligência, representava um risco elevado de processos, ainda mais porque Obama estava apertando o cerco contra vazamentos, mais do que qualquer outro presidente antes dele. Também era fato que um livro cheio de citações de pessoas que não podiam ser nomeadas era um tanto problemático. Então, voltei à inelutável história de Bin Laden. A matéria, finalmente escrita, tinha mais de 10 mil palavras. Enviei-a para David, conforme prometido. Ele respondeu rapidamente, e admitia que havia muita coisa instigante no artigo, mas disse que sem ninguém falando aquelas coisas *on-the-record* o texto não se sustentava. Estou convicto de que ele acreditava mesmo nisso, mas não pude deixar de lembrar das dezenas de artigos que escrevi para a revista que não tinham nenhuma fonte fazendo declarações oficiais.

O fato de capturarmos Bin Laden com o apoio de generais que coordenavam a Inteligência do Paquistão e depois os trairmos era importante demais para não ser exposto. Então publiquei essa matéria muitos meses depois na *London Review of Books* (LRB), após outra rodada intensa de checagem de fatos feita por dois ex-checadores da *New Yorker*. O texto chamou bastante atenção, mas não fiquei surpreso com a recusa — ou incapacidade — da imprensa em acompanhar o aspecto mais vital da matéria — a traição ao Paquistão. A mídia focou, como eu temia, não no que eu escrevi, mas no fato de que não tinha saído na *New Yorker*. A possibilidade de que vinte soldados das Forças Especiais tenham conseguido passar despercebidos e chegar a Bin Laden sem auxílio das comunidades militares e de Inteligência do Paquistão era nula, mas a imprensa oficial da Casa Branca acreditou nessa história. Os noticiários 24 horas da TV a cabo estavam devorando o jornalismo impresso, um apresentador por vez.

Enquanto continuava trabalhando no repentinamente problemático livro sobre Cheney, escrevi mais três longos artigos entre 2013 e 2015 para a *LRB*, focados na fervilhante guerra civil na Síria e no persistente e secreto apoio do governo Obama para uma oposição jihadista ao governo de Bashar Assad. Também levantei questionamentos sérios sobre a certeza pública do governo Obama de que um ataque com gás sarin, feito perto de Damasco em 2013, era obra do governo Assad. O que o público americano não sabia, escrevi, era que a comunidade de Inteligência dos Estados Unidos já havia afirmado — e eu tinha uma cópia do relatório altamente confidencial — que a oposição jihadista radical na Síria também tinha acesso ao gás. Havia dois suspeitos para o uso de sarin, mas o público americano só ficou sabendo de um. Não foi o melhor momento de Obama.*

---

* David Obey não teria ficado surpreso com a conversa-fiada de Obama. Mantive contato com o ex-diretor da Comissão de Dotações da Câmara após a sua aposentadoria, em 2011, e ele me contou de um encontro de liderança com o presidente no início de 2009, logo depois de Obama assumir o cargo, para tratar da guerra no Afeganistão, que não estava indo nada bem. Obey e o vice-presidente Biden foram os dois únicos a demonstrar algum ceticismo. Obey recordou-se de ter alertado Obama de que, se ele autorizasse um aumento nas tropas, teria que "encarar o fato de que talvez esvaziasse partes importantes do seu programa nacional — exceto, talvez, saúde pública". Obey permaneceu após a reunião para falar a sós com o presidente e perguntou a ele se tinha ouvido as transmissões dos telefonemas de Lyndon Johnson, em que se discutia se era

Na última semana de 2014, fiz o que tinha resistido a fazer por mais de quatro décadas: voltei a My Lai, acompanhado da minha família. Após a guerra, muitas pessoas do governo vietnamita haviam me pedido uma visita, mas eu não tinha certeza se aguentaria. Eu viajara a Hanói duas vezes após o massacre e disse não às tentativas de me convencer a voltar ao local. O motivo que eu alegava era a noção de que eu tinha ficado famoso e lucrado com o massacre, mas havia uma razão ainda mais sombria: havia acontecido coisas naquele vilarejo sobre as quais não escrevi e que não queria recordar. Mas, após 45 anos, em meio a uma completa falta de interesse pelo meu retorno por parte do governo comunista no poder, cedi às súplicas de minha esposa, filhos, cão, gato e hamster e retornei à "Cena do crime", nas palavras do título do artigo da *New Yorker* que foi publicado depois. Minhas discordâncias políticas com Remnick eram pouco relevantes se comparadas ao fato de que ele é um editor incrível, que garantiu que eu não seria muito egocêntrico ou sentimentaloide na hora de escrever sobre a volta.

Há um excelente museu no local da chacina, e seu diretor, Pham Thanh Cong, agora na faixa dos cinquenta, é um dos sobreviventes do massacre. Ele estava ansioso para me conhecer, assim como eu estava ansioso para finalmente me encontrar com um sobrevivente. Ele estava cheio de frases feitas quando começou a se dirigir ao nosso grupo, que incluía minha família e alguns amigos próximos, explicando que os vietnamitas eram "um povo hospitaleiro" e que "perdoamos, mas não esquecemos". Após o tour, ele e eu nos sentamos num banco e contei algumas coisas que eu sabia e não escrevera sobre o massacre; pedi a ele que me descrevesse com exatidão as coisas de que se lembrava da época em que tinha onze anos. Quando o tiroteio começou, ele disse, sua mãe e quatro irmãos se esconderam,

---

inteligente ampliar a Guerra do Vietnã. As conversas se tornaram públicas em 2003, e foram uma sensação em Washington. Obama disse que sim. O presidente se lembrava de ter ouvido a conversa de Johnson com Richard Russell, o diretor conservador da Comissão das Forças Armadas, na qual os dois concordaram que mandar mais tropas americanas não ajudaria na guerra e poderia conduzir a uma guerra desastrosa com a China? Obama disse mais uma vez que sim. Obey perguntou, então: "Quem é o seu George Ball?". Ball, um funcionário sênior do Departamento de Estado do governo Kennedy, argumentou várias vezes contra o aumento da presença dos Estados Unidos no Vietnã; a posição prejudicou sua reputação entre os funcionários de Kennedy. "Ou o presidente preferiu não responder, ou não tinha uma resposta", Obey me disse. "Mas não ouvi ninguém dizer ao presidente para pisar no freio no Afeganistão." Obama autorizou o envio de mais 30 mil tropas americanas ao longo dos seis meses seguintes. [N.A.]

apavorados, dentro de um bunker na casa de teto de palha deles. Um grupo de soldados ordenou que saíssem — talvez estivessem procurando homens em idade militar — e depois os empurrou de volta para a casa. Jogaram uma granada dentro dela e Cong desmaiou. Quando acordou, estava cercado de cadáveres. Eu sabia que havia muito, muito mais e, ignorando seu comentário sobre desmaiar, perguntei se ele vira o que os soldados fizeram com sua mãe e sua irmã adolescente. Sua expressão endureceu e ele me disse que eu tinha passado dos limites. Ele reconhecia, no entanto, que dava as boas-vindas aos americanos que participaram do ataque, e os conduzia pelo museu, mas não estava interessado em atenuar a dor daqueles poucos que diziam ter lembranças escassas do incidente e não expressavam remorso pelo que tinham feito. Não sei por que quis tanto que ele tirasse a máscara, mesmo que por alguns instantes, mas fiquei feliz quando ele o fez. Não há perdão, a meu ver, para o que aconteceu em My Lai.

Acabou se tornando claro para mim que eu teria que abandonar o projeto Cheney, pelo menos a curto prazo. O rascunho do livro continha muita informação secreta, e não havia justificativa para arriscar a carreira daquelas pessoas que tinham me ajudado desde o Onze de Setembro, ou desde antes. Tinha chegado a hora de escrever este livro de memórias.

Enquanto escrevia, dei uma pausa para questionar a percepção generalizada de que Bashar Assad tinha utilizado um agente nervoso dois meses antes contra o próprio povo numa província disputada na Síria, dominada por oposicionistas. O artigo, que foi visto por muitos como uma defesa *ad hoc* do detestado Assad e dos russos que o apoiavam, e não como um fato verdadeiro que eu tinha apurado, preocupou Mary-Kay Wilmers, a maravilhosa editora da *LRB*, a ponto de ela adiar a publicação até eu conseguir provar um fato específico — um que, a meu ver, era irrelevante, além de sigiloso demais, e ao qual eu não teria acesso. Decidi não esperar e levei minhas informações para o *Welt am Sonntag*, a popular edição dominical do *Die Welt*, o jornal alemão dirigido pelo determinado Stefan Aust, que editara o *Der Spiegel* por anos, e sempre fora muito receptivo ao meu trabalho. Aust mandou um colega a Washington para checar dados fundamentais e também tinha uma equipe de editores dispostos a revisar a matéria linha a linha, como se deve fazer, antes de publicá-la em junho de 2017.

Numa coletiva no Pentágono no começo de 2018, o secretário de Defesa James Mattis, quando questionado sobre relatórios que voltaram à tona a respeito do uso de gás nervoso na Síria pelo governo Assad, divergiu da posição anterior dos Estados Unidos, de que isso havia ocorrido, e disse: "Não temos provas". De acordo com ele, o uso de gás nervoso na Síria no passado, sem especificar uma data, dava "muitos motivos para que suspeitássemos novamente do país". Mas Mattis acrescentou: "Não tenho provas, não especificamente. [...] Soldados em terra afirmaram que houve uso de sarin, então estávamos em busca de provas [...] críveis ou não". A declaração cuidadosa de Mattis foi significativa, mas não chamou muita atenção.

Não sentia prazer em ser a pessoa discordante que escrevia matérias que iam na contramão do relato oficial, mas era uma experiência comum. Minha cobertura inicial de My Lai, Watergate, Kissinger, Jack Kennedy e o assassinato de Osama Bin Laden foi contestada, às vezes de forma bastante severa. Permitirei alegremente que a história julgue meu trabalho mais recente.

Cresci num mundo no qual o incentivo para aprender vinha de dentro de mim, assim como a noção de em quem eu poderia confiar e acreditar. Quando eu era um garoto de dezoito anos, confuso e indeciso, um professor que enxergou potencial em mim me guiou, assim como Carroll Arimond na Associated Press, William Shawn na *New Yorker* e Abe Rosenthal no *New York Times*. Publicaram o que eu escrevi sem censura e reafirmaram a minha fé de que era possível confiar em pessoas da Inteligência e do Exército, cujas informações e amizades foram tão valiosas para mim, mas cujos nomes eu nunca poderia citar. Encontrei o meu caminho ao lidar com questões que representavam vida ou morte na guerra para aquelas pessoas especiais, que possuíam a integridade e a inteligência para fazer a distinção entre o que sabiam — de observar em primeira mão — e no que acreditavam. A confiança era uma via de mão dupla: muitas vezes obtive documentos que não pude usar por medo de expor as fontes, e houve matérias que não pude escrever pelo mesmo motivo.

Nunca fiz uma entrevista sem descobrir tudo o que pude sobre quem eu encontraria, e fiz o máximo para que as pessoas que eu critiquei ou de quem botei a vida profissional em risco soubessem o que eu planejava publicar acerca delas.

Retornarei ao livro sobre Cheney quando chegar a hora certa, e quando aquelas pessoas que me ajudaram após o Onze de Setembro não correrem mais risco por isso. Enquanto isso, temos Donald Trump na presidência; alegações de envolvimento da Rússia nas eleições de 2016; o Oriente Médio no caos de sempre, com o aparente final do Estado Islâmico. Sempre haverá muito a ser feito, e alguns momentos mágicos surgirão no meio do caminho.

Um desses momentos ocorreu em meados da década de 1990, enquanto eu reunia material para o meu livro sobre Jack Kennedy. Escrevi ao cardeal John J. O'Connor, arcebispo de Nova York, e pedi que nos encontrássemos para discutir sobre o seu famoso e controverso predecessor, o cardeal Francis Spellman, um bom amigo de Kennedy que ocupara o posto de arcebispo de 1939 até a sua morte, em 1967. Consegui uma entrevista quase imediatamente.

O'Connor era uma figura de peso no mundo nova-iorquino. Era contrário ao aborto, contraceptivos e homossexualidade ao mesmo tempo que era um grande crítico daquela guerra injusta, do tráfico de seres humanos e das pessoas que se opunham aos sindicatos. Ele servira por anos como capelão da Marinha durante a Guerra da Coreia e arriscou várias vezes a própria vida no campo de batalha para dar a extrema-unção aos soldados americanos com feridas terminais. Encerrou a sua carreira clerical no Exército como contra-almirante e chefe dos capelões da Marinha. Eu me perguntava se ele sabia da minha cobertura de My Lai e, em caso afirmativo, se me criticaria por isso.

O escritório de O'Connor na Catedral de St. Patrick, na Quinta Avenida, era modesto, mas o arcebispo era um sujeito muito simpático. Trocamos histórias de bastidores sobre Spellman, e em certo momento ele apontou para um dos gaveteiros de metal e contou que quando ele chegou a Nova York, um dos gaveteiros estava lacrado. "Bom", O'Connor me contou rindo, "a primeira coisa que fiz foi chamar alguém para abrir o gaveteiro. Dentro dele tinha um pacote também lacrado, com uma corda ao redor e uma anotação que dizia: 'Não deve ser aberto por ninguém. Cardeal Spellman'. E eu abri. Hersh, era fascinante. Estava cheio de cartas." Ele riu mais uma vez enquanto eu quase saltei da cadeira, entusiasmado, e então me contou que ninguém veria aqueles papéis. "Mandei para os arquivos do Vaticano."

Perguntou-me sobre como era ser repórter, e eu perguntei sobre como era gerenciar algo tão grande quanto a Igreja católica em Nova York. A secretária dele nos interrompeu após 45 minutos e tornou a interromper depois de uma hora. Ele a ignorou até que ela abriu a porta do escritório e deixou claro que ele estava sendo rude. Eu me levantei para ir embora e O'Connor me acompanhou. Era um dia ensolarado e quente de primavera, e ao nos aproximarmos da porta de saída, ele colocou um braço ao redor dos meus ombros, me puxou para perto e disse: "Meu filho, Deus colocou você na Terra por um motivo, e esse motivo é fazer o trabalho que você faz, não importa o quanto irrite os outros. É a sua vocação".

É claro que ele sabia o que eu tinha feito em relação a My Lai, e dessa forma me dizia que estava tudo bem. Desci a Quinta Avenida com água nos olhos, pensando que uma crença poderosa como a dele era um dom profundo e maravilhoso. O cardeal foi diagnosticado com câncer cerebral poucos anos depois e faleceu em 2000, mas trocamos algumas cartas até então. Guardei as dele.

Outro momento especial ocorreu em 2004, após uma conversa sobre a Guerra ao Terror num almoço com Joschka Fischer, o ministro de Relações Exteriores da Alemanha. Fischer estudara marxismo quando era um líder estudantil radical, no fim da década de 1960 e início da de 1970, e liderou muitos protestos violentos, mas depois emergiu como líder do Partido Verde alemão, ao passo que este se aproximava do centro da política do país. Era um sujeito brilhante, cheio de si, e extremamente cáustico ao falar dos Estados Unidos e de sua política em nossa conversa — ou fofoca — de bastidores. Concordamos que estaria tudo bem se eu quisesse usar algo na *New Yorker*, desde que não citasse seu nome. Conversamos das ambições do governo Bush no Oriente Médio, e Fischer descreveu Paul Wolfowitz, o vice-secretário de Defesa conservador e muito influente de Donald Rumsfeld, como um "trotskista" — uma pessoa que acredita numa revolução permanente. Numa matéria que fiz depois para a *New Yorker*, citei um diplomata estrangeiro do alto escalão na Europa descrevendo Wolfowitz como um trotskista. Fischer recebeu uma ligação de um checador de dados e leu a frase, uma conferência comum. Ele insistiu, então, para que eu ligasse para ele em Berlim. Fiz isso e assegurei que de modo algum a frase seria ligada a ele: não o citava pelo nome, não mencionava a Alemanha, e não dizia que a frase vinha de um ministro estrangeiro. "Mas sou o único diplomata na Europa que sabe o que é um trotskista", ele disse. Quando parei de rir, garanti que tiraríamos a frase.

Essa minha profissão é incrível. Passei a maior parte da minha carreira escrevendo matérias que questionavam a narrativa oficial, e fui muito recompensado por isso, tendo sofrido apenas um pouco. Eu não faria nada diferente.

Agradecimentos

Tinha a convicção de que nunca escreveria um livro de memórias até estar velho e doente demais para dirigir um carro ou acertar uma bola de tênis, ou talvez nem assim. Meu projeto frustrado sobre Cheney, mencionado brevemente nestas páginas, mudou isso, e cá estamos nós. Agradeço a Sonny Mehta e Jonathan Segal, da Knopf, por sua paciência, e à minha agente literária Esther Newberg, muito inteligente, que me tirou do atoleiro. Os primeiros anos de Jon Segal como escritor e editor do *New York Times* lhe deram uma perspicácia e um olhar que me mantiveram focado no que era importante nessa história de ser um bom repórter. Ele insistiu, várias e várias vezes, para que eu contasse por que, e não apenas como, fiz o que fiz.

Escrever o livro acabou sendo divertido — quem não gosta de escrever sobre si mesmo? — e também amorteceu a minha culpa por não querer lecionar sobre jornalismo investigativo ou aceitar uma cátedra numa universidade. Tentei ser o mais aberto possível em contar como eu fiz meu trabalho. Continuo convicto de que o segredo para ser um bom repórter e conseguir uma matéria é, como eu disse nestas páginas, ler antes de escrever, especialmente antes de fazer uma entrevista.

Peço desculpas pelo fato de ter revelado poucos nomes de fontes conquistadas ao longo de cinquenta anos de jornalismo, mas isso é uma necessidade quando se está focado em mentiras e operações secretas. É claro que todo jornalista experiente compreende esse dilema.

Fui auxiliado por um grupo de pesquisadores incríveis, que me ajudou mais do que eu esperava para que tudo saísse da melhor forma possível. Então agradeço a Max Paul Friedman, Bill Arkin, Jay Peterzell, Benjamin Frankel, Mark Feldstein e Gil Shochat. Também agradeço a Thomas Lannon, curador da Biblioteca Pública de Nova York, por seu auxílio ao me guiar pela extensa coleção de documentos de Abe Rosenthal, que cobre a carreira de

56 anos dele no *New York Times*. Jeffrey Roth, do *Times*, forneceu mais fotos do passado do que pude utilizar, e a equipe de licenciamento do jornal, incluindo Gregory Miller, Kymberli Wilner e Phyllis Collazo, conseguiu encontrar muitas reimpressões dos artigos e capas de revista que solicitei. Tudo isso foi feito de cortesia, sob a direção de Dean Baquet, editor executivo do *Times*. Agradeço a todos.

Minha esposa e meus filhos me amaram, riram comigo e de mim, e sempre se sentiram livres para me dizer quando eu agia como um convencido. Nada pode ser mais importante do que isso.

Índice remissivo

23ª Divisão de Infantaria, 160
60 Minutes (programa de TV), 104-5, 334-5

A

A um passo da eternidade (filme), 250
ABC (rede de TV), 275, 278, 312-4
Abizaid, John, 336n
Abramowitz, Morton, 326n
Abrams, Creighton, 273
Abu Ghraib, prisão de (Iraque), 10, 333-5, 337-8, 342, 344, 346
"ação executiva", 236
Addington, David, 330
Afeganistão, 323-4, 326, 328, 349
África, 10, 271, 304, 307, 321
África do Sul, 280
afro-americanos, 51-2, 99; *ver também* movimento dos direitos civis
Agência de Controle de Armas e Desarmamento dos EUA, 103
Agência de Inteligência de Defesa dos EUA, 317
Agência de Segurança Nacional (NSA), 283-4, 319, 325
Al Qaeda, 333, 339-40, 343, 346
Alabama, 100
Alemanha, 14, 108, 208, 280, 331, 341, 358
Algren, Nelson, 21
Allen, Richard V., 270, 272
Allende, Salvador, 190, 209, 221-2, 271, 276, 305, 314
América Central, 10, 195, 280-1, 332
América Latina, 92, 223, 271

American Press Institute, 233
Ames, Mark, 263
Anderson, Jack, 213, 234, 245
Angleton, Cicely, 237n
Angleton, James Jesus, 226-8, 237, 238
Anistia Internacional, 333
Ankara, 349
antraz, 105, 107, 343
árabes, 286
Arábia Saudita, 10, 325, 328, 338
Arafat, Yasser, 331
Arimond, Carroll, 47-9, 52, 56, 58, 356
Arkansas, 105-6, 165, 305
armas biológicas: aumento dos estoques de agentes biológicos, 161; proibição do uso por Nixon, 153, 161; *ver também* armas químicas e biológicas (CBW)
armas de destruição em massa, 328-9, 334, 349
armas nucleares, 271; de Israel, 282, 284-6, 332, 348; do Paquistão, 280, 286, 291, 338; Iraque e, 334; testes nucleares, 158, 159
armas químicas e biológicas (CBW), 76-80, 82, 102-12, 141, 149, 161; da Síria, 332; discurso de Hersh contra as CBW, 114; matança de ovelhas, 102, 105, 109; reportagens de Hersh sobre o uso continuado, 161; revisão da política de CBW, 106
Armitage, Richard, 347
Ásia, 130, 293, 324, 338, 346
Assad, Bashar, 331-2, 339-42, 347-9, 353, 355
Assad, Hafez, 332

assassinatos, 22, 27, 39, 62, 100, 102, 107, 113-7, 119-20, 122, 129, 144, 146, 152-4, 164, 175, 222, 229, 236-7, 241-4, 255-6, 258, 281, 291, 294-5, 307-10, 320, 330, 334, 341, 344-6, 351-2, 356

Associated Press (AP), 43, 46, 47, 72, 82, 159, 356; Hersh promovido a Washington pela, 50, 56-7; reportagens de Hersh sobre CBW, 75-7, 79, 89; reportagens de Hersh sobre direitos civis, 52; reportagens de Hersh sobre Hanói, 71-2, 153; telégrafos A e B, 57

Atlantic, The (revista), 315

Atol de Enewetak, 107

Austrália, 108

Áustria, 208

avaliação de danos das bombas (ADBs), 68, 71

aventuras de Augie March, As (Bellow), 21

Avery, Sewell, 48

B

Bagdá, 293-4, 317, 320, 334, 347

Bahrein, 339-40

Baía dos Porcos, 307, 310, 312, 315

Baker Island, 105

Baker, James, 294

Baker, Russel, 275

Ball, George, 354n

Balliett, Whitney, 166

Baltimore Sun, The (jornal), 66, 109

Bangladesh, 212, 274

Barnes, Peter, 86

Barthelme, Donald, 166

Batista, Fulgencio, 196

BBC (British Broadcasting Corporation), 10

Begin, Menachem, 284

Beirute, 340

Bellow, Saul, 20, 21

Bennet, John, 316

Berger, Sandy, 234, 295, 317, 318

Berkeley, Califórnia, 41, 108, 114, 142, 250

Bernhardt, Michael, 147, 148, 149, 181

Bernstein, Carl, 142, 214n; cobertura sobre Watergate de, 188, 192, 198, 206

Biafra, 274

Biden, Joe, 353n

Billings, Bob, 23, 24, 25, 27, 39, 40, 41, 177

Bin Laden, Osama, 323-4, 328, 351-3, 356

Black, Charles, 117n

Black, Sarah, 282

Bluhdorn, Charles, 257-9, 261, 262, 264, 277

Bo, Major, 169, 171-2

Bobbs-Merrill (editora), 79

Bogart, Humphrey, 51

Boston Globe (jornal), 159, 295

Boston, Massachussets, 97, 230-1

Bradlee, Ben, 214; contrário ao Pulitzer de Hersh, 238; e as reportagens de Hersh sobre My Lai, 143; oferta de emprego de Bradlee para Hersh, 279n; *Times* humilhado por Bradlee, 193, 197

Braestrup, Peter, 144

Bregman, Martin, 282

Brennan, John, 352

Breslin, Jimmy, 250

Brookings Institution, 194

Brooks, Mel, 72, 193, 257

Brown contra o Conselho de Educação (processo), 59

Brown, Jerry, 87

Brown, Pat, 87

Brown, Sam, 85

Brown, Tina, 288, 290, 291, 293, 294, 316

Browne, Malcolm, 54

Bruce, Lenny, 23

Bulletin (jornal), 144

Bush, George W. H. (pai): e as negociações de paz entre Israel e Palestina, 286; e o escândalo Irã-Contras, 281, 287; R. Gates promovido por, 292; suposto plano do Iraque para assassinato de, 293, 294

Bush, George W. (filho), 295n, 343, 350; apoio de W. Bush a Israel na guerra do país contra o Hezbollah, 338-9, 347; assassinatos aprovados por, 346; Guerra do Afeganistão iniciada por, 326; poderio de guerra, 330; resposta ao Onze de Setembro, 324

Bush, Marvin, 294

Bushong, David, 308, 309, 310

BuzzFeed (website), 11

C

Cadeia de Comando (Hersh), 337

Califórnia, 16, 40-2, 63, 84, 87, 100, 108, 111, 114, 142, 220, 237, 250, 262, 290

Calley Jr., William L., 37, 116, 169, 181; acordo oferecido a, 120; condenação, 200; condenação, 163n; contradições apontadas por Bernhardt, 148; entrevistado por Hersh, 128-9, 148; julgamento na corte marcial, 113, 116-8; número de assassinatos de que foi acusado, 113, 120; Paul Meadlo sob ordens de, 149; procurado por Hersh, 118, 121-8, 146; *ver também* massacre de My Lai

Câmara dos Representantes dos EUA: Comissão de Dotações da Câmara, 330; Comissão do Judiciário, 211; Subcomitê de Inteligência da Câmara, 225, 244

Camboja, 209; bombardeios, 189, 209-11, 216, 220, 238; fome no, 268; invasão do, 209; vítimas, 274

Canadá, 55, 108

Caro, Robert, 248

Carter, Jimmy, 201, 280, 288; disputas de política externa, 265

Cartum, 10, 316, 317, 324

Casa Branca, 17, 57-8, 92, 97, 111, 180, 184, 188, 190, 193, 198-201, 204-5, 208-13, 215-6, 218-20, 229, 238-40, 242, 245-6, 269, 273-4, 276, 279-81, 283, 287, 294-5, 308, 316-8, 320, 328-9, 346, 349-51, 353; "Encanadores, Os" (Unidade de Investigações Especiais da Casa Branca), 201, 209, 213, 215, 216, 274; Setor de Política Nacional de Controle de Drogas da, 320; *ver também* Washington, DC

Casey, William J., 279, 288, 292

Castro, Fidel, 195-6; tentativas de assassinato contra, 236, 242, 309-11

Caxemira, 292

CBS (Columbia Broadcasting System), 335

CBS Evening News (telejornal), 151

CBS News, 82, 243, 343

"Cena do crime" (Hersh), 354

Chefe Cavalo Louco (guerreiro sioux), 45

chefia de gabinete, 83, 116, 184, 197-8, 224, 239, 264, 273-4, 317

Chemical and Biological Warfare [Armas químicas e biológicas] (Hersh), 79, 89, 102, 104, 112

Cheney (Hayes), 240

Cheney, Dick, 224, 240, 295n, 328, 350; apoio a Israel na guerra do país contra o Hezbollah, 338, 339, 347; desprezo pela supervisão do Congresso, 329; Guerra do Afeganistão iniciada por, 326; intenção de atacar o Irã, 338; projeto de Hersh de um livro sobre, 350, 352, 355-6; punição de Hersh requisitada por, 246; resposta ao Onze de Setembro, 324

Chicago Blackhawks (time de hóquei), 55

Chicago Daily News (jornal), 40, 41

Chicago Sun-Times (jornal), 54, 144

Chicago Tribune (jornal), 46, 47, 343

Chicago, Illinois, 13-21, 23-4, 27, 37-41, 43-4, 46-53, 55-7, 59, 83, 88, 98, 100, 104, 108-9, 130, 140, 144, 150, 159, 166, 180, 249-51, 256, 321

Chile, 92, 209, 222-3, 226, 243, 265, 271, 276, 304-5, 314; golpe, 221-3, 242; sabotagem da CIA ao governo, 190, 209, 221, 223, 265, 271, 304, 305, 314; vítimas, 274

China, 145, 149, 164, 172, 179, 210, 212, 276-7; abertura, 277; armas vendidas ao Iraque, 289n

Chipre, 108

Chomsky, Noam, 274

Church, Frank, 246, 304, 307, 310; ambição à presidência, 306, 307

CIA (Central Intelligence Agency), 91, 179, 186n, 189, 312, 315; Diretoria de Operações da, 186; e a Comissão de Dotações da Câmara, 330; e a disputa entre Índia e Paquistão, 291, 292; e a Guerra do Vietnã, 222; e a invasão de Ellsberg, 199, 202; e o escândalo de Watergate, 222, 243; e o plano para assassinar Bush, 295;

CIA (*continuação*), e o programa nuclear de Israel, 284; entrevistas de Hersh pós-Onze de Setembro sobre a, 325; envolvimento na Guerra do Vietnã, 92; espionagem doméstica *ver* espionagem doméstica; investigação sobre a cia no Senado, 249; "joias da família" (compilação da CIA), 225-6, 229, 236; Líbia armada pela, 269; reportagens de Hersh sobre a, 189-90, 331; sabotagem ao governo chileno, 190, 209, 221, 223, 265, 271, 304-5, 314; sistema de Inteligência contra os ativistas antiguerra, 189; supervisão do Congresso, 304-5; suposta infiltração soviética, 227; suposto envolvimento no assassinato de Kennedy, 291; tentativas de assassinato contra Fidel Castro, 236, 242, 307; tentativas de recuperar restos de um submarino soviético, 189, 244, 245; tortura praticada pela, 343

cibernética, 15

City News Bureau (CNB), 20-1, 42, 47, 93, 220; contratação de Hersh, 20-1; trabalho de Hersh como contínuo, 22-4

Clark, Blair, 82, 97

Clark, Timothy, 82

Clergy and Laymen Concerned About Vietnam [Pessoas comuns e do clero preocupadas com o Vietnã] (grupo), 114

Cline, Rey, 225

Clinton, Bill, 234, 320; bombardeio em Bagdá sob ordem de, 293-4, 316; bombardeio em Cartum sob ordem de, 316, 318, 324; escândalo com Monica Lewinsky, 316-7

Coffin, William Sloane, 199n

Cohen, Stephen, 95

Cohen, Wilbur, 95

Colby, William, 221; acusações de Kissinger contra, 242; e a recuperação do submarino soviético, 243, 244; e a tentativa de Angleton de "comprar" Hersh, 227; e assassinatos políticos, 241, 307, 310; e espionagem doméstica, 224, 226-9, 231, 234, 238-9; pistas sobre Watergate dadas a Hersh por, 243

Cole, Jack, 84

Colinas de Golã, 349

Colson, Charles, 216, 217, 259

Coltrane, John, 23

Columbus Enquirer (jornal), 117n

Comando Aéreo Estratégico dos EUA, 210, 211

Comando da América Central, 332

Comando das Forças Especiais, 327

Comando de Operações Especiais, 326

Comissão Church, 266, 304-6, 310, 344

Comissão de Peers, 157, 160, 164, 175

Comissão de Títulos e Câmbio, 218, 257, 260, 261

Comissão Especial da ONU para o Iraque, 320

Companhia Charlie, 147, 154, 160, 163

comunismo, 61, 91, 92, 155, 196, 232, 267, 281, 321

Conferência de Madri, 286

Congresso Nacional Africano (ANC), 280

Conselho de Inteligência Nacional, 310

Conselho de Segurança Nacional, 185, 203, 270, 274; adulteração de documentos autorizada pelo, 211; escutas telefônicas, 203, 204, 206, 207, 208

controle de natalidade, 52

Convenção de Genebra, 157

convenção democrata (1968), 142

Conversações sobre Limites para Armas Estratégicas, 276

Conyers, John, 99

Coreia do Norte, 227, 348

Coreia do Sul, 232

Cormier, Frank, 57

corrupção, 10, 23, 232, 253, 305, 340; policial, 52, 98

Cover-Up [Acobertamento] (Hersh), 267; escrita do livro, 161; publicação, 174; repercussão, 175; trecho na *New Yorker*, 162, 165, 166, 174, 175

Cowan, Geoffrey, 113, 115-8, 120

Cranston, Alan, 237, 240

Crewdson, John, 188, 208

crime organizado, 232, 249-50, 254, 257

Crise dos Mísseis de Cuba, 292

Cronkite, Walter, 151

Crow, Pat, 165, 290, 293, 316

Cruz Vermelha, 174, 268

Cuba, 196, 236, 292, 310; Crise dos Mísseis de, 292
Currie, Brainerd, 19-20
Currie, David, 19, 20
Cusack, Lawrence, 311-3
Custer, George Armstrong, 45

D

Da Nang, Vietnã do Sul, 62, 153
Daily Mail (jornal), 149
Daily Mirror (jornal), 284
Daily News (jornal), 254
Daley, Richard J., 41, 98, 99
Dallas Morning News (jornal), 75
Damasco, 331, 332, 333, 334, 339, 340, 347, 353
Dangerous Years [Anos perigosos] (documentário), 314
Daniel, Clifton, 192, 219; a reportagem de Hersh sobre o submarino, 244, 245; e a investigação sobre espionagem doméstica, 236, 240
Dark Side of Camelot, The [O lado sombrio de Camelot] (Hersh), 314, 315
Davidson, Amy, 337, 345
Davies, Nicholas, 284
Davis, Martin, 258, 259
Davis, Miles, 23
Davis, Nat, 222
Dean, John, 142
Delta Force, 326
Departamento de Defesa dos EUA, 147; programa de semeadura de nuvens, 187; tratado de proibição de testes nucleares, 158
Departamento de Estado dos EUA, 147, 199, 212, 215, 217, 221-3, 225, 276, 278, 314, 317, 324, 350; seção do historiador, 223
Departamento de Justiça dos EUA, 229, 241, 254, 289, 344
Departamento do Exército dos EUA, 147
dia de cão, Um (filme), 282
Dien Bien Phu, Vietnã do Norte, 56
direitos civis, movimento dos, 60, 61, 92
direitos humanos, violações de, 52

Diretoria de Operações da CIA, 186
Dispatch News Service (jornal), 121, 142, 161; direitos autorais das reportagens de Hersh sobre My Lai pertencentes ao, 142, 149, 152, 154
Divisão Química do Exército dos EUA, 77, 104, 109
Dixmoor, Illinois, 53, 54
Documentos do Pentágono, 73, 142, 189, 194, 249, 264, 304
Dornfeld, Arnold, 23, 26, 27, 93
Dowd, Maureen, 289
Downie Jr., Leonard, 58, 62
Driscoll, Paul, 55, 56
"Duck Hook" (codinome), 272
Dugway *ver* Zona de Testes de Dugway

E

Eagleburger, Larry, 222, 276, 277
Eder, Richard, 187
Ehrlichman, John, 198, 201, 213, 216, 220, 274
Eisenhower, Dwight D., 285; e assassinatos políticos, 308, 309
"eixo do mal", 348
El Salvador, 346
eleições de 1968 (EUA), 81, 106; campanha de McCarthy, 82-100, 102, 189, 249; intrigas de Kissinger, 272; primárias de New Hampshire, 88, 90; primárias de Wiscosin, 94
eleições em Israel (1977), 284
eleições no Iraque (2005), 342
eleições nos EUA: (1960), 311; (1972), 189, 197; (1980), 288; (2008), 350
Eley, Gladys Baker, 311
Eller, Jerome, 83-4, 92
Ellsberg, Daniel, 142, 199, 202, 290; trama de invasões contra Ellsberg, 199, 202, 215
Emerson, Gloria, 178, 187, 238
"Encanadores, Os" (Unidade de Investigações Especiais da Casa Branca), 201, 209, 213, 215, 216, 274
Enron Corporation, 294
Erdogan, Recep Tayyip, 349
Erikson, Erik, 180-1, 189, 239

Erikson, Kai, 189

escândalo Irã-Contras, 63-4, 281, 287, 292

espionagem doméstica, 10, 226-7, 229-30, 237-8, 240-1, 244, 304

Estado Islâmico, 356

Estados Unidos: espionagem israelense nos, 318-9; espionagem na União Soviética, 246, 319; Iraque apoiado pelos, 280; Iraque apoiado pelos, 289n; negociações de paz entre Israel e Palestina coordenadas pelos, 286; *ver também* Casa Branca; Washington, DC

Estocolmo, Suécia, 114

Europa, 51, 115, 288, 322, 331, 346, 349, 351, 358

Evans, Harry, 288

Evening Star (jornal), 82

Evergreen Park/Oak Lawn Dispatch (jornal), 40

Exército do Iraque, 333

Exner, Judith, 308, 310

F

Faber & Faber (editora), 285

Face the Nation (programa de TV), 306

Faixa de Gaza, 338, 349

falcão maltês, O (filme), 51

Fall, Bernard, 56

Farrell, James, 21

FBI (Federal Bureau of Investigation), 202-5, 207-8, 213, 250, 254-5, 308, 313, 324-5; desrespeitado pela CIA, 325; escutas telefônicas por parte do, 203-4, 238; investigado por Church, 307

febre Q, germes de, 107

Filipinas, 232

Finney, John, 266

First Tuesday (noticiário de TV), 105, 106

Fischer, Joschka, 358

Fitzgerald, F. Scott, 18

Fleming, Reggie, 55

Flórida, 117, 311, 332

Foisie, Phil, 143

Força Aérea dos EUA, 68

Força de Defesa de Israel, 347

Forças Especiais dos EUA, 10, 346, 353

Força-Tarefa Barker, 160

Ford, Gerald, 60, 346; e assassinato de estrangeiros, 240, 242; e o escândalo da espionagem doméstica, 240

Ford, Harold, 224, 228, 310

Fort Benning, 113, 116, 118, 121, 124, 129, 142

Fort Detrick, 104, 105, 108

Fort Dix, 147, 148

Fort Greely, 107

Fort Leavenworth, 163n

Forty Commitee, 221

Fox News, 234

França, 289n

franco-atirador, O (filme), 282

Frankel, Max, 161-2, 167, 186, 188, 190, 192, 243, 288; e a oferta de trabalho no *Times* para Hersh, 287; e as conversas com Kissinger, 179, 185; e as reportagens de Hersh sobre a CIA, 190, 225; e o conflito com Hersh, 192; e o Watergate, 188, 192

Frankfurter, Felix, 19

Franks, Tommy, 326, 332

Friedman, Tom, 323

Front de Liberação Nacional (FLN), 177

Front Page, The (Hetcht e MacArthur), 21

Frontline (programa de TV), 278, 280, 281

Fulbright, William, 106, 305, 306, 308

Fundo para Jornalismo Investigativo, 119

G

Galbraith, John Kenneth, 263, 264

Gallagher, Wes, 71, 73

Gallucci, Robert, 332n

Gans, Curtis, 96, 97, 99

Gartley, Mark L., 191

Gartley, Minnie Lee, 191

gás sarin, ataque com (Síria, 2013), 353

Gates, Robert, 291, 292, 293

Gaza, 338, 349

Gelb, Arthur, 187, 265

Gelb, Leslie, 194, 216, 217, 232, 276; acesso a documentos federais de, 245; coluna em parceria com Hersh proposta por, 279; e as cartas de Halberstam para Hersh, 246

Genebra, Convenção de, 157
Georgia (EUA), 37, 113, 116, 121, 126
germes de febre Q, 107
Gerth, Jeff, 249-50, 253-4, 257-8, 260, 264-5, 270, 336
Giancana, Sam, 38, 308, 310
Gillette, Gene, 41, 42
Goldberg, Ron, 40
Goldwater, Barry, 306, 308, 309
Goodale, James, 249
Goodwin, Richard, 92, 93, 96, 98
Gottlieb, Robert, 290
Graham, Katherine, 214, 339
Granada (ilha do Caribe), 281
Gray, Ed, 313
Greene, Graham, 172
Greenfield, James, 166, 167
Gubbrud, Archie, 43
Guerra ao Terror, 323, 327, 338, 340, 343, 345, 351, 358
Guerra da Coreia, 144, 357
Guerra do Golfo, 289, 293, 320, 328; prisioneiros mortos, 321
Guerra do Iraque, 342, 346; como um plano para transformar o Oriente Médio, 331; preparação para a, 328; *ver também* Iraque
Guerra do Vietnã, 10, 54, 65, 67, 73, 78-9, 81-2, 86, 88, 92, 94, 96, 99, 102-3, 108, 110, 116-7, 119, 121-2, 128, 140, 164, 171, 173, 176, 178, 180, 187, 190, 193, 197, 203, 213, 219-20, 222, 229, 231, 283, 304, 305, 307, 321, 323-5, 338; acordo de paz na, 272; assassinatos com hélices de helicóptero na, 156; cessar-fogo de trinta horas, 60; civis mortos n, 62, 153; convocação militar durante a, 61, 62, 84; desrespeito às regras, 164, 165; e o uso das cbw *ver* armas químicas e biológicas (CBW); emboscada dos norte-vietnamitas, 64; envolvimento crescente dos EUA na, 56, 58, 62; envolvimento da CIA na, 92; fim da, 265, 304; hospitais atingidos, 187; informações contrastantes, 63; Kevin White e, 230; missões americanas de busca e destruição, 114, 139, 149;

número de mortos como medida do sucesso na, 114; oposição de McCarthy a, 83, 84, 85, 88, 91; oposição pública a *ver* movimento antiguerra, 10; *Platoon* (filme) e, 290; represas do Vietnã do Norte como alvos, 187; retenção de pilotos na, 63, 64, 117; vantagem dos norte-vietnamitas, 177, 178; violação do acordo de paz, 273; vítimas da, 81, 274; *ver também* massacre de My Lai; Vietnã do Norte
Guerra dos Seis Dias (Israel, 1967), 349
Gulf & Western (G&W), 257, 258, 259, 260, 261, 262, 263, 264, 265, 267
Gwertzman, Bernard, 185, 188

H

Ha Van Lau, 169-70, 173, 178
Haig, Alexander, 208, 210, 211-2, 273-4
Halberstam, David, 10, 54, 180, 267; cartas enviadas a Hersh, 245; título de *The Price of Power* sugerido por, 274
Haldeman, Bob, 198, 274
Hall, Harry, 48
Halperin, Ina, 207
Halperin, Morton, 207
Halpern, Sam, 311
Hamas, 331, 335, 338, 349
Hambali, 343
Hamburgo, Alemanha, 331, 339, 340
Hammett, Danshiell, 51
Hanning, August, 341
Hanói: bombardeios a, 67-73, 203; Hanói Hilton (prisão), 170; volta de Hersh a, 267, 268; *ver também* Guerra do Vietnã
Hardwick, Elizabeth, 89
Hariri, Rafic, 340, 341
Harper & Row (editora), 186n
Harper's (revista), 147, 156; livro de Hersh sobre My Lai publicado na, 156
Harrington, Michel, 221
Harris, Richard, 265
Hart, Gary, 308, 309
Hart, Philip, 305
Hartford Courant (jornal), 143

Hayes, Stephen, 240

Hecht, Ben, 21, 177

Helms, Richard, 190, 227, 230; demissão de, 227, 229; documentos da CIA destruídos por, 227; e assassinatos políticos, 241, 309-11; intenção de Frankel de aprovar reportagens de Hersh com, 192; mentiras para o Congresso, 265; sobre o Chile, 265

Hersh, Alan, 13, 15, 19, 39n

Hersh, Dorothy, 13, 15-6, 19, 25, 52, 282

Hersh, Elizabeth, 56, 59, 70, 80-1, 101, 180; mudança para Nova York, 239, 243; na faculdade de medicina, 248, 264; sobre os viagens de Hersh para Los Angeles, 282

Hersh, Isadore, 13-5, 18, 21, 25, 38, 40, 51-2, 90, 144

Hersh, Marcia, 13, 39n

Hersh, Matthew, 80

Hersh, Phyllis, 13, 37, 47

Hersh, Seymour: acesso de Hersh aos arquivos da AP facilitado por I. S. Stone, 78; acusado de usar táticas gângsteres, 258-9; admiração de Scotty Reston por, 205n; ameaças de Korshak a, 251-2; atitude de Hersh em relação a Rosenthal, 152, 158, 167, 233; capricho em reportagens assinadas por, 50; cartas de Halberstam para, 245; cobertura de beisebol, 48; cobertura de um incêndio, 26; cobertura de Watergate, 193-6, 204, 213, 232, 244, 323, 327, 356; cobertura do encontro anual do Legislativo de Dakota do Sul, 42-5; cobertura sobre o confronto entre brancos e negros, 52-4; como assessor de McCarthy, 82-100, 249; como freelancer, 267; como repórter de Direitos Humanos, 52; contato com Elliot Richardson, 199-201; contratado na Associated Press, 47; contratado no City News, 20-1; contratado num semanário de Chicago, 37-9; convite de Gelb para uma coluna conjunta com Hersh, 279; cuidando dos filhos, 248; discursos contrários à guerra, 161;

disputas de política externa, 265; e documentos falsos de JFK, 311-5; e o assassinato de JFK, 214n; e registros falsificados sobre os bombardeios, 211; editor de matéria sobre hóquei, 55; editores na AP, 47, 50; educação de, 15-8, 144, 180; elogio de Harrison Salisbury a, 200; encontro com general iraquiano, 334; entrevista com Assad, 339, 340, 342, 347; entrevista com Frank A. Sturgis, 195, 196; entrevistado por Ted Koppel, 275, 276, 277; enviado ao Vietnã do Norte, 167-73; escutas telefônicas de Kissinger relatadas por, 204-8, 217, 238; Franks criticado por, 326; governo Ford e a intenção de processar Hersh, 246; informações dadas por Hersh à Comissão Church, 305-6; ligação para Rosenthal de madrugada, 235; matéria sobre Korry, 314-5; matéria sobre tiroteio policial autocensurada, 27; mudança para Nova York, 239, 243, 247; no Exército, 27, 36, 75; oferta de trabalho no *Washington Post*, 279n; oposição de Hersh a assassinatos, 241; pedido de demissão na *New Yorker*, 352; pegadinha no City News, 36-7; perfil de Hersh escrito por Bob Thomson, 264; pesquisa de roteiro no Panamá, 291; prêmios, 158, 238, 269; primeira reportagem de, 24; processo da Terex Corporation contra Hersh, 289; processo do grupo Mirror contra Hersh, 284-5; procura por trabalho em jornal, 158-9, 162; procura por um cargo para Jeff Gerth, 265; projeto de livro sobre o Pentágono, 111, 154; promovido à editoria de Notícias Gerais da AP, 61; promovido a Washington, 50, 56-7; proposta para fazer um filme baseado em Kissinger, 281; recusa de oferta de emprego no *Times*, 287; Regra Hersh, 119; reportagem sobre a demissão de John Lavelle, 181-5, 189; reportagem sobre caso Ramsey, 164-5; reportagem sobre Noriega, 291; reportagem sobre o bombardeio de Hanói, 68-72; reportagem sobre o submarino russo, 243-5; reportagem sobre o tratado de proibição de testes nucleares, 158; reportagem sobre policiais baleados, 25; reportagem sobre prisioneiros de guerra, 191; reportagens publicadas no Times sobre a Era Regan, 279-81; reportagens sobre a CIA *ver* CIA; reportagens sobre Abu Ghraib, 10, 333-5, 337, 342, 344, 346; reportagens sobre as negociações de paz de Paris, 176-9; reportagens sobre assassinatos, 242, 344, 346-7; reportagens sobre CBW, 75-9, 89; reportagens sobre espionagem doméstica *ver* espionagem doméstica; reportagens sobre My Lai *ver* massacre de My Lai; reportagens sobre o bombardeio em Hanói, 71, 72, 153; reportagens sobre o Chile, 209, 221-3, 243, 271; reportagens sobre o crime organizado, 249-57; reportagens sobre o escândalo de espionagem militar, 213, 215; reportagens sobre os bombardeios no Camboja, 209, 211, 238; repreendido por Kissinger, 210; semanário iniciado por Hersh, 40; sobre a retenção de pilotos na Guerra do Vietnã, 63-4, 117; sobre o armamento da Líbia pela CIA, 269; sobre o assassinato de Bin Laden, 351-3, 356; sobre o escândalo da Gulf & Western, 258-61, 263-4, 267; sobre uma vítima de acidente aéreo, 55; telefonema de Bob Woodward sobre o caso Watergate, 198; tentativa de Angleton de "comprar" Hersh, 227; trabalho como contínuo no City News, 22-4; trabalho de Hersh quando criança, 13, 16-7, 144; trabalho na *New Yorker*, 163; uso de fontes por, 190; violência doméstica de Nixon não relatada por, 220; volta de Hersh a Hanói, 267-8; volta de Hersh à *New Yorker*, 350

Hezbollah, 331, 338-9, 341, 347-9

Highway 1, ofensiva da (Vietnã), 177

Hill, Clarence "Mark", 63-7, 113-4

hispânicos, 99

Ho Chi Minh, Cidade de (Vietnã), 268; *ver também* Saigon

Hoang Tung, 173, 178

Hoffa, Jimmy, 249

Hoffman, Fred, 61-2, 73-4

Holocausto, 14, 16

Hon Gay, Vietnã do Norte, 171

Hoover, J. Edgar, 15, 204, 308, 310

Horrock, Nicholas, 243

Hoyt, Bob, 69, 108

Hughes, Howard R., 189, 209, 236, 244

Human Rights Watch [Observatório dos Direitos Humanos], 333

Hume, Brit, 234

Humphrey, Hubert, 60, 100, 110, 272, 306

Hunt, Bill, 40, 46

Hunt, E. Howard, 202, 215

Huntley-Brinkley Report, The (programa de TV), 117

Hussein, Saddam, 288, 293-4, 320, 321, 328-9

I

I. F. Stone's Weekly (semanário), 56

Iêmen, 10

Igreja Adventista do Sétimo Dia, 108

Igreja Católica, 15, 357

imprensa, problemas da, 10

In the Name of America [Em nome dos Estados Unidos] (Melman), 114

Índia, 81, 263, 291-3, 326, 350

indígenas dos EUA, 45

Indonésia, 232, 343

Infância e sociedade (Erikson), 180

Inglaterra, 10, 108, 281

Instituição Hoover, 272

Irã, 280, 288, 331, 348; escândalo Irã-Contras, 63-4, 281, 287, 292; intenção de Cheney de atacar o país, 338; reféns americanos no, 281, 288

Iraque, 280, 288, 338, 348; armas vendidas ao, 280, 289n; e armas de destruição em massa, 320, 328, 349; eleições (2005), 342; Exército do, 333; *ver também* Guerra do Iraque

Irlanda, 108, 289

Irmandade Muçulmana, 331, 339
Isamuddin, Riduan, 343
Islamabad, 212, 292, 350-1
Israel, 284-6, 318-9, 328, 331-2, 335, 338-9, 341-2, 347-9; ataque ao Líbano, 347; eleições (1977), 284; em guerra contra o Hezbollah, 338-9, 341, 347; espionagem dos EUA por parte de, 318-9; Força de Defesa de Israel, 347; Guerra dos Seis Dias (1967), 349; Mossad (agência de Inteligência israelense), 284; negociações de paz entre Israel e Palestina, 286; programa nuclear de, 282, 284-6, 332, 348

J

Jackson, Mahalia, 51
Japão, 108, 150, 167, 283-4
Jenkins, Evan, 235
Johnson, Lyndon, 53, 59, 81, 83, 92, 98, 306, 354n; Tom Wicker insultado por, 219
"joias da família" (compilação da CIA), 225-6, 229, 236
Jones, David, 200
Jordânia, 286
Joyce, James, 94
Judge Advocate General's Corps (escritório de advocacia do Exército), 115
Julia, Raul, 291
Just, Ward, 10

K

Kadafi, Muammar, 269; tentativa de assassinato de, 281
Kael, Pauline, 166
Kakutani, Michiko, 337
Kamm, Henry, 145
Kass, Hal, 311-2
Kelly, Harry, 57, 94
Kenndy, Robert, 61, 81, 87, 92, 98, 100, 102, 107; entendido no crime organizado, 249, 254; tentativas de assassinato de Fidel Castro planejadas por, 242, 307, 309

Kennedy, John, 61, 82, 92, 263, 291, 306, 356, 357; affair com Judith Exner, 308; assassinato de, 214n; conhecimento de Kennedy sobre o caso da Baía dos Porcos, 310, 312, 315; documentos supostamente de, 311-5; e tentativas de assassinato, 307-11; na eleição de 1960, 311
Kennedy, Ted, 61, 93, 308
Kerr, David, 291-2, 293
Kesey, Ken, 40
Khe Sanh, Vietnã do Sul, 169
Khrushchev, Nikita, 19
Kiley, Bob, 230, 231
King Jr., Martin Luther, 52, 59, 102
Kissinger, Henry, 17, 179, 193-4, 315, 356; acesso do *New York Times* a, 178; afeição da imprensa por, 203; caso Watergate desacreditado por, 188; conexões com David Young, 215; conversas com J. "Scotty" Reston, 179; conversas com Max Frankel, 179, 185; conversas com Yahia Kahn, 212; diplomacia secreta de, 212; e a brutalidade de Yahya Khan no Paquistão, 277; e a proposta de proibição das CBW, 106, 111; e adulteração de registros, 211, 215; e assassinatos políticos, 241; e golpe no Chile, 221-3, 242, 270-1, 276; e o ataque a alvos não aprovados, 182, 184; e o bombardeamento secreto do Camboja, 189, 209, 216; e o encobrimento dos "Encanadores", 209, 213, 215; entrevistado por Ted Koppel, 275; escuta telefônica autorizada por, 203-8, 217, 238; expertise em controle de armas, 210; ficha diplomática de Kissinger, 267; Forty Committee liderado por, 221; Hersh repreendido por, 210; informações dadas a Nixon e Humphrey por, 272; intenção de Frankel de aprovar reportagens de Hersh com Kissinger, 192; nas negociações de paz de Paris, 168, 174, 178-9; nomeação feita por Kissinger na Instituição Hoover, 272; nomeado

a secretário de Estado, 208; oferta de trabalho a Ted Koppel por, 278; proposta de filme sobre Kissinger, 281; reprimenda de Kissenger nos arquivos da seção do historiador do departamento de Estado, 223

Klein, Ernest, 205n

Knight, Hal M., 209-10

Knopf (editora), 350

Kogan, Bernard, 17-20

Koppel, Ted, 275-8

Korry, Edward, 314-5

Korshak, Sidney, 249-57, 260, 265, 277

Koster, Samuel, 163-4, 174

Kovach, Bill, 197, 264

Krogh, Egil "Bud", 201-2, 213, 215, 274

Kuwait, 293-5, 320

L

Lacey, Peter, 20-1

Laird, Melvin, 110, 117, 139, 184, 186, 211; e adulteração nos registros, 211; escutas telefônicas de assistentes de, 205

Langer, Elinor, 76, 77, 104

Laski, Harold, 81n

Latimer, George, 118-21, 123, 126-7, 140, 141; e a entrevista de Hersh com Calley, 140; reportagens de Hersh sobre My Lai lidas por, 143

Lavelle, John, 181-5, 189, 200, 203, 208-9

Lavelle Jr., John, 185

Le Duc Tho, 168, 178-9

Lee, John, 260

Lehman, Richard, 310

Lehmann-Haupt, Christopher, 278

Lei de Liberdade de Informação, 207

Lei dos Direitos de Voto (1965), 59

Leinsdorf, Joshua, 98

"Leitura atenta" (Hersh), 345

Lelyveld, Joe, 288

Lennon, John, 199n

Lescher, Robert, 156, 162, 163

Leubsdorf, Carl, 75

Levi, Edward, 20

Levinson, Jerry, 259, 305

Lewellen, Charles, 124-5

Lewinsky, Monica, 316-7

Lewis, Anthony, 178

Lewis, Michael, 183

Líbano, 286, 331-2, 340; ataque de Israel ao, 347

Líbia, 269

Liddy, G. Gordon, 202, 215

Life (revista), 43, 121, 139, 141, 147, 232; reportagem de Hersh sobre Noriega publicada na, 291

Lipton, Nancy, 95

Literary Marketplace, The [O mercado literário] (livro), 143

Little Bighorn, batalha de, 45

Lituânia, 13

Lollobrigida, Gina, 332

London Review of Books (LRB), 353, 355

Londres, 91, 149, 161, 206, 231, 288, 292, 338

Look (revista), 139, 141, 147

Loomis, Robert, 165, 282; *Cover-Up* [Acobertamento] publicado por, 161; e a ideia de um livro sobre o Pentágono para Hersh, 111, 154; e o livro de Hersh sobre My Lai, 154

Lord, Sterling, 163

Lord, Winston, 276

Los Angeles Times (jornal), 41, 146, 244, 292, 327

Los Angeles, Califórnia, 16, 41, 84, 108, 146, 202, 215, 249-51, 253-4, 256, 282, 291, 308

Loucuras de verão (filme), 282

Lowell, Robert "Cal", 88-9, 96, 98, 100

Lowenstein, Allard, 81, 85

Lydon, Christopher, 188

M

MacArthur, Charles, 21

Madison Square Garden Corporation, 257

Madri, Conferência de, 286

Mailer, Norman, 21

Malásia, 108

Mansfield, Bethine, 306

Mansfield, Mike, 304-6, 308

Mapes, Mary, 335

Marcha de Washington (1963), 60

Marinha dos EUA, 63-5, 68; espionagem feita pela, 246, 319

Markel, Lester, 206

Marshall, Thurgood, 59

massacre de My Lai, 62, 112-30, 160; atitude insolente de Nixon em relação ao, 200; discutido no Parlamento Britânico, 145, 149; e a discussão de Hersh com G. Latimer, 119-20; falta de continuidade da matéria sobre, 145; investigação do massacre na Comissão de Peers, 157; número de mortos em, 113, 120, 145; quarto aniversário, 172; reportagens sobre, 40; volta de Hersh ao local, 354-5; *ver também* Calley Jr., William L.; Guerra do Vietnã

massacre de My Lai — reportagens de Hersh: 139-57, 170, 177, 238, 240, 291, 313, 338, 356-7, 358; ameaças a Hersh, 142; e o custo emocional para Hersh, 155; e o trabalho de David Obst, 141-5; ideia para um livro sobre, 154; MacManara e, 156; na TV, 145; outras entrevistas para, 148-9, 153; pedido de Silvers por um parágrafo antiguerra, 141; prêmios recebidos por, 157, 158; primeira matéria, 139; publicação em diversos jornais, 144; publicação no *Washington Post*, 143; questionamento de J. Reston sobre o valor do trabalho de Hersh, 161; Ridenhour entrevistado para, 146-8; Rivers incomodado com as reportagens, 147, 184; segunda matéria, 149; temor de processo por difamação devido às, 140, 142

Mattis, James, 355, 356

Maugham, Somerset, 18

Maxwell, Robert, 284-5

McCaffrey, Barry, 320, 321

McCarthy, Abigail, 83, 85, 96-8, 101

McCarthy, Eugene, 82-102, 118, 189, 249; aparição em comunidades negras canceladas por, 99; apoio a Benjamin Spock, 84; arrecadação de fundos por, 94, 95; consumo de maconha por, 87;

discursos de campanhas de, 83, 86, 88, 92; oposição à Guerra do Vietnã, 83-5, 88, 91

McCarthy, Joe, 242

McCarthy, Mary, 89, 99, 101, 178

McCarthy, Richard D. "Max", 106, 110-1

McCloskey, Robert, 222

McCormack, John, 60

McCoy, Alfred, 186

McCoy, Tom, 91

McDonough, Denis, 352

McGovern, George, 193, 196

McGrory, Mary, 81-3, 98

McNamara, Craig, 156

McNamara, Robert, 61, 63, 213; Documentos do Pentágono como um projeto de, 194; e a emboscada dos norte-vietnamitas, 64; e a reportagem de Hersh sobre os bombardeios em Hanói, 69-73; e a reportagem sobre My Lai, 156; e a sabotagem aos informes de H. Salisbury, 115; e as visitas de repórteres do Pentágono, 66; fim do programa de semeadura de nuvens, 187; padrão para alistamento rebaixado por, 99; unidade de Análise de Sistemas montada por, 65

Meadlo, Myrtle, 150-1

Meadlo, Paul, 149-53, 158-9

Mears, Walter, 57

Medina, Ernest, 129-30, 160, 163

Melman, Seymour, 114

Merry Band of Pranksters (grupo de escritores), 40

Meselson, Matthew, 80, 102, 104, 106, 111-2

Meyer, Cord, 186n

Miami Herald (jornal), 117

Miami, Flórida, 116-7, 195-6

Miller, A. C., 44

Minnesota, 43, 60, 82-3, 87, 94, 100-1, 344

Mirror (grupo), 285

Mirsky, Jonathan, 338

Mitchell, John N., 196-9, 218

Mixner, David, 85

Mobil Oil, 321

Mohammad Rezā Pahlavi, xá, 288

Mohr, Charley, 10, 54, 180

Moll, David, 14
Mondale, Walter, 344-5
Monk, Thelonius, 23
Monroe, Marylin, 311-2
Moore, Paul, 199n
Moorer, Tom, 212, 215
Morgenthau, Robert, 257
Morris, Roger, 271
Morris, Willie, 156, 162
Moses, Robert, 248
Mossad (agência de Inteligência israelense), 284
Mountbatten, Lord, 8in
movimento antiguerra, 81, 113, 115, 141, 304, 307; envolvimento da inteligência da CIA, 189, 229; *New York Review of Books* como uma voz do, 141; reportagem sobre My Lai em favor do, 156
movimento dos direitos civis, 60-1, 92
Muallman, Walid, 347
muçulmanos sunitas, 338
Mulay, Larry, 22, 23
Mulcahy, Kevin, 269
Murray, John C., 271
Murray, Marea, 271n
Murtha, John, 330-1
Muskie, Edmund, 196, 234, 236
My Khe 4 (vilarejo vietnamita), 160, 161
My Lai 4: A Report on the Massacre and its Aftermath [My Lai 4: Um relato do massacre e sua repercussão] (Hersh), 267; citações de Erikson, 180; escrita e edição, 160; ideia, 154; publicação, 156, 158

N

"Na beira do abismo nuclear" (matéria), 293
NAACP (Associação Nacional para o Progresso de Pessoas de Cor), 59
Nações Unidas, 9-10, 106, 178, 268, 320, 328, 334; Comissão Especial da ONU para o Iraque, 320
Nader, Ralph, 113, 140
Naipaul, V. S., 170
Nam Dinh, Vietnã do Norte, 67, 71

Napolitan, Joseph, 306
Narayanan, K. R., 8in
Nasrallah, Hassan, 339, 341-2
National Catholic Reporter (jornal), 69-70, 108-9
National Press Building, 113, 144, 160
Navy Pier, 17
NBC (National Broadcasting Company), 105, 117, 151, 335
Nedzi, Lucien, 225-6, 228-9, 244
negociações de paz *ver* Paris, negociações de paz de
Negroponte, John, 204
Neilands, Joe, 114
Nelson, Gaylord, 82, 106-7, 110-1
neoconservadores, 328, 331
Nesson, Charles, 264
New Hampshire, 83, 86, 88, 90-5, 97-8
New Muckrakers, The (Downie Jr.), 62
New Republic, The (revista), 79, 108-9
New York (revista), 263
New York Herald Tribune (jornal), 51
New York Post, The (jornal), 114, 145, 149
New York Review of Books, The (revista), 89, 102, 108, 141
New York Times, The (jornal), 10, 19, 24, 26, 39, 54, 67, 70, 84, 115, 121, 161, 177, 240, 352, 356; acesso do jornal a Kissinger, 178; acobertamento de My Lai revelado pelo, 166; ameaça de assassinato a Fidel Castro ignorada pelo, 243; cobertura do caso Watergate no, 188, 192, 197, 199, 205, 214, 233, 249, 323; cobertura sobre as negociações de paz de Paris no, 177-9; cobertura sobre My Lai no, 152; cobertura sobre o crime organizado no, 249-57, 265; cobertura sobre o programa nuclear de Israel no, 285; Documentos do Pentágono publicados pelo, 249; intenção de Hersh de trabalhar no, 158-9, 161; matérias de Hersh como freelancer para o, 267; matérias sobre a dispensa de Lavelle publicadas no, 181-5, 189; negativa de Hersh a uma oferta de emprego no, 287; oferta de emprego a Gerth, 265; recontratação de Hersh considerada pelo, 323;

New York Times, The (continuação), reportagem de Hersh sobre o submarino soviético publicada no, 244, 245; reportagem sobre My Lai recusada no, 145, 149, 158; reportagens de Hersh sobre a era Reagan publicadas no, 279-81; reportagens de Hersh sobre espionagem doméstica publicadas no, 224-5; reportagens de Hersh sobre o bombardeio em Hanói publicadas no, 71-3; reportagens de Hersh sobre o Chile publicada no, 209, 221-3, 243, 270-1; resenha de *The Target Is Destroyed* publicada no, 283; suposto plano de assassinato de Bush noticiado no, 295; testemunho do grande júri e, 205; viagem de Hersh para o Vietnã do Norte pelo, 167, 168

New York Times Magazine, The (revista), 103, 110, 187, 238; artigos de Hersh sobre a era Reagan para a, 281; conflito entre Índia e Paquistão na, 293; sobre o armamento da Líbia pela CIA, 269

New Yorker, The (revista), 10, 140, 265, 356, 358; caso Helms na, 265; checadores de informação da, 290, 351, 358; entrevista de Hersh com Tlass na, 333; pedido de demissão de Hersh à, 352; reportagem de My Lai na, 354; reportagem sobre Abu Ghraib publicada na, 335, 337; trecho de *Cover-Up* publicado na, 162, 165, 174-5; volta de Hersh a, 288, 290, 350

Newberg, Esther, 290, 316

Newman, Paul, 88, 96, 98

Newsweek (revista), 86, 243; massacre de My Lai ignorado pela, 145, 147

Nguyen Co Thach, 178, 267

Nguyen Thi Binh (Madame Binh), 179

Nguyen Van Thieu, 174

Nightline (programa de TV), 275

Nitze, Paul, 205*n*

Nixon, Pat, 220

Nixon, Richard, 89, 100, 106, 193, 243; acordo de paz proposto por, 273; armas biológicas banidas por, 153, 161; bombardeios no Vietnã do Norte expandidos por, 179; bombardeios secretos no Camboja ordenados por, 188, 212, 220; e a brutalidade de Yahya Khan's no Paquistão do Leste, 212, 277; e a questão das CBW *ver* armas químicas e biológicas (CBW); e o ataque a alvos proibidos, 184; e o golpe no Chile, 221, 271; escutas telefônicas autorizadas por, 273-4; esposa agredida por, 220; falso sistema de registros no governo Nixon, 209-10; fraudes e mentiras de militares autorizadas por, 211; Helms demitido por, 227; informações de Kissinger para Nixon em 1968, 272; invasão de Cuba planejada por, 310; invasão de Watergate autorizada por, 203-4, 227, 273, 277; Kissinger nomeado secretário de Estado por, 208; Lavelle não protegido por, 184, 200, 208; linguajar de, 219; na eleição de 1960, 310; na eleição de 1972, 189, 193; prisão domiciliar de Calley ordenada por, 200; prisão domiciliar de Calley ordenada por, 163*n*; proposta de impeachment de, 189, 208, 213; renúncia de Nixon, 232, 304; *RN — The Memoirs of Richard Nixon* [As memórias de Richard Nixon], 269; sistema de gravações internas de, 218; viagem para o Oriente Médio, 208

Noriega, Manuel Antonio, 281, 290, 291

noticiário noturno, 117

notícias falsas, 9

Nova York (NY), 231, 248; departamento de limpeza, 248

Nova York, estado de, 100

NSA *ver* Agência de Segurança Nacional

Nussbaum, Michael, 140, 142, 143, 285, 289, 290

O

O'Connor, John J., 357

Oates, Marylouise, 85-8, 95, 99-100, 113

Obama, Barack, 339, 349-53; e a repressão de vazamentos de informação, 352; e o ataque de gás sarin na Síria, 353

Obenhaus, Mark, 280-1, 312, 313
Ober, Dick, 227, 230
Öberg, Jean-Christophe, 170
Obey, David, 330-1
Obst, David, 108, 121, 141-2, 144-5, 148-52, 154, 161; filme sobre Kissinger sugerido por, 281; pesquisa de roteiro no Panamá, 291; reportagens de Hersh sobre My Lai trabalhadas por, 141-5
Ockene, Robert, 79-80, 111
Olmert, Ehud, 349
Olmstead, Bob, 53, 54
Olmsted, Kathryn, 306
Olsen, Gregory, 180
On Press [Sobre a imprensa] (Wicker), 241
On Watch [Em alerta] (Zumwalt), 272
Ono, Yoko, 199n
ONU *ver* Nações Unidas
Onze de Setembro de 2011, ataques terroristas de, 321-6, 328-9, 331, 334, 337, 339, 345, 348, 355-6; preparação para o, 325, 331, 339
Operação Caos, 190
Operação Whitecoat, 108
Organização de Libertação da Palestina, 331
Oriente Médio, 10, 208, 274, 286, 289, 293, 316, 319, 322-3, 325, 329, 331, 333, 335, 338-9, 349, 356, 358
Orton, Al, 47

P

Pacino, Al, 282
Palestina, 286, 331
Panamá, 281, 290-1
Paquistão, 213, 277, 280, 292-3, 323-4, 350-1, 353; disputa com a Índia, 292, 350; programa de armas nucleares no país, 280, 286, 291, 338; Serviço de Inteligência Paquistanês (ISI, Inteligência Inter-Serviços), 323, 351
Paquistão do Leste, 212
Paramount Pictures, 257
Paris, negociações de paz de, 168, 170, 173, 204, 273; cobertura de Hersh das, 176-9; material de Hersh sobre as, 269

Parlamento Britânico, 145, 149
Partido Baath (Iraque), 333
Partido Comunista dos EUA, 260
Partido Likud (Israel), 284
Partido Verde (Alemanha), 358
Pashtuns (grupo étnico afegão), 324
Peers, William R., 157, 160
Pentágono, 59, 61-77, 80, 82, 89, 99, 103, 105, 107, 110-1, 113, 115-9, 123, 143, 145, 147, 152, 154, 156-61, 163, 181, 184, 186-7, 189, 191, 194, 204, 209, 215-6, 290, 317-8, 330, 345-6, 350, 355; Documentos do, 73, 142, 189, 194, 249, 264, 304; Escritório de Assuntos Públicos do, 74, 104
Perkes, Dan, 43, 46-7
Perle, Richard, 328
Perto das trevas (Styron), 111
Pertschuk, Michael, 201, 202
peste bubônica, 105
Pfautz, James, 283
Pham Thanh Cong, 354
Phelps, Bob, 186, 190, 192, 236, 243
Philadelphia Inquirer (jornal), 66, 262
Phoenix (programa de assassinato a sangue frio), 229
Pierre, South Dakota, 42-4, 49-50, 148
Pigman, Wendell, 106
Pike, Otis, 181, 182
pilotos, retenção de (Guerra do Vietnã), 63-4, 117
Pine Bluff Arsenal, 105, 107
Pinochet, Augusto, 221, 223
Platoon (filme), 290
Poindexter, John M., 63
Politico (website), 11
Polk, James, 75, 148, 157, 269
Pollard, Jonathan, 318-9, 324
Polônia, 13, 232
Popper, David, 223
Powell, Colin, 294
Power Broker, The [O mediador do poder] (Caro), 248
Powers, Thomas, 283, 315
"Preço do petróleo, O" (Hersh), 322
Price of Power, The [O preço do poder] (Hersh), 17, 220, 245; as trapaças de Kissinger em 1968 relatadas em, 272;

375

Price of Power, The (continuação), conversas com Alexander Haig relatadas em, 273; entrevista com Thach para o livro, 267; escrita do livro, 270; informações oferecidas por John Finney, 266; resenha de Lehmann-Haupt, 278; sobre a vulnerabilidade da política de Nixon, 274; título, 274; vendas, 287

Primack, Joel, 111

Primeira Emenda à Constituição dos EUA, 140

Primeira Guerra Mundial, 13, 293

prisioneiros de guerra, 157, 170, 173, 179, 181, 191

Privilégio de Segredo de Estado, 289

problemas da imprensa, 10

Progressive, The (revista), 105, 108

Providence Journal, 109

Proxmire, William, 82, 236

Q

Quakers, 114

Quang Ngai, Vietnã, 155

Quarnstrom, Lee, 40

Quarta Divisão do Exército dos EUA, 331-2

Quarta Emenda à Constituição dos EUA, 226

Quinta Frota do EUA, 339, 340

R

Raby, Kenneth, 123

Radford, Charles E., 212-3, 215-6

Ramparts (revista), 109

Ramsey, Lloyd B., 164-5

Random House (editora), 111, 115, 142, 156, 161-3, 166, 174, 267, 282; *Cover-Up* [Acobertamento] publicado pela, 161, 166; livro de Hersh sobre My Lai publicado pela, 156

Rangers (membros de elite do Exército), 326

Rasin (manual de rádio-sinal), 319

Rather, Dan, 335

RAVQ (Regra do Apenas um Vietcongue Qualquer), 321

reação protetiva, 183

Reagan, Ronald, 64, 74, 270, 280-2, 287-8; e a crise dos reféns, 288; e a inabilidade de controlar Casey, 279; e o escândalo Irã-Contras, 281, 287; e o uso de agentes químicos nervosos no Iraque, 280

"Redirecionamento, O" (Hersh), 338

Regra Hersh, 119

Remnick, David, 10, 316, 318, 320-2, 324, 326, 329, 335, 342, 344, 354; e a reportagem de Hersh sobre o assassinato de Bin Laden, 351-3; e a reportagem sobre a tortura da CIA, 343; proximidade a Obama, 350

"Reprimenda, A" (Hersh), 166

reservas indígenas dos EUA, 45

Reston, James "Scotty": conversas com Kissinger, 179; e o almoço com Ford, 240; Hersh admirado por, 205n; oposição de Reston à reportagem de Hersh sobre Kissinger, 205; oposição de Reston à reportagem de Hersh sobre My Lai, 161

Reunification, Hotel (Hanói), 169, 172

Reuters, 168, 170

Rice, Condoleezza, 327

Richards, Jerry, 313

Richardson, Elliot, 199-202, 211

Riddleberger, Peter, 106

Ridenhour, Ronald, 145-9, 175, 211

Risen, James, 327

Ritter, Scott, 334

Rivers, L. Mendel, 117-8, 147, 184

RN — The Memoirs of Richard Nixon [As memórias de Richard Nixon], 269

Robinson, Doug, 166

Rockefeller, Nelson, 241

Rogers, Bill, 186, 205, 211

Rolling Stone (revista), 214n

Romney, George, 90, 91

Rosenthal, Abe, 159, 187, 206, 350, 356; ameaças de Korshak contra, 251; "amor" ao Times visto como uma exigência para trabalhar no jornal, 233; aposentadoria de, 267; atitudes de Hersh em relação a, 152, 158, 167, 233; cobertura intensa sobre o Vietnã desejada por, 180, 182;

com inveja da cobertura do *Washington Post* sobre Watergate, 189, 197; e a ligação de Hersh de madrugada, 235-6; e a reportagem sobre espionagem doméstica, 231; e o uso das fontes por Hersh, 190; empréstimo feito por, 261; entrevista de Hersh com, 167; Hersh colocado no caso Watergate por, 193, 215; Hersh enviado a Paris por, 177; incomodado com os filhos de Hersh, 248; incômodo de Rosenthal com a obsessão de Hersh sobre o Vietnã, 193; irritação com fontes anônimas, 260; licença de Hersh recusada por, 267; reportagem de Hersh sobre o submarino russo publicada por, 244-6; reportagem de Hersh sobre Watergate publicadas por, 233; reportagens de Hersh sobre a era Reagan publicadas por, 279-81; reportagens de Hersh sobre Korry publicadas por, 314; reportagens de Hersh sobre o crime organizado publicadas por, 251-3; Walsh demitido por, 233

Rosenthal, Ann, 235
Rosenthal, Robert "Rosey", 262
Roth, Phillip, 21
Royko, Mike, 40
Rubenstein, Benny, 16
Ruckelshaus, William, 203-4
Rugaber, Walter, 188, 208
Rumsfeld, Donald, 224, 239, 247, 326, 331, 332, 344-5, 358
Russell, Bertrand, 114-5, 120
Russell, Richard, 354*n*
Rússia, 81, 103, 159, 179, 210, 227, 245, 248, 268, 356; *ver também* União Soviética
Rustin, Bayard, 60
Ryan, Robert, 88, 98
Ryberg, Walter, 21

S

Safer, Morley, 10
Sahl, Mort, 23
Saigon, 78, 94, 118, 144, 177, 187, 205*n*, 267, 268; *ver também* Ho Chi Minh, Cidade de

Salisbury, Harrison, 67-73, 80, 107, 115, 166, 188-9, 197; cobertura sobre o departamento de limpeza de Nova York, 248; cobertura sobre o Vietnã, 168; Hersh elogiado por, 200; sobre o Caso Watergate, 188, 197, 200
Saltonstall, Leverett, 60
Salzburgo, Áustria, 208
Samson Option, The [A opção Samson] (Hersh), 282, 286
Sanders, Don, 58, 68, 71-2
Saturday Evening Post (jornal), 74
Schlesinger, James R., 44, 211, 225-6
Schorr, Daniel, 243, 306
Science (revista), 76
Scowcroft, Brett, 222
Seals (Força Especial dos EUA), 352
Seeger, Pete, 172
Seeger, Toshi, 172
Seferis, George, 88
Segunda Guerra Mundial, 14, 44, 69-70, 91, 108, 130, 223-4, 293, 304-5
semeadura de nuvens (programa do Pentágono), 187
Senado dos EUA, 82, 84-5, 96, 101, 106-7, 110, 117, 147, 183-5, 189, 198, 201, 208, 211, 213, 215, 217, 221, 236-7, 240-1, 246, 249, 254, 281, 287, 292, 304-8, 314, 344; adulteração de documentos investigada pelo, 211; CIA investigada pelo, 249; Comissão das Forças Armadas do, 60-1, 209, 216, 236; Comissão de Relações Exteriores do, 215-6, 221, 305; Comissão no Senado de Watergate, 198, 213
Serviço de Inteligência Paquistanês (ISI, Inteligência Inter-Serviços), 323, 351
Serviço Secreto dos EUA, 311-2, 315
Setor de Política Nacional de Controle de Drogas da Casa Branca, 320
Sharon, Ariel, 341
Shaw, Gaylord, 75
Shawn, William, 163, 356; Hersh encorajado a trabalhar no *Times* por, 166, 168; sobre a reportagem Hersh acerca de Ramsey, 165, 166; trechos de *Cover-Up* usados por, 162

Sheehan, Neil, 10, 54, 71-3, 161, 180; e as reportagens de Hersh sobre os bombardeios em Hanói, 70-3
Shelton, Hugh, 317
Shlaudeman, Harry, 222
Sihanouk, príncipe Norodom, 209
Silberman, James, 267, 304
Silberman, Larry, 229, 230
Silvers, Bob, 141, 142
Simon & Schuster (editora), 257
Sinatra, Frank, 250
sindicatos, 39, 88, 91, 97, 99, 249-50, 252-4, 357
Síria, 286, 331-2, 338-41, 347-9, 353, 355; arsenal químico da, 332-3; ataque de gás sarin na, 353, 355; guerra civil na, 353; suposto reator nuclear na, 347
Sirica, John, 218
Smits, Jimmy, 291
Smitty, 125, 126
Sonnenfeldt, Helmut, 203
Soros, George, 326n
Southwest Suburbanite (jornal), 38, 40
Spectator, The (jornal), 338
Spellman, cardeal Francis, 357
Spiegel, Der (jornal), 355
Spock, Benjamin, 84-5
Sporkin, Stanley, 257
St. George, Andrew, 195-6
St. Louis Post-Dispatch (jornal), 144
Stans, Maurice, 218
Stennis, John C., 184, 213, 216, 236; bombardeio no Camboja investigado por, 211; e a espionagem doméstica, 236
Stern, Larry, 143, 238
Stern, Philip, 119
Stern, Richard, 20
Stewart, W. Donald, 213
Stone, I. F., 56, 66, 141
Stone, Oliver, 282, 290
Sturgis, Frank A., 195-6
Styron, William, 21, 111
Sudão, 10, 316-8
Sudeste Asiático, 170, 179, 183, 186-7, 201, 211
Suécia, 108

Sullivan, William C., 204, 205
Sulzberger, Arthur "Punch", 257, 260-1
Sulzberger, C. L., 115
Sunday Herald (jornal), 289n
Sunday Mirror (jornal), 284
Sunday Times (jornal), 91, 288, 292
"Supostos planos de assassinatos envolvendo líderes estrangeiros" (relatório), 309
Sylvester, Arthur, 62-3, 66, 68, 71-2, 74

T

Taguba, Antonio, 335-6, 344
Taiwan, 108
Tanen, Ned, 282
Target Is Destroyed, The [O alvo foi destruído] (Hersh), 282
Teamsters Union, 249-50, 252-3
telégrafos, 42, 45-6, 48, 50, 57-8, 60-1, 71-2, 78, 84, 146, 168
Tenet, George, 318, 347
Terex Corporation, 289
Terpil, Frank, 269, 270
Terry, Michael, 147-9
testes nucleares, 158-9
Tet (Ano-Novo vietnamita), 60, 78; ofensiva durante o, 93
Thanh Hoa (ponte), 63, 171
Thomson, Bob, 200, 264
Tibbs, Casey, 43
Tigar, Michael, 84, 85
Time (revista), 20, 59, 238, 314; massacre de My Lai ignorado pela, 145
Times (jornal de Londres), 145, 149, 161, 206, 338
Times-Picayune (jornal), 155, 156
Tlass, Mustafa, 332, 333
Too Good to Be Forgotten [Bom demais para esquecer] (Obst), 142, 145, 151
Top Gun (filme), 282
Topping, Seymour, 259, 260
tortura, 223, 330, 334, 338, 343, 344, 346
tráfico de seres humanos, 357
Treadwell, William, 201
Trillin, Calvin, 166

Truman, Harry, 192
Truman, Margareth, 192
Trump, Donald, 10, 356
Truthout (website), 11
Tuck, David Kenneth, 114, 115
tularemia, 105, 107, 108
Túmulo de Lênin, O (Newberg), 316
Turquia, 331, 348, 349

U

última loucura de Mel Brooks, A (filme), 257
Ultimate Folly, The [A insensatez final]
    (McCarthy), 106
Ulysses (filme), 94
União Soviética, 246, 274, 321; armas
    vendidas ao Iraque pela, 289*n*; avião
    coreano abatido pela, 282-3, 287; CIA
    supostamente infiltrada pela, 227;
    como parceira econômica do Vietnã,
    268; e as negociações de paz entre
    Israel e Palestina, 286; espionagem dos
    Estados Unidos na, 246, 319; suposto
    plano de golpe na América Central,
    280; tratado de proibição de testes
    nucleares, 159; *ver também* Rússia
Unidade de Investigações Especiais da
    Casa Branca ("Os Encanadores"), 201,
    209, 213, 215-6, 274
United Press International (UPI), 41-3, 45-
    7, 54, 70, 85
Universidade de Chicago, 17, 18-20, 24, 40,
    51, 83, 119, 140, 144, 180
Universidade Harvard, 16, 19, 77, 80, 93,
    102, 106, 180, 194, 220, 263-4, 281
Universidade Tulane, 155
USS America (porta-aviões), 66

V

Van de Kamp, John, 251
Vance, Cyrus, 61, 115
Vanunu, Mordechai, 284
Vaticano, 357
Vermillion, South Dakota, 164-5

Veteranos do Vietnã Contra a Guerra
    (VVAW), 155
VICE (website), 11
vietcongues, 93, 116, 127, 177-80, 209, 229;
    Camboja como refúgio dos, 189, 209;
    estagnação da Guerra do Vietnã, 219;
    hospitais dos, 187; ofensiva da Highway
    1, 177; planos de Nixon para um acordo
    de paz frustrados por, 179
Vietnã do Norte, 63, 67, 71, 78, 93, 114-5, 153,
    161, 166-8, 170-1, 173, 175, 177-9, 182-
    3, 185, 187, 191, 204, 269; bombardeios
    dos EUA ao, 71, 73, 153; expansão
    do bombardeio no país comandada
    por Nixon ao, 179; hospitais no, 187;
    viagem de Hersh ao país, 167-73; *ver*
    também Guerra do Vietnã
Vietnã do Sul, 64, 67, 76, 90, 102, 110, 112-
    3, 115, 117, 120, 139, 153, 155, 169, 171, 174,
    176, 178, 209-10, 229, 232, 268
Village Voice (jornal), 113
vingança dos nerds, A (filme), 281
violações de direitos humanos, 52
Vo Nguyen Giap, 168
Von Hippel, Frank, 112
voo 007 (1983), 282

W

Walinsky, Adam, 100, 249-50
Wall Street Journal, The (jornal), 257
Wallace, George, 100
Wallace, Mike, 104, 152
Waller, John, 310
Walsh, Denny, 232
Warner Bros., 282
Warren, Earl, 59, 308
Washington Post, The (jornal), 58, 65, 102,
    109, 121, 140, 143, 145, 147, 197, 200,
    264-5, 316, 339; e o processo do grupo
    Mirror contra Hersh, 285; intenção
    de Hersh de conseguir um emprego
    no, 158-9; obituário de Murray no,
    271; oferta de emprego a Hersh, 279*n*;
    reportagem sobre a conspiração para o
    assassinato de Bush, 294;

Washington Post, The (continuação),
reportagem sobre Watergate no, 185,
188, 192, 194, 197, 205, 214; reportagens
sobre espionagem doméstica, 238;
reportagens sobre My Lai publicadas
no, 143; resenha de *Cover-Up*
publicada no, 175; testemunho do
grande júri e, 206
Washington Star, The (jornal), 65, 159
Washington, DC, 11, 17, 56-7, 59, 62, 75, 82,
85, 88, 97-8, 105, 111, 119, 128, 140, 146,
157, 159-60, 162, 165, 180-1, 184, 188, 192,
195, 197, 200, 212, 217-8, 232, 239, 243,
244, 252, 256, 265, 289, 323, 327, 339,
343, 349; Marcha de 1963 em, 60; *ver
também* Casa Branca
Wasserman, Lew, 250, 254, 256
Watergate, caso, 142-3, 185, 188, 192-200,
202, 205-6, 208, 213-5, 218, 222, 224-5,
228, 233, 237, 243-4, 249, 265, 274, 277-
8, 287, 323, 327, 329; autorização de
Nixon para a invasão de, 203, 204, 227,
273, 277; cobertura de Hersh sobre, 193,
195-6, 204, 213, 232, 244, 323, 327, 356;
esquivamento de Hersh em relação ao
caso, 188; Nixon forçado a deixar o cargo
pelo, 304; pistas sobre Watergate dadas
a Hersh por Colby, 244; reportagens
publicadas no *New York Times*, 188,
192, 197, 199, 205, 214, 233, 249, 323;
reportagens publicadas no *Washington
Post*, 185, 188, 192, 194, 197, 205, 214
Watson, James D., 77
Weekly Standard (jornal), 240
Weiss, Cora, 191
Welt am Sonntag (jornal), 355
Wenner, Jane, 214n
Westmoreland, William, 116
Weymouth, Lally, 339
Wheeler, Earle, 159, 211
White House Years [Os anos na Casa
Branca] (Kissinger), 269
White, Kevin, 230-1
White, Rona, 231
Whitney, Craig, 287
Wicker, Tom: comentários sobre a política
de assassinatos na Casa Branca feitos

por, 240, 242; insulto de Lyndon B.
Johnson a, 219
Wiener, Norbert, 15
Wilmers, Mary-Kay, 355
Wilson, coronel, 148
Wilson, Edwin P., 269
Wisconsin, 82, 94, 99-100, 106, 236, 330
Wise, David, 163
Without Fear or Favor [Sem medo ou
favores] (Salisbury), 188
Wolfowitz, Paul, 328, 358
Woodward, Bob, 142, 214, 216, 327;
cobertura do caso Watergate, 188, 192,
194, 198, 205-6, 213, 327; e o assassinato
de JFK, 214n; ligação para Hersh feita
por, 198; oferta a Hersh para cobrir a
licença de Woodward, 279n

X

Xerox (empresa), 19, 160

Y

Yahya Khan, 212, 277
Young, David, 201, 213, 215-6, 274

Z

Zion, Sidney, 254
Zona de Testes de Dugway, 103, 105, 107,
109
"zonas sombrias", 346
Zumwalt, Elmo, 272-4

Créditos das imagens

capa Mike Lien/ *The New York Times*/ Fotoarena

p. 28 (i) Cortesia de Cindy Zimmerman; (ii) e (iii) Cortesia de Paul Zimbrakos
p. 29 (i) Associated Press; (iii) Cortesia de Jefferson Siegel
p. 30 (i) Cortesia de Marylouise Oates; (ii) © 1970 Charles Ryan/ *The New York Times*
p. 31 (ii) Cortesia de David Obst
p. 33 © Bob Daugherty/ AP Photo
p. 34 (ii) © 1970 Jack Manning/ *The New York Times*
p. 131 (i) © 1972 *The New York Times*; (ii) © 1972 George Tames/ *The New York Times*; (iii) © John Hartnett/ *The New York Times*; (iv) Cortesia de Judy Gelb
pp. 132-3 © 1973 *The New York Times*
p. 134 (i) Cortesia do Acervo de Gene Spatz; (iii) © 1974 *The New York Times*
p. 136 (i) Cortesia de Annie Leibovitz
p. 137 (ii) © 1974 *The New York Times*
p. 138 (iii) Cortesia de Jeffrey Gerth
p. 297 (iii) Cortesia The New York Times Licensing Bureau
p. 298 (i) Cortesia de Richard Guindon
p. 302 (i) e (ii) Cortesia *The New Yorker*
p. 303 (i) Cortesia de Katie Orlinsky

Reporter: A Memoir © Seymour M. Hersh, 2018

Todos os direitos desta edição reservados à Todavia.

Venda proibida em Portugal.

Grafia atualizada segundo o Acordo Ortográfico da Língua
Portuguesa de 1990, que entrou em vigor em 2009.

capa
Pedro Inoue
tratamento de imagens
Carlos Mesquita
preparação
Sheyla Miranda
índice remissivo
Luciano Marchiori
revisão
Valquíria Della Pozza
Huendel Viana

Dados Internacionais de Catalogação na Publicação (CIP)

— —

Hersh, Seymour M. (1937-)
Repórter: Memórias: Seymour M. Hersh
Título original: *Reporter: A Memoir*
Tradução: Antônio Xerxenesky
São Paulo: Todavia, 1ª ed., 2019
384 páginas

ISBN 978-85-88808-89-8

1. Jornalismo 2. Biografia 3. Memórias
I. Xerxenesky, Antônio II. Título
CDD 070.92

— —

Índice para catálogo sistemático:
1. Jornalismo: Biografia 070.92

todavia
Rua Luís Anhaia, 44
05433.020 São Paulo SP
T. 55 11. 3094 0500
www.todavialivros.com.br

fonte
Register*
papel
Munken print cream
80 g/m²
impressão
Geográfica